ZHONGGUO JIAOYU ZHENGCE PINGLUN 2012

袁振国　主编

中国教育政策评论

2012

教育科学出版社

·北京·

中国教育政策评论 2012

主　　编：袁振国

编　　委：吴　霓　刘复兴　鲍传友
　　　　　蒋志峰　黄忠敬　周　彬

办公室主任：吴　霓

办公室成员：马雷军　高慧斌

地　　址：北京市北三环中路 46 号

邮　　编：100088

电　　话：010-62003353　62003362

电 子 邮 件：pinglun@cnier.ac.cn

目　录

现代大学制度理论研究

现代大学制度国际视野

现代大学制度专题研究

附 录

现代大学制度理论研究

□ 孙霄兵

论中国特色现代大学制度建设的基本内涵

2010 年党中央、国务院颁布的《国家中长期教育改革和发展规划纲要（2010—2020 年）》（以下简称《教育规划纲要》）提出完善中国特色现代大学制度，这充分体现了党和国家对现代大学制度建设的高度重视。2010 年 10 月，国务院确立的教育改革试点各项分工任务把建设和完善中国特色现代大学制度作为十大改革试点之一，明确了工作思路、重点和步骤。教育部深入贯彻落实《教育规划纲要》，大力推进现代大学制度建设，召开了多次工作部署会、理论研讨会，进行了深入的调查研究，并出台了《高等学校章程制定暂行办法》《学校教职工代表大会规定》等重要规章；各试点高校高度重视，精心设计，积极推进中国特色现代大学制度建设试点工作，取得了可喜的成绩。中国特色现代大学制度建设的导向是高等教育的科学发展；基本内容是完善治理结构；重点是章程制定；基础是法制建设，依法办学，保障高校自主权的有效落实和正确行使。今后，要继续深入贯彻落实《教育规划纲要》的要求，明确方向，把握原则，突出重点，加强保障，切实推进中国特色现代大学制度建设。

一、高等教育的科学发展是中国特色现代大学制度建设的根本导向

科学发展观是中国特色社会主义理论的重要组成部分，也是新时期指导我国社会主义高等教育事业发展的理论旗帜和思想武器。中国特色现代大学制度建设，必须以高等教育的科学发展为根本导向。新时期我国高等学校的改革发展，必须在科学发展观的指导之下，更加注重内涵发展，更加注重提高质量，走科学发展的道路。

一方面，中国特色现代大学制度建设要加强领导，牢牢把握改革的方向。要加强和完善党对整个高等教育事业的领导，这种领导既表现在党对现代大学制度建设的领导，也表现在坚持和完善党委领导下的校长负责制不动摇。要坚持社会主义办学方向，坚定不移地走中国特色的社会主义教育发展道路，全面贯彻党的教育方针，培养社会主义的建设者和接班人。这就决定了中国现代大学制度建设不能照搬西方模式，必须在中国特色社会主义制度、历史传统和发展阶段的基础上进行探索和完善。

另一方面，要通过中国特色现代大学制度建设，解决制约高等教育发展的体制机制问题，推动高等教育科学发展。改革开放以来，我国高等教育取得了跨越式发展，进入了国际公认的教育大众化阶段，在校学生规模跃居世界第一，我国已经成为世界瞩目的高等教育大国。但是在高等教育规模扩大的同时，大而不强的问题日益突出。具体表现在：人才培养模式单一，培养质量不能适应经济社会发展需求；存在同质化倾向，缺乏办学特色；布局结构不合理，地区差距较大；高等学校自主创新能力不强，产学研结合比较薄弱；高等教育服务于经济社会发展的水平较低；等等。《教育规划纲要》指出，提高质量是高等教育发展的核心任务，是建设高等教育强国的基本要求。要建设高水平大学、世界一流大学就必须有一个好的制度。如果没有这样的好制度，就不可能建设成高水平大学和世界一流大学，也不可能实现高等教育强国的目标。现代大学制度建设要服务于高等教育科学发展、建设高等教育强国的目标。

二、完善治理结构是中国特色现代大学制度建设的基本内容

《教育规划纲要》明确提出了完善高等学校治理结构的要求。如果说中国特色现代大学制度建设对政府的要求主要是简政放权，那么对高等学校的要求就是完善治理结构，建立科学决策、教授治学、社会参与的自我管理和自我约束机制。

一是要完善现代大学的领导体制。我国高等学校的领导体制经过了长期的探索后，《高等教育法》和《教育规划纲要》明确规定，高等学校实行党委领导下的校长负责制。《高等教育法》确定了党委的职责和校长的职权。党委通过召开党委会议讨论决定学校重大问题，对学校工作进行领导，主要职责是：宣传和执行党的路线方针政策，坚持社会主义办学方向，贯彻党的教育方针；审议确定学校基本管理制度；讨论决定学校内部组织机构的设置及其负责人的人选；加强学校党组织的思想建设、组织建设、作风建设、制度建设和反腐倡廉建设；组织党员进行思想政治理论学习；领导学校的思想政治工作和德育工作；领导学校的工会、共青团、学生会等群众组织和教职工代表大会；做好统一战线工作。同时，党委要支持校长独立行使职权。高等学校的校长全面负责本学校的教学、科学研究和其他行政管理工作，通过召开校长办公会议行使以下职权：拟定发展规划，制定具体规章制度和年度工作计划并组织实施；组织教学活动、科学研究和思想品德教育；拟订内部组织机构的设置方案，推荐副校长人选，任免内部组织机构的负责人；聘任与解聘教师以及内部其他工作人员，对学生进行学籍管理并实施奖励或者处分；拟订和执行年度经费预算方案，保护和管理校产，维护学校的合法权益；章程规定的其他职权。党委领导下的校长负责制，为我国高校连续20多年保持稳定、促进高等教育事业科学发展提供了重要制度保障。在新的形势下，这一制度也需要在实践中进一步发展完善。《教育规划纲要》要求在坚持和完善党委领导下的校长负责制的前提下，健全议事规则和决策程序。今后，要构建科学的高校党政会议制度，进一步明确党委会和校长办公会的职责定位、议事规则及议事范围，增强贯彻执

行党委领导下的校长负责制的规范化。要规范重大问题的决策范围和程序，结合办学层次和传统，界定本校重大问题、重要事项，特别是大额资金的额度、重要干部的级别和范畴；在议题提出上，校领导均可提出议题，但提交会议讨论之前，党委书记、校长和有关校领导应事先沟通、酝酿并基本达成共识；在决策程序上，必须经过提出方案、充分酝酿、会议决定等程序。

二是要充分发挥大学学术权力的作用。高等学校本质上是教学学术机构，教授是教学、科研活动的主体。健全高等学校治理结构，必须积极探索教授治学的有效途径，建立完善学术委员会或教授委员会。要完善学术委员会或教授委员会的组成原则和议事规则，明确学术委员会或教授委员会在人员结构上以普通专家学者为主，确保其独立性。充分发挥学术委员会在学科建设、学术评价、学术发展中的重要作用，保障学术委员会依法履行审议学科、专业设置、教学科学研究计划、评定教学科学研究成果等有关学术事项的职责。学校的党委、行政部门要注意尊重学术委员会的意见。同时，要探索教授参与学校管理的有效途径。教授参与学校管理，可以减轻学校的管理压力，调动教授参与学校事务和民主管理的积极性，提高其责任心和主人翁意识。

三是加强完善大学教职工民主参与管理和监督的机制。教职工代表大会制度是高等学校内部的民主管理和监督的重要形式，是高等学校治理结构的重要组成部分。1980 年，中国在部分高校和中小学开展教职工代表大会制度的试点工作。1985 年《中共中央关于教育体制改革的决定》中规定了在学校逐步实行校长负责制，建立和健全以教师为主体的教职工代表大会制度，加强民主管理和民主监督。这些规定标志着我国高等学校的治理取得了历史性突破。经过 30 多年的探索与实践，各类高等学校以教职工代表大会为组织形式的民主管理与监督制度建设发展很快。高校教师参与民主管理和监督，有利于调动广大教职工的积极性和主动性，凝聚他们的智慧和热情；有利于克服学校内部的行政化倾向，保证学校民主决策、科学决策、科学发展。但是，由于各地经济、社会、教育发展水平不同，各地高等学校教职工代表大会制度的推进程度不平衡，一些高等学校教职工代表大会制度建设不规范，高等学校教职工参与民主管理与监督的渠道不通畅等现象依然不同程度地存在。高等学校要按照 2011 年教育部颁布的《学校教职工代表大会规定》的要求，进一步完善教职工代表大会制度，保障高等学校教职工民主参与权和监督权。

四是加强现代大学内部管理体制的改革。一要进一步完善校院两级管理体制，逐步扩大学院一级的自主管理，使作为基本教学单位的学院更具活力。二要整合学校管理机构，改变高校行政管理部门过多，职权交叉重复，效率低下的状况，探索大部制改革，提高管理效率和服务能力。三要深化高等学校人事制度改革，倡导教育家办学，探索校长职业化的途径，在条件成熟的高校推行公开选拔校长制度。四要建立高校会计师制度，加强对高校的审计监督。五要完善校务公开制度，推进阳光治校，保障师生员工和社会公众的知情权、参与权、表达权和监督权。六要扩大社会合作，探索成立高校董事会和理事会，健全社会支持和监督学校发展的长效机制。

三、推进高等学校章程建设是中国特色现代大学制度建设的重要突破口

高等学校章程上承国家教育法律法规，下启学校规章制度，是规范高校与政府、社会及其内部关系的准则，也是现代大学的"宪章"。1995 年颁布的《教育法》明确提出，设立学校及其他教育机构必须有章程。1998 年颁布的《高等教育法》明确要求，申请设立高等学校的，应当向审批机关提交章程，并对章程应规定事项作了明确说明。但是由于各种原因，目前我国仅有 30% 左右的高校制定了章程，很多学校仍在"无章办学"。而且从目前部分学校已发布的章程来看，还存在着文本质量参差不齐、总体水平不高，内容雷同、未能体现学校个性特征，内容存在结构性缺失、重点事项缺乏翔实规定，制定程序不合法，实施推进力度不够等问题。高等学校缺乏章程，不符合有关法律规定，不符合国际惯例，也不符合现代大学制度的要求。因此，必须要加快推进高等学校章程建设，切实改变高等学校办学"无章可依""有章不依"等问题，使高等学校制定章程的过程成为高等学校"立宪"的过程，成为推进中国特色现代大学制度的重要突破口。

我国高等学校要按照教育部 2011 年颁布的《高等学校章程制定暂

行办法》的规定制定章程。首先要明确章程在学校的制度体系中具有基础性、准则性的作用，要通过章程的制定，界定政府和高等学校的关系，规范高等学校内部权力的运作，明确社会力量参与高等学校治理的方式和程序。章程要对高校的办学活动、管理行为、履行公共职能的形式与要求等，都具有统领作用。其次，章程要全面反映学校的管理体制与运行机制，凝练学校办学理念和办学传统，彰显学校特色，要把《高等教育法》等法律法规对学校办学和章程制定的原则性规定具体化。章程要能够作为评判甚至司法机关进行裁决的依据。再次，章程要成为高校接受外部监督、实施自我监督的依据。章程不仅要具有可执行性，也要具有可监督性，要将高校办学的目的、宗旨和组织属性、行为准则等予以明示，在自主管理的同时，接受监督，提高高校的社会公信力。同时，章程一旦制定公布，就必须确立章程在高校办学中的核心地位，严格按照章程规范管理、依法自主办学。

四、加强法制建设是中国特色现代
大学制度建设的重要保障

依法治国是我国的基本方略，建设法治政府也是政府管理体制改革的重要目标。中国特色现代大学制度建设，同样要体现依法治校的要求。改革开放以来，我国政府十分重视教育法制建设，不断加强高等教育立法，基本建成了中国特色的高等教育法律体系。

一是我国法律确立的高等学校的独立法人地位和高等学校的办学自主权，奠定了中国特色现代大学制度的法律基础。1998 年颁布的《高等教育法》规定了高等学校的法人地位，这是我国高等教育发展的重大成果，为中国特色现代大学制度建设奠定了基础。同时，我国《教育法》对各级各类学校权利作了具体规定，包括：按照章程自主管理；组织实施教育教学活动；招收学生或者其他受教育者；对受教育者进行学籍管理，实施奖励或者处分；为受教育者颁发相应的学业证书；聘任教师及其他职工，实施奖励或者处分；管理、使用本单位的设施和经费；拒绝任何组织和个人对教育教学活动的非法干涉；等等。这些规定适用于高等学校。《高等教育法》进一步明确规定了高等学校具有的 7

项自主办学权，包括：制订招生方案，自主调整系科招生比例；自主设置和调整学科、专业；自主制订教学计划、选编教材、组织实施教学活动；自主开展科学研究、技术开发和社会服务；自主开展国际教育交流与合作；自主确定内部组织机构的设置和人员配备；依法自主管理和使用学校财产。我国高等学校的自主办学权，是由法律赋予学校行使的，保证高等学校实现其办学宗旨、正常履行教育教学等职能的特有的、基本的权利，是学校成为教育法律关系主体的前提，也是保证高等学校成为独立的办学主体，主动适应社会经济文化发展的需要，增强办学活力，办出特色，提高水平的重要保证，也是构建中国特色现代大学制度的基本内容。在工作中必须予以正确认识，高度重视，切实落实。

二是《高等教育法》规定了高等学校在民事活动中依法享有民事权利，为高等学校依法开展民事活动、享受民事权利提供了法律依据。高等学校民事权利的落实和实现，是高等学校权利的重要组成部分，也是构建中国特色现代大学制度的重要内容。然而，高等学校的民事权利不能超越公共权利，不能影响公共权利的实施，不能违反其公益属性。高等学校的民事权利在行使时，应当服从、服务于高等学校的组织性质，如果与公共权利相冲突，它必须服从于公共权利。或者说，高等学校的民事权利在一定的条件下要受到相应的限制。这种限制，不是政府机构对它的限制（当然也可以体现为政府机构的限制），而是自身的公共性质对自身民事性质的限制。可以认为，这是高等学校产生自我约束机制的重要法理基础。

三是《高等教育法》还规定了高校需要承担的法定义务。高校承担社会公共义务和职责，就是要通过履行自身承担的任务来促使受教育者和社会成员接受高等教育，享受高等教育的成果。高校不仅要强调完成教学科研任务，还要为社会服务，为提高国民素质服务，为当地的经济建设服务，为文化传承创新服务。现代大学不是独立的王国，应自觉承担政府赋予的职责，积极服务于经济社会发展和国家需要。

四是依法治校是现代大学制度的基本特征。依法治校首先要求政府依法行政。政府应按照法律的要求约束自身行为，转变过去依照行政指令、红头文件等方式直接干预学校事务的方式，按照高等教育法律法规的规定对高校进行宏观管理。依法治校还要求高等学校依法办学。高等学校在充分行使法律赋予的自主权的同时，必须将管理活动控制在法律

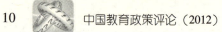

法规规定的范围内，依法办学，违反法律就要承担相应的责任，有权必有责。

虽然我国高等教育法制建设取得了很大的成绩，但是我国教育法律体系仍然不够完善，无法可依甚至有法不依的现象仍然存在。因此，要进一步加强教育法制建设，完善教育立法和执法，为中国特色现代大学制度营造良好的法律和制度环境。

应当看到，中国特色现代大学制度建设是一个复杂的系统工程，不仅涉及教育系统内部，也和国家行政管理体制改革的进程密切相关。因此，在不断推进教育系统内部改革的同时，教育部门也要配合国家行政管理体制改革的整体部署，加强和其他部门的沟通协调，共同推进学校机构编制管理、人事和社会保障制度、教育投入制度等外部管理体制改革的进程，为中国特色现代大学制度建设营造良好的制度环境和社会氛围。

（孙霄兵系教育部政策法规司司长，博士生导师，博士）

□ 高宝立

现代大学制度研究：现状与思考

对现代大学制度的研究是 21 世纪以来高等教育研究的热点之一。《国家中长期教育改革和发展规划纲要（2010—2020 年)》明确提出要完善中国特色现代大学制度，在这一时代背景下，又形成了新一轮关于现代大学制度的研究热潮，这里仅就现代大学制度研究的现状与问题作些思考。

一、研究的背景

现代大学制度的研究背景，和高等学校教育研究一样，也是一种带有鲜明的问题取向的研究，也就是说，有了什么样的问题，才会有什么样的研究。从现在学者开展的研究来看，现代大学制度研究有以下背景。

1. 高等教育体制改革的推动

我国的高等教育体制改革从 1985 年《中共中央关于教育体制改革的决定》发布以后，经历了一个不断深化的发展历程。通过对现代大学制度的相关研究，我们可以看到，在这期间现代大学制度的研究并不是从改革的一开始就成为研究的热点，而是在高等教育体制改革不断深入的现实背景下，才逐步成为大家普遍关注的一个热点问题。同时，现代大学制度研究的成果反过来推动了现代大学制度的改革。

2. 高校合并带来契机

高校之间的合并是大学制度问题研究的推动力。在高校合并过程之中也对高校的管理提出了新的要求，以前我们没遇到的一些复杂的高校管理问题，一些涉及管理程序、管理规范等的复杂问题，都被提到日程上来。在这样的背景下，教育界内部和外部对现代大学制度的管理经验，特别是对涉及政府和高校关系、社会和高校关系以及高校内部治理的问题给予广泛关注。大学究竟应该采取一种怎样的内部治理结构等一系列问题伴随着高校的合并而出现。高校合并给现代大学制度研究带来契机。

3. 一流大学建设的需要

我国要建设世界一流大学，就要积极关注国外一流大学的建设，借鉴国外一流大学成功的经验。从历史发展来看，国外一流大学的发展代表了现代大学制度建设的一种成功，也就是说现代大学制度的建设是大学发展的一种标志。在我国一流大学建设过程中，现代大学制度建设是必须面对的一个非常现实的问题，正是在这种关注下，建设现代大学制度成为我国一流大学建设的必由之路。

4. 高等教育大众化的选择

我国已迈入高等教育大众化阶段，目前我们面临着高校管理的许多现实问题，比如规模扩张和质量、效益矛盾突出，内涵发展和内部规范等问题凸显。这些都涉及现代大学制度的现实问题，当然其中最根本的一个问题是政府和高校的关系。

从这四个方面，我们可以看出对现代大学制度的研究，是以问题取向为研究对象的。针对高等教育现实问题，现代大学制度研究的内容主要包括两个方面：一是现代大学制度是什么，二是怎样来建设现代大学制度。除了这两个问题以外，关于现代大学制度的研究，有相当多的研究者是研究自己在工作中遇到的实际管理问题。所以，研究的聚焦点还不够集中。当然，也可以这样说，高等教育改革发展到什么程度，现代大学制度的研究就会深入到什么程度。改革是一个不断探索并不断提高认识的过程，现代大学制度的建设也是一个不断推进的过程，我们的研究要有超前性，走在实践的前面。但人们的思想认识是否正确，特别是现实中所采用的治理模式究竟是否合理，还有待于实践的检验。"高等教育实践是大学制度产生的基础。高等教育制度永远处在变化之中，而且这个变化过程不为理论家的思维所左右，完全是社会发展的需求。"[1] 教育体制改革不能脱离社会和经济的发展，不能不联系政治、经济体制的改革。高等教育的改革不能脱离我国的现实国情，这就需要研究者更多地关注高等教育改革的大环境。从这个角度来看，现代大学制度的研究，其进展、特征是和高等教育改革紧密联系在一起的。

二、研究的趋势

1. 研究的热度渐增

教育理论期刊是反映教育研究热点的一个平台。通过分析中国学术期刊网上关于现代大学制度的文章，我们发现，针对现代大学制度的建设，学者的研究热情是逐渐递增的，论文数量也呈上升趋势。在中国学术期刊网上，以 1980—2011 年为时间段，以篇名含 "现代大学制度" 进行搜索，有关文章共 459 篇，其中 1995 年 1 篇，其余的 400 多篇都是在 2000 年以后出现的，这就印证了前面的分析，现代大学制度研究是在 1985 年教育体制改革以后，逐渐进入了研究者的视野。其中，关于现代大学制度的研究文章，2000 年有 4 篇，2001 年有 16 篇，2002 年有 14 篇，2003 年有 15 篇，2004 年有 26 篇，2005 年有 42 篇，2006 年有 44 篇，2007 年有 48 篇，2008 年有 48 篇，2009 年有 49 篇，2010 年有 59 篇，2011 年有 96 篇（见图 1）。这说明，学者们对现代大学制度研究的热情在最近几年逐渐递增，并在 2011 年达到了翻倍式增长。2007 年以来，硕士和博士毕业论文也逐渐地将 "现代大学制度" 作为其选题范围，累计达 12 篇，其中 2011 年就有 5 篇，呈现逐渐递增趋势。另外，2010 年 12 月 12 日至 14 日，中国高等教育学会高等教育学专业委员会第五届会员代表大会暨 2010 年学术年会的主题也被确定为 "现代大学制度建设"，足见现代大学制度已经成为高等教育研究领域的热点话题。

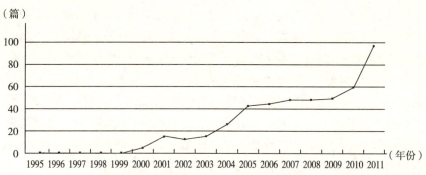

（篇）

图1　1995—2011年现代大学制度研究论文数量

2. 研究的重点和方向在变化

专家和学者对于现代大学制度的研究热情越来越高，现代大学制度研究的重点和方向也是不断变化的。这种研究的变化正好契合了现在教育科学的变化趋势，主要体现在以下四个方面。

首先，是从局限于经验性和资料性的研究转向了更加注重科学性和思想性的研究。这是一个很重要的变化趋势，也就是说在以前很多学者讨论的东西是一些经验性的内容，而现在大家的讨论越来越涉及科学层面和思想层面。就科学层面而言，现代大学制度的研究吸收了很多学科的知识和研究成果，包括政治学、管理学、哲学、法学、历史学等学科的科研成果。这种研究的丰富性和科学含量表明了现代大学制度研究越来越成为高等学校教育研究领域的一个具有学术价值、学术含量的研究话题。就思想层面而言，现代大学制度研究更多反映了我国改革开放后思想解放、教育思想观念创新的情况。随着我国政治体制改革进程的推进以及现代教育理念的提升，在现代大学制度研究中，学术观点、学术讨论的自由度空前宽松。同时，我们也注意到，更多的专家和学者把现代大学制度研究的视野放在了国际和国内的对比上。在国内研究的观察点上，研究者们都更加注意了我国的现实国情，以及我国现代大学教育制度建立的历史过程。在国外研究上，研究者们不仅从总体上考察了西方大学制度演进历程中文化的影响作用，而且对国外相关现代大学制度的演进历程进行了案例分析，展现了现代大学制度演进的文化逻辑。所以，历史的回顾、现实的思考、面向世界的眼光，恰好反映了现代大学制度研究的趋向。

其次，是由仅仅是宏观的、确定性的研究转向更加注重微观的、动态性的研究。先前对现代大学制度的研究都是放在一个大的确定性的框架结构内来探讨的，探讨它的改革方向、改革意图，更多的是对现代大学制度的现状的描述。现在，研究者更多地关注到了高等学校管理和运行，也就是内部治理结构。研究者认为，大学治理结构是现代大学制度的基石，是推动和完善高校依法自主办学的重要配套工程。[2]目前，高等教育办学体制的变革为政府与高校建立契约管理关系提供了法律依据和操作空间，高校管理体制的变化使大学决策责任骤然加重，风险也随之出现。所以，如何坚持和完善党委领导下的校长负责制、校长的选拔和任用、去行政化、教授治学的途径、大学内部权力结构的制衡、多校联动等一系列微观和动态性问题成为当前大学制度研究的重要领域。

　　再次，是从单纯的理想状态的诉求转到对现实问题的破解。前面的分析已经提到，学者们对现代大学制度的现状除了描述之外，还包括对现代大学制度动态的研究，这是一个很重要的趋势。理想的现代大学教育制度是什么？有学者认为应从中国国情出发，探索和建设有中国特色的现代大学制度，应建立"与社会主义市场经济体制相适应的"，在政府宏观管理和学校党委领导下以"学校自治、教授治学、校长治校、科学管理"为基本特征的有中国特色的现代大学制度。这些当然值得研究。但是仅仅停留在这样一个层面，只是一种理想的描述，是不够的。随着研究的深入，这更不是研究的重点。所以，现在更多的学者研究的是怎样建设现代大学教育制度，研究现代大学的内在冲突和路径选择，研究的问题更加明确，这也是一个重要的变化。如龚放主张为了使研讨富有成效，应当既探索我们在大学制度创新方面之"应为"，而且要研究我们在大学制度创新方面之"可为"，既要务虚，更要务实。因为坐而论道，不如起而行之。[3]赵曙明等则从高校人事制度改革入手深化对现代大学制度的理解，主张高校人事制度应从以事为本转变为以人为本，从重数量和效益转变为重结构和素质，从人事管理转变为人力资源管理，建立适应社会主义市场经济的人力资源管理制度。[4]

　　最后，是由单一学科视角向多学科视角变化。高等教育研究本身也不仅仅用教育学的方法来研究问题，而是有其他学科的介入，多元方法、多学科的观点和概念逐渐地被引进到了教育研究领域，特别是现代大学制度研究中。从一些文章的关键词中可以发现这种变化和特征，例如：除了教育学的观点和研究方法外，哲学科学里面的一些关键词，如

"理念""精神"等也被引用到现代大学制度研究中来；经济学上的概念，如"市场资源配置"等也不断被引进来；在政治学的框架下，"权利""体制""协调"等概念也不时地出现在高等教育研究的文章中；而社会学中的公共治理理论，管理学里面的科层理论，法学里的"法人""权利""责任"等，这些关键词也经常见诸现代大学制度的研究论著。现在还有很多学者从文化的角度来研究现代大学制度，当然还有生态学里的用语。有一些学者从许多新的角度来研究现代大学制度，比如在第三部门视野中，"现代大学制度无论在所有权、管理权、资金来源还是在法律程序的层面，都已基本具备了超越公私两分的可能"[5]。还有的源于社会学的嵌入理论及网络治理理论，趋向于研究大学治理中多元利益主体的权力均衡关系，有助于将大学治理放在更加广阔的社会网络背景下加以观照。[6]这些都导致了现代大学制度研究的多学科化。这些变化有助于推进研究的深入，是一种有益的变化。

三、研究的特点

1. "软"度较高，"硬"度较低

根据英国学者比彻等的学科分析框架，我们对现代大学制度的研究加以分析，可以看到，现代大学制度的研究"软"度高，"硬"度低。如果一个研究热点有研究者认同度较高的单一研究范式，这样的研究"硬"度就高一些，如自然学科，像物理学、数学等，它有统一的研究方法和研究范式，其"硬"度就高。对于人文社会科学来说，它的"硬"度就相对低，可以有多种研究方法，缺乏认同度高的研究范式，所以"软"度高。从研究对象来看，现代大学制度研究也比较宽泛，它研究宏观层面的政府与高校的关系，也研究微观层面的高校内部治理，还研究大学的内部管理制度。其研究方法、研究任务都不统一，跟现代大学制度研究对象的丰富性和问题的复杂程度相一致，研究的"软"度较高。从研究任务来看，关于现代大学制度的研究范式也可以分为三类：关于"是什么"的研究、关于"应是什么"的研究和关于"怎样建构"和"怎么做"的研究。三种研究任务的目的与功能不同，着眼点与侧重点相异，因此也形成不同的范式。不同范式之间由于视角、概念和方法不一样，关注的具体问题不大相同，所使用的认识论、方法论也不完全一样，互相之间难以产生必然的逻辑联系，从而使得现代大学制度研究的成果不易在一个方向上进行线性的积累。

2. "纯"度较低，"应用"度较高

高等教育实践是研究现代大学制度建设的推动力，也是它的目的所在。"纯/应用"度表示研究应用于实践的程度。"纯"度比较低就是现代大学制度研究不是循着以理论为导向形成的知识体系的路径，它并不着重建构一个知识体系，而主要在于解决实际应用问题，所以，这样研究的"应用"度比较高，而"纯"度就相应较低。"纯/应用"度的关系需要辩证来看，"应用"度高当然对现代大学制度建设具有更强烈的现实指导意义，但如果"纯"度过低，甚至为零，在某种意义上就意味着现代大学制度的研究缺少足够的理论支撑，从而陷入就事论事的经验式研究，缺乏研究的厚重感，在一些重大问题上，也容易向世俗和权势妥协，难以实现和坚守学术的独立立场和价值。

3. "分野"度较高，"趋同"度较低

"分野"度较高，是指学科边界比较模糊，就现代大学制度研究者而言，他们各自的学术标准差别很大，没有多少共同的研究核心理论，"趋同"度低。这种"分野"度比较高、"趋同"度比较低的现象，可以从一个侧面来判断，就是统一的参考文献有限。通过分析 2010 年到 2011 年核心期刊上发表的研究现代大学制度的文章，我们可以看得比较清晰。2010 年到 2011 年，核心期刊总共有现代大学制度研究文章 28 篇。其中有 7 篇文章参考文献在 10 个以上，有 18 篇文章参考文献在 5 个以上，还有 3 篇文章没有参考文献，这些研究没有特别一致的参考文献，比较分散。没有一篇文献被共同引用，有两篇文献被 3 篇文章共同引用，有 3 篇文献被两篇文章共同引用，这就说明没有公认的现代大学制度研究文献，研究者的思维方式差异较大。实际上，如果从研究者的身份和研究内容等情况来看，这种"分野"度高的情况也可以得到理解。这恐怕跟研究主体多元、研究基础各异、认识角度不同、研究范式多样有关。进行这方面的交流和专题研讨就显得十分必要。

4. 研究的问题较为分散

可以这样说，现在现代大学制度研究是一个很热的研究话题，但是研究的主题很多，也很分散，集中讨论的问题少。可以说，高等教育研究的范围有多宽，现代大学制度的研究范围几乎也就有多宽。在这样一个广阔的研究领域内部，不同研究者根据自己的兴趣选择不同的具体问题，它们非常分散地分布在这一研究热点内部，从而使得这一领域内部呈现出一种"地广人稀"的状态。例如，通过在中国学术期刊网上搜索，2007 年现代大学制度研究方面共 48 篇论文，但讨论的主题约 20 个，如生态、文化、和谐、法律、管理等等，所以，现代大学制度研究可谓是一个地广人稀的领域，大家的研究彼此之间没有什么联系，交锋机会少。如何避免这种分散研究状态，使问题更加聚焦，是需要大家研究的一个问题。

四、研究的意识

现代大学制度研究取得了可喜的进展，也面临一些值得重视的问题，为进一步提高研究质量和水平，我们需要具备以下几种意识。

1. 主体意识

主体意识，一是研究者要找到研究的真问题，不是随便选择一个话题来研究，要分清哪些是核心概念，哪些是边缘概念，要找到关键问题；二是要找到自己的优势与特长，不要别人研究什么自己就跟着研究什么，要有自己的主见，不能随波逐流，研究要有自己的特色，形成学术品牌。酒类中有茅台、五粮液等著名品牌，同样，在学术研究上也应追求与众不同，追求卓越。

另外，一些现代大学制度研究文章中，批评多、建树少。一般采取的形式是："现代大学制度是什么？—我们应该怎么办？"不断地在提出疑问，不停地发牢骚。研究要找到大学建设的核心问题，这些问题应该是符合大学和社会发展的，符合规律的。这就需要从现实中找到问题，找到大学和政府之间的关系，从而完善社会支持的长效机制，这是我们研究的一个重要方面。同时研究者也要注意：相关学科的系统知识，需要研究和把握；要认真解读相关政策的价值取向和规定，发现政府的教育导向。

2. 资料意识

研究者在资料的选取上要有科学性，比如说在研究某一领域的某一问题时，要先找到相关的文献，再进行整理，而很多研究者的资料是从网站上随意搜集整理的，不具有科学性。研究者在研究中所选取的资料要尽可能具有权威性和代表性。充分分析研究有价值的文献，才有助于把问题引向深入，才有助于创新。

3. 创新意识

一是要避免研究结论的理想化。所谓结论理想化，就是从理想的制度模式入手论及现代大学制度的建设问题，而没有考虑到大学制度建设的环境复杂性、结构差异性，从而不能针对具体大学制度建设中的问题作研究，研究结论高高在上，缺乏现实的针对性。二是要避免研究方法的目的化。要根据研究的问题找到好的研究方法，灵活运用多种学科知识，使文章表达方式多样化。但一定要解决问题，而不是研究方法的展示。三是要避免研究态度的情绪化。学术创新不仅拒绝作秀，拒绝随大流，也拒绝想当然。四是要避免语言运用的西化，不要认为文章晦涩难懂才是水平高。五是要避免学科泛化。

五、研究的提升

开展教育研究，一是要对学科知识框架有整体把握，二是要对相关教育资讯及时了解，三是要对教育问题的本质有深刻体会。也就是说，要有广泛的涉猎，同时要有个性化的表达。为了避免研究力量的分散，要对研究力量加以有效组织与整合，协力攻关。要有开放包容的态度，研究者要更多吸收其他学科的知识，特别是其他学者的观点，广泛吸收社会学、政治学、经济学、管理学、法学理论成果。要跳出教育看教育，拓展研究视野，这十分重要。

《国家中长期教育改革和发展规划纲要（2010—2020年）》提出组织开展现代大学制度改革试点。"研究制定党委领导下的校长负责制实施意见。制定和完善学校章程，探索学校理事会或董事会、学术委员会发挥积极作用的机制；全面实行聘任制度和岗位管理制度；实行新进人员公开招聘制度；探索协议工资制等灵活多样的分配办法；建立多种形式的专职科研队伍，推进管理人员职员制；完善校务公开制度等。"2011年11月，教育部颁布《高等学校章程制定暂行办法》并规定"章程是高等学校依法自主办学、实施管理和履行公共职能的基本准则"，由 26 所高校先行试点，全国范围内的大学章程制定和修订工作渐次全面展开。这对于推动高等教育体制改革、建设现代大学制度具有里程碑意义，同时也为深化现代大学制度研究提供了重要契机。推进现代大学制度研究，加强试点实验，不断丰富研究方法和视角，不断聚焦研究主题，将有助于推动教育体制改革，不断丰富高等教育理论，为完善中国特色现代大学制度作出贡献。

参考文献

［1］邬大光. 高等教育发展与制度创新［J］. 大学教育科学，2005（2）.
［2］龚怡祖. 大学治理结构：现代大学制度的基石［J］. 教育研究，2009（6）.
［3］龚放. 现代大学制度创新的"应为"与"可为"：一流大学建设的题中应有之义［J］. 高等教育研究，2006（7）.
［4］赵曙明，等. 建设现代大学制度的重要之举——深化我国高校人事制度改革的政策建议［J］. 高等教育研究，2005（4）.
［5］王建华. 第三部门视野中的现代大学制度［J］. 高等教育研究，2007（1）.
［6］孟韬. 嵌入视角下的大学网络治理机制解析［J］. 教育研究，2011（4）.

（高宝立系中国教育科学研究院院长助理，
《教育研究》杂志总编，编审）

□ 别敦荣　徐　梅

论现代大学制度的公正性及其实现

　　建设现代大学制度，是我国大学提高教育质量的手段。[1]在大学制度的本质中，公正是一个主要内容，大学制度的根本目的在于维护大学的公正性。因此，现代大学制度建设应当关注公正性问题，反映现代大学本质的要求。

一、现代大学制度的属性、价值诉求及其公正性

1. 现代大学制度的属性

　　现代大学是现代社会发展的必然，也是古典大学发展的自然延伸。柏林大学首任校长费希特曾经说："教育首先必须培养人的自我决定能力，而不是要培养人们去适应传统的世界。教育不是首先着眼于实用性的，不是首先要去传授知识和技能的，而是要去'唤醒'学生的力量，培养他们的自我性、主动性、抽象的归纳力和理解力，以便使他们能在还无法预料的未来局势中自我做出有意义的选择。教育是全民族的事，要教育的是整个民族！"[2]显然，费希特的教

育理想已经与古典大学大异其趣，而更具有时代性。也正因为 19 世纪的德国大学准确地把握了新时代的脉搏，实践了这种教育理想，所以，德国大学能够开风气之先，创立人类社会发展史上第一种现代大学模式，也就是经典的现代大学模式。可见，现代大学制度是与现代大学相伴相生的。

第一，现代大学制度是科学教育与人文教育相结合的产物。在古典大学中，由于科学发展水平有限，学科分化尚未成形，以人的感知和想象来看待人本身和与人相关的客观世界及社会成为古典学问的特征，所以，古典学问是人文的，古典教育也是人文的。现代社会的科学发展带来了学科的分化，当科学从人文学问中分化独立出来，成为与人文学问共同存在的一类学问之后，科学教育也从人文教育中分化出来，成为一种独立的教育形态。科学教育是经过了长期的、艰苦的斗争以后才逐步被获准在大学立足，直到现代大学出现，才完全制度化，成为与人文教育既相对独立又相互依存的教育形态。所以，科学教育与人文教育的结合是古典大学制度转变为现代大学制度的主要标志。

第二，现代大学制度是古典传统与现代品格的融合。现代大学制度不是凭空产生的，其根基和基础是有数百年历史的古典大学制度。另外，现代大学制度也不是其贡献者按照设计家们描绘的理想蓝图建造出来的，而是依托古典大学制度，在经年累月的办学中，不断尝试创新逐步建立起来的。因此，在现代大学制度的理解上，不能简单地将古典与现代隔离开来，以为现代大学制度就完全是一套与古典传统没有任何关系的全新的制度。事实上，任何国家的现代大学制度都既包含了对古典传统的继承和发扬，又包含了具有现代适应性的现代品格。

第三，现代大学制度是学术使命与国家责任的统一。现代大学与古典大学的主要区别之一就是其学术性，现代大学几乎就是为了学术而存在的。制度是现代大学履行学术使命的保障和屏障，它使学术居于大学的中心，使学术成为大学的最高价值，使大学排除一切干扰和诱惑而致力于学术的繁荣。这正是现代大学先发国家能够出现一批世界一流大学的根本原因所在。但现代大学制度并没有止于这些，自现代大学产生开始，它就将自身的使命与国家责任紧紧地联系在一起。正如 20 世纪初期担任普林斯顿大学校长的伍德罗·威尔逊在其著名的演讲《普林斯顿——为国家服务》（Princeton in the Nation's Service）中所指出的：

"一所大学能在国家的历史上占一个位置，不是因为其学识，而是因为其服务精神。在我看来，大学如果要正确地服务于国家，那么其所有的课堂都应该有处理各种社会事务的氛围。当国家走向成熟时，我们不敢超然物外，不能自我封闭。令人兴奋的发展已成过去，我们的生活日渐紧张和困难，我们未来的资源在于精密的思考、审慎的态度和明智的经济；学校必须成为国家的学校。"[3]将学术使命与国家责任统一起来，是现代大学制度的发明，它不仅表现在大学的组织建制上，而且表现在大学运行的各种程序要求上。

第四，现代大学制度是普适性与本土化的有机结合。自18世纪后期以来，世界各国大学都走上了现代化之路。在这一世界性的变革中，各国大学都有着共同的标识，这就是现代大学制度的普适性特征。在如何保障学术的中心地位、如何保护学术人员的权利、如何使大学免除来自社会的非学术的干预等方面，各国大学都有一些共同的制度安排和要求。因此，现代大学在国际上有着高度的可辨识性。但与此同时，各国现代大学都是扎根本土的，没有哪一个国家能够完全移植一所外国现代大学，也没有哪一所现代大学不经适应性变革能够在不同的国家得到举办和发展。这种普适性与本土化的有机结合点就是现代大学制度，它将现代大学的精神和价值与各国本土的文化和需求予以规范，使其在具体国家的现代大学中融为一体，从而能够在具体国家甚至世界发挥其应有的功能。

2. 现代大学制度的价值诉求

从现代大学制度的基本属性看，不能将现代的大学制度都纳入现代大学制度的范畴。在一些国家大学制度的建设中，其现代化转型并不彻底，有的还沿袭了传统的制度，有的杂糅了其他各种制度。如果不加区分地将这些大学制度都看作现代大学制度的话，那就模糊了现代大学制度的界限，混淆了现代大学制度的精神。

现代大学制度既有一般的社会制度所共有的价值追求，又有其特殊的价值选择。与一般社会制度一样，它具有规制价值，是约束大学师生员工行为的准绳，是指导大学内部各种关系的准则，是平衡和协调大学外部关系的桥梁和"减震器"。它还具有激励和惩罚价值，对于有优异的绩效和先进的教职员工，它会给予应有的奖赏；对于失范的工作、不良的行为、拙劣的业绩，它也会给予相应的惩处。除了一般的制度价值外，现代大学制度还负有弘扬现代大学精神、实践现代大学理想、维护现代大学使命、捍卫现代大学尊严之责。这就是现代大学的特殊价值，即现代大学的核心价值诉求，也是现代大学制度的公正性之所在。可以说，一般价值是现代大学制度的形式价值，核心价值是现代大学制度的本质价值。一个国家的大学制度是否具有现代性，既要看其一般价值的实现程度，更要看其核心价值的达成度。

3. 大学制度的公正性

人类社会在发展过程中，逐渐形成了庞大而复杂的制度系统。一定的制度承载着相应的伦理价值，好的制度能够将人们的行为引向善，促进人类的文明与进步，相反，坏的制度则可能使善良受到压制，社会发展受到阻碍。正如邓小平所说："制度好可以使坏人无法任意横行，制度不好可以使好人无法充分做好事，甚至走向反面。"[4]虽然不同时代人们对制度的价值考量有着不同的标准，但作为一种公共产品，制度的公共特性决定了它适用于所有人，社会在对制度进行设计、选择与实施时，是否遵循公正原则，决定了社会对权利和义务进行分配时的公正化程度和状态。当公正性成为制度的核心价值追求时，社会才能确保其成员的基本权利和义务得到合理分配，制度也才能为全体公民所认同和接受。没有公正性，制度便没有了存在的意义与价值，公正性是制度的灵魂，是制度的首要价值取向。

大学是依靠制度维系其存在和秩序的，制度对于大学是不可缺少的，制度不单规制大学的秩序，而且倡导大学精神，保障大学功能的实现。大学制度的价值是多元的，在历史的演替中，大学制度随大学的变革而变化，大学制度的价值选择也因此而发生改变。在大学制度的诸多价值中，公正性是任何时期都不曾动摇的主要价值选择。公正是对大学精神的坚守，是对大学使命的捍卫，是对大学意义的弘扬。正因为有了公正，大学制度能够使大学历经数百年历史洪流的激荡而岿然不倒，将自身的意义发扬光大，让人类社会在曲折中实现进步，在愚昧中走向文明。

大学制度的公正性是大学永续的要求。在人类历史的长河中，大学既保有了其与生俱来的属性，又不断地充实新的内涵。在不同的历史时期，大学制度在保持其公正性的同时也是不断变化的，而且大学制度的公正性也随大学内涵的不断充实而不断更新，具有新的意义。古典大学制度的公正性就在于维护大学作为文化的、神圣的、精英的、自主的、静止的属性，使古典大学的功能得以实现。现代大学制度的公正性随着大学从古典走向现代，其属性和内涵已经有了新的内容。因此，在现代大学的转型过程中，大学制度的变革既是现代大学属性和内涵的要求，同时也是促成现代大学形成的重要的动力。当然，大学制度的公正性也随现代大学的出现而具有了新的内容和意义。

二、现代大学制度的公正性原则

现代大学制度的公正性以其保障现代大学精神和理想的实现为原则。在现代大学的实际运行中，制度应当从实现现代大学办学目的出发，协调各种办学活动和各种利益关系，使现代大学在各种利益关系的博弈中捍卫学术标准，并由此实现服务社会和国家，甚至整个人类社会的目的。

1. 程序公正是基础

程序公正是现代大学制度公正性的外在表现形式，既体现在现代大学制度的制定过程中，又体现在其表达方式上，还体现在制度的执行中。具体地说，就是现代大学制度的公开性、参与性和公平性。程序公正是现代大学制度合法性的体现[5]，也是现代大学制度公正性的基础。

公正的现代大学制度首先应当是公开透明的。没有公开性，制度便形同虚设，也无所谓违反制度。现代大学制度的公开性与社会的民主进程是相联系的，置身于现代民主社会的现代大学，每一个人都是民主精神的倡行者与捍卫者，每一个人都是大学制度的执行者与规范者，每一个人都是大学利益的相关者。所以，每一个大学人都应当了解现代大学制度，既知晓其形式要求，又理解其实质内涵。坚持公开透明，形成阳光办学的风气，是现代大学制度程序公正的要义。

公正的现代大学制度是具有高度的参与性的，体现在让其成员和利益相关者参与到制度的制定、实施、评价、监督全过程中，也就是让有关主体能够充分地行使自己的民主权利，受到充分的尊重。现代大学制度不应当是由上级强加的，也不是大学的某种集权机构单方面制定的，更不应当是集权体制下主要领导人个人意志的展现，而应当是在充分协商的基础上形成的为人们所共同认可的制度，具有高度的可信性和认同度。所有大学人和利益相关者既是现代大学制度的实践者，也是评价者和监督者，任何破坏现代大学制度的行为和人员都会为大学人所不齿，而成为大学制度制裁的对象。

程序公正还表现为现代大学制度的公平性。公平性要求现代大学制度秉承人人平等的原则，不搞特殊化，不为个人或特定群体预留特殊权利，不给破坏或违反制度的行为和人员以豁免权。现代大学不是特权领地，不论大学内外，制度面前一律平等。在现代大学办学过程中，不仅涉及学术制度，而且涉及行政制度，不同的制度所调节事务是不同的，其要求各有不同，但在公平性上，却没有差别。任何个人，如果违反了制度规定，应当接受制度的惩处，而不能因为身份地位等原因而免除或逃避制度的制裁。公平是权威的保障，缺乏公平的现代大学制度是不可能具有权威性的。

2. 实质公正是本质

实质公正是指现代大学制度内在的公正性。公正的现代大学制度是将意识形态的公正理念融入到现实的制度中，并通过相应的法律法规和运行机制予以实现，它不仅反映着现代大学制度的目标导向，而且反映着现代大学制度有关各方的利益关系。实质公正是现代大学制度合理性的体现[6]，也是现代大学制度公正性的本质所在。

现代大学制度必须保障学术目的的实现，这是实质公正的第一含义。大学是不同于其他社会组织的学术组织，现代大学承担着培养人才、科学研究、服务社会、传承和创新文化等学术使命，这些使命都是通过师生的学术活动实现的。在现代社会，不论实行什么体制，不论社会政治、经济对大学提出什么要求，大学制度必须捍卫学术的品格和学术的尊严，必须能够防范和抵制来自内部和外界的对学术的干预和干扰，在学术价值与其他价值之间筑起一道不可逾越的"防火墙"，使学术价值在大学得到彰显，使学术目的得到实现，从而使大学能够履行社会所赋予的根本职能，发挥其作为社会轴心机构的作用[7]。

第二，现代大学制度必须保障学术人员的权利能够得到实现。学术是现代大学的生命线，离开了学术，或学术不能成为核心，现代大学也就不复存在了。教师，包括研究人员，是学术人员的主体，学生是正在成长中的学术人员，学术的活动和功能都直接地体现在学术人员的行为中，大学师生以学术为纽带，在学术活动中实现大学的学术目的。因此，在现代大学中，学术人员能否居于大学的中心位置，真正成为大学的"主人"，是否拥有对学术及相关问题的决策权和掌控权，是现代大学制度完备与否的主要标志，是现代大学制度是否具有实质公正的主要表现。

第三，现代大学制度必须有效地调节内外部各种利益关系。现代大学已经发展成为复杂的社会组织，其复杂性不仅超越了古典大学，而且超越了其他几乎所有社会组织。现代大学也不再是独立的利益团体，在其自身的学术利益之外，还具有广泛的社会利益，在现代大学内部和外部，各种利益关系纵横交错、错综复杂，各种利益相关者在利益博弈中有竞争也有合作。现代大学制度必须能够有效地协调这些关系，合理调节各种利益关系，在保障大学的学术价值和利益不受侵害的同时，尽可能地满足各方面的要求，使现代大学与社会各方保持良性互动的关系。

第四，现代大学制度必须捍卫大学作为学术组织的存在。学术组织是大学的身份标记，是社会识别大学与其他社会组织不同身份的特性。但在大学的建立和发展过程中，其学术组织的身份时常会出现模糊化或身份替代。在非常时期，大学常常成为社会的"焦点"，大学的人员、场地环境、科学研究等常常受到特别的"关照"，成为利益攸关的各方争夺的对象。在稳定时期，社会政治组织希望大学成为政治组织或准政治组织，社会经济组织希望大学成为市场化的组织，但大学必须保持和坚守其固有的身份，大学不能由此变成军事组织、政治组织、经济组织或其他文化公益组织，这是根本之所在。现代大学是学术组织，制度必须具有能够捍卫其身份的功能，能够使大学正常地弘扬学术使命，最大限度地实现其学术组织的价值。否则，就不是现代大学制度，就没有发挥现代大学制度应有的作用。这就是现代大学制度实质公正性的体现。

3. 程序公正与实质公正的统一

程序公正和实质公正的统一是现代大学制度的效度的表现，只有二者的统一才能保证现代大学制度发挥其应有的作用。程序公正具有工具性意义，它从"纯粹"规则的意义上体现现代大学制度的公正价值，保证在办学过程中师生员工及其他相关人员享有正当的权利，维护他们正当的利益诉求，限制各种利益相关方面对大学的功能性活动进行不正当干预或干扰，以减少制度制定和执行过程中的技术性失误，使制度能够有效地服务于健康有序的办学秩序，从而达到办学的目的。实质公正则具有目的性意义，它不但自身就是目的，而且还是程序公正的目的。[5]任何程序都是为了达到一定的行为结果，是达到预期目的的手段与方法，所以，现代大学制度的程序公正最终指向是实质公正。缺乏实质公正的大学制度，即便程序再公正，也会因偏离学术而使大学的学术使命难以完成，其自身也失去了存在的价值与意义。因此，程序公正与实质公正是现代大学制度公正性不可或缺的两个部分。在现代大学制度的制定和执行过程中，既要追求程序公正，又要追求实质公正。只有二者高度统一，现代大学制度才具有较高的质量，才可能更好地服务于学术的发展。

三、现代大学制度的公正性危机

现代大学制度的公正性是其固有的属性，但这并不意味着具有公正性的现代大学制度不会遭遇危机，从而使现代大学丧失其制度的公正性，也并不必然意味着现代的大学一建立就能使其制度具有公正性。这种公正性危机在任何国家都可能出现，是世界现代大学制度面临的共同挑战。

1. 公正理念的深层危机

现代大学制度的公正性是伴随着现代大学制度的建立而形成的，而现代大学制度的公正理念则是在现代大学的发展过程中逐步得到完善的。回顾现代大学两百多年的历史，其制度公正性危机往往首先表现在公正理念的危机上，也就是用其他的理念来影响或取代公正理念。尤其是 20 世纪后半期以来，现代大学制度的公正理念受到了越来越严重的挑战，以至于现代大学制度的公正性面临被消解的危险。

在现代大学后发国家，制度的公正理念本身缺乏牢固的高等教育基础，也缺少必要的社会文化背景，所以，其在现代大学制度形成过程中的确立及维护本身就是一个难题。我国是现代大学后发国家，现代大学制度的公正性一直是我们所期盼的。从 19 世纪后期至今，众多教育家和大学内外的有识之士为此作出了不懈的努力，但至今仍存在诸多不尽如人意之处。从《国家中长期教育改革和发展规划纲要（2010—2020

年)》（以下简称《教育规划纲要》）提出的"完善中国特色现代大学制度"的要求看，我国大学建立现代大学制度的任务仍十分艰巨。从其着眼点而言，在现代大学制度的公正理念问题上，我国大学还存在很大的不足。

2. 公正主体的边缘化

现代大学制度不仅存在制定者和执行者，而且存在现代大学所涉及的多重利益的拥有者、分享者或代表者。尽管大学的功能具有永恒性，大学本身也是永续的，但在各类主体诉求的满足上，现代大学制度是有限的，它只能遵循公正性理念，优先满足特定主体的诉求。这一特定的主体即公共主体，也就是现代大学本身，以及直接担负现代大学功能活动的教师和学生。现代大学面临内外多方面主体的利益博弈，同时也在进行主动或被动的判断与选择。正是在这种博弈与选择中，现代大学制度也在进行适应性变化，有的是积极的，有的是消极的。制度的积极变化是现代大学更具有适应性，能在更加纷繁复杂的内部关系以及与社会的关系中，保持自身的公正性，更好地履行学术的使命。制度的消极变化则导致大学的现代性遭到消减，制度本身的公正性受到侵蚀，学术的地位发生偏移，公正主体被边缘化。

公正主体边缘化的现象在不同国家的表现是不同的，原因也各有差异。在现代大学先发国家，主要表现为公正主体地位向边缘转移的趋势，社会其他利益相关者对公正主体地位的侵蚀或替代。其主要原因包括：社会政治变革、国家出现极端的政治统治、国家通过法律和财政手段调控以及市场的渗透等。但在现代大学后发国家，主要表现为制度公正性的不确定或发生偏移或被替代。其主要原因包括：社会文化传统、政治体制、政府管理方式以及市场化的渗透或市场的强力干预等。在现代大学先发国家，制度本身具有较强的自我调节功能，当制度公正主体地位发生转移的时候，制度本身会启动纠错机制，通过自身的调控能够使这种转移回归原位，或在公正性原则下建立新的平衡。但在现代大学后发国家，制度本身不具有纠错功能，当公正主体发生偏移的时候，它只能依靠外部力量来进行矫正。我国是现代大学后发国家，现代大学制度本身的不完善使其公正主体长期处于偏移状态，难以发挥制度本身应有的积极作用。现代大学制度建设应当借助外部力量，在高等教育管理体制改革中，逐步消除大学制度公正主体地位偏移的问题。

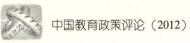

3. 程序公正与实质公正的背离

现代大学制度是程序公正与实质公正的统一，二者的背离不但将使制度本身丧失其功能，而且将使现代大学违背学术使命，异化为"准"其他社会组织，或徒具学术组织之名，实则以其他社会使命为自身的目的。程序公正与实质公正相互背离的现象主要有两种表现：一是程序公正背离实质公正，即程序公正不能服务于实质公正，成为现代大学制度实现实质公正的羁绊。这一背离主要是现代大学制度程序公正所要求的公开性、参与性和公平性等与实质公正所包含的保障学术目的、捍卫学术人员的权利、调节各种利益关系、维护大学作为学术组织的存在等要求不相匹配，尤其是在参与性和公平性等方面不能保障学术人员应有的权利。二是实质公正背离程序公正，即单纯地为了实现学术目的，不顾程序公正的要求，或违背程序公正的要求，强力推行某些政策。两种背离都会影响现代大学制度的有效性，影响现代大学制度的工具意义与目的意义的相互依存、相互支持，从而使程序公正和实质公正都难以达到应有的要求。

四、现代大学制度公正性的实现

尽管现代大学制度的公正性具有某些普遍的特征和要求，但要解决公正性危机问题，不仅要遵从那些普遍的特征和要求，而且还应当结合具体国情和社会文化传统与现实，从大学制度公正性危机的实际表现和原因入手，探讨相关的因应之策。

1. 树立公正价值理念

建立现代大学制度，就是要树立公正价值理念，解决制度的本质性问题。树立公正价值理念不是大学单方面的事情，应当从内外两方面着手。就大学内部而言，在制度改革与建设中，一方面，应当从确立学术的中心地位入手，巩固和强化学术的影响力，落实和保障学术人员应有的权利；另一方面，从制度上增强办学的公开性，践行阳光办学，使所有办学行为不仅为广大师生员工所知晓，而且全员参与性和代表参与性都能得到有效的保障。就大学外部而言，在制度完善中，一方面，应当进一步明确大学不同于政治组织、政府机构、经济组织的身份，遵循高等教育规律，从制度上落实大学相对独立的法人地位，赋予大学自主办学的权利，改变全方位包办代替的管理方式，减少乃至杜绝直接的行政干预和干扰，使大学回归其本来角色，自主履行学术的功能；另一方面，改革办学体制和管理体制，建立以大学自主办学为基础的各方利益相关者治理机制，建立开放机制和信息公开制度，增强大学办学的透明度，维护各方的公平关切。总之，树立公正价值理念，就是要在观念上进一步明确大学制度程序公平和实质公平的价值导向，使现代大学制度建设朝着正确的方向进步。

2. 落实公正主体的地位

落实公正主体的地位，是建立现代大学制度的基本要求。《教育规划纲要》提出："推进政校分开、管办分离。""政府及其部门要树立服务意识，改进管理方式，完善监管机制，减少和规范对学校的行政审批事项，依法保障学校充分行使办学自主权和承担相应责任。"这是从外部落实大学制度公正主体地位的重要举措。但如何才能将"政校分开"，实现政党、政府与大学的适度分离，除了需要改进管理方式外，还应当进一步明确定位政党、政府和大学的身份，用必要的制度规范它们各自的行为，使其在其特定的范围内发挥功能，减少相互干预或干扰，从而使大学能够在制度的框架下，发挥应有的社会功能。从内部来讲，大学应当通过制度创新，逐步建立和完善一套以学术人员为核心的、由各类组成人员共享管理权力的治理机制，使学术人员、行政人员及其他相关人员各归其位，各行其职，殊途同归，共同为实现现代大学理想而工作。建立服务于学术发展的运行机制，建立教授治学的组织机制，为充分发挥学术人员的学术修养和专业智慧的作用创造有利的条件。[8]

3. 保障程序公正与实质公正的统一

建立现代大学制度，必须解决程序公正和实质公正相背离的问题，实现二者的统一。要达到这一目的，在现代大学制度建设中，首先，应当使程序的公正性和实质的公正性得到保障。只有二者本身的公正性得到保证，二者的统一才具有可靠的基础。否则，即便形式上统一了，还是难以发挥应有的作用。其次，应当使程序公正服从并服务于实质公正。现代大学制度的公正性是完整的，不是相互割裂的。建设现代大学制度，应当坚持程序服从于实质，手段服务于目的，在制度设计上做到民主化，让各利益主体平等参与，体现制度的原则公平、起点公正；在制度执行上做到科学化、规范化，使制度的执行过程不偏离大学的学术价值与学术目标；在制度监督上做到广泛性、合理化，将制度的严格执行与普遍公开的监督结合起来，最大限度地减少制度执行过程中人为的不公平现象。最后，应当使实质公正完整地融入程序公正之中。实质公正要反映在有形的制度上，需要有必要的制度保障其实现。建设现代大学制度，既要坚持实质公正，坚持学术逻辑与学术标准，使大学精神得到践行，学术价值得到张扬，学术理想得到尊重，又要坚持形式与内容的统一，在制度的制定和执行中，将实质公正的要求融入其中。只有将捍卫学术的地位、保障学术人员的权利、保证学术价值的张扬等与大学制度的公开性、参与性和公平性结合起来，才能真正实现程序公正与实质公正的统一，才能维护学术的尊严和价值，使大学能够按照其自身逻辑办学，从而达到弘扬学术、服务社会、造福人类的目的。

参考文献

［1］别敦荣. 现代大学制度建设必须服务于全面提高高等教育质量［J］. 大学：学术版，2012（1）.

［2］李工真. 德意志道路：现代化进程研究［M］. 武汉：武汉大学出版社，1997：52.

［3］Princeton in the Nation's service［EB/OL］.［2012-02-10］. http://infoshare1. princeton. edu/libraries/firestone/rbsc/mudd/online_ex/wilsonline/indn8nsvc. html.

［4］邓小平. 邓小平文选：第2卷［M］. 北京：人民出版社，1994：333.

［5］［6］别敦荣，吴国娟. 论大学制度的公正性［J］. 教育研究，2006（7）.

［7］别敦荣. 我国现代大学制度探析［J］. 江苏高教，2004（3）.

［8］别敦荣，徐梅. 去行政化改革与回归现代大学本质［J］. 中国高教研究，2011（11）.

（别敦荣系厦门大学教育研究院教授；

徐梅系济南大学党委统战部部长）

王长乐

关于建设现代大学制度基本原则的思考

我国的现代大学制度建设，可以说是仿照现代企业制度的概念提出来的。由于世界各国在教育水平上存在差异，所以这个"现代"在有些"西方大学中不仅早已实现，而且已经变革，并且正在经历着再次变革"[1]。在我国建设现代大学制度应该坚持以下基本原则。

一、教育性或本真大学原则

现代大学制度建设的基本原则，亦即第一原则，就是要保证大学是一个名副其实的高层次教育机构，要按照大学的本质和逻辑来制定大学中的各种制度。

第一，要保证大学在本质上是培养人才和发展文化的机构，是以研究学术和传播知识为核心活动的机构，大学活动的基本价值取向和精神主旨是追求学术、文化、知识的进步，是培养人格健全、富有智慧和责任感的优秀人才。大学中的价值及活动目标虽然是多元的，但其活动的基础和前提必须是知识的原则和逻辑，知识、学术、文化是大学"万变不离其宗"

的宗。但在我们以往的大学观念中，大学的定性却是扑朔迷离的，甚至是互相矛盾的。在此处承认大学为学术机构，应该遵循学术的逻辑活动；在彼处则强调大学为意识形态的一部分，应该成为服务于政治、经济的工具。在理论上承认大学是应该享有独立自主权利的教育和学术机构，但在实践上却对大学的活动广泛干预，如教学计划制订及课程设置等等。所以，关于大学的定性问题，是我们进行现代大学制度建设应该解决的前提性问题。

第二，大学活动的动力及为社会服务的自觉性，主要不是来自大学外部的压力或荣誉，而是来自大学内部的活动目的和教育自觉性，是大学活动的逻辑使然。亦即只要是真正的大学，必然会产生上述的结果。学术自由、大学自治、教授治校等原则，就是大学作为大学的基本条件，这些条件虽然随着社会的发展形式上有所变化，但其基本精神不会改变。比如德国大学中的自由、科学、修养、寂寞等特征，美国大学中教师教学自由和学生学习自由等特征，都作为大学的共同精神财富而被全世界的大学借鉴和应用。所以，现代大学制度建设应该积极地维护或营造这些特征，而不能抑制或忽视这些特征。因为这些特征既是现代大学制度不可缺少的基础，也是被世界大学发展证明为真理并为世界大学普遍遵循的"通例"。

第三，大学是一个世界性的事物，其思想和制度是在世界范围内都适用的，也是世界各国大学之间进行交流和合作的基本条件。世界各个国家的大学，都首先必须是大学，其次才是某个国家的大学。所有国家的大学都应该具备世界大学的基本特征，才能够为世界同行所接受和承认，也才能产生大学应有的教育价值和文化意义。

第四，有人在论及大学制度建设时强调中国特色[2]，但是，任何大学的国家特色都应该与"世界大学通例"的精神主旨相一致，人们对于大学的国家特色的维护，不能以损害大学本质或宗旨为条件。因为如果没有大学本身，那就根本谈不上某国特色大学了。另外，在大学对外学习上，无论是任何国家的大学，只要是他们做得好的，我们都应该虚心地学习，不能为了强调中国特色而使中国大学的内在品质游离于世界大学的标准之外，影响中国大学的国际评价和国际比较，影响中国大学按照世界优秀大学的标准进行制度和文化建设。同时，不能为了追求"世界一流"，就使大学变成逐名的机器。

二、系统性及整体性原则

大学是人类历史上延续时间排名第二的社会组织[3]，这一方面表明其性质、宗旨、功能与社会发展的趋势和逻辑具有极大的一致性，另一方面表明大学组织具有顽强的自我发展、自我完善的自觉性和能力。大学的复杂性特征要求人们在思考大学问题的时候，必须秉持系统性、整体性的观念和方法。而依据系统性、整体性的思维原则来思考现代大学制度建设，则有如下问题应该注意。

第一，我国现代大学的历史虽然只有一百多年，但其发展历程却跌宕起伏、曲折复杂。目前大学中的问题，从横向组织的角度看，有大学与政府、大学与社会之间的关系问题；从横向观念的角度看，有大学与政治、经济、文化、科技等方面的关系问题；从国内外大学比较的角度看，有我国大学与国外优秀大学的差距问题；从纵向角度看，有过去大学与现在大学相比的优劣势及如何对待自己传统和习惯的问题。因为我国大学虽然历史不长，但其形态却非常丰富。有晚清时期的大学、北洋时期的大学、抗战前后的大学、解放区和根据地时期的大学及新中国成立后的大学等。新中国成立后的大学，又可以分为"文革"前的大学与"文革"后的大学两种形态。而在大学的纵向关系中，新中国成立后"一律公办"的政策，虽然有现实的社会及历史原因，但其完全"官办""一统天下"的国家政策及观念倾向，不仅使大学的理性观念和制度资源严重缺乏，而且使大学高度同质化。又由于我国大学在建立初期就承担了艰巨的救亡图存使命，因而其初始的"中体西用"方针就存在着轻视大学逻辑和规律的国家功利主义及工具主义意识，使大学没能够按照"世界大学通例"建立以"3A原则"（学术自由、学术自治和学术中立）为基础的大学制度，进而没有形成为学问（知识）而学问（知识）的教育和文化传统，以及保护大学教师知识及文化创造权利、尊严的组织及习惯。可见，我国大学的历史中既有财富，也有包袱，需要我们以整体性的观念和系统性的方法解析和评价大学的现状及问题，以理性的态度建设现代大学制度。

第二，由于现代大学制度建设的构想，来源于现代大学的理念，因而现代大学制度建设的关键，并不是具体的制度本身，而是作为制度思想基础及精神主旨的现代大学观念。可以说，有什么样的大学理念，才会有什么样的大学制度。相对于大学制度的内涵而言，大学理念的水平最为重要。在现代大学制度建设的过程中，虽然需要制定出体现大学规律的显性的大学制度体系内容，但是更需要创造出一种境界更高、精神更通达、能够为各方面人士所接受的教育思想和大学理念，以其作为现代大学制度建设的精神支柱和文化土壤，既保证现代大学制度能正常发挥作用，又保证现代大学制度能够被理解、尊重及进行与时俱进的修正。所以，进行现代大学制度建设的前提，是通过深入的现代大学制度理论研究，创造出先进的大学制度理论，以此作为大学制度建设的思想依据。

第三，就大学制度的层次而言，宏观的亦即国家层面的大学制度是上位的，微观的亦即具体学校的办学及管理制度是下位的。一般而言，微观的大学制度要以宏观的大学制度为前提，以其提供的原则和价值取向来确定自己的制度内容。所以在大学制度建设的顺序上，宏观的大学制度在先，微观的大学制度在后。这种顺序可以说主要是欧洲国家大学制度的形成模式。当然也有例外，那就是美国大学制度的形成模式：先有微观的大学制度，并由许多微观的大学制度整合出美国的"国家不管大学"（自由发展）的宏观大学制度。而在宏观的大学制度中，世界各国大学的制度虽然存在分权和集权的差异，但在凡是大学皆拥有学术自由、大学自治、教授治校等基本特征方面则是没有差异的。在集权型的法国、德国、日本等国，一是大学校长是大学的独立法人和绝对责任人，拥有对大学发展和决策的绝对权力，不像我国的大学校长仅仅是学校的行政负责人，其对学校发展和决策的影响是有限的。二是这些国家大学校长的选拔和聘任，政府只有批准权，而没有选拔权，主要的权力属于大学中的教授会或评议会。由于选拔校长的组织本质上是一种学术组织，集合了校内师生的意愿及社会各方面的要求，因而对校长的要求偏重于学术成就及社会影响力，保证了校长选拔的学术性标准，从而保证大学不会滑向行政机构或准行政机构的方向。而我国目前的大学，大多数行政化性质严重，这种体制中的大学缺乏一个集中的办学或治校理念，大学校长很难成为大学实质性的灵魂，大学中的发展规划、干部选拔与大学中的行政管理权力从逻辑上讲是分离的，大学中的学生知识教育与思想教育也是分离的，不同系统根据不同的标准组织活动，极可能造成大学中"自行其是"的状态。由此，大学可以说很难形成由校长教育思想支配和引导的个性特色。我们对此必须具有清醒的认识，以免陷入简单化的误区。事实上，国内外的大学制度，是互有长短，很难简单化地移植和仿效，因而在进行现代大学制度建设的时候，我们需要对中外大学制度的长处，进行综合性的评价和理性的吸收，避免褊狭、简单、虚无、功利等倾向，使拟议中的现代大学制度科学、合理、文明、先进，真正成为我国大学发展的基石。

三、突破性及超越性原则

现代大学制度建设作为新时期大学制度的发展目标，必须具备突破和超越两个特征。突破和超越的内容是多方面、全方位甚至是基础性的。其中既有思想理论方面的内容，也有组织制度方面的内容，还有传统、习惯、风气方面的内容。

第一，由于我国大学制度在很大程度上还延续着"政教合一"的传统，与"中体西用"的办学观念还存在着深厚的传承关系，封建社会中的政治功利主义传统还深刻地影响着我国大学的制度和文化，因而现代大学制度建设不仅要承担消除大学中现实制度积弊的任务，而且要承担消除历史积弊的使命。建设现代大学制度必须进行的突破和超越的重要工作，就是消除由政教合一传统遗留在现实大学制度中的行政化思想和意识，消除将大学确定为政治附庸的观念和意识，确立大学是研究高深学问机关的观念，确立大学为依据知识和文化逻辑活动的学术和文化机构的观念，在大学的定性问题上实现突破，为借鉴和吸收世界先进大学制度破除障碍。而对大学思想和制度的历史性突破和超越，就是对我国大学长期继承的政教合一传统体制的超越，就是对我国大学从创办时就确定的工具性功能观念的超越。显而易见，对前者的超越是应该建立现代国家的教育及大学法律制度，以法制的原则确定教育与政治及其他社会要素的关系。对后者的超越是应该变单一的工具性需要为意义性与工具性有机结合的大学功能观念，使大学的地位由被动性的附庸地位上升到能够自主决定自己活动的主体位置，真正地获得法律赋予的独立地位、权利、尊严及责任。另外，对历史性的大学思想和制度的超越，不仅是指对过去封建社会中教育思想和制度的超越，而且包括对现当代直接影响现实大学制度的根据地大学、新中国成立后大学、苏联大学思想和制度的突破和超越。尤其是后者，更是我国现实大学制度的思想基础和渊源。

第二，我国现在大学制度的思想来源主要有两个方面。一是中国历史上的政教合一及新中国成立初期从苏联移植来的党政不分思想，二是改革开放以后从西方输入的经济管理思想。这两种思想的交互作用，衍生出现实大学中的两种显著的现象：一是以政治意志和需要为主导的行政化现象，二是以功利和工具意识为主旨的技术化现象。这两种现象的共同特点和作用，就是消解大学中优秀教师的作用和权威，抑制大学中的高深学问研究，忽视大学普世性的真善美人格追求，使大学活动平庸化，使大学的价值和意义虚无化。对其超越必须涉及两个方面：一是必然要触及大学与政治的关系，因为这是进行大学制度改革最核心也最为严峻的问题。虽然有学者认为，建设现代大学制度并不完全是调整大学与政治的关系[4]，但是我国现代大学制度建设所面临的最主要问题，就是如何调整大学与政治的关系问题。因为这个问题既涉及大学的定性，亦即大学是什么的问题，又涉及大学的标准，亦即是依据世界大学通例来办大学，还是依据行政意志和政治需要来办大学的问题，这是进行大学制度改革无法绕过去的基本问题。如果说大学制度决定大学的品质，大学品质决定大学的功能和作用的话，那么，我们在大学与政治关系问题上的态度将决定大学制度的水平。而处理大学与政治关系的难度在于，从历史的角度看，在蔡元培先生时期，不自由就是大学发展和进步的最大障碍。为了破除这个障碍，蔡先生不惜以"我绝不再任这不自由的大学校长"的通电形式，呼吁"应该将教育交给完全的教育家去办"，蔡先生的"通电"发出至今已有90多年，教育政治化的现象可以说没有任何改观，可见其难度之大。从现实的角度看，由于我国在新中国成立后并未打破绵延上千年的政教合一制度，一直将教育看成是社会的上层建筑，使教育对政治的依附关系不断得到强化，大学组织在很大程度上成为行政机构的延伸。对于这种不正常的大学形态，国家虽然数次立法（如《教育法》《高等教育法》等）试图改变这种状态，但都收效甚微。而世界大学通例则显示，自由、自主是大学思想和制度的根基，大学若舍此则不成其为大学。所以，我们是否敢于直面大学与政治的关系，能否处理好大学与政治的关系，将是对我们的改革勇气和教育智慧的考验。而如果不能突破大学对政治的附庸性质，现代大学制度的建设将无疑成为空谈。二是"官办"作为举办大学的一种形式本是无可非议的，然而当这种形式成为唯一的形式，以及转变为带有垄断性质的形式时，其功能便包含了压迫性。而诉诸社会活动逻辑，可知我国传统观念中的政府办大学，实际上是政府代替纳税人办大学。政府为大学投入的经费，并非是政府自己的资金，而是纳税人的资金；政府并非是大学投入资金的终极所有人，而只是纳税人的代理。纳税人的意志并非是政府的意志，更不是政府主管官员个人的意志。在没有得到纳税人委托的情况下，政府及政府官员无权将自己的意志强加于大学。主导教育活动的人应该是那些理解和敬畏教育规律、本质、宗旨的教育家及广大教师。他们秉持的教育品格和精神，他们信仰和追求的教育理想和目的，与教育经费的终极所有人的意愿是完全一致的。因为纳税人在委托或聘请他们承担教育工作的时候，就表示了对他们教育观念的认可和赞同。对此，我们必须明确的认识是：大学进步和发展的真正力量及原因，绝对是在大学的内部而不会在大学的外部，没有任何一个政治家会比教育家们更懂得大学活动的规律和宗旨，更理解大学教育的真谛和本质，更坚决地维护和捍卫大学的本质和原则。所以，要相信广大师生和教育家们能够承担大学进步和发展的使命和责任，实行大学自治只能促进大学的发展和进步，而不会影响大学的功能和意义。政府与大学关系的立足点，应该是促进和保证大学的发展，而不是为了保证或扩张自己的利益。所以，政府应该以大学的进步为主旨，学习和借鉴国内外先进的大学制度，支持大学身份和地位的独立和自由，帮助大学尽快地形成自我发展、自我完善的自主办学制度体系，让大学成为真正的文化和知识活动机构，发挥文化和知识机构应有的影响和作用。而世界大学发展的历史也证明，大学的本质是自由和独立，不独立或没有自由的大学是不会有前途的。所以，现代大学制度的内涵和精神，一方面应该深入大学师生们的内心，得到他们真心的认同和支持；另一方面应该充分体现大学师生们的意志和信念，包含真实地尊重他们权利、尊严、人格、荣誉的内容，体现他们的精神追求和情感需要，使他们的学术权利能够得到充分保证，他们的精神可以得到寄托，他们的劳动能够得到尊重和回报，并能够让大学师生感到安心和舒心。

四、逻辑一致性原则

在我国现代化建设的过程中，曾经流行过一种权宜性的思维和行为方式，这种权宜性思维和行为方式的典型特点，就是不认真研究社会的发展变化规律，不正视和面对社会现实及自身的问题，把复杂的问题简单化，对社会发展和进步持简单化及得过且过的态度。比如，在鸦片战争失败的初期，只是就事论事地希望制造坚船利炮以"以夷制夷"；当发现坚船利炮不足以"制夷"时，才想到要全面学习西方的"声光化电"等科学技术；进而才逐步想到要学习西方的科学思想及民主制度（目前更多限于经济制度），而缺乏日本在明治维新时便倡导要"脱亚入欧"的彻底和豪迈。而这种权宜性方式背后隐藏的保守、懒惰、自私心理及被动态度，与"定于一尊"的封建思想相结合，使我国的现代化建设在思想上缺乏长远的目标和规划，缺乏彻底革新的胆识和理想，拒绝世界上先进的理念和制度，漠视和忽视存在于民间的优秀思想和卓越智慧，迷信权力和虚幻的权威，使我国的现代化进程步履艰难，科学和民主仍是我国努力和奋斗的目标。这种权宜性的思维和行为方式，在我国改革开放的进程中依然时隐时现，诱导人们见难题就绕，只注重短期效益，致使实用主义观念盛行。其对我国大学发展的影响，就是在大学发展的决策上，不愿意花费心思进行深入细致的理论研究，不敢直面大学本质与社会其他方面组织的"结构性矛盾"，无意用艰苦的劳动建立符合教育规律的大学制度，而是秉持头痛医头、脚痛医脚的对策性思维，致使大学在改革活动中常常出现具体制度与大学原则不一致、以前的改革措施与以后的改革措施不一致、同时期的教育政策与教育法律内容不一致等现象。尤其是一些重大决策往往缺乏"左顾右盼、瞻前顾后"的全面效应，缺乏保证大学"长治久安、宁静致远"的高远境界，无法使大学的改革"毕其功于一役"。比如对大学发展影响巨大的大学扩招、高校合并、大学收费、教学评估等举措，虽然其合理性一目了然，但其缺陷也很明显，其影响和效果也备受质疑。这些问题致使人们虽然不断地研究改革，但大学中的旧问题并没有解决，新问题又成批地滋生出来，使大学这个昔日被社会分外敬重和神往的知识和文化重镇，成为被社会倍加指责和诟病的机构，甚至被称为"计划经济的最后一块堡垒"，以及"精英移民海外"的理由。所以，我们进行现代大学制度建设，应该注意大学制度内容的逻辑一致性，其对大学内外关系处理的合理性，积极克服权宜性思维和行为习惯，深入地研究大学组织的本质及规律，虚心地吸收教育家们的有益理论和方法，在大学性质、治校原则等重要问题上达成共识，以拨乱反正的气派制定出具有深远意义的新的大学制度。

而要保证新制度体系在逻辑上的一致性，以下观点必须明确。一是现代大学制度的制定，虽然是大学的利益相关者的博弈过程，但这个博弈过程却并非是随心所欲的，而是一个权利和责任对称的过程，博弈的胜利者虽然使自己的思想或理论转化成为制度，但也相应地要承担自己思想转化为制度的责任，这是保证博弈健康进行的逻辑约束。二是现代大学制度体系的建构，虽然是新时期大学发展的基石，但也不能仓促决策，而应该在理论层次上进行深入研究和充分讨论，破除思想障碍和制度积弊，把问题消灭在理论研究阶段，使现代大学制度的思想根基合理而深厚，为大学的世代延续打下基础。目前要警惕那种立足现行法律水平研究现代大学制度的观点，以这种观点建立的现代大学制度，是所谓的"现在"大学制度，而非"现代"大学制度，因为这种大学制度的精神主旨并没有实现人们期待中的超越。三是教育家办教育本是天经地义的事情，可是由于早期过度强调教育的阶级性，堵塞了教育家治教的途径，致使我国现行的大学体制，对教育规律的体现很不彻底，教育制度难以体现教育真谛。其在教育观念方面积重难返的程度，甚至使人们忽视了由教育家主导教育这个常识，因而倡导和支持教育家办学，起码应该是教育理论研究弘扬的内容。四是改革开放后的大学，虽然经历过拨乱反正，但仍然有许多理论性问题和制度性问题没有得到解决。基于发展中国家教育跨越式发展的经验和规律，在大学及主管大学的教育行政机关都无力主导大学制度改革的情况下，呼吁卡理斯玛（意为"具有非凡魅力和能力的领袖"）发挥作用不失为一种积极的选择。

在我国的教育理论研究中，一直存在着这样的问题：当大学现实行为背离大学规律时，我们是服从教育规律而修正教育行为呢，还是为了维护政策及制度权威而漠视教育规律呢？诉诸实践，可知我们的选择往往是后者而不是前者。这样的选择虽然有许多社会或历史原因，但其结果却是以牺牲大学的发展机会及品质提高为代价的，其对大学进步的阻碍是显而易见的。与此相联系，在目前的大学制度理论研究中，主要有两种明显不同的观点：一种是立足我国大学实际，对现代大学制度建设持谨慎而渐进的态度；另一种是立足世界大学通例，对现代大学制度建设持积极而大胆的态度。前一种观点认为，对现行的大学制度无须进行大的修改或变动，只需运用"加法"的方式，对大学的教育和管理内容进行添加。比如，在现行的大学管理机构中增加教授会、对大学教师实行"非升即走"的制度、对教师的教学和科研实行分类管理等。这种观点与我国高等教育的改革实践同步，在改革的过程中没有风险或风险很小，容易为各方面所接受。后一种观点是立足大学的本质回归，从学术逻辑入手，强调大学的"3A原则"，期望大学思想、精神、制度的根本性改变。这种观点的核心是强调在大学中确立学术自由原则，而要保障学术自由，又必然需要建立保障学术自由的大学自治、教授治校制度，从而与世界大学通例同义。这种观点由于具有革新性和颠覆性，含有完全否定现行制度的风险，因而其观点的表达者们一般都是"理智地"点到为止。然而，依据本文上述的基本原则，后一种观点无疑值得肯定和推崇。当然，由于该观点强调对大学制度进行彻底的革新，因而其实施的代价可能比较高，工作难度比较大，或许正因为如此，实践该观点的意义更重大、更深远，才是我国大学制度改革应该的选择。

由于我国的大学制度是与政治制度同质同构的，因而大学的制度改革不仅是大学内部改变规则的问题，更是大学思想和观念的革新问题，是大学走出传统的"行政或政治本位"逻辑的思想转型问题。而要完成这样的变革，需要来自国家层次的力量和主导。为此，需要改变国家的大学认识，亦即在国家的层次上，要改变对大学的传统观念，承认大学是研究学问和培养人才的专门机构，而不能是简单的社会政治或经济的工具；承认大学需要通过自治来实现自己的理想和对社会的责任，从而不能仍然将大学当成准行政机构来指拨和控制；承认大学应该由教育家按照教育规律来独立办学，从而积极进行大学体制的转型，让大学成为《高等教育法》中规定的独立法人。

参考文献

［1］韩水法. 世上已无蔡元培［J］. 读书，2005（4）.

［2］邬大光. 建设有中国特色的大学制度［J］. 中国高等教育，2006（19）.

［3］张维迎. 大学的逻辑［M］. 北京：北京大学出版社，2004：18.

［4］张应强. 把大学作为学术组织来建设和管理［J］. 中国高等教育，2006（19）.

（王长乐系江苏大学教育学研究所所长，教授，博士）

□ 王洪才

再论现代大学制度的结构特征

一、现代大学制度的建构逻辑

学术界对现代大学制度关注已经很久了[1]，但对现代大学制度的确切内涵及建设方略始终没有达成比较一致的意见[2]。对现代大学制度结构特征这个专门话题从文献检索的结果看，仅笔者于 2006 年在《复旦教育论坛》第 1 期发表过该方面的论述。文中笔者明确提出现代大学制度在结构上的四个特征，即开放性、适应性、民族性和国际性。[3] 之所以提出这些结构特征主要是从现代大学制度的生成性特点进行阐发的。这一探索与笔者之前关于现代大学制度的价值导向[4]、现代大学制度内涵及其规定性的探索[4]，及与之后对现代大学制度雏形[5]、现代大学制度与高教强国建设关系[6]、高水平大学校长选拔制度[7]、大学内部治理结构[8]、大学制度的历史继承[9] 和未来展望[10] 等探索构成了一个系列。笔者今天重新审视现代大学制度的结构特征问题，发现需要进一步加强方法论的探索。在进行方法论反思之后，发现需要进一步强化现代大学制度的生成性特征，从历史比较的视角对现代大学制度的结构特征进行重新阐释。

在此，我们首先将突出文化对话的逻辑[11]，即我们所探讨的现代大学制度，一方面是基于对传统大学制度进行的反思，另一方面则是对国际上先进大学制度的借鉴。我们认为，任何制度在构建过程中都借鉴了国内外的制度建设经验，如堪称拥有当代最发达的高等教育体系的美国大学制度就是在传统的英国大学制度基础上，吸收洪堡的德国大学制度，再根据本国发展需要进行创造而形成的。[12]所以中国大学制度的建设过程也不能缺乏这一比较借鉴过程。

故而，我们今天所说的现代大学制度既不是洪堡时代的德国大学模式，也不是流行于当代的美国大学模式，必然是基于中国社会经济发展建设需要的新型的大学制度——中国特色的现代大学制度或中国大学模式。如此，现代大学制度建设过程就具有以下鲜明特征。

一是批判性或反思性。此即指对传统大学制度批判或反思。这一点是比较容易理解的，可以说，没有对现行制度的批判就没有改革的必要，也没有建立新型制度的可能。

二是建构性或生成性。此即指新型大学制度处于探讨摸索过程中，还缺乏一个理想的摹本。这说明它不可能是既定的，而是一个建构的存在，是一个面向未来的存在。

三是针对性或目的性。此即指我们建设现代大学制度的目的是提升学术创新力，促进知识生产，换言之是为了解放学术生产力。更进一步说，是为了建设世界一流大学，为了建设国家创新体系，为了中国社会经济发展获得持久的动力源。[13]

四是创造性或探索性。此即指现代大学制度探索是有明确的价值吁求的，从长远目标而言是为了建设中国的大学模式。要实现中国目标，就必须与中国文化实现有机的融合，否则就很难建立一个稳定的学术发展机制。所以，对现代大学制度探讨，最终也是为了探索中国的大学模式。[14]如果不能与中国文化结合的话，大学制度就很难获得持久的生命力。[15]

中国最初的大学制度就是从西方搬过来的，但在搬迁过程中却与落后的中国文化特别是封建文化传统实现了结合，而没有与中国文化中具有创造力的文化进行结合，这一点是阻碍中国大学发展的重要根源。这才产生了蔡元培在北大的改革。即使在当下，中国大学发展仍与传统的"学而优则仕"的文化传统结合比较紧密，也与传统的中庸文化结合得比较紧，讲究一种非常实用的文化。在现代大学制度建设中，应该自觉地剔除传统文化的糟粕因素，弘扬中华民族的优秀文化，从而推进学术发展。

二、传统大学制度的结构特征

本文所说的传统大学制度就是当下的大学制度，也是从计划经济时代继承下来并不断被改造的大学制度。提出建设现代大学制度的目标，就是对这个制度改造过程的继续。

由于传统大学制度是计划经济的产物，所以它带有浓厚的计划经济时代的特征，在制度结构上总体而言是一个刚性的结构。现行的大学制度虽然经历了30余年的改革开放浪潮的洗礼，但并没有完全脱去计划体制的特征。[16]市场经济要求国家赋予每个个体以充分的自主性，但由于各种因素的影响，至今大学的办学自主性不强，学术创新力不足，大学的行政化趋势仍然在蔓延，这已经成为大学制度建设中迫切需要解决的问题。[17]

改革开放以来，中国高等教育体制确实已经进行了众多重大变革，如大学的自主权越来越多，特别是以"985"为首的大学。但这些自主权并没有成为大学学术创造的动力，反而为行政权力扩张提供了机会，这就不能不促使人们反思，我们的大学制度究竟出了什么问题以及该如何进行改革。必须承认，现今的大学学术管理基本上没有脱离计划管理的框框，计划学术的特征非常明显。尽管许多大学获得了招生、专业设置、课程开设和教学管理等许多方面的自主权，但没有发挥出学术创新的效力，甚至不少高校认为这些自主权是个负担。我们不得不说这是传统的高教决策体制造成的，因为这种决策体制的特点是自上而下的，而非自下而上的。如此，下放的自主权就没有实质性的作用。这样决策体制下的大学制度在结构上具有以下三个明显的特征。

1. 行政中心性

行政中心性是指在大学制度构建中始终把对行政权威的服从置于第

一位，而对其他利益主体的地位没有给予应有的尊重。[18]实质上就是坚持"单一主体说"，即在一个制度设计中学者的自由意志没有得到尊重。[19]如果没有学术自由，学术创造性就不可能出现。当然，如果不尊重办学者的意志的话，大学对社会的主动反映能力就不能发挥出来，就无法正确引导学术方向，也无从办出学校特色。同样，如果不尊重学生的主体地位，那么所培养的人才就不具有创造潜力，因为很难设想他们在缺乏创造价值观的引导下的自发成长的结果会怎样，因为他们还不是自觉的能动的主体。[20]

　　行政中心性特征在今天的集中表现就是越来越严重的大学行政化现象。[21]大学行政化的真实含义乃是指大学中的官僚主义作风日盛，对权力的追求代替了对学术价值的追求，从而使大学产生与学术文化疏离的现象。我们认为，如果大学行政化趋势得不到抑制，大学的知识创新能力就无法发挥，那么我国建设世界一流大学的理想就无法实现[22]，当然也不可能实现中华民族伟大复兴的理想追求。

2. 自我封闭性

　　传统大学制度在结构上的另一个重要特征就是自我封闭性。虽然大学与外界有一定的交往，但社会力量无法影响到大学的决策，因为外部资源对其制约作用很小。除非大学能够真心地对待社会的需求，否则就不能听到社会的声音，也不可能对自我产生重大变革的需求。封闭性结构一方面是大学对实业界意见倾听不够，另一方面是大学对于学术界的批评声音也不够重视。

3. 身份等级性

　　传统大学制度在结构上再一个重要特征就是等级性。等级性既形成一种资源分配体制，也是一种权力结构，它直接决定了话语权力大小。显然，这种等级划分是与计划体制联系在一起的，也与科层制结构联系在一起，这首先表现在不同大学之间的地位是不平等的，而这种不平等主要是以行政级别相区别的。这种不平等的关系明显加剧了大学之间的封闭性，阻碍了大学之间的交流与合作。当然，这种封闭状况也不利于大学之间开展公平竞争。因此，克服传统体制刚性，去除行政中心性、自我封闭性和身份等级性就是现代大学制度建构的重要任务。

三、现代大学制度的构建原理

面对传统大学制度所造成的种种不利的局面，现代大学制度建设就必须从根本上予以改变。我们认为，现代大学制度建设必须遵循一定的原理，如此，建设现代大学制度才是有规律可循的。

1. 学术创新原理

现代大学制度在本质上就是要服从于学术本位的逻辑，还原大学作为学术组织的本性。[7]首先要服从于"学术创新第一原理"（以下简称"学术创新原理"），也就是大学里一切制度安排或权力结构设计即资源配置应该以激发学术创造性为中心。行政机构的架构应该服从于学术发展的需要，而不是根据行政意志来发展所谓的学术。

学术创新原理蕴涵了大学的使命和学者的天职。大学的使命就是发现知识、整理知识和传播知识。学者的天职就是对知识的真伪进行批判，提出自己系统的见解，并采用理性对话的方式，将自己的认识传播出去。学者从事这一工作的前提就是服从良心自由原则，即不接受任何外在的强制命令，只服从于内心的对真理的审判决定。

学术创新原理意味着大学管理部门要相信学者具有自我批判能力，能够尊重客观事实，自觉地探索客观真理，自觉地维护国家和民族利益，自觉地代表人民大众的声音，能够反映做人的诚实和良心。一句话，就是要承认学者的能动主体的地位。

学术创新原理也意味着学术自由与学术自律是并行不悖的，没有学术自律就谈不上学术自由。学术自律不仅是学者个体的修养，更是学术行业的律则。为此需要加强学术行业自治，提高学术行业的门槛，加强学术规范建设，从而为现代大学制度建设创造良好的社会氛围。

2. 大学自治原理

现代大学制度建设的第二原理就是大学自治原理，即大学管理者也要把大学自身作为一个自觉的能动的实体，认为它具有自我负责的精神，它会关注自己的经营状况、社会声誉，希望把自己打扮成社会的良心，它在本质上也希望把自己当成一个学术机构，一个传播真理的机构。从大学的本心出发，它希望自己是一个真正的知识探讨机构，是一个具有社会责任感的育人机构，是一个能够为社会提供多方面服务的智囊机构，还是一个能够将最新科研成果迅速地转向生产应用的转换站，也是一个能够促进大学生顺利进入职业生活的服务机构，特别还是一个服务于人的终身成长的教育机构。[23]

大学自治原理意味着大学必须成为一个独立承担社会责任的机构，是一个独立的法人实体，是一个能够独立表达自己意见的机构，从而能够对社会上形形色色的现象作出对错是非价值判断，否则大学就无法承担培养高级专门人才的责任，就无法为社会提供智力咨询，当然更无法服务于人的终身发展需要。

大学自治原理同时意味着大学能够管理好自己的学术事务，在学术该怎么做方面它们应该最有发言权，它们会以学术诚实的态度来对待学术事务管理。因为学术是一个高度专门化的行业，外部指令常常是无效的。

大学自治原理并不意味着完全不需要外部监督，因为学术自身也常常具有保守性的特征，所以加强社会问责是必需的。但社会问责必须以不干涉学术事务、不妨碍学术的独立判断为前提。

3. 社会共治原理

学术本位逻辑的第三原理则是社会参与治理原理（简称"社会共治原理"）。任何机构、任何人的行为都有自己的局限性。对于大学自治而言，也并非就是纯粹的内部人治理，而外部人参与有可能会纠正学术自身的保守性和偏执性乃至武断行为。因此，有效的社会参与治理能够抑制学术重大偏颇的发生，也能够避免学术走进纯粹象牙塔的死胡同。在当代社会，学术如果不能为促进社会经济发展服务，则是大学的失职。

社会共治原理的提出是当代社会经济发展的反映。当今科学进入大科学时代，传统的单学科作业和由大学独立承担的研究任务越来越少，社会发展不仅需要认识上的突破，更需要实践中的突破，要使理论认识发挥实际效用就必须与社会实践部门紧密结合起来，倾听社会多方面的声音，这就要求在大学制度设计中将社会力量的代表吸纳过来，成为大学管理制度构成中的一个有机组成部分，而不是在大学与社会之间建立壁垒。

社会共治原理意味着学术活动并非一个独语行为，它需要与社会需要直接形成一个有效的互动机制。因为真正的学术需要反映客观存在的问题，这些问题必定是社会发展的客观需求，而绝非学者头脑中可以杜撰出来的，学者只有在与社会进行有效的互动时才能够发现这些问题。社会参与治理能够把社会意见直接地反映过来，从而使其能够尽快地得到学术界的回应，这也是提高学术工作效率的重要渠道。

社会参与治理也是遏制大学行政专断行为的有效武器。大学的科研量化考核把大学教师几乎全部的精力都吸引到论文发表上，而不关注他们是否在研究真正的问题，所研究的问题是否能够解决现实社会发展中的关键问题。如果社会意见能够参与到大学决策中去，就能够有效地平衡学术与行政两者之间的关系，从而使大学的行为更稳健。

4. 学习自由原理

学术本位逻辑所延伸出的第四原理则是学习自由原理。这个原理是指有效学习永远是基于一种自由的、自发自愿的状态才能发生。学习只能被吸引、被激发，最终仍然是依赖于个体主体性的发挥。学习自由与研究自由服从于同一个原理，即好奇心的激发。教学活动应该尊重学习自由原理，充分发挥学习者的主体性和能动性。

学习自由原理是学习自主性规律的反映。传统的灌输式的教学就没有尊重学习自主性规律，使大学里流行着照本宣科的教学模式。在这种学习氛围下，学生的智力得不到发展，学生的创造潜力得不到激发，学生对学术就不会感兴趣，那么学术的后继人才就得不到有效的培养。

学习自由原理之所以重要，就在于其为大学教学制度构建提供理论基础，也为大学科研制度改革提供支持。在任何大学里，学者始终都是第一位的主体，而大学生就是另一个最重要的主体，而且是人数最多的群体。大学行政管理者只有在把学者和学生当成主体之后才能使其成为真正的主体。

有了学习自由之后，才可能有教学自由，才可能有课程设置自由，也才可能有学术研究自由，最终才可能出现学术创新。如果不能确立学习自由的地位，其他的一切自由都谈不上。

四、现代大学制度的基本构成

探讨现代大学制度构建的原理是为探讨现代大学制度的组织架构服

务，现代大学制度的组织架构也必须反映现代大学制度运转的逻辑。

1. 学术权利保护制度

反映学术创新第一原理的制度要求尊重学者从事学术活动的自由，为此就要求建立广泛的保护学术自由的制度，这是现代大学制度的基础结构。这一制度包括三个方面：一是从宪法和法律方面保护学术自由，即在未来宪法修订中更加明晰地规定学术自由保护范围，并且在具体的部门法中制定更加明确的实施细则，如在《高等教育法》修订中或未来制定的专项的大学法或学术权利保护法案中明确作出规定等。二是从行政管理制度上进行设计，这种制度设计是宪法和法律规定的具体化，并成为审查大学办学行为是否合法的重要依据。三是从大学内部组织管理办法中规定学术自由权利保护的具体实施程序。西方大学特别是美国大学所实施的教授终身制就是一种实践中保护学术自由的大学制度。可以说，保护学术自由制度是现代大学制度建设的核心内容。

当确立学术自由这一根本制度后，学者的学术权利就得到保障，大学的具体制度设计都围绕这一制度而展开。如大学的机构设置就以此为准，大学机构设置必然涉及人员的配置，也必然涉及人员招聘原则、人员的管理规定、机构运转的规则等。因此，学术自由制度是根本，人员招聘管理是核心，学者积极参与是关键。

2. 大学独立法人制度

大学自治原理要求国家不直接干预大学事务，大学自行制定发展规划，自己决定自己的办学定位，政府依法管理大学。这意味着必须承认大学的独立法人地位，确立一种大学独立法人制度。此外，大学自治原理要求学术委员会作为一个实质性发挥作用的机构，能够对学术发展计划提供基础性的意见。大学管理在于服务于学术发展，有效地分配资源，促进学科协调发展。大学独立法人制度、学术与行政权力平衡制度是现代大学制度的实践机制，是现代大学制度从理想走向现实的关键。大学独立法人制度要求建立新的大学校长选拔制度，这是平衡学术权力与行政权力的关键设计。如果大学校长由上级任命，而学术委员会又由校长任命的话，学术权力要发出独立的声音就变得不可能。相反，如果校长遴选经由教授会决定，那样校长就不可能单听上级的意见而无视教授会的声音。[24]

3. 社会参与大学治理制度

社会共治原理要求大学决策机构必须吸收社会人士参与，发挥对学校发展的建议作用。这就意味着大学在申请设立过程中、在具体章程规定中必须建立自己的监事会机构。监事会作为大学最高决策机构，负责组织大学校长的选拔过程，负责监督大学校长的权力实施，负责调整学术与行政权力的平衡关系，负责学校发展方案的审议。该机构的设立是大学自治的前提。而在这个决策机构中，必须能够充分地反映社会意见，所以，它不能单纯由内部人构成，更不能由大学校长任命的行政部门首脑构成，它必须能够反映学术的声音、行政的意见、社会方面的意见。[7]

4. 大学生参与学校管理制度

学习自由原理要求大学开放专业选择，在课程设置上更加反映学生的成长需要，并且在教学管理制度设计上使学生能够对教学直接发表意见。同时，学习自由原理也包括大学生实现学习自由条件的呼吁权利，即学生有权对大学提供的各种服务提出自己的意见。所以选修制、学生参与评价制都应该是一种基本的管理制度。

需要说明的是，除上述四种基本的制度设计外，大学校长选拔制度也是至关重要的，因为大学校长选拔制度的改变正是反映权力结构变化的风向标，也是现代大学制度建设的突破点。[7]这样就形成了从一般到具体制度的进化逻辑。但现代大学制度实践在很大程度上取决于大学校长的创造，因而实践的逻辑往往是反向的，因为大学制度建设成功是一个不断尝试、积累经验和经验提升为一般制度的过程。[25]

五、现代大学制度的结构特征

现代大学制度的基本内涵在于重新确立政府与大学的关系、大学与社会的关系、大学与学术的关系、大学与学生发展的关系[26]，使大学制度建设的重心围绕学术为本的逻辑展开，以实现知识创新为目的。这样就确立了以保护学术自由为基础的制度，以人员聘任管理作为实践载体的制度，以大学治理模式变革作为保障的制度，以保护学习自由为基本成果的制度。如此，大学制度的根本属性就发生了改变，它从传统的行政命令中心构架转向现代的学术为本的构架。在现代大学制度原理的指导下，现代大学制度在结构上表现出如下基本特征：

1. 主体多元性

它与传统的"主体单一性"相对，明确地承认现代大学的高效运转需要多方面合力，而非单由某一方面力量决定。特别是要使学术工作发挥出创造性的效力，就必须首先承认大学学者的主体地位，必须赋予大学教授以充分的自主权，使他们主动地从事学术研究。此外学生的主体地位、社会力量的主体地位都需要充分重视，他们在现代大学治理中的地位不可或缺。在多元主体的结构中，各主体在遵守法律规定的前提下是一种平等合作关系。[8]

2. 不断调适性

它与传统的结构刚性相对，是由于现代大学制度的建构性特征所决定的，因为现代大学制度构成不是一次成型的，需要一个不断调适的过程。因此，在权力分配过程中需要不断协商、不断磨合，需要充分发挥民主，同时更需要校长的创造才能。不断调适性意味着我们必须打破对现代大学制度形成的刻板印象，不要认为某一模型就是最理想的、最现代的。我们认为，最现代的大学制度也是最适合的大学制度，是最能够激发大学学术创造性的制度，它不是单一模型，而是有多个实践模型，而它们运作的内在机理又是一致的。如此就可实现高等教育体制的多样化的统一。

3. 有机开放性

它与传统的自我封闭性相对。现代大学制度在结构上是开放的，它吸纳社会治理的一些基本经验，乃至吸收企业法人制度作为自己的经验借鉴，当然要吸收国外大学制度建设的经验，这些都可以作为我国大学制度建设的内涵出现。当然大学制度建设的开放性是建立在尊重学术本位逻辑基础上的，不是一种简单的拿来主义；是有计划的，不是模仿与复制。有机开放性的另一个含义就是对民族文化的尊重，对传统优秀文化的萃取，并把这些优秀文化因子转变为大学精神并使之受到制度的保护。

4. 逻辑自洽性

学术本位，学术创新，是大学的内在逻辑，现代大学必须是在适应现代社会发展要求的基础上做好学术创新工作，从而更好地促进社会发展。各种有关大学制度的设计也不可能脱离这个逻辑，否则就变成了无效的大学制度。在大学制度构建过程中，不断地调适，形成一种逻辑自洽的结构系统是现代大学制度的努力方向。

现代大学制度是一个关于现代大学有效运作的制度系统，它是现代社会发展要求的必然产物，它产生于具体社会发展环境之中。我们认为，现代大学制度首先是一种保护学术自由创造的制度，其次是一种保证大学独立运作的制度，再次是一种促进社会有效参与管理的制度，最后也是一种适宜学生健康成长的制度。这样的大学制度结构就反映了多元利益主体的诉求，反映了它与社会需求不断调适的特性，同时也必须对外有机开放，最终要达到逻辑的自洽。多元主体性和逻辑自洽性是本文对现代大学制度结构特征认识的深化，而不断调适性和有机开放性则涵盖了之前的"开放性、适应性、民族性和国际性"四个特征。[3]

参考文献

[1] 彭江. 国内关于现代大学制度的研究综述［J］. 现代大学教育. 2005 (2).

[2] 刘楠，侯怀银. 21 世纪初我国现代大学制度研究：进展与趋势. 2011 (1).

[3] 王洪才. 论现代大学制度的结构特征［J］. 复旦教育论坛. 2006 (1).

[4] 王洪才. 论现代大学制度的价值导向［J］. 复旦教育论坛. 2005 (3).

[5] 王洪才. 现代大学制度的内涵及其规定性［J］. 教育发展研究. 2005 (11).

[6] 王洪才. 论现代大学制度雏形［J］. 中国高等教育. 2007 (13/14).

[7] 王洪才，张继明. 高等教育强国与现代大学制度建设［J］. 厦门大学学报. 2011 (6).

[8] 王洪才. 高水平大学校长生成机制导论［J］. 国家教育行政学院学报，2005 (8).

[9] 王洪才. 论大学内部治理模式与中位原则［J］. 江苏高教. 2008 (1).

[10] 王洪才. 想念洪堡. 复旦教育论坛［J］. 2010 (6).

[11] 王洪才. 现代大学制度：世纪的话题［J］. 复旦教育论坛. 2011 (2).

[12] 王洪才. 对露丝·海霍"中国大学模式"命题的猜想与反驳［J］. 高等教育研究. 2010 (5).

[13] 王洪才. 论中国文化与中国大学模式［J］. 华中师范大学学报. 2012 (1).

[14] 熊庆年. 制度创新与一流大学建设［J］. 清华大学教育研究. 2003 (3).

[15] 王冀生. 建设中国特色的现代大学制度：攻坚阶段我国高教改革的重点［J］. 高教探索. 2000 (1).

［16］张应强，高桂娟. 论现代大学制度的文化取向［J］. 高等教育研究. 2002 （6）.

［17］李江源. 略论计划体制下我国大学制度的特性［J］. 高教探索. 2001（2）.

［18］袁贵仁. 建立现代大学制度推进高教改革与发展［J］. 中国高等教育. 2000 （3）.

［19］别敦荣. 我国现代大学制度探析［J］. 江苏高教. 2004（3）.

［20］周光礼. 大学自主性与现代大学制度［J］. 大学教育科学. 2003（4）.

［21］杨东平. 现代大学制度的精神特质［J］. 中国高等教育. 2003（23）.

［22］王洪才. "去行政化"与"纪宝成难题"求解［J］. 高等理科教育. 2011 （2）.

［23］王洪才. 大学"新三大职能"说的缘起与意蕴［J］. 厦门大学学报：哲学社会科学版. 2010（4）.

［24］王洪才. 大学校长：使命·角色·选拔［M］. 上海：上海交通大学出版社. 2009，1-202.

［25］王洪才. 南方科技大学：一次现代大学制度的试验［J］. 高校教育管理. 2011（5）：29-34.

［26］王洪才. 论高等教育的四元结构理论［J］. 江苏高教. 2003（1）：19-22.

（王洪才系厦门大学高等教育发展研究中心教授）

□ 卢彩晨

中西大学制度理念比较分析

改革开放 30 多年来，我国已成为世界高等教育大国，是高等教育在学人口最多的国家。但我国还不是高等教育强国。尤其近年来随着我国高等教育规模的不断扩大，特别是"钱学森之问"的提出，高等教育质量问题越发引起了人们的担忧。究竟是什么原因导致我国高等教育处于相对落后状态？从深层次上讲，我国高等教育落后，根本上说是制度理念落后。

本文拟就中西方大学制度理念进行比较分析，一方面了解中西大学制度理念的异同，探讨大学制度理念的合理性和有效性；另一方面，期待对我国构建现代大学制度有所启示。

一、西方大学制度理念的形成与发展

自中世纪大学诞生以来，大学自治、学术自由、教授治校等大学制度理念一经出现，便始终贯穿于各个历史时期的大学制度之中，被称为现代大学制度的根基。

1. 中世纪西方的大学制度理念

现代意义的大学起源于中世纪的欧洲，当时的那些大学被视为现代大学的源头。之所以如此，就是因为在那些大学中出现了学术组织生存和发展的最基本的制度理念和制度，这些制度理念和制度虽历经近千年，至今不衰，成为现代大学的根基。

（1）大学自治。大学自治的制度理念反映的是大学与政府和社会的关系。大学一词的最初含义是行会，是学者为争取特许状而组织起来的行会组织。"大学，无论是教师的还是学生的，都仅仅是行会的一种特殊形式。大学的上升是 11 世纪时期在欧洲城市中广泛盛行的巨大结社运动的一波而已。"[1]学者行会这种组织形式包含着大学自治的制度理念，为大学发展提供了最初的制度理念基础，而且作为现代大学学术管理模式被继承下来，成为大学区别于其他社会组织的"永久性的标志"。正如许美德所言："大学一旦失去自治和成为教会或国家的卫道士的时候，也就失去了它的高水平的学术地位和可贵的社会批评职能。"[2]所以，无论后来大学如何发展变化，中世纪大学兴起时的大学自治制度理念始终如一地贯穿于大学发展之中，成为后世大学的组织根基。

（2）学术自由。学术自由的制度理念主要指大学成员教学和研究的自由。中世纪大学兴起时，学者们出于对知识的闲情逸致和好奇可以自由地讨论一些学术问题。研究表明，即使在当时看来不容置疑的宗教内容，学者们也可以从不同的研究角度，对其中的某些内容进行讨论和争辩。[3]所以，英国当代研究中世纪大学的学者科班（A. B. Cobban）说："学术自由思想的提出以及永久的警戒保护它的需要，可能是中世纪大学史上最宝贵的特征之一。"[4]伯顿·克拉克也曾讲述过："以思想和传授其思想为职业"，"把个人的思想天地同在教学中传播这种思想结合起来"[5]是中世纪学者的追求。从中世纪至今，学术自由的精神始终是大学不渝的目标和理想，已经成为永恒的大学制度理念之一。

（3）民主管理。民主管理的制度理念反映的是大学内部的师生关系和教师与教师的关系。中世纪大学是相对民主和平等的机构，这与中世纪社会等级森严的特征是相悖的。在大学里，没有特权阶层，教师人人有权利竞选校长或院长。比如，博洛尼亚大学是一所学生型大学，由两名学生出任大学校长，主管校务。学生民族团是大学的管理机构。大学成立了教师民族团和学生民族团。由于当时的博洛尼亚大学只有两个学部，即法学部和医学·文学部，所以成立了两个学生民族团，他们的首领担任校长，轮流管理大学的行政、司法和教学事务。两个民族团下面又设立了分民族团，各民族团的首领和两位大学校长组成大学委员会，协助进行大学管理活动并对校长进行监督。大学的最高管理机构是由全体学生参加的大学全体会议，负责制定有关学校的重大章程制度等。[6]

2. 18—19 世纪西方的大学制度理念

随着工业革命的发展和民族国家的形成，进入 18—19 世纪，大学制度环境发生了重大变化，与之相适应，大学制度理念也发生了很大变化。除对中世纪以来的大学自治和学术自由进行重新界定外，著名的理念就是教学与研究相统一、教授治学理念。

（1）教研统一。教学与研究相统一的制度理念主要体现在创建柏林大学的设想中，洪堡强调，大学的本质是"客观的学问与主观的教养相结合"。他主张大学成为保证学生通过探索纯粹的客观学问获得教养的机构。[7]他主张将教学与研究相统一。他希望通过哲学这门古代包罗万象的学科统摄一切学问，将各种具体和互不相同的学科有机地统合及联系起来，使学生获得的不是具体的和个别的互不关联的知识。教学与研究相统一的制度理念促进了德国科学研究的发展，扩展了大学科学研究职能，成为现代大学制度理念的一个重要组成部分，受到后人高度评价。

（2）教授治学。教授治学的制度理念主要体现在德国的讲座制中。在柏林大学的组织管理上，充分体现了教授治学的理念。越向下一级延伸，教授的权力越大。讲座教授不仅拥有领导研究所、设置课程、组织考试和自主进行研究的权力，而且直接从政府获得资金与设备，完全拥有资金的直接支配权。而到院、校一级，则更多的是协调工作，不直接介入教授的正常研究和教学活动。在教师选择与任用上，学术水平是选拔任用教师的最核心内容。[8]教授治学的制度理念不仅改变了大学的人才培养模式，而且极大地提高了大学的人才培养质量，更重要的是给世界大学带来了新的活力和生机，进一步推动了世界大学的发展。

3. 19 世纪西方的大学制度理念

19 世纪，世界大学中心逐步转移到美国，美国大学逐渐成为世界大学的典范。除继续遵循大学自治、学术自由和学者治校的大学制度理念之外，美国大学中出现了两权分离、社会参与、中介管理、服务社会等制度理念。

（1）两权分离。两权分离的大学制度理念，是指大学的学术权力和行政权力共同作用于现代大学，共同保证现代大学的运行与发展。正如布鲁贝克在《高等教育哲学》中指出的："正如高深学问的发展需要专门化一样，在学院或大学的日常事务方面也需要智能的专门化。"[9]随着大学规模的逐步扩大，大学组织管理的复杂性日益增加，这就导致中世纪一名校长可以负责所有大学事务的情况已无法适应组织膨胀的需要，学者治校的理念受到严重冲击，行政管理工作成为大学不可或缺的一部分，并逐渐形成了专门的管理制度。

（2）社会参与。社会参与的大学制度理念，其主要宗旨是为了更好地服务社会，实现大学与社会各界联合办学。这一制度理念主要体现在大学的董事会制度中。在美国，董事会是大学的法人代表，负责大学重大行为和与社会协调。董事会成员由校内外人士组成。如美国的圣约瑟学院的董事会由校友、企业老板以及慈善修女会的宗教成员等26名成员组成。[10]耶鲁大学19名董事会成员由校长、康涅狄格州州长和副州长及其他董事会成员组成。[11]由于董事会成员由校内外人士共同组成，这就为大学在政府、社会和大学自身之间达成平衡奠定了基础。

（3）中介管理。中介管理制度理念，反映的是这样一种情形：随着大学日益走近社会，政府和社会对大学的影响甚至控制注定无法避免。是遵循大学的学术标准来服务社会，还是遵循社会的标准来发展大学的学术问题日益凸显，在大学、政府和社会之间设立中立区或者缓冲地带，以协调大学、政府与社会之间的关系成为必然选择。于是，中介管理和服务在美国大学中逐渐出现。如美国大学协会、全国鉴定理事会、美国大学校长协会、美国大学教授协会、专业鉴定委员会、卡内基教学资金促进会等。[12]这些机构在大学与政府和社会之间搭建了广泛的协调、沟通桥梁，发挥了缓冲器作用。

（4）服务社会。随着人类的发展，经济社会对大学的依赖日益加深，越来越需要大学提供人才和科技支撑，越来越需要大学发挥更大的作用。19世纪以来，在美国大学中逐渐出现并形成了问题式研究制度、科学园区制度和科学教育与职业教育相结合的制度。[13]问题式研究主要是以依据社会现实需要提出问题为出发点，有针对性地沿着相关基础理论研究到应用研究，然后进入开发研究的顺序依次开展研究活动，它突破了传统的学术研究范式。问题式研究制度、科学园区制度和科学教育与职业教育相结合的制度，使世界大学的社会责任进一步增强，大学逐步从"象牙塔"走进了经济社会的发展中心。

4. 20世纪以来西方的大学制度理念

20世纪50年代以来，随着高等教育规模的不断扩大，以及大学作用的不断凸显，大学与政府、大学与社会、大学与大学、大学自身面临一系列新挑战，西方国家出现了新的大学制度理念，主要表现为法制化、自主化、民主化、社会化、市场化、国际化。

（1）法制化。20世纪50年代以来，各国都十分注重大学的法制化建设。如1991年日本重新修订了《大学设置基准》；1993年，德国重新修订了《高等教育总纲法》；1997年2月法国颁布了《巴鲁法》[14]；即使在英国这样的具有强烈的大学自治传统的国家，其"大学制度依然对法律赋权给予了高度关注"[15]，如1998年英国颁布了《教学与高等教育法》；2003年以来，日本又相继颁布了《国立大学法人法》《独立行政法人国立高等专门学校机构法》《大学评价、学位授予机构法》。

（2）自主化。自主化的制度理念反映的是大学与政府的关系，主要体现在大学的自主权上。20世纪以来，大学自治日益走向制度化和规范化。从权力分配的视角来看，各国政府都让渡权力给大学，但这种让权"绝不简单表现为政府放权于大学，而是从权力的合理性出发，以最有利于大学健康发展这一基本前提为价值，将本属于大学和社会，而且大学和社会能将这些权力应用得更好的内容让渡出来，使政府更集中力量于宏观管理"[16]。

（3）民主化。民主化是大学的本质要求和具体体现，是学者治校的演变，也是现代大学管理的一个重要原则，反映的是大学内部的管理与关系。比如，在美国，大学设立教授评议会、学术委员会和各种专门委员会，学校的种种事务通过不同委员会进行决策和监督。这些委员会具有广泛的教师参与性，教师通过参加这些委员会的工作，参与学校的管理。在德国，《德国高等教育总法》将政府的许多职能转给大学，并要求大学提高决策能力，强调"有关教学培养、科研及组织的决策都必须有不同群体代表的参与"[17]。这一规定，改变了过去单一的教授评议会组织模式，使教授、学生、行政人员都参与到大学的管理之中。

（4）社会化。社会化的制度理念反映的是大学与社会的关系，随着大学与社会的联系日益紧密，在大学制度上也发生了一些改变。比如在德国、美国，通过引入社会评价机制、鼓励社会组织参与大学管理等加强大学与社会的联系。在美国和日本，大学一方面通过规定董事会成员的构成，加强大学与社会的联系，另一方面，通过吸收社会捐赠款项，以及接受企业科研资助、建立大学科技园区等加强与社会的联系。董事会制度、大学科技园制度、捐赠制度等等，都体现了社会化的制度理念。

（5）市场化。市场化的制度理念主要是引入竞争机制，优胜劣汰。20世纪80年代以来，西方国家的大学制度日益摆脱官僚模式，通过转变政府职能、培植多元化市场主体、促进大学竞争等，引起了各国大学制度的深刻变革，逐渐使大学走进市场。如20世纪80年代末，英国撒切尔夫人上台后，对大学进行市场化改革，1988年通过的《教育改革法》和1992年通过的《高等教育改革法》明确地要求英国高等教育向"完全面向市场化的体制"转型。[18]1991年日本修订《大学设置基准》，以自由、弹性、个别化、绩效责任等取代之前国家对大学的垄断和管制。2004年又通过《国立大学法人法》，将传统的由文部省管理的国立大学法人改为"独立大学法人"，使大学成为脱离行政系统的自主经营的"私有化"独立法人。

（6）国际化。20世纪中后期以来，随着世界高等教育国际化的进一步发展，国际化的制度理念成为各国制定大学制度的一个重要依据。比如，1998年5月法国高等教育委员会提出了一份《构建欧洲高等教育模式》的改革方案，方案指出，欧盟内各国学生要长期到另一个国家学习，并要求至少到另一个国家学习一个学期，以建立欧洲的学位文凭。要建立欧洲高等教育的统一标准，进行共同评估。[19]此外，许多国家在国际化方面出台了一系列制度，如学分互认制度、合作办学制度、联合培养制度等等。

二、中国大学制度理念的形成与发展

中国大学制度理念的形成与发展，既是一个逐渐引进西方大学制度理念的过程，也是中西方大学制度理念相互叠加的过程。一方面，我国大学逐步移植了西方大学的大学自治、学术自由、学术权力等制度理念；另一方面，受政治、经济、文化等诸多因素影响，我国大学制度理念也具有自身的特殊性。

1. 清末的大学制度理念

我国第一所具有部分近代高等教育性质的学校是维新变法的产物。由于当时发展高等教育的目的是培养新型人才，巩固政治统治，因此，其大学制度理念主要表现为国家管理和"学""术"分离。

（1）国家管理。中央政府统一管理学校。高等学校的设置以及管理均由清政府所设的专门机构负责，非中央政府直接举办的学校也按照国家的统一要求进行管理。早期中央政府举办的高等教育机构为京师大学堂，其既是办学机构，也是国家行政机构。中央和地方共同举办高等学校，大学兼有人才培养和学术研究职能，由大学、专门学校和具有研究生教育特点的通儒院共同组成高等教育体系，这样基本确立了此后我国大学制度的基础。[20] 由清政府颁布的《京师大学堂章程》，首次以制度化形式对我国大学的性质、任务、管理体制进行了规定，它不仅是京师大学堂的办学章程，也是清政府关于整个大学制度的文件，是此后"学制的雏形"。[21]

（2）学术分离。高等学校从总体上分为两大类，一类为具有综合性的大学堂，另一类为高等专门实科学校。1904 年颁布的《学务纲要》提出，高等学堂"宜注重普通实业两途"，设立在京的大学堂必须八科齐全，省会大学堂至少设置三科，其目标是"端正趋向，造就通才"。这类学校以"学"为主，从事普通教育。在八科中只具有一科或两科的专门学校，为实科学校，其目标是造就各领域专门人才，即以"术"为本。[22]

2. 民国时期的大学制度理念

民国时期颁布了一系列大学制度，这些制度和条例进一步深化了国家管理和学术分离的制度理念。同时，教授治校、两权分离、依靠社会的制度理念在大学中也得到了很好的体现。

（1）教授治校。这一制度理念在北京大学表现尤为突出。1917年，蔡元培任北京大学校长，其以"研究高深学问""思想自由，兼容并包"和"教授治校"三大主张为基本办学理念，形成了系统的大学内部管理制度。根据教授治校的制度理念，在大学设评议会，为学校的最高立法机构，负责制定各项规章、决定学科废立、审核教师学衔和学生成绩、提出经费预决算等。评议会由校长、各学科学长和五名教授组成，教授每年选举一次，在全校范围内产生。各科设教授会，由全体教授组成，主任由教授选举产生，任期两年，负责教学与师生管理事务。[23]

（2）两权分离。除了主张教授治校之外，北京大学还成立了专门的管理机构。学校设立教务会，负责实施评议会决定的教务方面的事务。教务会由各系主任组成，从中选举教务长一人，主持教务会议，教务处为教务会的常设机构。学校设立行政会，为全校最高的行政机构和执行机构，负责实施评议会决定的行政方面的事务，行政会下设11个专门委员会，分管某一方面的行政事务。学校同时设总务处，在校长领导下主管全校日常行政事务和人事工作，总务处负责人为总务长，由校长任命。[24]这一管理体制不仅确立了学术权力与行政权力，同时使二者统一于学校的评议会之下，增强了学校统一管理学校事务的能力。

（3）社会参与。这一制度理念主要反映在东南大学的制度之中。与北京大学一样，东南大学也主张学术自由和教授治校，但同时也主张依靠社会办学。基于这一制度理念，东南大学建立了董事会制度。根据1924年东南大学章程，该校最高领导机构为董事会，负责决定学校的重大事务，审核学校的预决算，议决学校各系科的废举，向教育部推荐校长人选等。董事会人员由政府官员、工商业人士、学校教授以及社会上其他方面的教育专家组成。[24]

3. 新中国成立至改革开放前的大学制度理念

新中国成立后，我国大学制度的基本思想集中反映在第一次全国教育工作会议上所提出的教育改革方针中："以老解放区新教育经验为基础，吸收旧教育有用经验，借助苏联经验，建设新民主主义教育。"[26]这一时期主要的大学制度理念是统一管理、党的领导。

（1）统一管理。1950年5月，中央人民政府政务院颁布的《各大行政区高等学校管理暂行办法》规定："除华北区高等学校由中央教育部直接领导外"，"各大行政区的高等学校暂由各大行政区教育部或文教部代表中央教育部领导"。同年7月，政务院第43次政务会议通过的《关于高等学校领导关系的决定》规定："中央人民政府教育部对全国高等学校均负有领导的责任。"1953年10月颁布的《关于修订高等学校领导关系的决定》指出："高等教育部应逐步加强对全国高等学校的统一领导。"[26]1958年8月，中共中央、国务院又作出了《关于教育事业管理权力下放问题的规定》，提出实行中央和地方两级管理。[27]

（2）党的领导。1961年9月颁布的《教育部直属高校暂行工作条例》规定：高等学校实行党委领导下的校长为首的校务委员会负责制。高等学校的党委会，是中国共产党在高等学校中的基层组织，是学校工作的领导核心，对学校工作实行统一领导。高等学校的校长，是国家任命的学校行政负责人，对外代表学校，对内主持校务委员会和学校的经常工作。高等学校的系是按照专业性质设置的教学行政组织。系主任是系的行政负责人，在校长领导下主持系务委员会和系的经常工作。系的党总支委员会的主要任务，是做好思想政治工作和党的建设工作，团结和教育全系人员，贯彻执行校党委会、校务委员会的决议，保证和监督系务委员会决议的执行和本系各项工作任务的完成。[28]

4. 改革开放以来的大学制度理念

改革开放以来，我国大学制度理念发生了巨大变化，除继续保证和坚持党对学校的领导以外，主要的制度理念是权力下放、依法办学、自主管理。

（1）权力下放。1985年《中共中央关于教育体制改革的决定》明确提出了实施中央、省、中心城市三级办学的体制。此后，经过20世纪90年代的改革，中央政府对高等教育的管理权不断下放到地方，地方的高等教育管理权力不断扩大。中央政府直接管理的学校大量减少，地方政府也具有了高等学校举办权。高等学校的大部分专业设置权和部分研究生学位授权单位审批权逐步下放到省级政府。逐步形成了国家宏观管理，地方统筹管理的体制。

（2）依法办学。自改革开放以来，国家先后颁布了《中华人民共和国高等教育法》《中华人民共和国民办教育促进法》《高等学校境外办学暂行管理办法》《中华人民共和国民办教育促进法实施条例》《独立学院设置与管理办法》《中华人民共和国中外合作办学条例实施办法》等一系列法律法规，使高等教育逐步走上了依法办学的轨道。

（3）自主管理。1979 年 12 月 6 日，《人民日报》发表了复旦大学苏步青等 6 位著名校长、书记"给高校一点自主权"的呼吁[29]；1982 年，上海交通大学实行高校内部管理体制改革，1983 年先后有四省相应提出改革；1998 年《高等教育法》中规定了高等学校的 7 项办学自主权，从法律上明确了高校的办学自主权。随着高校办学自主权的逐步扩大，高校内部逐步建立起了自我调节机制，这是社会主义市场经济条件下的高等教育运行机制与计划经济条件下的运行机制的重要区别，也是我国高等教育体制改革的一次重大飞跃。

5. 当前我国的大学制度理念

2010 年《国家中长期教育改革和发展规划纲要（2010—2020 年）》（以下简称《教育规划纲要》）提出了我国现代大学制度的建设方向，其主要的大学制度理念是依法办学、自主管理、民主监督、社会参与。

《教育规划纲要》指出，要构建政府、学校、社会之间新型关系。完善学校目标管理和绩效管理机制。健全校务公开制度，接受师生员工和社会的监督。探索建立符合学校特点的管理制度和配套政策，克服行政化倾向，取消实际存在的行政级别和行政化管理模式。

公办高等学校要坚持和完善党委领导下的校长负责制。健全议事规则与决策程序，依法落实党委、校长职权。完善大学校长选拔任用办法。充分发挥学术委员会在学科建设、学术评价、学术发展中的重要作用。探索教授治学的有效途径，充分发挥教授在教学、学术研究和学校管理中的作用。加强教职工代表大会、学生代表大会建设，发挥群众团体的作用。

加强章程建设。各类高校应依法制定章程，依照章程规定管理学校。尊重学术自由，营造宽松的学术环境。全面实行聘任制度和岗位管理制度。确立科学的考核评价和激励机制。

扩大社会合作。探索建立高等学校理事会或董事会，健全社会支持和监督学校发展的长效机制。探索高等学校与行业、企业密切合作共建的模式，推进高等学校与科研院所、社会团体的资源共享，形成协调合作的有效机制，提高服务经济建设和社会发展的能力。推进高校后勤社会化改革。

推进专业评价。鼓励专门机构和社会中介机构对高等学校学科、专业、课程等水平和质量进行评估。建立科学、规范的评估制度。探索与国际高水平教育评价机构合作，形成中国特色学校评价模式。建立高等学校质量年度报告发布制度。

三、中西大学制度理念的异同

通过对中西大学制度理念的回顾，可以清晰地看出，西方大学制度理念具有内生性、渐进性、适应性，中国大学制度理念具有外生性、渐近性和依附性。中国与西方的大学制度理念既有相同之处，也有不同之处。

就二者的不同之处而言，西方大学主张自治、自由，而我国现代意义的大学自建立之初就表现出明显的"官制"和"管制"特征，这是中西大学制度理念最根本的区别。而且，曾几度出现"一抓就死，一放就乱"的局面。因此，《教育规划纲要》提出，要转变政府职能，管办分离，取消实际存在的行政化倾向，赋予大学更大的自主权，进一步彰显大学的学术权力，等等。

进一步从发展历程上看，西方大学的大学自治、学术自由、学者治校等大学制度理念始终贯穿于大学发展的历程之中，从最初的中世纪大学到今天的现代西方大学，随着时代的发展，这些大学制度理念日益成熟，已成为西方大学制度的灵魂。正如张应强教授所言："西方现代大学继承了中世纪大学的传统，坚持和弘扬大学自治、学术自由、学者治校的制度理念。尽管他们不断地在适应社会变革中做出某种改变，特别是由于受'经济力'的压制或驱动，政府对现代大学的控制或干预呈强化趋势，大学自治和学术自由的大学理念受到威胁，但大学自治的基本信念并没有动摇，它仍然是政府繁育或控制大学的边界。"[30]而之所以如此，他认为："根本原因在于西方社会形成了一种共识：大学是社会的学术与文化组织，要尊重并维护大学的主体地位和独立性，使大学按照自身的逻辑运行，并始终把大学作为社会的学术组织加以建设和管理。"[30]

　　反观我国的大学制度，其中的大学自治、学术自由、学者治校等制度理念，并没有贯穿于大学制度建设的始终。清代晚期，现代意义的大学在我国诞生时，这些制度理念被"国家化"制度理念所取代。到民国时期大学制度中才逐渐体现这些基本的制度理念。但是，新中国成立后，随着对旧式大学的改造，以及学习苏联的行政管理模式，大学自治、学术自由、学者治校等制度理念逐渐被中央集权和统一管理所遮蔽。尤其是"文化大革命"时期，高等教育几乎遭到了毁灭性的打击，连正常的教学都无法开展，更遑论现代大学制度理念和大学制度建设。改革开放以来，我国的大学制度中才逐渐体现了大学自治、学术自由、学者治校等理念。而且，随着经济社会的飞速发展以及大学在国家经济社会发展中的地位日益提升，社会各界和大学自身越来越认识到这些基本的大学制度理念的重要性。

　　此外，大学发展到今天，西方大学更主张引入市场竞争机制，主张市场化。在我国的大学制度理念中，市场化的理念还不十分明显。

　　从二者的相同之处来看，大学发展到今天，中西方都认识到大学是一个学术组织，大学自治、学术自由、学者治校等大学制度理念是构建大学制度的基本理念，是大学制度的根基。对大学要依法管理，要让社会各界广泛参与学校管理。

　　事实上，改革开放以来，我国的大学制度理念与西方大学制度理念逐渐趋同化。而且，近年来我国大学制度理念更加强调"大学是学术性组织""把大学当作学术性组织建设与管理"。我国大学制度改革的方向与大学学术组织制度日渐一致，而不是相互背离。一段时期以来，在我国大学制度改革实践中之所以大学制度改革没有完全达成预设的目标，主要问题不是理念不明确、不到位，而是制度及落实制度的措施和手段不到位，或者说，制度理念与制度实践之间存在着矛盾与抵触关系。根本原因就在于传统体制及其组织行为的惯性，制度改革所直接指向的组织行为方式在很大程度上仍然沿袭着"传统"和"惯例"。而且，"由于制度变革涉及利益格局的重新调整，往往会导致既得利益者的反对与抵制，同时，制度理念要被大多数人所接受并转化为具体的行为规范，也需要一个过程"。[31]

　　总之，通过对中西方大学制度理念进行比较，可以看出，中国的大学制度理念正日益走近大学这一学术组织的组织本质。我们相信，随着

《教育规划纲要》的进一步贯彻落实，随着高等教育改革的进一步深化，体现现代大学制度理念的现代大学制度将逐步取代那些背离大学组织本质的制度，中国大学将焕发出新的生机，实现新的跨越。

参考文献

［1］Hastings Rashdall. The Universities of Europe in the Middle Ages：Vol. I ［M］. Oxford Clarendon Press，1997：151－152.

［2］赵荣昌，单中惠. 外国教育史教学参考资料［M］. 上海：华东师范大学出版社，1991：167.

［3］Hastings Rashdall：The Universities of Europe in the Middle Ages［M］. Oxford：Clarendon Press，1985：161.

［4］Alan B. Cobban，The Medieval Universities：Their Development and Organization ［M］. Methuen & Co Ltd，1975：235.

［5］伯顿·R. 克拉克. 高等教育系统——学术组织的跨国研究［M］. 王承绪，等，译. 杭州：杭州大学出版社，1994：4.

［6］［7］黄福涛. 外国高等教育史［M］. 上海：上海教育出版社，2003：72－77，159.

［8］［12］［13］［15］［16］［20］［22］［23］［24］［30］张俊宗. 现代大学制度［M］. 北京：中国社会科学出版社，2004：93－94，101－105，101－102，202，201，221－223，227，228，3.

［9］约翰·S. 布鲁贝克. 高等教育哲学［M］. 王承绪，等，译. 杭州：浙江教育出版社，2001：37.

［10］何姝. "小"学院与"大"特色［J］. 大学：学术版，2010（2）.

［11］何姝. 世界一流大学的精神与气质［J］. 大学：学术版，2010（6）.

［14］贺国庆，等. 外国高等教育史［M］. 北京：人民教育出版社，2003：560－662.

［17］弗兰斯·F. 范富格特：国际高等教育政策比较研究［M］. 王承绪，等，译. 杭州：浙江教育出版社，2001：183.

［18］杨东平. 西方国家的高等教育市场化改革［N］. 科学时报，2006－08－01.

［19］贺国庆，等. 外国高等教育史［M］. 北京：人民教育出版社，2003：594.

［21］霍益平. 近代中国的高等教育［M］. 上海：华东师范大学出版社，1999：55.

［25］教育部办公厅. 教育文献法令汇编：1949—1952［G］.［出版地不详］：［出

版者不详]. 1958: 6-14.

[26] [27] [28] 郝维谦, 龙正中. 高等教育史 [M]. 海口: 海南出版社, 2000: 74, 160, 205-206.

[29] 林荣日. 中外政府与高校权利博弈模式比较研究 [J]. 开放教育研究, 2007 (2).

[31] 马廷奇. 现代大学制度: 理念支撑与实践建构 [J]. 中国高教研究, 2008 (6).

(卢彩晨系中国教育科学研究院高等
教育研究中心副研究员, 博士)

☐ 刘 铁

我国现代大学制度的演进及特征

　　德国哲学家亚斯贝尔斯曾对"大学作为一种制度"进行论述:"大学是在一个制度框架之内完成它的任务的……在这样一种制度里面,大学的理念变得具体而实在","在大学里面,即便是最好的制度都有可能退化或者被扭曲"。"尽管大学的制度结构存在着上述这些或另外其他的缺点,但并不是说所有形式的制度化都不需要了。倘若没有一种制度存在,单个学者的学术生命和学术工作就有付诸东流的危险……所以我们要珍惜作为一种制度安排而存在的大学。"[1]

　　大学制度大体包含两个方面的含义:其一是宏观层面的国家高等教育制度,其二是微观层面的一所大学的组织结构和体系。[2]从一所大学制度的建立,到一个国家高等教育制度的形成,才是大学制度的完整体系。随着高等教育对国家和社会的意义越来越重大,大学与政府和社会的关系越来越紧密,大学成了社会的"轴心机构"。"这些轴心机构组织对社会的生存和繁荣是如此重要,以致它们越来越多地受中央政府的直接或间接的控制。由于办这些机构所需的经费越来越多(在学生人数日益增多,从尖子高等教育转向群众性高等教育时更是如此），因此对这些机构的控制很容易通过拨款来实现。"[3] 所以，宏观层面的大学制度决定着微观层面的大学制度。

一、现代大学制度溯源

1. 中世纪大学——现代大学之源

现代大学起源于中世纪大学，中世纪大学的很多制度后来成为西方大学的基本形式。中世纪大学周旋于"皇权"与"王权"之间，从教皇和国王处获得特许，享有广泛自主权，成为自由研究学问的场所，并确立了大学自治、学术自由、民主管理、学科教学以及学位等级等一系列制度，较为深刻地反映了大学作为学术研究、知识传播、探寻真理这一独特社会场所的内涵本质和运行规则，成为现代大学制度的基础。中世纪大学的特权主要包括四个方面[4]：

一是内部自治权。内部自治权在今天看来即把大学确定为一个法人。首先是大学作为一个整体与国家、政府或某种外部势力发生关系。其次是有权制定自己的章程且该章程具有法律效力，历史悠久的大学都有自己的章程且基本上不变，只能增加一些修正案，但不能改变，更不能推翻。再次是有权管理内部职员，必要时还可强制施行，特别是当个人利益影响到团体利益时。最后是内部成员地位平等，教师与教师之间、学生与学生之间、教师与学生之间，地位完全平等。每个人都是大学的合法成员，只要学生一注册、教师一被聘用，就享有平等的地位。此外，中世纪大学还可以自设法庭，当大学师生与外界发生冲突的时候，各种案件由大学来审理。民事案件一般都由大学内部来审理，刑事案件只要不触犯教会法，仍然由大学来审理。

二是罢课权和迁徙权。主要指师生在同当地政府或居民发生冲突的时候，可以运用"罢课"和"迁徙"来保护自己。迁徙是指一个大学整体地由一个城市迁移到另一个城市。大学迁徙对一个城市来说涉及商业利益，而且对城市的声誉影响不好。所以，城市为了维护自己的利益和声誉，会想法把一个大学挽留下来。在中世纪大学中，迁徙是它们经常使用的一种特权，而且由于迁徙产生了许多新的大学，比如剑桥大学就是牛津大学一部分师生迁移到剑桥大学现在的所在地后而产生的。

三是颁发教学许可证。中世纪大学是一个职业训练机构，主要培养律师、医生和牧师等三种职业人才。这些职业社会上的需求有限，许多毕业生要在社会上从事其他职业，当时比较普遍的是选择教师职业。学生当牧师之前都有一个从事教职的机会，对他毕业后当牧师是一种预习。这种特权过去是教会的，现在却落到了大学手中，很能吸引生源。而且中世纪大学的教学许可证有两种类型：一般意义上的教学许可证有地域上的限制；还有一种是普遍的教学许可证，在整个欧洲都通用。

四是免赋税和兵役徭役。中世纪欧洲的税赋非常多，如买一瓶酒除了要缴"购物税"外，还要缴"酒税"，甚至过路、过桥也要缴税。此外，免除兵役和徭役，当时只有贵族和教师才有这样的特权。

中世纪大学已经出现了学士学位、硕士学位和博士学位等一整套制度。另外，现代大学的基本组织单位——"学院"制度在中世纪大学就已经普遍出现，中世纪大学一般分为文学院、法学院、医学院和神学院四个学院。学生注册、考试等制度，当时也已经十分完备，现在都可以查到。当时，大学十分重视学生注册管理，它们把学生注册管理本与财务管理账本放在同等重要位置。

2. 现代大学制度的初建——柏林大学

中世纪古典大学的以上理念随着科学革命和工业革命的兴起而逐渐被超越和打破，历史上出现了大学的第二个形态——德国的研究型大学。19 世纪中叶，在洪堡的领导下，德国高等教育特别是柏林大学"确立了影响世界高等教育发展的'大学理念'——大学自治、学术自由、教授治校、教学与研究相统一"。[5]

德国的大学尤其是柏林大学由此形成一个特点：大学一方面由国家设立、管理，同时又保持高度自治，内部事务都由大学自身来管理。[4]德国大学对国家发展所起的作用是非常显著的，19 世纪末德国已经成为仅次于美国的第二大强国。其重要原因在于，它的科学技术和成果源源不断地运用于国家的工业，而这些技术和成果主要来自大学。在 19 世纪末至 20 世纪前期，近代化工最强的是德国，而化学则来自德国大学的化学实验室所提供的关键技术支持，包括德国的军工和汽车工业等均同大学的科研活动密切相关。在这方面，当时德国是最成功的。

柏林大学不仅改变了中世纪以来大学的人才培养方式，大幅提高了人才培养质量，而且把科学研究作为大学的重要功能，形成了"现代大学"的一些基本价值和制度特征，如"学术自由"这样的价值和传统。德国建立起现代意义上的大学制度，适时回应了时代发展对高等教育的呼唤，因而崛起为世界大学的中心，并影响了整个世界高等教育的发展方向。

3. 走入社会中心的现代大学

20 世纪初，德国研究型大学传到美国后，在大洋彼岸的发展形成了两个传统：一是把源自德国的研究型大学的传统进一步精深、发展，形成如普林斯顿大学这样的研究型大学。[5]美国的大学是举世公认的最优秀、最有创造性、最有活力的大学，已经成为世界高等教育的主流模式。20 世纪以前，世界文明的中心包括学术研究和大学均在欧洲，但 20 世纪以后转移到了美国。另一个传统是 1862 年美国总统颁布的"莫雷尔法案"，规定联邦政府向各州无偿提供 1743 万英亩土地建立农工学院或大学以培养本地农业技术人才，人们通常称其为"赠地学院"。这就是美国州立大学的来源。美国既有培养学术型、研究型高端人才的传统，也有面向社区、为发展地方经济培养实用人才的传统。美国最早创办也最有名的农工学院是威斯康星大学，在其办学观中产生了"社会服务"这样一个新的办学理念。今天，我们所熟知的现代大学的三项主要使命——教学、科研和社会服务，就是在高等教育发展的不同阶段产生的。

至此，大学已由中世纪高居"象牙塔""遗世独立"走入社会的中心，成为社会的"轴心机构"和"动力站"。

二、我国现代大学制度的演进

中国现代教育的建立，经历了 20 世纪 20 年代和 80 年代两次大规模的西学东渐，从模仿日本、学习美国经验到移植苏联模式，具有强烈的外来文化导向和外源性特征。[6]

我国现行大学制度的形成不能离开清末的初兴、民国时期的发展、教会大学和解放区大学这几条线索，以及当时的政治经济状况、传统文化及旧制度的积淀和外来文化的影响。

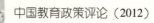

1. 清末大学的初兴

我国现代意义上的大学是在 19 世纪末，随着传统教育的衰落和现代新型高等教育的兴起而逐渐出现的。大多数中国高教史研究者都认为，中国第一所现代大学"北洋公学"（天津大学前身）是在 1895 年建立的，次年"南洋公学"（即现在西安交通大学和上海交通大学的前身）成立。1898 年，又建立了"京师大学堂"（即现在的北京大学的前身）。随着 1911 年辛亥革命的爆发，传统意义上的高等教育体制已经基本上名存实亡了。

1898 年建立的京师大学堂当时在整个教育体制中占据最高统治地位，它实际扮演着教育部的角色。这所大学与其说是一所具有自治权的高校，不如说是一个同以前的翰林院和国子监类似的教育行政机构。在一定程度上，京师大学堂是仿照东京大学建立的，而东京大学又是仿效了法国和德国的教育模式。所以，从理论上来说，京师大学堂的作用基本上与法国 19 世纪拿破仑式的大学作用相同。[7] 其办学宗旨可以从孙家鼐的《议复开京师大学堂折》中看出："今中国创立京师大学堂，自应以中学为主，西学为辅；中学为体，西学为用。"目的是为巩固封建统治服务。至于办学经费，总理衙门在大学堂章程中提出"宽筹经费""宏建校舍""慎选管学大臣""简派总教习"等项建议，都得到了光绪帝的批准。学堂建设费用白银 35 万两，常用款白银 20 万零 630 两，都从华俄道盛银行中国政府的存款利息中支付，不够则由户部资补。[8]

截止到 1909 年，中国共创办 3 所国立大学（有学生 749 人）、24 所省立大学（有学生 4203 人）、101 所专业学院（有学生 6431 人），这些学校主要分布在东南沿海地区。清末高等学校可分国办、省办、私立和教会大学四种，由于官商合一的政治体制，实际上并不存在真正意义上的私立高校，所以可认为除教会大学之外，高校皆为公立。

2. 民国时期的大学

这一时期的前一阶段（1911—1927 年）军阀割据，后一阶段（1927—1949 年）国共对峙加外敌入侵，缺少强有力的统一政权，使各地的教育政策和实施情况千差万别。加拿大学者许美德认为只有在这一时期，中国才真正致力于建立一种具有自治权和学术自由精神的现代大学。[7] 民国时期的高等教育发展与教育家蔡元培是分不开的。他曾多年留学欧洲，深受法国和德国教育思想的影响，主张建立效仿欧洲的大学制度，并主持制定了新的教育法令。

1922年和1924年，民国颁布了深受美国教育制度影响的壬戌学制。这个学制一是把高等学校分成了大学、独立学院和专科学校三种，扩大了高校的范围，这种划分方式一直延续至今；二是取消了蔡元培的教授自治制度，每所大学都设立了一个美国式的综合领导管理者，主管大学的财政、规划及重大决策。建立了学分制，在课程开设方面进行了革新，不再统一规定各专业的课程设置。这个学制颁布后，大学数量有了较大增加。

尽管这一时期的经济状况极为困难，但还是兴建了很多风格各异的高等院校，出现了多样化的办学模式。为什么这一时期的高等教育能取得较大的发展呢？

一是由于军阀割据、内战连连，政权更迭频繁，缺乏强有力的中央政权，对意识形态领域的管制较松，使得各种社会思潮广泛流行，各种教育观念和教育方案可以在高校内找到试验场，即蔡元培的"思想自由，兼容并包"方针。

二是广大青年为寻求一个好的出路，强烈要求上大学，已成为一个突出的社会问题。政府也希望保持社会稳定，选拔人才，为巩固政权服务，也要发展高等教育。尽管政府财政赤字严重，如1937年赤字为73.05%，1945年为87.16%，但各年度教育经费绝对数是逐年增加的，而且是大幅度增加。1937年专科以上学校经费为30431556元，占财政总支出的1.45%，1938年为2.66%。[8]

此外，国民政府还制定了一系列有利于高等教育发展的措施，如颁布了《大学及独立学院教员待遇暂行规程》和《大学及独立学院教员资格审查制度》，实行贷学金与公费制度，实行统一和联合招生制度，实行学分制等。

民国时期形成了相对完善的法律体系，1930—1945年间，高等教育方面的法规有335种，这些法规有一定的连续性和稳定性。《中华民国宪法》之下有《教育法》《教育基本法》《教育部组织法》，部门法之下有各种条例、规程，条例与规程下又有细则、规则、办法。1929年，国民政府颁布《大学组织法》，教育部颁布《大学规程》《专科学校规程》《专科学校组织法》，明确了具体的培养目标。大学分成四种类型：国立大学、省立大学、市立大学、私立大学。大学可以设立文、法、理、工、农、医、商和教育学院。只有设立了三个以上不同类型的学院才能称为大学，而且其中之一必须是理、工、农、医学院。达不到三个学院的称为独立学院。医学院学制为五年，其他学院学制为四年。大学实行学年学分制，即每年需要按规定修完学分，不能提前毕业。这些举措提升了大学的办学质量与教育水平，促进了理、工、农、医等实科的发展。[9]

民国时期大学制度建设的另一特点是对教授、副教授、讲师、助教的任职资格有严格的要求和准入标准。大学教职工薪水较高，工作与生活条件较好。1927 年，政府颁布了《大学教员资格条例》，明确规定了大学教师的收入，教授收入的最高级别相当于国民政府部长的收入水平。尤其值得关注的是在 1932 年之后，南京中央政府逐渐稳定了政权，国家财政收入中对教育的投入不断增长，促进了教育事业的发展。1930年，教育经费只占国家预算的 1.46%，到了 1935 年，教育经费则占国家总预算的 4.8%，几乎翻了一番。

3. 教会大学

20 世纪的前 20 年，教会大学在中国得到了迅猛发展，在华传教士专门成立了中国基督教教会大学学会。据该学会 1919 年统计，已完全具备本科设置的基督教教会大学达 13 所，如苏州东吴大学、上海圣约翰大学、杭州之江大学、成都华西协和大学、武昌华中大学、南京金陵女子大学、北京燕京大学、福建协和大学等。教会学校是最早引进西方的教育制度、西学课程和教学方法的。近代学校教育的班级授课制与实验方法，都是最先由教会学校开始的。[10] 随着历史的发展，教会大学的宗教课与文化课所占的分量逐步发生变化，到 20 世纪 30 年代前后，教会大学先后取消强迫学生参加宗教活动的规定，宗教课改为选修课。大学的专业设置从神学科、文理科、医科，逐渐增设教育科、农科、法科、社会学科、工科、商科。教会大学引进和开设新学科，在英语教学、女子高等教育、医科、农科等领域起了先导作用，为现代中国高等教育现代化作出了贡献。

4. 抗战时期解放区的大学

解放区大学早在抗日战争时期的解放区就已经存在，如中国人民抗日军事政治大学（简称抗大）、陕北公学、鲁迅文学艺术学院等，它们构成了当时中国高等教育的一大中心。解放区大学在培养战争期间和战争刚结束时所需各种人才的同时，为那些除进入这些院校外根本无法得到学习机会的人们，提供填补高等教育或内容相当于高等教育的空白的机会，这可以说是解放区大学的功劳。解放区大学学生所有的学习及生活所需经费或用品均实行供给制，毕业生统一分配工作。解放区大学对新中国高等教育产生影响最大，也可称之为中国"高等教育灵魂"的部分，就是关于马列主义或社会主义思想政治教育方面的内容。因为在解放区以外的其他大学中，新中国成立前根本就没有开设这方面的学科内容，而这些正是解放区大学教育内容的精髓。

5. 新中国成立后我国大学制度的发展

（1）"一边倒"学习苏联大学制度

新中国成立后，开始"一边倒"向苏联学习，大学制度亦依照苏联的框架逐步建立起来。从1952年秋季开始，苏联大学的一些教学大纲和教学计划在我国大学开始使用。我国的许多大学按照苏联模式开办了教研室，设置专业与课程，组织专业人士翻译与编撰苏联教材。1952年到1956年间，有1000多种苏联大学教材的译本在我国出版。从1954年开始，一些师范、外国语、工科、医科类大学以及一些综合性的大学学习苏联五年制的教学模式，在原先四年制的基础上延长了一年。依据苏联的模式，我国大学的教育计划与程序包括课堂讲解、课堂讨论、习题练习、答疑解惑、实验演示、课外实习、课程论文、毕业论文等环节，同时不再采用原先效仿美国大学的一些制度，如学分制、选课制、招生制度、淘汰制度等。[9]

（2）院系调整培养专才

1952年下半年进行了大规模的大学院系调整，涵盖了全国高达3/4的大学。大学在经过取消、合并与新设后，由211所减少到201所。在这个过程中，所有的民办大学都被收归国有。一直到1953年，院系调整逐渐步入尾声。院系调整增加了专业人才的数量，也提高了培养专门人才的效率，逐渐建立了门类齐全的学科专业体系。中央在1955年对第一个五年计划进行了修订，指出大学的建设一定要与国民经济的发展计划相结合，适应国家的需求，促进大学和工业建设的良好互动。随后，我国开始了新一轮的院系调整。从此，我国的大学逐渐采取了苏联高度集中计划经济体制下的教育模式，注重专才教育。教育计划密切结合国民经济的发展，是当时大学建设的基本特点。国家根据产业部门、

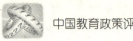

行业、产品来设置学院、系科、专业，表现出以高度集中为主要特征的大学教育管理模式。在院系调整之后，我国强化了对大学的计划管理。1953 年，《关于修订高等学校领导关系的决定》指出："大学的教学工作由教育部实行统一领导。教育部对大学下达相关的教学计划、教学大纲、建设规划、人事制度、财务制度和其它的指示、命令和法规，大学应遵照执行。"

1966 年"文革"的开始，给中国高等教育和大学制度带来了毁灭性的灾难，在经历了停止招生、教师下放和工农兵上大学以后，大学制度已经泛政治化，一切以阶级斗争为纲，为无产阶级政治服务，高等学校及大学制度完全成了政治的附庸。[11]

（3）"文革"结束后教育改革进入新时期

1978 年高考制度恢复以后，中国高等教育秩序逐步恢复正常。大学制度伴随着全国范围的"拨乱反正"进入了一个崭新的变革时期。

1978 年 12 月，教育部颁发了《高等学校学生学籍管理的暂行规定》，对学生入学与注册、成绩考核、升留级、转专业与转学、休学、复学、退学、奖惩、毕业等都作了明确规定，成为各高校建立自身规章制度的依据。1980 年 2 月，颁布了《中华人民共和国学位条例》。1985年 5 月，《中共中央关于教育体制改革的决定》明确提出，改革高等学校招生计划和毕业生分配制度，扩大高等学校办学自主权等。

此后至 1991 年，我国先后颁布了《普通高等学校函授教育暂行工作条例》《高等学校校长任期制试行办法》《普通高等学校招生暂行条例》《高等教育自学考试暂行条例》《普通高等学校本科专业设置暂行规定》《高等学校学生行为准则》等一系列关于高等教育和高校内部管理的法规文件。从 1978 年至 1991 年，我国高校管理秩序得以恢复，高等教育事业迅速发展，各大学依照国家法规建立相关管理制度，使中国大学制度不断完善。[11]

1992 年，党的十四大提出要从传统的计划经济体制向社会主义市场经济体制转变，这也使我国高等教育在长期计划经济体制下形成的高度集权、条块分割、办学分散、学科单一、重复设置、效益偏低等问题更显突出。1992 年底召开的全国高等教育工作会议提出了高等教育体制改革的五大任务，即办学体制改革、管理体制改革、投资体制改革、招生就业体制改革和校内管理体制改革，以此为标志，中国大学制度进入了新的发展期。

1993年中共中央、国务院颁布的《中国教育改革和发展纲要》明确提出"改变政府包揽办学的格局，逐步建立以政府办学为主体、社会各界共同办学的体制"，"国家对社会团体和公民个人依法办学，采取积极鼓励、大力支持、正确引导、加强管理的方针"。在管理体制改革方面，通过"共建、调整、合作、合并"等方式，我国高等教育调整了结构布局，建立了国家和省级政府两级管理、分工负责，以省级政府统筹为主的新体制，形成了新的高等教育管理体制框架，健全了相关规章制度。在投资体制方面，1998年《高等教育法》明确规定，"国家建立以财政拨款为主，其他多渠道筹措教育经费为辅的体制"。在高校内部管理体制改革方面，在教育部和各级地方政府的统一领导下，各高校推进了以人事分配制度和学院制改革为主要内容的校内管理体制改革。

改革开放以后我国民办教育得到恢复和兴起，为促进和保障其健康发展，根据宪法和教育法的规定，2002年12月九届全国人大常委会通过了《中华人民共和国民办教育促进法》，2004年国务院审议通过了《中华人民共和国民办教育促进法实施条例》，其中均包括民办高等教育的相关内容。

三、我国现代大学制度的特征

1. 现代大学制度构建的理念模糊

大学制度只是大学理念的表现形式，大学理念才是大学发展的根基与核心。在我国现阶段，对现代大学制度诉求的背后，隐含着深刻的对现代大学理念的诉求。我国现代大学制度的缺失，在本质上是大学理念的缺失；现代大学制度构建的迷茫，其实是大学理念的迷茫。

2. 政府纵向约束下的集中控制与服从发展模式[12]

在以政府行为为主的纵向约束制度背景下，高校的办学主体是国家及教育行政主管部门，高校隶属于政府，高校的建立、经费来源、专业设置、招生计划、教育教学活动、毕业生分配、后勤服务等都遵循国家或主管部门的指令办事，形成了单一的按行政机构规则行事的运行机制。这种制度安排使整个高等教育系统易于协调一致，便于行动，但也有着固有缺陷：国家及教育行政主管部门集举办者、办学者和管理者于一身，自上而下作出决策并进行管理，高校没有自主办学的权力和独立作出决策的权力。

3. 大学被赋予过多国家和社会责任

我国近代大学制度是一种舶来品，近代社会，由于内忧外患，教育的外部功用进一步被强化，"教育救国"成了发展教育最重要的理由。大学制度在这样一种社会背景下被引入我国，虽然有识之士力倡自由和自治的理念，但学术自由和大学自治终究没有完全扎根于中国文化的土壤。在计划经济条件下，我国的大学制度又一次被迫转变，变成一种附属于计划经济体制的"计划制度"，"服从"成为大学制度构建和运作的根本指导思想。但是，在市场经济的冲击下，"计划制度"的弊端已经逐渐浮现出来，而以"服从"为基础的制度已经无法帮助大学应对社会的需求和挑战。[13]

4. 大学制度与国家制度共成长

关于中国大学制度的现代化（或者说现代性）的讨论，实际上离不开这个国家现代性成长背景。同时，我们对中国大学现代制度建设的关注，始终是由国家现代性的成长所推动的，而后者也在很关键的意义上决定讨论所能达到的深度与广度。[14]有学者提出现代制度建设是大学与国家的共同追求，认为大学制度的建设不仅仅是大学发展的需要，同时也是国家制度建设的需要。另外，从世界各民族国家建构的角度看，"国家"也有一个现代性成长的问题，特别是有一个特定意义上的民主制度的建设问题，即人们常说的"国家制度建设"，追求现代政治制度，特别是建设现代民主政治制度是国家的目标，而大学在实现这一目标方面可以发挥应有的作用。

5. "中国特色"现代大学制度建设仍未完成

我们今天提出建设中国特色现代大学制度，是否意味着近现代中国，特别是改革开放以来的中国缺失这一制度呢？在今天的中国之所以特别强调建设现代大学制度的重要性和紧迫性，是因为中国高等教育改革和发展遇到的棘手问题与我国大学制度中缺失某些核心要素密切相关。因此，建设中国特色的现代大学制度就是要在中国既有的大学制度体系中注入一些不可或缺的东西，以解决中国大学发展的现实难题。[15]现代大学在中国诞生之日起，就融入了中国的元素，不断实现西方大学思想和相关制度的中国化。因此，构建中国特色的现代大学制度，既要充分吸纳西方大学制度的精髓，同时又要充分考虑我国的特殊国情；既要保留西方大学制度的优点，又要确保在我国的"土壤"中能够焕发出新的生命力。如果说西方大学制度传统是中国特色现代大学制度建设的重要参照，那么国情的特殊性就是中国特色现代大学制度建设的根基。[15]

由于制度依赖和路径依赖等原因，中国建立现代大学制度注定是一个长期的、艰巨的甚至是反复的过程。中国作为"后发外生型"现代化国家，高等教育体制改革必须由政府领导和推动。建设现代大学制度的关键，一是转变政府职能，改善政府与大学的关系；二是在已有制度与文化的基础上变革大学制度，走渐进改革之路；三是制度创新、文化创新与其他方面的创新协同并进。[16]

参考文献

[1] 亚斯贝尔斯. 大学之理念 [M]. 邱立波，译. 上海：上海世纪出版集团，2007：114-115.

[2] 邬大光. 论建立有中国特色的现代大学制度 [J]. 中国高等教育，2006（19）.

[3] 伯顿·克拉克. 高等教育新论 [M]. 杭州：浙江教育出版社，2006：41.

[4] 张斌贤. 现代大学制度的建立和完善 [J]. 国家教育行政学院学报，2005（11）.

[5] 肖海涛. 一种经典的大学理念——洪堡的大学理念考察 [J]. 深圳大学学报：社会科学版，2000（4）

[6] 杨东平. 现代大学制度的形成、演变和创新 [J]. 国家教育行政学院学报，2005（5）.

[7] 许美德. 中国大学 1895—1995：一个文化冲突的世纪 [M]. 北京：教育科学出版社，2000：63-66.

[8] 曲士培. 中国大学教育史 [M]. 太原：山西教育出版社，1993：531.

[9] 韩浩. 我国现代大学制度的建设研究 [D]. 湖南师范大学博士学位论文，2011：46-49.

[10] 金以林. 近代中国大学研究 [M]. 北京：中央文献出版社，2000：145.

［11］江涌. 我国大学制度的变迁与发展［J］. 学术交流，2007（12）.

［12］刘铁. 我国现行大学制度的历史演进及特征［J］. 黑龙江高教研究，2003（2）.

［13］邬大光. 现代大学制度的根基［J］. 现代大学教育，2001（1）.

［14］鲍嵘. 现代制度建设——大学与国家的共同追求［J］. 复旦教育论坛，2008（3）.

［15］钟秉林，等. 中国特色现代大学制度建设［J］. 北京师范大学学报：社会科学版，2011（4）.

［16］苏永建，陈廷柱. 社会变革中的中国现代大学制度建设［J］. 高等教育研究，2010（12）.

（刘铁系中山大学教育科学研究所副教授，博士）

现代大学制度国际视野

□ 王　燕

发达国家研究生招生制度研究

《国家中长期教育改革和发展规划纲要（2010—2020 年）》提出，未来 10—15 年高等教育改革与发展的核心任务是提高质量。研究生是高等教育阶段培养的高级人才，研究生的招生制度从本质上讲是高等教育选拔高级人才的方式，是高等教育的基础性制度，在很大程度上决定了研究生教育的质量。分析发达国家研究生招生制度，特别是其制度之中可资借鉴的部分，对于改革、完善我国的相关制度具有积极意义。本文选择美国、加拿大、英国、德国、法国、日本、韩国等发达国家的研究生招生制度作为研究对象，从历史发展、招生模式、改革趋势方面进行分析，以期对我国的研究生招生制度改革有所启示。

一、研究生学位制度/招生制度的历史发展

研究生招生制度的发展是研究生制度发展的一部分，追溯研究生制度的起源与轨迹，有助于理解研究生招生的制度原理。根据研究生招生制度的重要变

革，可以将研究生招生制度的发展分为四个阶段。

1. 第一阶段（13 世纪至 18 世纪）：研究生的最初形态

这一时期出现了研究生的最初形态，即教学型博士的培养。研究生的起源可以追溯至中世纪的欧洲，doctor 源于拉丁文（*doceō*），本义是"教学"，doctor 最初是指教授与阐释圣经的执照，大学与教会为谁颁发这一执照长期争执不下，直到 1213 年罗马教皇将这一权力赋予巴黎大学，doctor 成为所有专业教师的资格证书。[1] 由于博士学位证书是一种任教执照，博士和教授并无高低之分，因此把 13—18 世纪的博士培养归为"教学型"博士培养模式。随着学科分化，法国的博士培养开始出现高级学科和低级学科之分。[2]

2. 第二阶段（19 世纪初至 19 世纪末）：现代研究生学位制度与早期招生制度

现代意义的研究生教育发端于 19 世纪，最早出现于德国，正式产生于美国。[3] 在早期研究生制度建立的 100 年间，招生制度经历了从导师面试到学校（研究生院）确定的变化，但没有统一的研究生考试。最初德国的大学没有研究生教育的概念，教授们从本科毕业生中挑选若干有志于继续深造的人进行个别指导，在担任教学与科研助手的同时撰写博士论文，通过导师面试录取学生，没有统一入学考试。

1826 年，哈佛大学为大学毕业取得学士学位并愿意继续学习的人开设了课程，成为美国现代研究生教育的一个重要开端。[4] 1859 年密歇根大学首次授予完成文科硕士学位课程的两位毕业生以硕士学位，被视为美国大学最早的现代研究生教育和硕士学位制度。1861 年耶鲁学院产生了美国历史上首批 3 名博士，标志着博士生教育和学位制度在美国的产生。1876 年约翰·霍普金斯大学以德国的柏林大学为样板建立了研究生院，成为世界上建立的第一个研究生院。[5] 在这之后的六七十年间，美国并无统一的研究生入学要求，而是由各个高等学校自行决定，在学生的选拔上比较注重旧的绅士传统和重视社会名流，学生自身的综合素质并不是决定性的入学要素。

3. 第三阶段（19 世纪末至 20 世纪 40 年代）：研究生学位制度与统一考试

在这一时期，研究生统一入学考试制度在美国出现，考试成绩受到重视。19 世纪末期，美国经济和科学技术的发展刺激了社会对于高级人才的需求，使研究生教育规模迅速扩大。[3]1937年，哥伦比亚、哈佛、普林斯顿和耶鲁4所大学相约开始共同使用一种试题作为是否可以录取为这4所大学研究生院研究生的测试，这就是美国GRE（Graduate Record Examination）考试的前身。[6]随着研究生入学率和招生数量的不断扩大，美国大学对研究生的选拔开始重视学生的综合素质水平，使得GRE考试成绩逐渐成为各高校录取研究生的必要条件。[3]

4. 第四阶段（20世纪40年代至21世纪初）：注重综合素质考核的多样化研究生招生制度

这一时期随着研究生学位制度发展，招生制度得以向多样化发展。招生制度越来越强调综合素质考核，研究生招生选拔制度趋于多样化。由于美国研究生教育的专业设置及其培养目标、规格均倾向与生产和科技的发展需要紧密相连，所以在招生的过程中开始重视考核基础知识体系、科研探索能力以及实际经验背景。以德法为代表的欧洲国家虽仍然没有专门的研究生入学考试，但导师面试已不再是唯一的入学门槛，而是要求考生必须递交报考申请，说明已取得何种文凭及学位，发表过什么科学成果，还要有教授的推荐证明，经录取委员会审查通过方才录取。至此，发达国家的研究生教育呈现"多样性、综合化"培养模式，研究生招生制度也呈现这一特点。

二、发达国家研究生招生制度的模式

如前所述，研究生招生制度经过800余年的发展，形成了与各国不同政治、经济与社会环境相适应的招生模式。从目前发达国家的招生的申请程序、考试内容与录取标准来看，招生模式大体可以分为四类。

1. 注重能力考查的美国模式

美国是现代研究生教育历史最悠久的国家，也是研究生教育规模最大的国家。其研究生教育以"严格训练与研究实践"并重而著称，与之相适应的研究生招生制度的特点是综合性能力考查，包括对于认知能力与非认知能力的考查，从而选拔优秀人才进入研究生培养阶段。

研究生申请资格包括学士或硕士学位，本科成绩良好。[4]研究生报考没有年龄限制，只要符合申请条件，都有资格申请。[7]招生工作由各高等学校独自进行。在同一学校中，各院、系之间的研究生选拔方法也不尽相同。[8]但一般情况下，报考研究生者需向有关院校提供以下5个方面的材料：（1）本科或硕士学位证书与学业成绩单；（2）标准化入学考试成绩，最常见的是 GRE 考试成绩，管理学科的入学考试 GMAT（Graduate Management Admission Test）成绩，法学院入学考试 LSAT（Law School Admission Test）成绩等，由测验中心寄到考生指定的大学研究生院；（3）两封以上的教授推荐信或专家推荐信（包括对学生的学术水平、工作能力和从事研究生学习的能力的评价）；（4）入学申请书（阐明学习目的、个人兴趣、未来计划）或学习计划；（5）个人简历。[9][10][11][12][4]

其中，大学本科成绩与标准化入学考试成绩用于考查认知能力，被称为一级标准或客观标准；面试、推荐信和个人陈述用于考查非认知能力，被称为二级标准或主观标准。有关调查的结果显示，各学校对于标准化入学考试、本科 GPA（Grade Point Average）、面试、推荐信以及个人陈述的重视程度有所差异，但最重要的考查因素为本科成绩、标准化入学考试成绩、推荐信。[13]

GRE 的内容分为一般能力测验、专业能力测验和写作评价，体现了对认知能力的全方位考查。学校在收到 GRE 分数后，要转送各系，由各院系自己定出录取线。但研究生院通常会规定申请人必须达到的最低标准。[8]推荐信是考查非认知能力的最重要的工具。推荐信体现了申请人在学业、科研、社交等方面的综合能力。有的学校对上述材料审阅后，再进行面试，最终确定录取名单。在全面考查学生综合素质的基础上，美国学校尤其欢迎有特长的学生。[12]为了进一步确认申请人的能力，有的学校对录取后的研究生还要进行一次能力考试，目的是决定采取何种培养方式。通过如此全面的考查，选拔出真正优秀的人才。

2. 注重考试选拔的日本模式

日本的研究生教育始于1877年，以当时的东京大学率先分设研究生院为标志。研究生入学需要通过大学各院系自行命题的考试，分数的高低在最终录取时起着至关重要的作用。受历史传统的影响，日本的研究生招生选拔方式以考试为主，注重对于认知能力的考查，强调学生的博学。研究生入学考试成绩是录取的主要依据。尽管考生在报考时通常要递交大学毕业成绩证明书和推荐信，但这些条件在录取时的作用远不如美国的招生模式。

就申请资格而言，在日本，申请硕士研究生需要本科学历，申请博士研究生需要硕士学历。对于那些虽没有硕士学位，但本科毕业以后在大学或者研究机构等从事过两年以上的研究工作，且被研究生院认定为与硕士具有同等学力的人，允许他们参加博士研究生的入学考试。[14]

日本研究生招生不设全国统一的招生考试，而是由各研究生院自行组织。研究生考试分为笔试与口试两部分。笔试部分包括外语、专业科目考试。外语主要是从学术期刊中摘录文章片段，测验学生的翻译能力；专业知识考核侧重于专业的基本知识和方法技能，在文科领域一般采取论文的形式进行。口试旨在对学生进行深层次的了解。在整个考试中，不仅考查学生相关的专业知识，同时还对学生的逻辑思维、表达等综合能力进行了解。[14]

一般来说，国家对考试时间有一个大致的范围规定，但具体考试日期则由各招生单位自主决定。一般情况下，日本大学的研究生招生考试，每年举行一次。但是有些学校由于其他原因，和大学本科招考一样，一年内进行两次研究生招生考试。[15]各招生单位规定的考试日期也是灵活多样的，有的大学规定笔试与面试在几天内一起进行，有的大学则规定在笔试结束后两周左右进行面试。在考试日期不冲突的前提下，学生可以选择报考多个招生单位，学生也因此可能被多个招生单位同时录取，并有权选择去任何一家招生单位报到。此外，国家对考试地点不作硬性规定，一般情况下各大学都在本校设立考点，使考生可以直观地了解大学的情况。[16]

3. 本科教育自然延伸的法德模式

法国与德国的研究生的概念与上述国家有所不同，有两个阶段的"研究生"，第一阶段是本科教育的自然延伸，第二阶段是以研究为核心培养高级专业人才的教育，以学徒制下的导师主导的招生模式为主。

以德国为例，德国的研究生培养模式以"导师制"为核心，强调科学研究在培养过程中的首要地位[17]，其特点是导师对博士生进行个别的指导和培养。[18]由此在很大程度上影响了德国研究生的招生模式。从20世纪80年代起德国开始建立不同形式的研究生院，在结构化的博士培养项目中，通过竞争性的选拔程序进行统一招生，作为对传统的导师自主招生模式的补充。德国目前有700多个结构化的博士培养项目，

但总体上依然是以学徒制下的导师主导的招生模式为主。

德国的本科生入学后经过4个学期的基础学习，通过硕士前期考试或硕士中间考试者均可读硕士。1999年博洛尼亚改革启动之后，德国大学正逐渐改革为美国式的三级学位体系，目前改革尚未完成，以新学制为主，旧学制依然存在。新学制下，硕士招生的基本要求是申请人已经获得相关专业要求的本科学位或等同于德国本科学位的其他文凭（针对外国学生）。具体程序是申请人向大学提交申请，招生审核主要以本科学业成绩为准，一般没有面试和推荐信的要求。新学制下本科和硕士教育规模相当，本科毕业生大多也都会继续攻读硕士。

德国各个高校对博士生申请者的要求不尽相同。即使是在同一院校内，不同学院以及不同学科之间在对博士生申请者的要求上也不尽相同。通常申请者必须已经在高等学校里学习了至少8个学期，并且已经取得了相应的毕业文凭。一般申请攻读博士学位的程序是：本人提出申请，向有关院系提交学历证明（有的还要求有教授的推荐信）和博士论文的题目（或方向）及完成论文的计划，指导教授接受后，院系发给录取通知。在实际操作中往往是申请者与指导教授联系，教授在有位置及资金的情况下挑选优秀者为自己的助手，先给予一定的科研任务和教学辅助工作，考察其确有培养前途后，办理手续，接受其为博士生。[19]

4. 注重研究能力考查的英国模式

英国的研究生教育发展较晚，18世纪60年代出现博士学位，20世纪初受美国影响建立研究生院制度[20]，形成了由学士、硕士与博士构成的现代学位体系。19世纪中期，英国学习德国模式，开始要求大学教师也必须进行科学研究。培养科研人才成为研究生教育的主要目标[21]，而培养科研人才的一个重要方式就是在导师的带领下从事科学研究。因此英国研究生招生模式兼具美国模式与法德模式的特点，在导师制的基础上对研究能力的考查成为英国招生模式的核心要素。

英国没有统一的硕士入学考试，每所院校都有自行决定硕士研究生录取的标准。与英国的学位制度相对应，研究生类型不同，招生的要求也不同。常规的入学条件是要求有相关学科的本科学位、英语水平考试成绩合格（如雅思成绩6分以上）。[22]申请者如果获得一、二等荣誉学士学位，只需要通过导师的面试即可入学。那些获得学士学位时成绩比较低的申请者，必须有两位学者的推荐信，通过招生机构的考试，并经过导师面试后才能入学。研究型硕士研究生的招生及录取标准则要高于授课式研究生，希望申读研究型硕士的学生，还需提交一份研究生阶段的学习计划，说明拟申读的领域、研究方向、研究方法等。

申请攻读博士学位的学生，一般应获得硕士学位，也可以是成绩优异的本科毕业生，一般应获得一级荣誉学士学位。[21]博士研究生的招生和硕士研究生的招生形式类似，也没有入学考试的要求。博士申请人必须在面试之前选择一位指导教师，并提交一份读博期间拟进行的研究工作计划书，经过导师与博士申请者面谈，导师同意接收，并经学校、系或院的有关部门审核认可，才可正式注册入学。

三、发达国家研究生招生制度的共性特征

尽管上述四类模式在招生制度的起源、申请程序与录取标准上不尽相同，但分析发现，这些模式仍有相似或共同之处，这些共性的制度特征对于选拔优秀人才，乃至保障研究生培养质量具有重要的影响。

1. 招生规划的分权化与研究导向

上述国家的研究生制度具有明显的分权化倾向，即招生的权力在学校或招生机构乃至院系，由招生机构或部门，而非国家教育行政部门，根据实际研究的需求确定招生计划。政府与教育行政管理部门不指定各高校招收研究生的数量和专业种类，招生自主权在学校，甚至在院系与导师。导师根据研究需要招收研究生，研究生一方面接受训练，提高科研能力；另一方面参与课题研究，为社会创造知识和发明技术，推动社会发展。这样的制度有利于兼顾科学人才的培养与科学研究的发展。

在美国，研究生招生工作由学校的研究生院负责审批，而最终的决定权在导师（大学教师）。换言之，研究生院只对考生的报考资格进行审核，录取考生与否主要决定于招生导师所在院系的教师联合会。每个系的录取人数主要受以下因素影响：本系的教师资源（即本系是否有足够多的称职的教师来指导研究）、本系拥有的经济资源（即本系能够提供多少份全额奖学金或助学金，或本系需要多少助教或助研）、系内各专业之间的平衡和本校的研究资源等。[23]

与此类似，德国联邦政府和各州政府的高等教育管理部门也不控制各高校招收博士生的数量和专业种类，招生工作虽然也由大学方面负责审批，但每位教授是否招收博士生完全根据自身的教学和科研实际情况决定。招收博士研究生必须具备一定条件：在落实科研课题和经费的前提下，才能以招聘助手方式招收博士研究生，或者在申请者申请获得奖学金的情况下招收其为博士研究生。[19]

日本研究生招生的权力也在学校。各大学拥有充分的科目设置自主权、命题自主权和考试组织自主权。日本实行讲座式的研究生培养方式，规定每个研究科由 6 个"讲座"组成，每年招收 12 名硕士生、6 名博士生，以此规划研究生的数量。[15]

2. 录取标准注重综合素质与科研潜质

上述模式在研究生录取标准方面，都注重考查综合素质，并特别关注学生的科研能力。就博士生的选拔而言，一般从以下方面考查：（1）本科或硕士阶段的学习成绩，一般要求在优良以上；（2）教授推荐信；（3）研究生学术能力测试；（4）个人陈述，阐述自己为何申请进入该系学习，此学习经历对自己将来的职业发展有何意义；（5）博士学习期间的研究计划。[24]

美国大学在招收研究生时，首先是考查申请者本科学习时的成绩，其次是推荐信和 GRE 成绩。考生在申请攻读硕士学位时，必须提供大学本科阶段全部课程学习成绩，必须提供由 2—3 名教授签署的推荐信。而德国虽仍然没有专门的研究生入学考试，但导师面试已不是唯一的入学门槛，而是要求考生必须递交报考申请，说明已取得何种文凭及学位，发表过什么科研成果，还要有教授的推荐证明，经录取委员会审查通过方可录取。日本的研究生招生为了克服入学考试强调知识积累的弊端，开始强调本科阶段的论文质量，并结合笔试和面试来全面考查考生的基本素质及创新能力。[3]

四、结语

进入 21 世纪以后，全球化进程的加深带来了在更广范围内与更深层次上高等教育的国际交流与合作，各国研究生招生制度越来越趋同。

其中影响最大的莫过于博洛尼亚进程，其对以欧盟为主的发达国家的高等教育发展产生了很大影响。尽管博洛尼亚进程的官方文件对于研究生招生制度的规定内容很少，但高等教育的结构性调整，在很大程度上影响了欧盟国家研究生招生制度的改革。具体而言，博洛尼亚进程改革的重点是建立共同的文凭制度，共同采用可比性很强的学士、硕士、博士学位体制，分别实行三、五、八的教育培养制度，即学生进入大学后经3年培养获学士学位，在此基础上加2年获硕士学位，再加3年即8年获博士学位。建立共同的学分制，实行参加国之间的学历互认。可以预见，在不久的将来，法德模式与英国模式中的研究生招生制度将进一步趋同。此外，随着欧洲高等教育竞争力的增强，世界各国优秀学生向欧洲流动，也会进一步影响北美与亚洲地区包括研究生招生制度在内的高等教育改革。[25]

此外，从发达国家研究生招生制度的经验反观我国的研究生招生制度，不难发现，由于历史、文化等原因，我国的研究生招生制度与上述各国相比，在科学性、专业性方面仍有差距。如何通过建设招生制度，完善招生程序，对学生的认知能力与非认知能力进行全面客观的判断，选拔出综合素质与研究潜质都出类拔萃的优秀人才，是高等教育改革面临的一个重要挑战。而这样的挑战，势必随着教育国际化进程的加深而更加紧迫，因此，对发达国家经验与我国的招生制度进行进一步比较研究，并在此基础上提出可行性的改革方案，将有十分重要的意义。

参考文献

[1] Doctor（title）. Wikipedia［EB/OL］.［2012 - 03 - 25］. http://en. wikipedia. org/wiki/Doctor_(title).

[2] 于富增. 国际高等教育发展与改革比较［M］. 北京：北京师范大学出版社，1999：127–149.

[3] 高媛，孙萍，陈玉芬. 发达国家研究生招生制度的变革走势及借鉴［J］. 辽宁教育研究，2007（12）.

[4] 肖瑶. 中美研究生入学制度比较［J］. 中小企业管理与科技（上旬刊），2010（12）.

[5] 杨宝田，程丽君. 发达国家学位制度的历史沿革及对我们的启迪［J］. 黑龙江高教研究，1997（1）.

［6］罗利佳. 美国研究生招生考试制度分析及其启示［J］. 世界教育信息，2007（8）.

［7］张喜梅，牟宏，李旭. 现阶段我国硕士研究生招生考试存在的问题及解决对策：中美硕士研究生招生考试的比较分析［J］. 辽宁教育研究，2007（7）.

［8］廖巍. 美国教育硕士招生考［J］. 齐齐哈尔师范高等专科学校学报，2011（3）.

［9］谌晓芹. 中外研究生入学与资助政策比较及我国的策略选择［J］. 天中学刊，2005（8）.

［10］吴春录. 浅析中、美、德工科研究生招生考试制度［J］. 北京高等教育，1999（5）.

［11］谭欢. 美国硕士研究生教育质量保证体系［J］. 中国高等教育评估，2007（1）.

［12］姚加惠. 美国、俄罗斯和台湾地区硕士生培养模式比较及启示［J］. 高等理科教育，2011（2）.

［13］孙晓敏，薛刚. 国外研究生选拔方式对我国研究生复试的启示［J］. 北京大学教育评论，2012（1）.

［14］李旭，张群，张喜梅. 中日研究生招生考试制度特点的比较研究［J］. 中国冶金教育，2006（3）.

［15］李全毅. 日美两国研究生招生制度比较［J］. 日本研究，1991（3）.

［16］闫晶晶. 日本国立大学硕士研究生入学考试的特点及启示［J］. 煤炭高等教育，2008（1）.

［17］史兰新，陈永平. 国内外研究生培养方式的比较及探讨［J］. 东南大学学报：哲学社会科学版，2010（3）.

［18］彭安臣. 德国与美国博士生资助制度比较［J］. 大学：学术版，2010（12）.

［19］孔锴，姜俊和. 德国博士生培养模式探析［J］. 沈阳教育学院学报，2011（8）.

［20］韩晔. 主要发达国家学位结构与演变动向［J］. 学位与研究生教育，2003（4）.

［21］刘冰. 英国大学研究生教育的研究［D］. 大连：辽宁师范大学硕士学位论文，2010.

［22］朱见林. 英国硕士教育的现状及启示［J］. 科技经济市场，2008（11）.

［23］张红岩，倪冰莉. 试析美国研究生教育及其对我国的启示［J］. 河南职业技术师范学院学报：职业教育版，2009（6）.

［24］刘献君. 发达国家博士生教育中的创新人才培养［M］. 武汉：华中科技大学出版社，2010：7.

［25］周景. 欧洲波伦亚教育改革系统的学位改革及其影响［J］. 中国林业教育，2006（1）.

（王燕系中国教育科学研究院国际
交流处处长，助理研究员，博士）

□ 陈春勇

发达国家政府与高校关系研究
——以美国模式为视角

　　在政府与高校的关系上，政府出于国家利益和公
共利益的考虑，需要对高校进行调控或一定程度的控
制，而高校基于学术自治的属性，势必追求独立和自
由发展，二者的关系如果不能正确处理，则冲突和矛
盾就不可避免。总体而言，二者总是在博弈中互相依
赖、互相合作，形成一个在冲突中走向合作、在合作
中又有冲突的博弈过程。

　　法国、英国和美国是发达国家的典型代表，而三
国政府与高校的关系又各有特点。与法国和英国的政
府与高校关系总体上分别属于集权模式和合作模式不
同，美国的政府与高校关系大体属于分权模式：联邦
政府通过政策立法、财政资助等间接手段对高校进行
引导，而州政府在其辖区内拥有较大的高等教育管理
权限；高校作为独立的法人，依靠高校协会等组织维
护其学术自治并影响政府决策，并在政府资助之外拓
展筹资渠道以维护自身的运行和发展。

一、美国联邦政府对高校的引导和影响

美国联邦政府基于宪法的规定，无权直接控制全国的高校系统，而是通过立法控制、发布报告、财政资助等手段对高校进行宏观引导和影响，使高校在教学科研、人才培养和服务社会等方面满足国家发展和社会需求。

1. 通过立法引导高校发展

通过立法手段对高校发展进行引导，是美国联邦政府对高校运行和发展施以影响的重要手段。早在 1787 年美国国会就通过了《西北法令》，规定土地划分后的管理以及要求各州用联邦政府出售土地所得建立州立大学。1862 年，在国家因需扩大食物供给而迫切需要发展农业的背景下，国会议员莫里尔提出了赠地法案，要求联邦政府在每州至少资助一所学院从事农业和技术教育，每州国会议员分得的公地出售所得资金的 10% 用于购买校址用地，其余设为捐赠基金。[1] 二战以后，为适应日益激烈的国际竞争，联邦政府通过一系列立法积极介入高等教育和高校发展。1944 年，《退伍军人权利法案》颁布，授权联邦政府资助二战退伍军人接受高等教育，以报偿参战者对国家的贡献并降低战后潜在的国内高失业率。1947 年，《国防教育法》颁布，要求学生宣誓效忠国家，国会拨款 10 亿美元资助教育；6 年后该法得以修订，将更多拨款用于资助高等教育。1965 年，美国历史上首部《高等教育法》颁布，确立了联邦学习贷款计划，向经济困难学生及天才学生提供助学金和奖学金；该法历经多次修订，内容涉及资助合作办学，增加对高校的资助或联邦助学金等。2005 年，该法修正案再次提高助学金上限，增加学生锁定利率的成本。[2] 总之，联邦政府在战后根据不同时期的社会需求，通过相应的立法，将联邦政府的意志渗入高等教育中，从而介入高校的发展和运行。

2. 通过发布报告指导高校发展

联邦政府还通过成立机构和发布报告等形式，指导和影响高等教育的发展。1929 年，联邦政府成立国家教育顾问委员会，旨在帮助联邦政府解决教育政策问题。次年，该委员会发布《联邦与教育的关系：

进展备忘录》，就联邦政府在教育领域的活动提出一系列指导原则，如联邦政府资助各州公共教育，通过信息收集与研究为各州提供智力支持，等等。[3] 这些原则为联邦政府介入教育领域进行了理论铺垫。1945年，联邦政府发布《科学——无止境的边疆》报告，确立了"科学至上"的战后科技政策。1950年，成立国家科学基金会，美国对高校的科研目标由战争转向和平。1979年，经国会批准，联邦教育部宣告成立，旨在统筹管理高校事务。1984年，联邦教育部发布《投身学习——发挥美国高等教育的潜力》，提出提升本科教育质量的若干建议。1994年，克林顿政府发布名为《科学与国家利益》的报告，吸引研究型大学支持和参与国家目标的实现。[4] 2005年，成立高等教育未来委员会，次年颁布《美国高等教育行动计划》，规划了未来10年至20年美国高等教育走向，旨在提高高等教育的绩效以及人们测量这种绩效的能力。[5]

3. 通过对质量认证机构的认可促进高校办学质量

美国联邦教育部对高等院校没有直接的质量标准与规定。由非政府认证机构负责高校质量认证在美国已有100多年历史。高校认证分为院校认证和专业/特别认证。院校认证由区域/全国认证委员会组成，认证范围包括办学使命和教育质量，以及学校管理、资源分配比例、经费支出等。认证机构可自愿申请分别或同时获得联邦教育部或高等教育认证理事会的认可。联邦教育部"认可"作为非政府机构的高等教育认证理事会，两个机构各自代表不同社会利益，以各种方式进行合作，保证了美国认证体系的特点，即教育及其质量管理与政府职能分开，同时使认证结果对教育质量起到监督与保障作用。高等教育认证理事会的"认可"重点在于授予认证机构的"合理性"和在高教界的应有地位，并促进教育质量保证以及院校持续改进发展。2010年，高等教育认证理事会对"认可"的政策及程序进行修订，强化了对认证机构透明度和财政独立性的要求，这对提升认证公正性、提高认证质量有积极意义。[6] 如果认证机构下属院校需要获得政府提供学生贷款的资格，认证机构需得到教育部"认可"。认证机构需得到认证理事会"认可"，按认证理事会标准不断提高自身质量，并做好其下属院校认证工作。联邦政府制定的政策对认证指标可产生较强的间接作用。尽管联邦政府对教育无权直接干预，但对教育机构的影响日趋明显，其中最重要的是将学生教育质量高低与分配于（公立）院校的教育经费数量联系起来，以此督促高等院校通过质量认证提升教育质量。[7]

4. 通过财政资助影响高校发展

联邦政府还通过向高校提供专项资助、贷款或税收优惠影响和引导高校发展。联邦政府通过专项财政资助对高校发展施加影响，如通过购买研发服务形式提高高校科研能力和硬件建设水平，向经济困难学生提供财政资助帮其完成学业等，以此提升国家的科研和人才竞争力。19世纪初，美国城市迅速发展，公民教育需求渐涨，联邦政府积极资助各州创办大学。二战期间，联邦政府注资 20 多亿美元启动有关原子弹研制的曼哈顿工程，组织哥伦比亚大学、哈佛大学等高校加入其中。二战以后，联邦政府以财政资助形式引导高校科研为国家利益服务。1961年，阿波罗登月计划启动，联邦政府注资 250 亿美元，吸收麻省理工学院等共计 120 余所高校参与其中。该计划历时 11 年，带动美国高校在遥感技术、卫星通信技术等诸多领域取得进展。1980 年至 1987 年，美国国会通过了多项旨在促进科研成果商业化的法案。此后，联邦政府更为关注高等教育，加强了对高等教育的介入。2009 年，联邦政府提出，今后 10 年联邦政府将投入 2000 亿美元，加强 21 世纪人才培养；投入 40 亿美元，强化科学、技术、工程和数学教育，为美国科研人才成长奠定基础。[8] 这些教育投资的注入，凸显了联邦政府介入高等教育，希冀提升高等教育质量、强化人才培养的决心。

提供助学金是联邦政府保障经济困难学生高等教育入学机会，促进高等教育入学机会均等的主要政策。佩尔助学金项目是联邦政府实施的最大的助学金项目。1965 年，在民权运动的压力和约翰逊总统的倡导下，联邦政府依据《高等教育法》建立了教育机会助学金及担保学生贷款等项目，向经济困难的高校学生提供经济资助。[9] 20 世纪 70 年代，参议院艺术和人文委员会主席佩尔（Claiborne Pell）提出，教育机会助学金项目难以实现贫困学生的机会均等，应建立更大的基本教育机会助学金项目。1972 年，美国国会通过《高等教育法修正案》确认了佩尔方案，为那些接受基本教育机会助学金后仍有经济困难的学生提供补充性教育机会助学金。[10] 20 世纪 80 年代以来，助学金较之贷款资助受到一定冷落，但进入 21 世纪后，佩尔助学金项目重获联邦政府关注。2007 年 9 月，布什政府签署《高校成本降低和入学法案》。据此，联邦政府在未来 5 年将佩尔助学金增加到 114 亿美元，并允许该助学金的最高额度从 2007 年的 4310 美元增加到 2012 年的 5400 美元。2009 年众议院通过了《学生资助和财政责任法案》，向佩尔助学金注资 400 亿美元。[11]奥巴马政府保持了增加佩尔助学金这一政策的连续性。据 2011 年 2 月 14 日《华盛顿邮报》报道，奥巴马政府计划大幅增加佩尔助学金拨款。在增加的教育投资中，部分资金用于确保佩尔助学金年度资助额的增加。

联邦政府还通过联邦贷款和税收优惠调整高校经济环境，借以影响高校发展和运行，并满足学生接受高等教育的需求。2001 年开始，布什政府增加了对学生贷款项目的拨款。2010 年，奥巴马政府根据《学生资助和政府责任法案》，启动新的联邦学生直接贷款计划，这不同于基于贷款机构的贷款计划，不牵扯市场波动，可保证学生在任何经济形式下获取低利息率的联邦大学贷款。[12]关于税收政策，大多高等院校可享受联邦免税资格，财产是否免税取决于是否用于教育目的。有关高等教育的税收优惠政策主要包括：对高校等非营利机构捐赠设备和款项等可获所得税优惠；对高校学生奖学金及部分学生社会保障救济金等实行免税；等等。[13]2009 年，奥巴马政府针对高等教育发展提出具有创新性的"美国机会税收优待计划"，力图帮助大学生减轻学费负担，要求受资助的学生每年从事 100 小时无偿社区服务，以期为其家庭争取 4000 美元的退税优惠，这些费用可用以支付公立大学 2/3 的学费或大多社区学院的全部学费。2010 年底期满的这项计划后来延期两年，惠及更多纳税人，包括高收益者。大多符合条件的学生每人每年可获得最高 2500 美元的优惠。[14]

二、美国州政府对当地高校的管理

美国的州政府具有直接的高等教育管理权，主要以履行职责和公共监督的名义，通过向本州高等院校进行财政拨款或资金补助等途径指导和控制其发展与运行。

1. 向州公立院校提供财政支持并进行直接管理和控制

美国独立后，联邦宪法将教育权作为各州保留权力。各州政府在本州高等教育尤其在公立高等教育发展中扮演着"公共利益者"和"高等教育服务提供者"的角色。与联邦政府对高校资助主要用于购买研发服务和帮助学生完成学业有所不同，州政府主要向公立高校提供维持正常运行和发展所需的事业费拨款。

18世纪80年代，联邦政府要求西北各州以联邦出售土地所得建立公立大学。各州政府通过颁发特许状、提供资助和辅以管理等形式在州立大学中发挥积极作用，同时要求州立大学履行本州宪法规定的义务，推动当地经济发展。1819年，经民主主义者托马斯·杰斐逊不断努力，美国第一所真正意义上的州立大学弗吉尼亚大学建立，该校由州立法机关颁发许可状，并任命校监会负责学校管理。南北战争前期，州政府通过立法机构指定一些校外人士组成董事会监管州立高校事务，确保办学目标体现公共利益。州立大学注重设置实用性课程，为当时国家建设提供了大量实用人才。

自20世纪初以来，州政府始终是本州公立高校的主要资助者。1919年至1995年，州政府资助的资金占州立高校年经费收入的20%—32%。2004年至2005年，州政府拨款占州立高校的24%。州政府以主要资助者和参与管理者的角色，通过组建由作为公共利益代表者的校外人士参与的董事会等管理机构，对高校内部事务进行决策和管理，控制高校运行和发展。此外，州政府还创设高等教育管理与协调机构，从本州高等教育整体发展规划的角度，对州内高校规划、院校使命审核、预算推进、资源分配等政策事项进行整体协调与控制，推动州立高校满足社会发展需求和公众期待。[15]有些州设有咨询性协调机构，针对高校的发展规划等问题向州政府和高校提供咨询建议。有些州设有管理性协调机构，在批准预算或项目等方面具有最终决定权。有些州设有管理委员会，由其确定高校的职能和总体政策，控制高校预算，向州政府提出高校的需求，任命高校领导，分配高校资源等。

2. 对私立院校进行一定程度的财政资助以对其发展施加影响

私立院校在法律和规章的保障与监督下自主办学、自我管理、自我约束。州政府对私立院校进行一定程度的资助，以补充这些院校的办学经费，资助其科研项目，从而促进和影响其运行和发展。历史上，美国私立院校在发展过程中大多得到过州政府资助。早在殖民地时期，各殖民地政府即以赠地、减免税收、财政资助等形式对私立高校进行财政支持，某些殖民地政府官员还以私人身份作为私立高校董事会或校监会成员参与高校管理。1652 年，马萨诸塞全体会议为支持哈佛学院的发展捐赠了 2000 英亩土地。[16] 1669 年至 1682 年，哈佛大学每年平均收入的 52.7% 来自殖民地政府的补助或拨款。20 世纪 80 年代，由于联邦政府对私立大学学生资助缩减，州政府被迫支付更多资金以补充私立大学经费不足，但增幅有限。20 世纪 90 年代以后，受经济影响，州政府对高等教育的财政资助开始削减。1992 年至 1993 年，在全美高校经费收入中，州政府拨款占公立高校经费收入的 36.8%，而在私立高校仅占 2.3%，1995 年至 1996 年下降到 1.9%。[17] 后来，州政府对私立大学的资助趋于增加。由于私立高校在成本控制、运作效率、学科设置、吸引高质量的生源和知名学者以及及时响应公众和市场需求等方面较为灵活而有效，州政府对私立高校的关注和各种形式的支持、资助有增加趋势。州政府通常对社会发展所需的、私立院校提出申请的科研项目予以资金支持；私立院校的基础设施建设资金，经政府酌情提供信誉担保后，可向相关基金会申请低息贷款；州政府还支持私立院校运用金融手段，委托金融机构向社会发行债券，以取得低风险、高回报的收益，但所获效益须用于学校运行和发展。

三、美国高校对联邦和州政府引导和管理的应对

高校为追求和传播知识、寻求具有开创性的教学和科研活动，自会努力寻求学术自治，为了在寻求自治的同时谋求自身发展，高校在接受政府资助、引导、管理的同时，主动开辟多种途径筹措资金并协调与政府的关系，以避免因单靠政府资助而造成的政府干预过度导致高校自治受限过多的局面。高校除借助收取学费和科技开发与技术转让这些传统途径之外，还通过高校协会争取自身利益，并在政府资助之外拓展筹资渠道。

1. 依靠高校协会的力量维护学术自治并影响政府决策

如同美国人习惯于以组成社团维护个体利益一样，美国高校面对与政府等的利益冲突也采取组建协会等组织的形式维护学术自治并对政府决策施加影响。被誉为"精英大学俱乐部"的美国大学协会（Association of American Universities，AAU）成立于 1900 年，其当初的宗旨是加强和统一博士学位标准，后来转向为加强学术研究和全国性教育政策等目的组织高校、政府、商界等各界人士展开研讨。[18] 除该协会外，许多高校还根据自身性质加入多个相应的协会组织。成立于 1918 年的美国教育协会（American Council on Education，ACE）汇集了哈佛、耶鲁等高校的成员代表，服务于美国高等教育各个领域，在美国政府和公众中具有重要影响。

二战后，随着高校科研在经济和社会发展中的作用迅速提升，高校、企业、政府之间因目的、理念等的不同出现利益冲突。为了维护高校利益，高校协会组织通过发表声明、提出教育政策或科研财政预算建议等，从一定程度上参与政府的教育决策过程，在高校与政府等之间架设沟通桥梁，为政府决策提供专业化的信息，以此提升政府决策的科学性，也使高校在维护学术自治的基础上取得尽可能多的政府财政支持。1964 年，美国教育协会与美国大学教授协会（American Association of University Professors，AAUP）发表联合声明《防止政府资助的大学科研中的利益冲突》，强调大学建立规则和程序保护自身及科研的价值理念。1985 年，美国大学协会发表《大学关于利益冲突和科研成果延迟公开的政策》，为高校的正常科研活动提供了保障，捍卫了学术界的价值理念。[19] 1993 年美国大学协会发表《处理大学科研中财政方面利益冲突的框架文件》指出，只要学术科研能解决现实世界问题，利益冲突便不可避免，但须控制在一定限度内，以避免危及大学的目标和使命。[20] 2008 年 3 月，在总统竞选角逐激烈之际，美国大学协会发表了给总统候选人的报告《科学作为解决方法：下一届总统的创新日程》，呼吁未来的总统扩大培养科学、数学和工程方面的人才，加强政府和大学的伙伴关系。[21] 2012 年 1 月，奥巴马总统面对高校学费猛涨的形势，在密歇根大学发表演讲时主动提出改变联邦政府向高校拨款的方式，拟减少那些无法控制学费高涨的高校每年获得的联邦拨款，以期降低高等教育成本。奥巴马敦促国会通过有关助学金和减税的法案，承诺将给那些遏制费用上涨的高校提供更多援助，并希望各州之间针对如何更好利用高等教育资金展开竞赛，竞赛获胜者将得到联邦政府高达 10 亿美元的奖励。

2. 在政府资助之外拓展筹资渠道

美国高校除了通过高校协会影响政府决策和争取政府资助外，还积极拓宽筹资渠道，多方争取捐赠，以维护高校自身的运行和发展。美国素有由社会捐资兴办大学的优良传统，高校募捐制度规范、范围广泛、数额可观。现以哈佛大学为例予以说明。

哈佛大学在多年筹资活动中形成了多元化的筹资渠道、灵活高效的组织运行体制、职业化与志愿者相结合的筹资队伍，以及艺术化、现代化的筹资技巧。捐赠者包括历届校友、企业、团体、基金会等，捐赠物包括现金、有价证券、人寿保险、廉价转让等。2007 年，仅来自校友和其他友好人士的捐赠价值就达到 6.15 亿美元。哈佛管理公司对捐赠基金、非现金赠品、信托资金等的投资运作管理也是哈佛资金筹集的重要渠道。通过借款和发行债券来筹集校园建设资金是哈佛集资的精明之道。文化、体育等事业经营性收入也为哈佛提供了资金支持，如哈佛大学出版社的出版收入和传统运动赛事——橄榄球三强（哈佛、耶鲁、普林斯顿）争霸赛的门票收入。哈佛筹资的骄人战绩是以高效的组织管理为制度性前提的。哈佛大学基金会每年举行定期或项目性的筹款活动来吸引捐赠；校友联合会通过参与学校管理事务、组织校友聚会来联络校友与母校之间的感情，增进双方互利合作；学校开发办公室承担大型筹款活动的策划、组织、协调与实施。哈佛还有精明的财务管理制度，投资总账户和运营总账户管理体制的建立，不仅使得哈佛财政管理实现了由分散向集中的转变，而且为哈佛带来了相当可观的资金增长。到 2007 年，哈佛大学投资总账户、运营总账户分别达到 408 亿美元和 64.39 亿美元。长期以来，哈佛一直致力于做好校友的聚会联络工作，通过提名校长候选人、参加毕业典礼、听取校长和院长所作的管理事务汇报等形式邀请校友参与学校管理，通过晚宴、音乐会、足球赛等社交活动增进校友与母校之间的联谊。[22]

四、结语

在美国政府与高校的关系中，由于政府掌握着广泛的社会资源，自然成为影响高校自治和引导高校发展的主要力量。不过，政府与高校的关系还受社会政治、经济、文化发展程度等诸多因素的影响。从二者关系的整体走势来看，从殖民地时期高校自治占主导地位（当时高校因从殖民地政府那里获颁特许状而取得独立的法人地位，由此获得了高校自治的法律保障；高校继承了英国高校的自治传统，而当时殖民地政府的力量也相对弱小），到美国独立至南北战争时期政府对高校进行初步干预（各州出资兴办州立高校并介入管理），再到南北战争后政府逐步强化干预（1862 年开始，联邦政府开始通过资助赠地学院介入高等教育），政府对高校的调控和干预呈现出逐步加强的趋势；但因政府执政理念和方式等的调整，以及高校以多元方式和途径对学术自治的维护，政府趋于对高校采取间接调控和干预的手段。[23]然而，政府对高校的干预不能逾越高校的特许自治权这一边界，因为高校的特许自治权赋予高校自治法人的特殊地位；同时，为确保政府对高校的干预收到积极效果而非对高校的运行和发展造成阻碍，政府对高校的干预必须出于公共利益和国家利益的考虑，并遵守法律规定。

参考文献

[1] National Archives and Records Administration. Milestone Documents in the National Archives [Z]. Washington, DC：National Archives，1995：57.

[2] [15] [23] 刘虹. 控制与自治：美国政府与大学关系研究 [D]. 上海：复旦大学博士学位论文，2010：153-154，164-170.

[3] National Advisory Committee on Education. Federal Relations to Education：A Memorandum of Progress [R]. Washington, DC：Office of the Committee，1930：12-13.

[4] 威廉·克林顿，小阿尔伯特·戈尔. 科学与国家利益 [M]，上海：科学技术文献出版社，1999：19-39.

[5] U. S. Department of Education. Action Plan for Higher Education：Improving Accessibility，Affordability and Accountability [EB/OL]．[2012-04-09]．http：//www2. ed. gov/about/bdscomm/list/hiedfuture/actionplan-factsheet. html.

[6] Council for Higher Education Accreditation. 2010 CHEA Recognition Policy and Procedures [EB/OL]．[2012 - 04 - 10]．http：//www. chea. org/recognition/InfoOnRecogPol2010. asp.

[7] 孙建荣. 美国高等院校认证体系中的教育质量评估 [EB/OL]．[2012-03-

03].http://bkjxpg.hhu.edu.cn/noticexx.asp? id=33.

[8] Sam Dillon. Stimulus Plan Would Provide Flood of Aid to Education [EB/OL]. [2012-04-12]. http://www.nytimes.com/2009/01/28/education/28educ.html.

[9] Berube M. American Presidents and Education [M]. New York: Greenwood, 1991: 65.

[10] [16] John W. Sommer. The Academy in Crisis: The Political Economy of Higher Education [M]. Oakland: The Independent Institute, 1995: 71, 23.

[11] [12] FinAid. Student Aid and Fiscal Responsibility Act of 2009 [EB/OL]. [2012-04-12]. http://www.finaid.org/educators/20090715hr3221.phtml.

[13] 张旺. 美国联邦政府高等教育税收优惠政策及借鉴 [J]. 涉外税务, 2005 (9).

[14] Internal Revenue Service of US Department of the Treasury. American Opportunity Tax Credit [EB/OL]. [2012-04-10]. http://www.irs.gov/newsroom/article/ 0,id=205674,00.html.

[17] 黄丽. 美国私立高等教育概况 [J]. 北大教育经济研究（电子季刊), 2004 (3).

[18] Wikipedia. Association of American Universities [EB/OL]. [2012-03-04]. http://en.wikipedia.org/wiki/Association_of_American_Universities.

[19] 熊耕. 民间协会在美国研究型大学发展中的作用 [J]. 世界教育信息, 2011 (10).

[20] American Association of Universities. AAU Framework Document on Managing Financial Conflicts of Interest [EB/OL]. [2012-03-04]. http://www.aau. edu/search/default.aspx?.

[21] American Association of Universities. Science as a Solution: An Innovation Agenda for the Next President [EB/OL]. [2012-03-04]. http://www.aau.edu/search/ default.aspx?.

[22] 胡娟, 张伟. 哈佛大学资金来源、筹资模式与经验启示研究 [J]. 高等教育研究, 2008 (5).

（陈春勇系中国教育科学研究院
教师发展研究中心副编审，博士）

法国高等教育入学制度概览

　　高等教育入学制度是衔接学校教育中高等教育与中等教育的重要环节。在高等教育大众化的背景下，应该建立怎样的入学制度才能促进各级各类教育更好地沟通和融合，体现教育和社会的公平，是我国教育改革中重点和难点之一。法国在欧洲的教育体系中占有特殊的地位，其传统的中央集权模式非常具有代表性。近几十年，随着欧洲高等教育一体化进程和教育民主化运动的发展，法国的高等教育经历着重大的变革，在学制改革的同时，法国政府积极出台措施扩大入学信息渠道，改革会考模式，促进各类高教机构之间的融通，其做法为我国大学入学制度的改革提供了有益的借鉴。

一、法国高等教育分类及高中毕业
会考制度的发展

　　长期以来，法国的大学、"大学校"（Grande Ecole）和科研机构三足鼎立，在高等教育和科研领域各自承担着不同的角色。大学和大学校属于长期高等教育，前者承担着法国大众高等教育的任务，后者则是法国传统的精英教育模式。法国还有一类高等专业学校（Grand Etablissement），其法律性质和管理体制与大学接近，唯一的区别就是其在招生录取上采取选拔性竞争考试的形式，这类学校包括巴黎政治学院、国家文献学院、高等研究实践学院、社会科学高等研究学院、巴黎东方语言文化学院，巴黎九大（Paris IX）① 等。此外，法国还有短期高等教育体系，比如大学技术学院（IUT）和高级技术员班（STS）等。

法国教育法（2007 年修订法）明确指出，所有具有高中毕业会考文凭（BAC）或具有同等学历的人都可以申请进入大学[1]，没有地域和年龄的限制。获得高中毕业会考文凭也标志着中等教育的完成。

随着教育民主化的发展，法国的会考种类和通过率亦不断增加。目前法国主要有普通、技术和职业三大类会考，实行不署名的全国性统一考试，总体通过率达到 85.6%（2011 年）。

普通类会考又分为文科（L）、理科（S）和社会经济科（ES）三大科目。技术类会考分为八大科目：管理科学与技术、工业科学与技术、实验科学与技术、社会与医学科学技术、农学与生命科学技术、环境与农艺科学技术、旅游管理专业（招收对口高中毕业生）、音乐与舞蹈技术（招收对口高中毕业生）。②

普通和技术类会考每年在 6 月份举行，考试时间因科目及考试形式不同而不同，笔试有 1—4 小时不等，口试一般要 20 分钟，动手操作考试要 1—1.5 小时。口试分为三个阶段，准备阶段 30 分钟、个人陈述 10 分钟、问答 10 分钟。每门科目的成绩实行 20 分制，最后通过平均及加权得出总成绩，总成绩高于 10 分就可以取得会考文凭，文凭分为优秀（总成绩≥16 分）、好（14 分≤总成绩<16 分）、良（12 分≤总成绩<14 分）、无评语四类，不标注具体分数；成绩在 8—10 分的学生可以参加 7 月份的补考。另外，由于特殊而合理的原因不能参加第一次考试的学生在 9 月份会得到一次额外的补考机会。

---

① 2002 年，巴黎九大的法律性质由"综合大学"改为"高等专业学校"。

② 其中管理科学与技术又分为交流与人力资源管理、营销学、企业财务与会计、信息系统管理四个专业；工业科学与技术又分为机械工程、电子工程、电子技术工程、土木工程、能源工程、材料工程、光学工程和实用艺术八个专业；实验科学与技术又分为实验物理和工业工艺、实验化学和工业工艺、生物化学和生物工程三个专业。

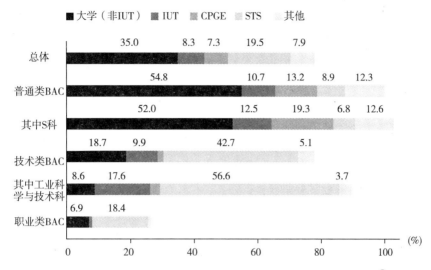

图1　法国 2010—2011 学年不同类科的会考升入高等教育的情况①

资料来源：MESR. Repères et Références Statistiques sur les Enseignements，la Formation et la Recherche［EB/OL］．［2012－03－09］．http://media. enseignementsup－recherche. gouv. fr/file/2011/69/1/DEPP-RERS-2011_190014_191691. pdf.

二、法国大学入学制度改革

　　法国大学入学采取申请制度，学校一般会要求学生在每年3—4月份进行"预注册"（pré-inscription），即填写个人信息并列出若干学校和专业志愿。在毕业会考结束后，大学再根据学生的会考类别、成绩和专业接受能力来决定是否发放录取通知。理论上讲，学校不能拒绝取得毕业会考文凭的学生提出的申请（并且原则上说，学生申报专业不受高中分科或会考类别的限制），因此有些大学的一年级课堂常会出现人满为患的场景。少数大学或部分专业招生会有"区域限制"，这些名额由各学区①区长决定，其目的自然是为了留住本学区内的生源。报名人数超过院校容纳能力时，经有关行政部门核实，学区区长可以根据学生

————————

　　①　学区是中央设在地方的一级重要教育行政管理单位，按地理位置划分，法国本土共设有 26 个学区。

的住所、家庭情况、专业志愿，在与相关高校校长协调后，宣布学生的最终录取情况。

在 2009 年之前，不同学区或不同类型的学校各自设有预注册系统。① 为了简化报名手续，2009 年法国高等教育与研究部推出了一个全国统一的报名录取网站（www.admission-postbac.fr），截至 2012 年，网站已包含了 10440 个高等教育专业，通过网站统一录取招生的专业课程类型包含了大学一年级课程、大学技术学院课程、高级技术员班、"大学校预备班"、高级农业技师课程（BTSA）、"大学校"课程、医疗健康专业一年级课程等多种类型。②

高校的招生录取工作将统一按照以下四个步骤进行：网上注册—将所需书面材料寄送到相关院校—录取阶段—入学完成行政注册手续。网站提供了所有加入在线录取高校的课程信息、院校概况，申请人则可以在线提交个人档案以及升学志愿排序，并实时跟进自己的录取情况。课程约分为 10 类，如"大学第一阶段课程"算是一类，每一类可以申报 12 个志愿，每个申请人累计最多填报 36 个志愿。

高等院校在录取时对申请人的志愿填报情况及排序完全不知情，录取与否取决于申请人的学业情况。录取阶段分为三轮，每一轮录取中，申请人只会得到一个录取建议，系统会根据申请人的志愿顺序及其各志愿在专业中的排名情况给出一个最优结果。当一个录取建议发出后，申请人的其他志愿会自动取消，从而尽可能最多地满足学生的申请志愿，同时避免了一个申请人占用多个学校名额的情形。网站为申请人提供咨询申请服务，学生可以咨询有关学科、学业背景及职业计划等问题，由专家提供个性化建议。超过 12 日不对录取建议作出答复的被视为自动放弃。理论上，非选拔性的专业以及选择本学区的大学录取概率会大得多。对三轮录取均未得到建议的申请人会有一次"补充录取"，而这一轮提供的院校和专业常常与申请人本身的志愿相差甚远，因此尽可能多地填写志愿成为成功录取的重要因素之一。据法国高等教育与研究部统计数据，2010 年，92% 的学生在 6 月份就确定了最终专业。[2] 2010—

---

① 如巴黎大区曾一直使用 RAVEL 作为预注册系统。
② 少数不通过该网站统一招生的专业课程则由学区区长办公室（rectorat de l'académie）统一提供报名注册信息。

2011 学年，法国各类高校共有在校生 2318700 人，其中大学注册人数为 1437104 人（包括大学技术学院 116476 人）、高级技术员班 242247 人、"大学校"预备班 79874 人。根据 APB 网站提供的数据，大学一年级专业申报情况大致如下：法学、经济和管理专业占 26.44%、医疗健康专业占 19.24%、艺术、文学和外语专业占 18.79%、人文和社会科学专业占 17.17%、科学与技术学专业占 12.63%、体育运动科学与技术专业占 5.73%。

　　虽然法国高等教育入学较为自由，但入校后的淘汰率非常高。2002—2006 年法国大学按照《博洛尼亚宣言》完成了"358"学制改革，即学士、硕士和博士的学制分别为会考后 3 年、5 年和 8 年的文凭。① 而 2011 年法国高等教育与研究部官方统计数据显示，2006 年注册入校的大学生中只有 82.4% 取得了本科文凭（Licence = BAC + 3），71.9% 的学生没有出现留级情况，8.8% 的学生重修一年，1.7% 的学生重修两年。淘汰率较低的专业为生命健康与地球宇宙（淘汰率为 12.6%），淘汰人数最多的专业为语言类（23.9%）。

　　医学专业的学制和入学制度不同于其他专业，其整个培养过程分为三个阶段，第一阶段（PCEM）学制 2 年，第二阶段（DCEM）学制 4 年，第三阶段分为全科医生和专科医生两类，前者学制 3 年，后者学制 4—5 年。也就是说，从第一阶段一年级（PCEM1）到拿到全科医生资格需要至少 9 年时间，而拿到专科医生资格则需要 10—11 年时间。医学专业招生非常严格，每年由政府出台政令确定招生名额。注册医学专业的学生大部分持理科高中会考文凭，如 2008 年，参加医学第一阶段考试的学生中 95% 是理科生。

　　第一阶段课程为医学、牙科、助产士专业的通识课程年，每周 20 小时"大课"（cours magistraux）和"指导课"（travaux dirigés）。学生

---

　　① 学制改革之前，法国大学教育分为三个阶段。第一阶段为普通教育阶段，学制 2 年，仅开设人文科学、自然科学、法学等几大类学科，不设具体专业，主要学习基础理论知识，修满学分者可以获得 DEUG（大学普通专业文凭）。第二阶段为专业教育阶段，学制 2 年，比第一阶段增加了专业分类，第二阶段第一学年结束时学生可以获得 Licence 文凭，第二学年结束时可获得 Maitrise 文凭。第三阶段为研究生教育阶段，学制为 4—5 年，第一年结束时分出两个并行文凭，一是学术型的 DEA（深入研究文凭），获得该文凭是继续攻读博士学位的前提；另一个是职业型的 DESS（高级专业研究文凭）。具有 DEA 的学生可以在有指导研究资格（HDR）的教师指导下撰写论文，通过答辩后可获得 Doctorat（博士）学位。

需要通过严酷的选拔性考试才能够进入第二阶段正式的医学学习，考试的录取率由国家控制，一般不超过20%，且规定只能留级一次。第二阶段的学习分为学校课程、医院各科室实习和36次医院值班三部分，三年年末，学生还要参加一项全国排名考试，考试合格的学生才能够进入第三阶段的驻院学习，并根据排名选择驻院的地点和专业。驻院医生首先要获得本专业的"专科研究文凭"，之后通过一项论文答辩并进行"医生职业宣誓"之后，才可以获得国家颁发的医学博士头衔，即行医资格。

三、"大学校"的入学制度改革

法国的"大学校"，包括国家行政管理学院、高等工程师学院及各类商学院，学校实行自治管理，规模小、教学质量高，教学形式灵活多样。大学校招生制度历来严格，一般来说，学生在高中毕业后要先经过至少2年的预科学习，之后还要通过淘汰率很高的入学考试。

近年来，为了提高法国高等教育的国际知名度，政府出台了多项政策促进大学与大学校之间的融通，2006年法国出台"关于研究的规划法律"，决定将同一区域的大学、大学校、研究机构聚合在一起形成"高等教育与研究中心"（PRES），促成成员学校的资源共享和相互合作。同时，随着欧洲高等教育空间的建设，法国大学完成学制改革，传统的大学校招生模式也出现了不小的变化。

最显著的变化就是"大学校预备班"不再是进入大学校的唯一途径。根据2012年1月法国"大学校委员会"（CGE）的最新报告《进入大学校的路径：背景与身份的多样化》，2010年进入大学校的新生中仅有38.5%是通过"大学校预备班"竞考入学的，超过45%的学生是大学二年级或三年级通过选拔考试入学的，另外还有大约30%的学生拥有大学技术学院、高级技术员班、国外同等学历。[3]而这完全得益于"358"学制和学分互认体系的建立。此外，大学校内部也建立了一种"直升系统"，学生在设立于大学校内部的预科班学习，之后经过简单的面试即可升入高级阶段的学习。

教育民主化运动是促使大学校招生改革的另一重要因素。根据法国教育部 2009 年的统计数字，该年度大学校预备班入学新生中只有 5% 的学生来自工人家庭，45% 的学生来自高管家庭，而大学校中这个差距更为悬殊，来自工人家庭的学生在工程师大学校中仅有 4%，商校中则仅有 2%。[4]

虽然这一现象有其深层的社会原因，但近些年一些法国的大学校的确出台了一些有利于招生民主化的措施。2001 年巴黎政治学院（Sciences Po Paris）推出"混合招生政策"，学校与巴黎大学区和法国北部的某些"教育优先区"（ZEP）① 的高中签署特殊招生协议，对那些位于"问题街区"高中的优秀生进行个性化辅导，使其能够通过竞争考试进入巴黎政治学院这所社会学精英大学校。2002 年法国高等经济商学院（ESSEC）推出"预科班、大学校，为什么不是我"行动，与几所高中签订协议，每年在这些学校中挑选 20 名左右成绩好且来自贫困家庭的学生，为其高中阶段提供 2000 欧元个性化辅导费用（其中 2/3 由政府承担，1/3 由大学校承担），辅导人员包括协议高中的教师以及大学校的学生。法国政府也增加了大学校新生享受"按社会标准"② 颁发奖学金的学生比例。2012 年法国大学校委员会发布了《大学校向社会开放》白皮书[5]，特别提出了促进大学校招生民主的七项建议：增加平民家庭或条件不利的高中生获得学业成功的平等机会，动员大学校在校生和校友对高中生进行辅导，建立大学校与中学的对口联系；改善对基础教育的学业指导，鼓励青年人报考大学校；增加普高和技术高中学生来大学校参观，增加高等教育、中学教师和企业界之间的交流；通过开设暑期高中、讲座等活动缩小高中毕业生水平与大学校培养目标之间的差距；采取不同的入学考试模式准确评估考查学生的能力和潜力；设置不同培养模式包括学徒制、继续教育等；降低考试成本，为来自贫困家庭的大学校学生提供补贴。[6]

---

① 教育优先区政策旨在对"问题地区"强化教育行为，提高学生尤其是那些来自社会最底层的孩子的成绩。该政策最早在 1960 年由法国教师工会率先发起，1981 年正式通过并开始执行。

② "社会标准"也就是社会救济标准，2008 年法国政府规定，凡是家庭年收入低于 32440 欧元的学生均可以申请这类奖学金。

四、小结

由于历史的原因，法国高等教育长期以来都是实行普通教育的大学和精英教育的大学校双轨并行，两者的入学制度也有较大差异。

法国大学采取申请制，不设置年龄和地域的限制，几乎所有持有高中毕业会考文凭的申请者都可以进入大学的门槛，综合大学在法国教育民主化发展中扮演了重要的角色。毕业会考在法国素来是个敏感的话题，近些年来多次高中教育改革都没有触动最为根本的分科的会考制度，改革者只是对会考本身进行了微调，细化考试门类，粗化考试形式，以此提高会考的通过率。同时，大学的申报过程亦逐渐向着公开、科学和信息化的方向改进，并增加了一对一的个性化指导，有效地减少了个人学术兴趣与专业不相符合的情况。在坚持"宽进严出"原则的基础上，大学改革愈加重视提高学生的学业成功率，在"358"学制改革之后更是重视综合大学的国际化发展，试图吸引更优秀的国际生源。大学校一直以培养专业精英为己任，如今亦为争取优秀生源和新的发展空间积极改进入学模式，其中一些院校的政策在一定程度上促进了教育参与率低的族群进入大学校，促进了入学机会的均等。

从政府的角度来讲，2006年法国政府推出"高等教育与研究中心"（PRES）策略，试图打通不同类型的高等教育机构与研究机构之间的入口，促进大学与大学校相互靠拢，以提高法国高等教育整体的国际竞争力。这些努力都值得我国在高教入学体制改革中引以为鉴。

参考文献

[1] Code de l'Education［EB/OL］.［2012－03－05］. http://www. legifrance. gouv. fr/.

[2] MESR. Admission Post－Bac［EB/OL］.［2012－03－06］. http://www. admission-postbac. fr/index. php? desc＝quoi.

[3] CGE. Les Voies d'Accès aux Grandes Ecoles de la CGE, Diversité des Origines et des Profils［EB/OL］.［2012－03－10］. http://www. cge. asso. fr/presse/CGE_

Enquete-Passerelle-2011_BAT_bdef. pdf.

［4］ AE. Peut – on Démocratiser Les Grandes Ecoles ［EB/OL］. ［2012 – 03 – 10］. http://www. alternatives – economiques. fr/les – grandes – ecoles – sont – reservees – a – une – petite – elite_fr_art_633_47319. html.

［5］ CGE. Chantal Dardelet, Ouverture Sociale des Grandes Ecole ［EB/OL］. ［2012 – 03 – 10］. http://www. cge. asso. fr/presse/CP – Ouverture_sociale_% 2016 – 12 – 2010. pdf.

［6］ 王晓辉. 法国大学校：降低姿态向平民开放 ［N］. 中国教育报, 2012-03-02.

（刘敏系北京师范大学国际与比较教育研究中心讲师，博士）

□ 杜 屏 魏 新

美国高校的经费来源及启示

美国高等教育经过三个多世纪的发展，已经取得了巨大的成就，高校拥有雄厚的资金，并形成了来源较广且相对稳定的筹资渠道。本文通过介绍美国高校教育经费收入来源现状及特点，分析其筹资经验，提出对我国高校持续发展的启示。

一、美国高校教育经费来源现状及特点

1. 政府拨款在公立高校经费来源中占主导地位，但总体比例呈下降趋势

美国公立高等教育机构是指由联邦政府、州政府和地方政府资助建立的高校和科研机构，可进一步分为国立、州立和市立三类。但由于联邦政府对教育机构不直接进行管理和控制，因此除少数几个联邦政府直属院校如军事院校外，公立高校发展的责任大部分归属州政府和地方政府，三级政府对支持高等教育发展的职责角色各自不同，其经费使用的方向与目的、途径与方式也表现出不同的特点和趋势。总体而言，

美国联邦政府、州政府、地方政府的财政拨款是其经费第一来源，比重一般在50%左右（见表1）。

表1　美国公立高校2009/2010年度总收入及各项收入比例

经费总额 （千美元）	学费 （%）	政府（%）				经营 收入 （%）	各种 捐赠 （%）	投资 收益 （%）	基本 建设 （%）	所有 其他 （%）
		合计	联邦	州	地方					
303329538	18.44	47.34	16.91	23.90	6.53	22.28	3.48	3.31	1.99	3.16

数据来源：http://nces.ed.gov/. 表5、表6、表7同。

自20世纪90年代以来，美国公立高校对财政的依赖程度有所下降。美国各级政府对各自所属的公立大学（其中主要是州立大学和地方大学）的拨款合计从1990/1991年度的54.3%下降到了2009/2010年度的47.34%（见表2）。其主要特点有两个方面。

表2　1990/1991年至2009/2010年美国各级
政府拨款占公立高校经费来源比例

年度	1990/ 1991	1993/ 1994	1996/ 1997	1999/ 2000	2000/ 2001	2005/ 2006	2008/ 2009	2009/ 2010
比例	54.3%	50.7%	50.5%	50.4%	50.8%	50.78%	50.9%	47.34%

（1）美国联邦政府的作用逐步加强，经费来源比例有所增加

联邦政府的职责是在高校的建设和发展中创造一个有利的大环境，根据国家的发展战略和高校特点提供一些指导和服务，并为学生上大学提供经济上的援助和担保，促进实现教育公平和机会均等。联邦政府对各类高等教育的经费支持主要是通过对学生资助、提供科研项目拨款、资助高等教育的重点发展领域等方式进行。为实现高等教育的公平，20年来联邦政府的拨款占整个高等教育经费的比例由10.3%增加到了接近17%（见表3）。

表3　美国联邦政府拨款占高校筹资来源比例的变化趋势

年度	1990/1991	1993/1994	1996/1997	2000/2001	2005/2006	2006/2007	2007/2008	2008/2009	2009/2010
比例（％）	10.30	11.00	11.00	11.20	11.18	13.23	13.70	15.28	16.91

（2）美国高校对州级财政的依赖下降幅度较大，地方财政有所上升

在美国公立高校的政府财政性拨款中，州政府及地方的预算拨款占了其中的大部分，这一方面是因为美国的公立大学绝大多数是州立，而且美国是一个地方分权的国家，发展教育的责任主要在州和地方政府；尤其是州政府的投入是高校经费来源的主要支柱。美国各州政府对高等教育经费的拨款没有统一的模式，大部分州都是根据各自惯例，州政府确定每年的高教预算之后，要求所辖学校准备好有关本校招生情况、教学及管理需要、教学设施状况等材料，然后政府确定具体分配方案。一般情况下，每个州立大学每年所分到的教育经费数目变化不大，在经费的使用方面，州政府通常也只是制定一些指导性的政策。但州高等教育拨款委员会审查公用经费的利用效率，如果一旦认为经费使用不合理或效率低下，则会调减下一年度的拨款。20世纪90年代以来，随着美国高等教育的普及化和大众化，学生越来越多，财政投入的增长幅度远跟不上所需经费的增长幅度，尤其是州一级的政府。政府财政投入的下降主要源自州级财政投入的下降，由1990/1991年度的40.3％下降到2009/2010年度的23.90％。2008年以来，美国"次贷危机"引发的金融危机逐步扩散至全球，并由金融领域扩展到实体经济领域和教育领域，对美欧乃至全球高等教育财政和筹资产生了深刻影响。

佐治亚、爱达荷、密西西比、马萨诸塞、明尼苏达、内华达等16个州政府在2009年和2010年连续削减公立学院和大学的拨款。其中一些州高等教育经费削减的幅度相当大。例如，内华达州州长提出要将此前预算中的州立大学和学院经费削减36％，弗吉尼亚州州长提出四年制州立大学和学院经费削减幅度达15％。[1]与此同时，地方政府投入的比例逐步由3％—4％之间升到2008/2009年度的7％以上，2009/

2010 年度略微下降（见表 4）。

表 4　美国州、地方政府占高校筹资比例的变化趋势

年　度	1990/ 1991	1993/ 1994	1996/ 1997	2000/ 2001	2005/ 2006	2006/ 2007	2007/ 2008	2008/ 2009	2009/ 2010
州政府	40.30%	35.90%	35.60%	35.60%	35.61%	26.86%	28.6%	28.28%	23.90%
地方	3.70%	3.80%	3.90%	4.00%	3.99%	6.37%	6.67%	7.35%	6.53%

2. 学杂费的所占比例上升，弥补了财政拨款的不足

据统计，自 2000/2001 年度到 2010/2011 年度，美国高校的学费和食宿费标准除去通货膨胀因素，十年间公立学校上涨了 41.6%，私立高校上涨了 18.7%。其在高校筹资来源中的比重近年来上升较快，由 2005/2006 年度的 16.97% 上升到了 2008/2009 年度的 19.39%，2009/2010 年度微降至 18.44%（见表 5、表 6）。

金融危机以来，美国许多州在应对高等教育财政危机方面普遍采取了提高学费的措施，其增幅均在 5% 以上。经济情况欠佳的州甚至还计划采取一些比较极端的措施，例如密歇根州计划关闭该州一所公立高校。

表 5　2000/2001 年度至 2010/2011 年度美国各类高校平均学杂费标准变化

（2010 年可比价格，美元）

年　度	2000/ 2001	2001/ 2002	2002/ 2003	2003/ 2004	2004/ 2005	2007/ 2008	2008/ 2009	2009/ 2010	2010/ 2011
所有高校	13393	13842	14298	15086	15595	16617	17257	17649	18133
公立高校	9390	9757	10118	10769	11153	11848	12375	12804	13297
私立高校	26456	27261	27778	28679	29189	30475	31102	31023	31395

表 6　美国近几年公立学校学杂费占经费来源的比例

年　度	2005/2006	2006/2007	2007/2008	2008/2009	2009/2010
学杂费所占比例	16.97%	16.97%	17.60%	19.39%	18.44%

3. 政府对私立高校的支持力度较大，方式和途径多样

尽管美国是一个市场化程度很高的国家，私立高校也从法律上确认了明晰的产权，但美国的联邦、州、地方三级政府对私立高校的直接财政支持拨款也是其重要的资金来源。2002年以来，曾经由于经济和教育政策方面原因，加上有些私立高校为防止政府的干预和维护自治的传统而拒绝接受资助，致使联邦政府的资助有所波动，但仍占其总收入的12%以上。金融危机以来，私立高校在投资收益等方面亏损巨大，但政府没有大幅度减少对私立高校支持的力度，相反正是由于政府的力挺，才帮助私立高校更好地渡过了难关，2008/2009年度中，政府的财政性拨款占了私立高校经费的33.9%（见表7）[2]，而且财政拨款中联邦政府的拨款占了绝大部分，充分体现了高等教育的公益性特征。如私立大学加州理工学院总收入中科研经费是该校的第一大财源，而联邦政府是其科研经费的最主要来源，约占其总科研经费的74%。[3]

表7　美国各级政府的财政性拨款
占私立高校（非营利）经费来源比例的变化趋势（%）

年　度	2002/2003	2003/2004	2004/2005	2005/2006	2006/2007	2007/2008	2008/2009
联邦政府	15.73	13.66	14.06	12.89	11.07	14.51	30.44
州政府	1.43	1.08	1.05	1.02	0.89	1.33	2.63
地方政府	0.45	0.36	0.35	0.34	0.30	0.38	0.83
政府拨款合计	17.61	15.10	15.46	14.25	12.26	16.22	33.90

除了直接拨款外，美国私立大学的学生在接受政府助学方面，与公立学校的学生一样可申请联邦政府的奖学金、各类助学贷款、助学金、勤工俭学项目等。具有一定科研实力的私立高校，与公办学校公平竞争数额巨大的科研经费。美国政府在土地、校舍以及设备等使用、税收减免方面也给予了私立高校很多无形的支持。耶鲁大学、麻省理工学院、布朗大学等私立院校凭借政府赠予的土地使得规模得以扩大，学校运转得到巩固。美国私立高校占了美国高校的一半，并且其教育质量远胜于美国公立大学。在2005年《美国新闻与世界报道》公布的大学排行榜

上，排在前 10 名的全部是私立大学，在美国 25 所最佳大学排名中，私立大学所占比例达到 92%。[4]

4. 接受捐款成为许多高校的重要经费来源，但受经济形势影响较大

美国大学的捐赠收入成为许多公立高校不可忽视的重要经费来源，在私立大学中一般都在 10% 以上，2008/2009 年度超过了 25%，甚至在一些公立大学也达到了 10% 以上（见表 8）。[5] 从捐赠的范围及来源上看，美国高校的募捐来源不局限于本地和本国的校友会、个人、公司和基金会等社会各界，现已扩大到全球范围内的个人和组织，如 2011 年 1 月份，中国温斯顿电池制造有限公司创办人钟馨稼向美国加州大学河滨分校捐赠 1000 万美元。[6] 美国大学接受捐赠的形式手段多种多样，除了现金捐赠外，还有证券捐赠、信托捐赠、图书捐赠、不动产捐赠、艺术品捐赠等等。美国政府和公众对于高校接受社会捐赠的行为给予极大的支持和充分的理解，形成了深厚的捐资助学的文化氛围。政府创造了宽松的环境，对捐赠者实行的全免税政策等措施在很大程度上激发了捐赠者的捐赠热情，公司和个人乐于资助大学的发展。

**表 8　近年来捐款占美国公立高校和私立高校
（非营利）经费比重的变化趋势**

年　　度	2005/2006	2006/2007	2007/2008	2008/2009
公立高校（%）	3.48	3.78	3.77	3.62
私立高校（非营利）（%）	12.01	11.07	15.07	25.59

5. 大学基金会的运作规范化、专业化

在美国的许多州，不管是公立大学还是私立大学，都设有基金会，基金会的任务是接受私人和私人企业的捐款或赠款并进行管理，为学校募集资金。这种大学捐款基金属于非营利性质，不用交税，政府对其资金使用没有比例限制。除哈佛和耶鲁属于这种方式外，如加州大学洛杉矶分校的 12 个学院以及 5 个中心都设立了筹资办公室；佛罗里达大学基金会组织机构中也有很多院系和附属单位合作与配合的专门办公室或项目组；普林斯顿大学基金会也采取"学校管理委员会+附属办公室"的工作模式[7]；而另一些则采取由基金会少数人员管理，聘请校外"资金顾问"运作，或交由投资公司运作，高校则按其出资的比例分享利润的方式。事实证明，美国大学基金会的运作规范化、专业化、效果佳。2007年超过10亿美元的捐款基金共有76个，一年回报率的中位数是21%。[8]2008年金融危机前，哈佛大学、耶鲁大学和斯坦福大学的基金规模分别达到370亿、229亿和170亿美元。虽然在2008年以后捐赠基金曾损失巨大，不得不借债来缓和危机，但是没有人怀疑它们会渡过难关，在自身科学经营和社会各界的大力支持下，随后的2009年即实现盈利3.31%。

基金会的工作内容主要分资金募集和资金运作两个方面。在捐款工作上需遵循的基本态度和原则是，不要小看任何一笔捐款，要善待这些涓涓细流，与捐赠者建立长期、稳定的联系。校长或董事会主席每年邀请捐赠者参加学校的各项活动或者进行个别拜访，增进感情投入。很多人在刚开始捐款时都是小额捐款，后续有的人经济能力增强了，在强烈的感恩和回报意识下，捐款的数目会上升到数百万美元甚至更高。

6. 科研经费分配机制设计科学，运作高效，来源稳定增长

美国高校的科研经费有来自各级政府对高校的科研拨款，也有产学研合作等收入。

联邦政府对高等教育的经费资助主要体现在科研资助上面。在科研资助的分配和管理中，是由多个联邦政府机构负责，如健康与人类服务部、全国科学基金会、国防部、国家宇航局、农业部和能源部。州政府提供对州立大学的大部分科研拨款，它也是通过专门的委员会来进行，委员会即是高等学校的代言人，同时也帮助实现政策意图，扮演着双重角色，在高校和政府之间起着一种沟通和"缓冲器"的作用。一些研究型的私立大学也能得到政府科研方面的资助，甚至有些历史悠久、科研实力强的一流私立大学比公立大学能够争取到更多联邦政府的资助。[9]"产学研"合作发祥地是美国，大学的产学研合作收入是大学通过与企业界合作，如建立科技园区（例如斯坦福大学于1951年兴建"斯坦福研究园"，由此带来了"硅谷"的崛起）和企业孵化器，承担应用开发研究课题，培训公司雇员，共同开发新产品、新技术、新市场等，从而获得经费。20世纪70年代，美国国际竞争力受到日本的挑战，美国就相继制定和实施了一系列促进产学研合作的法案，如《国家科技政策、组织和优化法》《贝赫-多尔法案》《斯蒂文斯-韦德勒技术创新法案》《经济复苏法》等，里根政府积极鼓励大学与企业的合作，为产学研合作提供了有效的保障。

7. 金融危机下调整政策性学生贷款资助方式和力度，条件更加优惠

银行作为金融危机的重灾区，出于自保的需要，纷纷暂停或中止对学生和家长发放贷款，或者紧缩贷款的额度。面对这种形势，2008 年 5 月，时任总统布什签署《确保继续获得助学贷款法》（ECASLA），将原来规定具有不良信用记录的家长将无法获得"联邦家长贷款"（PLUS Loans）的情形改为：拖欠住房抵押和医疗费达 180 天的情况暂时归为"减轻罪责情况"，遭受损失的家长仍然有机会获得贷款；同时将"联邦家长贷款"原来的贷款发放 60 日后开始还款，修改为可在子女毕业 6 个月后开始还款，从而缓解了家长暂时的资金困难；另外，提高了未获资助学生对"联邦斯坦福贷款"（Stafford Loans）的年度贷款限额，有经济来源的学生贷款额度提高到 3.1 万美元，而无经济来源学生的贷款总额提高到 5.7 万美元。2009 年 2 月，奥巴马总统签署了《美国经济恢复与再投资法》（ARRA），为"联邦佩尔助学金"（Pell Grant）注入了约 170 亿美元资金，经测算这个数目能够向 700 万中低收入家庭的学生提供资助，而且每个学生的最大资助额从原来的 4850 美元提高到 2009—2010 学年的 5350 美元，并在 2010—2011 学年进一步增加到 5550 美元。

二、我国高校筹资所面临的困境

2010 年底，我国各类高等教育总规模达到 3105 万人，高等教育毛入学率达到 26.5%。全国共有普通高等学校和成人高等学校 2723 所（含独立学院 323 所），在校生（含在学研究生）2921.68 万人。[10] 从高校在校生的绝对数来看，我国已成为一个高等教育大国。大规模的高等教育系统如果没有相应水平的教育投入作保障，势必成为未来提高中国高等教育质量和机会公平的隐患。当前中国高校筹资存在以下问题。

1. 财政性经费的相对比例总体下降，学生家庭负担的学杂费比例上升

政府财政性资金主要包括各级政府的教育拨款、各级政府征收用于教育的税、费、校办产业减免税部分、科学研究拨款等。从表9可以看出，我国高等教育财政性经费的比例从1996年度的75.86%降至2010年度的48.7%；而与此同时，主要由学生及家庭负担的学杂费的比例从15.1%上升至2008年度的34.0%，2010年度微降至33.3%。

表9 1996—2010年度国家高等教育财政性教育经费和学杂费
所占经费总额比例变化

项　目 ＼ 年　度	1996	1998	2000	2002	2004	2008	2009	2010
财政性教育经费比例（%）	75.86	64.16	57.34	48.74	44.73	43.80	47.40	48.70
学杂费比例（%）	15.06	14.23	22.04	26.94	30.73	34.00	33.90	33.30

资料来源：根据历年《中国教育经费统计年鉴》计算得出。

2. 对民办高校的财政支持有所增加，但力度仍较小

民办高校学杂费占了民办高校收入的绝大部分，由表10和图1可以看出，政府对民办高校的财政性支持虽然在金额上有所增加，但最高没有超过4.2%，对于民办高校的筹资不可能起到明显的作用。民办高校生均预算内教育经费不到公办高校的零头。而且财政经费资助表现出不稳定性和不均衡性，对民办高校缺乏明晰的经费资助体系。资助总额相对于民办高校的规模明显不足，民办高校的经济负担过重地加在学生身上。这种不均衡不但表现在直接拨款太少，教育税费、土地出让等优惠措施不明显，而且由于政策限制，民办高校的学生获得政府助学金、奖学金以及助学贷款等的概率更低，加剧了这种不均衡。

表10　2008—2010年度民办高校中财政性教育经费和
学杂费金额及占总额比例变化

年　度	2008		2009		2010	
经费总额（千元）	34267938		43625446		51090721	
实际收取学杂费金额(千元)/比例(%)	27310708	79.70	36265020	83.13	42568785	83.32
政府投入金额（千元）/比例（%）	974349	2.8	1831872	4.2	2065723	4.0

注：政府投入经费=政府投入预算内拨款+各级政府征收用于教育的税费+校办产业用于教育的经费。

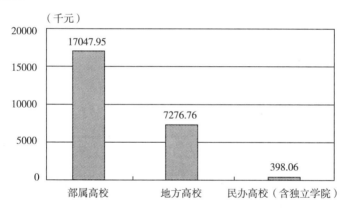

图1　2010年不同类型高校生均预算内教育经费金额

数据来自《教育经费统计年鉴》，民办高校只统计学历教育不含非学历教育，民办高校生均预算内教育经费=民办高校预算内教育经费/当年民办高校在校生。

3. 财政资金的拨款模式缺少刚性约束，使用效率不高

我国高校来源于政府的经费投入由事业费、基本建设费和科研经费三部分组成。其中，1999年教育事业费升格为"类"，单独在国家预算中反映；教育基本建设费仍停留在"款"级科目。

我国现行财政资金的拨款模式主要是"综合定额+专项补助"的方式，综合定额采取公式拨款，主要依据为学生生均经费和各高校的在校学生数，专项补助则是对综合定额的重要补充。这是1986年，原国家教委、财政部颁发《高等教育财务管理改革实施办法》指导下由原来的"基数+发展"的事业费拨款方式改变而来的。这种方式使高校在资

金使用上具有更大的支配权，以在校学生数为关键因素，容易导致高校盲目扩招；未考虑到不同类型与层次的高校对经费需求的差异性，不能充分发挥财政经费的政策导向作用。另外，专项补助的拨款程序缺乏公平性与透明性，也未充分考虑资金使用绩效，从而导致其效率欠佳。

4. 社会及个人捐款机制缺失，捐款力度和规模极低

目前，教育捐款收入占中国高校经费来源不超过1%，公办高校的捐款收入稍好于民办高校（见表11）。目前我国 GDP 总量已达世界第二位，数十家企业进入世界 500 强，高校的社会捐赠并没有随着经济的发展而增加。其原因可能与我们传统的文化观念中缺少扶助公共事业发展的责任感、对高校的认同感等有关。再者，没有创造鼓励捐赠的制度环境。虽然1999 年的《公益事业捐赠法》和《财政部国家税务总局关于教育税收政策的通知》（财税〔2004〕39 号）等法规均规定：纳税人通过中国境内非营利的社会团体、国家机关向教育事业的捐赠，准予在企业所得税和个人所得税税前全额扣除。个人向教育及公益事业的具体对象捐赠必须通过非营利性的社会团体或国家机关进行。但直接向受赠单位或个人的捐赠，却不能在个人所得税税前扣除，而且办理扣除时，程序相当复杂。加上慈善资金的监管漏洞等负面现象的频繁曝光，人们对捐款的使用和使用效益产生巨大的质疑，一定程度上挫伤了人们捐赠公益事务的积极性。从高校内部层面来看，许多大学尚未建立调动社会资源的机制或者已经建立但机制不完善，工作无序、不规范；高校管理层缺乏动员社会资源的筹款意识和能力等。

表11　中国高等教育公办与民办高校接受捐款情况及比较

年　度	公办高校			民办高校		
	2008	2009	2010	2008	2009	2010
经费总额（千元）	338203470	385097180	421277619	34267938	43625446	51090721
捐款（千元）	2609263	2788605	2444159	124790	95839	169674
比例（%）	0.77	0.72	0.58	0.36	0.22	0.33

5. 高校扩招使得许多公办高校通过向银行大量贷款以缓解资金不足

1999 年中国高校扩招，后续许多高校校址重建，对资金有大量需求。我国的许多公办高校、民办高校，都将向银行贷款作为解决资金短缺的主要措施。2002 年、2003 年、2004 年、2005 年年末累计贷款余额分别为 88.83 亿元、141.44 亿元、236.71 亿元及 336 亿元。[11]

从 2004 年开始，一些公办高校呈现偿债难，甚至一些高校出现债务危机。这给国家、银行和高校自身带来了很大的风险。2004 年 7 月，教育部与财政部联合印发了《关于进一步完善高等学校经济责任制加强银行贷款管理切实防范财务风险的意见》，对高校贷款的指导思想、贷款资金的使用方向和管理均作了具体规定，进一步加强了直属高校贷款行为的规范和资金管理。同时，还制定了《高等学校银行贷款额度控制与风险评价控制模型》，通过一系列指标测算，对贷款规模过大的直属高校给予风险警示，以控制高校的贷款规模，及时防范潜在的财务风险，确保高校事业的健康、可持续发展。

三、美国高校筹资对我国高校经费来源的启示

对美国高校经费筹措的分析表明，美国高校经费筹措渠道以财政性教育经费为主，多渠道筹措教育经费并存。其鲜明的特点之一是大学筹资既发挥了市场的作用，又不削弱政府对大学的责任。美国高校筹资的经验对我国财税制度和高校筹资均有着积极的借鉴作用。

1. 财政资金的筹资方式和配置机制应体现使用绩效

从财政资金来源来看，中国高校的财政支持资金主要来自国家以及各地方政府的财政直接拨款和各项税费，未成立专门机构为增加高校财政支持进行专项融资。就拨款体制而言，中国高校财政拨款组织体系不完善，没有成立一个独立性较强的专门组织机构，明确负责系统分配与管理各高校财政资金，目前对公办大学的各种拨款模式的拨款公式中参数单一，计算方法不精细，拨款程序缺乏公平性与透明性，没有充分地与高校绩效关联等，从而导致其效率欠佳。

2. 利用税收政策鼓励市场力量参与高校的教育教学科研和服务活动

高校财政支持资金来源单一化是导致中国高校财政支持资金短缺的主要原因。美国利用税收杠杆鼓励市场主体参与高校活动主要有两种形式：一是鼓励市场主体（纳税人）捐助学校；二是鼓励市场主体（纳

税人）与学校合作，学校通过为市场主体提供教育培训、科研服务，从中获得资金、技术、服务等资源，促进学校的发展。

　　教育捐赠在美国的盛行，有其依存的制度环境，国家或政府对教育捐赠有明确的法律保障和政策导向，主要是通过捐助法案对捐助款项的税收优惠和减免市场主体主动援助学校等公益性事业的税收。同时，通过征收高额遗产税以引导和鼓励富有者致力于慈善，也有利于促进公民向社会慈善机构捐赠。

　　借鉴美国高校的经验，我国高校应健全内部筹资管理系统，积极制订并实施筹款工作计划，广泛联络社会各界，加强联系与合作，不断拓宽学校办学资金渠道，从而增强学校的自我发展能力，同时要严格资金的管理和使用，通过筹资和募捐逐步积累成教育基金。认真管理各类捐赠款和基金会的资金，在保证捐赠款的使用完全符合捐赠者意愿的基础上，确保资金投资的合理收益。

3. 科技成果转化是大学发展的另一资金来源

　　大学搞好科技成果转化，不仅可以为社会发展作出贡献，发挥师生的聪明才智，也可以为学校的发展提供一定的财源。建立积极、有效、灵活的科技转化管理机制，充分发挥师生的智慧为社会创造财富，是改进学校内部管理体制的重要内容，只有这样才能使大学更好地为当地经济社会发展服务。

4. 学杂费占我国居民人均可支配收入和高校收入的比例偏高

　　学杂费收入已成为我国公办高校仅次于财政教育经费拨款的稳定的第二融资主渠道。2010 年全年农村居民人均纯收入 6977 元，城镇居民人均可支配收入 21810 元。[12] 以高校每生每学年须交 5000 元的学费为标准，中国高校的学杂费占农村居民人均纯收入和城镇居民人均可支配收入的比例分别为 71.66% 和 22.93%。由此可见，中国高校的学杂费水平相对于居民尤其是农村居民的承受能力而言，是较高的。2010 年，全国各类高校的学杂费总收入为 1540 亿元，各高校的总收入为 4645 亿元[13]，占高校总收入的 33.15%，远高于美国公立大学学费收入的比例。中国高校运行对学杂费的依存度较高，进一步从学杂费筹资的空间很小，拓展其他筹资渠道势在必行。

5. 政府对私立高等院校给予完全平等甚至更优惠的待遇

　　美国政府给予公立、私立大学的这种平等待遇不但体现在对私立院校的财政拨款、土地供应、税收减免、科研资助等方面，更重要的是体现在对私立院校的学生提供与公立学校学生完全平等的、高覆盖面的学生资助政策和优惠的偿还条件，这些做法在体现教育公平的同时也造就了哈佛、耶鲁等一批闻名世界的私立高校。这些都是我国高等教育所值得认真思考和借鉴的。

参考文献

[1] 阚阅. 金融危机中的美国高等教育财政 [J]. 教育发展研究，2009 (9).

[2] 美国国家教育统计中心网站，http://nces. ed. gov.

[3] 科学研究经费 [EB/OL]. [2009 - 11 - 25]. http://www. chinadegrees. cn/xwyyjsjyxx/zxns/mxcx/mg/knjmldx/kxyjqk/262428. shtml.

[4] 李立国. 说说美国的私立大学 [N]. 中国人民大学校报，2005-12-15.

[5] 李雪征. 我国高校经费来源的新途径：由美国高校开展社会捐赠的启示 [J]. 新财经，2011 (6).

[6] 熊丙奇. 中国大学为何难获捐赠者青睐 [N]. 广州日报，2011-01-29.

[7] 孟东军，范文亮，孙旭东. 我国高校教育基金会管理组织结构模式研究 [J]. 高等农业教育，2006 (12).

[8] 纽约人. 向哈佛和耶鲁捐款基金学什么 [EB/OL]. [2008 - 05 - 16]. http://www. chinavalue. net/media/article. aspx? articleid=25776.

[9] 范文曜，马陆亭. 国际视角下的高等教育质量评估与财政拨款 [M]. 北京：教育科学出版社，2004：101-105.

[10] 2010 年全国教育事业发展统计公报 [EB/OL]. [2011 - 07 - 06]. http://www. jyb. cn/info/jytjk/tjgb/201107/t20110706_441003. html.

[11] 刘春华. 高校负债办学财务风险制度成因问题探讨 [J]. 广西广播电视大学学报，2006 (3).

[12] 国家统计局. 中华人民共和国 2011 年国民经济和社会发展统计公报 [N], 2012-02-22.

[13] 国家统计局，中国统计年鉴 2011 [M]. 北京：中国统计出版社，2012.

（杜屏系北京师范大学教育学部教育经济研究所副教授，博士；

魏新系北京市昌平区党校讲师，博士）

□ 王绽蕊

美国高校董事会制度研究

　　董事会制度是美国最具特色的高等教育治理制度。大学和学院董事会协会（AGB）指出，董事会制度是确保美国高等教育质量和独立性的唯一有效的方式，正是因为有了公民董事会，美国高等教育才成为一种宝贵的国家财富。[1]克尔（Kerr）等人也指出，美国之所以形成当今世界上最为成功的高等教育体系，原因之一就在于它的高校实行了董事会制度。[2]

　　鲍德里奇（Baldridge）等人曾指出，理解校外人士的管理在美国高等教育中所起的作用是理解当代美国学院和大学管理问题的关键。[3]仔细考察美国高校董事会制度，我们会发现，成员的外行性是其精髓，权力的绝对性与规范性是其核心与关键，系统性是其本质，制度和文化环境的强大支持是其得以顺利实施的基础。本文拟对这一制度进行较为客观和全面的分析探讨。

一、美国高校董事会制度的基本特征

1. 外行性

美国高校董事会被界定为由校外人士控制的治理机构（lay board of trustees/lay governing board），我国研究者一般将其译为"外行董事会"。所谓"外行"，是指美国高校的董事绝大多数都是来自高校以外的志愿者。他们不是高校的雇员，不从学校领取工资和其他报酬，担任高校董事实际上是在提供免费的志愿服务。他们从事的职业五花八门，其中私立高校的董事大都是社会名流、各行各业的成功人士，公立高校的董事除了一小部分是政府官员以外，绝大部分来自所在州或者社区，甚至是热心高校事务的家庭主妇。因此，这些董事会也常常被称为"非专业董事会""公民董事会"（citizen board）和"志愿董事会"（volunteer board）。

这种"外行管理内行"的体制在美国被视为一种宝贵的传统和高等学校治理原则及价值观的体现，具有不可撼动的地位，这在很多人看来未免有些不可思议。在 20 世纪 70 年代的教育民主化浪潮中，不少人对它提出了批评，其中不乏一些名人，如著名制度经济学家凡勃伦，但另一方面，很多人以及高等教育专业组织，如卡耐基教学促进基金会也对这一制度的合理性和不可动摇性进行了坚定的捍卫。斗争的结果是，一些公立高校在其董事会中吸纳了 1—2 名学生或（和）教师成员，但占据主导地位的仍然是来自校外的成员；绝大多数私立高校则根本没有作出任何改变，其董事会成员仍然全部来自校外，就是校长也很少进入自己所在学校的董事会。这就形成了一个怪现象：通常所谓的"外行"似有"无知""非专业"等贬抑之义，但当将它用于描述美国高校董事会时，多数情况下所表达的却是褒扬之情。

2. 权力的绝对性和规范性

董事会是美国高校的最高治理权威和法定代表机构。在盖德（Gade）看来，"校外人士董事会是组成一个学院或大学法人的一群人，他们是私立高校的法律意义上的所有者，在一些情况下，也是公立高校的所有者"[4]。著名教育史专家霍夫斯塔特（Hofstadter）也指出，在法律意义上，是董事而不是教师代表着学院或大学，他们合法地享有聘用和解雇教师以及就高校治理作出几乎所有各方面决策的权力。[5]这也就是说，在美国的法律当中，董事会就相当于大学（学院）法人，是大学或学院的法定代表机构。

董事会的治理责任十分广泛。纳森（Nason）指出，美国高校董事会共有11个方面的责任，它们是：任命校长；支持校长；监督校长；制定清晰的高校使命；制定长期规划；评价教育项目；确保良好的管理；保护高校独立；在高校与社区之间建立联系；充当上诉法院；董事会绩效评价。[6]在1966年美国大学教授协会（AAUP）、美国教育理事会（ACE）、大学和学院董事会协会联合发表的《大学和学院治理声明》中，董事会的职责被界定为：确定学校发展政策、大政方针；制定学校长远规划；编制学校预算和决定经费的投资方向；寻找资金来源并有责任高效地使用资金；负责任命校长并对其工作进行评价；授权校长对本校事务进行日常管理；委托教师从事教学以及科研工作；任命院校的各种工作委员会；维持与改善学校与社会的各种关系。对于学校的各项事务，董事会的决策具有绝对权威性。但更多的情况下，人们只强调它们两个方面的权力：任免校长和确保大学的财政健康，尤其是任免校长。"美国（高等教育）系统中董事会的主要责任就是聘用校长。如果必要的话，还包括解聘校长。"[7]

让这些不熟悉高校的"外行"作为高校的最高治理权威会不会有将高校带入歧途的危险？人们对此肯定会打一个大大的问号。事实上这种担心是多余的。其主要原因有二。

（1）作为最高治理权威，董事会的权力并不是无限的。尽管法律没有明确规定，但按照美国的治理传统，董事会的职能仅限于学校的宏观治理，而不能陷于"微观管理"（micromanagement，即属于校长职权范围内的日常学术和行政管理）。如果董事会插手本应由校长负责的日常管理事务，就会受到舆论的谴责。卡耐基高等教育委员会在1973年发表的报告《高等教育治理：六个首要问题》中指出："最好的董事会有如下功能：拥有和阐释'信托'（trust）；在社会和高校之间起'缓冲器'的作用；它是行政人员、教师和学生之间内部争端的最后仲裁人；它是'变革的代理人'，决定何时允许和鼓励何种变革；对高校财政状况负有基本责任；最重要的是，它负责高校治理（governance）——但不事无巨细地介入治理；负责聘用和解聘校长以及其他主要官员，设计管理结构。"[8]

（2）董事会必须在法律、章程和治理传统的框架下规范地行使其权力。对于董事会的权限范围、人员组成、规模、遴选方式、会议制度等重要事项，除了在相关法律法规中有明确规定之外，还有高校章程对其加以规范。通常来说，这些规定都不是原则性的，而是非常具体，操作性很强。例如在加州宪法第 9 条第 9 款[9]中，就对加州大学董事会的自治权力以及运作方式进行了非常详尽的规定，如"加州大学应该组成一个公共信托，由现名为加州大学董事的法人进行全权组织、控制和管理，且只在确保资金安全和遵照大学捐赠规定方面服从必要的立法控制，并依照法定竞标程序进行建设合同承包、不动产销售和购买材料、物品和服务。上述法人应有 7 名当然成员（包括州长、副州长、下议院议长、教育厅长、校友协会主席和副主席、校长）和 18 名任命董事，他们由州长任命，经上议院批准，其中多数同时就职，但现已就职的任命董事应该坚持任职直到当前任期结束"。在此基础上，加州大学董事会章程也对董事会的名称、印章、权限范围、人员组成、组织机构及其运行方式等事项进行了更加详细具体的规定。

董事会是一个集体决策机构。对于这一点，相关规定至少明确了两条原则：首先，集体权威不等于个人权威。在美国高校，只有在董事会作为一个整体的时候才具有法定的或事实上的法定代表地位，董事会的权力不是董事个人权力的总和，也不可以分解为每个董事的权力。"作为个人，董事没有任何法律地位（legal standing）。"[10]董事会主席也不例外。根据有关法律或董事会章程的规定，董事会主席可以根据董事会的授权主持董事会会议，或者任命次级委员会成员。按照惯例，董事会主席一般还充当董事会对外发言人。但在法律上，他并没有高于其他董事的法人权力。其次，集体决策、个人负责，并通过规范的会议记录制度来明晰董事个人的决策责任。违背信托义务以及对不当决策投赞成票的董事往往需要对自己的错误行为负个人责任，如罚款、解职等等。但对于一项后来证明是错误的决策，只有投赞成票的董事才需要为此负责。换句话说，如果会议记录表明一名董事对此项错误决策投了反对票，他就无须承担责任，也无须接受相应的惩罚。这既是美国高校董事会制度的传统，也是各种法律法规中所确认的重要规则。

3. 系统性

从宏观角度来看，美国高校董事会制度不是一种孤立的制度安排，而是一个巨型的系统。它由横向和纵向两个维度的子系统组成。[11]横向子系统包括三个子系统，即公立高校董事会制度、私立非营利性高校董事会制度和私立营利性高校董事会制度。它们各有特色，且相互影响。纵向子系统也包括三个子系统，即个体间治理结构、私人制度和公共制度，后两者都属于集体治理结构。其中，个体间治理结构是指董事会及其利益相关者之间的委托代理关系结构，它是当事双方通过谈判、协商、命令、承诺等方式建立起来的，用于治理双方交易的契约性关系结构。这一层面的制度安排主要致力于规范董事会和其委托人（在公立高校是选民、立法机关、学生等，在私立非营利性高校是公民、捐赠人等）以及校长之间的关系，如董事会组织机构安排、董事长的权力规定、董事遴选机制、董事会会议制度和对董事会规模、任期、结构等的种种规定，以及董事会对校长的选拔任用权力、薪酬决定权力、校长能否参与董事会等等。私人制度，即私人意义上的集体治理结构，是指由组织和/或个人自愿组成的机构、制定的实体性和程序性规则以及各种治理机制。丰富的私人制度安排是美国高校董事会制度的重要特征。这些私人制度组织数量众多，如大学和学院董事会协会、社区学院董事协会（ACCT）、美国董事和校友委员会（ACTA）以及美国认证协会（ACI）、美国大学教授协会等等，它们制定出的各种规则、标准（或准则）数量众多，不少对董事会治理影响十分深远。此外，它们还通过奖励、惩罚、仲裁和提供专业服务等方式，在推动董事会实现自我规制和最优化治理，协调董事会和其他利益相关者之间的冲突等方面发挥着重要的作用。公共制度，主要包括公共规则（public rules），如法律法规、公共政策，以及法院、国会等公共机构。它们对于各类高校，尤其是公立高校的董事会治理起着重要的规制作用。

4. 制度和文化环境的强大支持

董事会制度作为一种合议体的治理机构，不是只有在高校才有，它是美国社会经济治理制度的一个共同特征。殖民地时期，马萨诸塞海湾公司的最高权力机构是一个由总督、副总督、行政参事会的助理们和一些代表一起组成的议会，从而使马萨诸塞海湾殖民地形成了一个"自治的共和政体，一个清教徒的共和国"[12]。联邦国会和各州议会本质上也是合议体治理机构，美国公司的最高治理机构也是这种合议体机关。正如哈尔（Hall）所言："如果说我们一度生活在社区社会，那么今天我们就生活在一个正式组织的社会。无论是公立组织还是私立组织，它们几乎都处在公民委员会（citizen board）的控制之下——从联合国安理会和美国总统内阁到教会的教区委员会、历史悠久的地区委员会以及街坊协会董事会。"[13]在这样的制度环境之中，高校如果不实行这种董事会制度恐怕会遭到强烈的抵制。

美国高等教育财政制度凸显了董事会制度的价值。董事会对于美国高校来说不仅是一个治理机构，在很大程度上，它还是一个资源提供者。一方面，由多个董事组成的董事会为高校决策提供了丰富的智力资源。董事会的集体决策方式可以凝聚多人的智慧，这种优势是个人决策所无法相比的。另一方面，董事会还是高校所需的财政资源的重要提供者。无论是对公立高校还是对私立高校来说，为高校发展筹集到充足的财政资源都是董事会的重要使命。对私立非营利性高校董事来说，通过本人捐赠和劝募他人向高校提供捐赠几乎是他们最为重要的使命。大学校长们甚至开玩笑说，董事的基本原则是"要、给或者走"[14]。

高等院校内部的权力结构有利于董事会制度的延续和发展。他们相信，"就像战争意义太重大，不能完全交给将军们决定一样，高等教育也相当重要，不能完全留给教授们决定"[15]。教师不应拥有主宰性的治理权力，但也不能完全居于从属地位。由董事会负责任命校长和决定高校的大政方针，由校长担任最高行政负责人，由教授负责决定课程设置、入学标准等与学术有关的问题，各个权力主体分别做自己最有能力做好的事情，共同为高校的整体利益服务，是美国高等院校内部权力架构的主要原则。美国高校教师大都认同这种制度安排，很少对董事会制度提出颠覆性的挑战。

美国的社会政治文化环境也为高校董事会的产生和发展提供了良好的土壤。宗教文化固然是董事会产生的一个重要基础，共和文化、社会功利主义文化更是其生存和发展的源头活水。出于对自由和幸福的双重热爱，美国人能够摆脱纯粹关心个人利益的褊狭心态，对于公益事业有着特殊的偏好："在美国，私人利益不能支配人的全部行动……他们为公益最初是出于必要，后来转为出于本意。靠心计完成的行为后来变成习性，而为同胞的幸福进行的努力劳动，则最后成为他们对同胞服务的习惯和爱好。"[16]美国人对高等教育这类公益事业的关心一方面表现为将自己的物质财富捐赠给高等院校，另一方面也表现为无偿地将自己的智慧才能"捐赠"给大学和学院。正是因为具有这样的社会心理基础和价值观念，高校的董事职位才不断有人眷顾，尽管没有报酬，而且需要付出很多的时间和知识成本。

美国高等教育的目的和价值观念也有利于董事会制度的实施。正如博克（Bok）所指出的，美国人往往把高等教育视为向快速发展的社会提供所需知识和训练有素的人力资源的一种手段，这和其他国家对高等教育的目的和价值的看法明显不同。例如英国和德国，它们的传统是出于自身的利益强调学习和发现的价值。[17]在这种价值观念影响下，美国高校必须成为向社会提供服务并对社会需求作出及时反应的"社会机构"，而不是为教育而教育的纯粹学术机构。要很好地履行这一社会职能，外行董事会的"桥梁"作用就显得必不可少。

二、合理性、问题与应对措施

1. 合理性

外行董事会制度之所以在美国扎下根来，主要还是由殖民地学院创建时期的特殊条件决定的。历史学家布尔斯廷（Boorstin）在《美国人：建国历程》这本书中表示："'世俗人士'控制美国高等学府，决不是出于任何个人的智慧或远见，而是由于客观的需要和美国高等学院一无所有的实际情况。"[18]我国高等教育专家陈学飞认为，加尔文教派主张俗人必须参与社会机构管理和决策的基本信条，殖民地学院的创办者为非学者社会群体，教师没有形成专业化的学者社团等是形成这一管理模式的主要原因。[19]从学理上看，这种在特定历史条件下形成的制度安排也具有很强的合理性。

首先，董事会以"外行"为主体具有很强的合理性。克尔和盖德指出，正是因为有了董事会制度，美国高校才可以做到既不受政府的完全控制，也不受内部共同体成员的独自支配。"外行董事会是保护自治、鼓励竞争和平衡内外部选民需要的首要工具。"[20]"外行性"的确会影响董事会的专业性，来自校外的董事们很难一下子成为所在高校的管理专家。但另一方面，"外行"董事的优势也很明显：他们既有助于高校及时了解社会对高校的需求，加强高校与社会之间的联系，也可以在高校与外部世界发生冲突时，充分利用自己既是"校外人"，也是"校内人"的身份，起到独特的调解和沟通作用，从而保护大学自治与教授的学术自由。高校董事会这种既是桥梁又是缓冲器的功能，是人们提到最多且认同度最高的一项功能。而无数事实也证明，在很多时候，它们的确无愧于这个比喻。

董事会的"外行性"使得它在平衡校内各个群体之间的利益关系时可以保持相对超脱的立场。在美国，人们反对以校内师生代表为主体组成董事会的一个主要理由就在于这样的董事会很可能成为校内各个利益群体的代言人。人们坚持认为，董事会的使命和责任是确保高校整体的、长远的利益，它不能成为任何内部群体私人利益的代言人。如果不是由校外人士而是由校内师生代表来组成董事会的话，就不能避免这种危险。事实的确如此，如果一所高校的董事会主要由内部人组成，那么它的信息和知识来源也必然是学校内部的，其利益诉求哪怕贴上社会需求的标签，恐怕也会被怀疑是为了一己之私。高校的人才培养、科学研究与服务在反映社会需求方面，也必然会缺少一个重要的桥梁。在高校因为大学自治、学术自由等问题与社会、政府等发生冲突时，也必然会因为缺乏一个由非学术人员组成的关键"第三方"所起到的缓冲作用而倍感不便。

来自校外的董事们还可以帮助高校筹集办学所需的巨额经费，这是极为重要的经费来源。很多董事本身即是富豪，他们除了自己为高校提供大量捐款之外，还发动其他有钱人为高校捐款。这不仅对于私立高校来说尤其重要，对于公立高校实现经费来源多样化，以及谋求更多的自治权来说也具有重要的现实意义。

其次，由董事会担任学校最高决策权威和"法定代表机构"具有很强的合理性。这是因为，一方面，作为一种主要由外行组成的合议体治理机构，董事会可以凝聚集体的智慧，作出科学的尤其是符合社会整体利益的决策；另一方面，只有在董事会作为学校最高决策权威时，才能具有选拔和任免校长的合法权威。董事会既是学校最高决策权威，又是"法定代表机构"，权力和责任比较对等一致。

一个由外行主导的董事会并不必然使高校遭遇"外行管理内行"

的诅咒。在法律、章程和治理传统的规范下，董事会运行模式具有很强的确定性，难以进行"瞎指挥"，由于分工明确，在很多问题上，董事会并不需要亲自深入研究。通过授权给行政管理人员和教师，董事会可以减轻自己的知识负担。董事会只需要通过提问（question asking）的方式，对他们的各种决策进行最后的控制和指导。而对于其权力和责任的核心内容——任免校长和确保高校财政健康来说，对责任心的要求大于对其专业性的要求。一个负责任的外行董事会不必是高等教育方面的专家，就完全可以胜任这些任务。在私人制度组织的支持下，董事会的决策和治理能力还可以通过教育和培训得到提高。

最后，系统性这一特征对于维护美国高校董事会制度的正常运行和自我演化具有十分重要的作用。一项好的制度不在于它是否达到了终极状态，而在于它能自我演化。系统性确保了美国高校董事会制度的这一功能。一方面，个体间治理结构、私人制度、公共制度之间的协同和竞争作用[21]促使美国高校董事会制度不断走向完善和规范；另一方面，公私立高校董事会之间通过模仿和相互学习，不断相互促进，使这一制度在不发生大的变革的情况下自我演化。

由此可见，在制度设计上，美国高校的"外行"董事会治理并没有使高校陷入"外行管理内行"的泥淖，也容易逃脱董事"以权谋私""在其位不谋其政"的诅咒。在趋利避害的制度设计上，美国人实在是高手。

2. 问题与应对措施

美国高校董事会制度并非完美无缺，它也有自己的问题。这些问题有的是内生的，即制度本身难以避免的，有的则是由环境造成的。正如克尔和盖德曾经指出的那样，毫无疑问，董事会对美国高等教育的有效运作至关重要，但它们基本上都不像自己能够和应该做的那样富有成效。[22]

首先，董事会的知识问题，这是由其"外行性"所带来的内生问题。作为肩负高校最高决策权力的代理人，知识上的不足不利于董事会实施有效治理。由于董事会将管理高校的权力授予了校长，这一问题还在某种程度上转化为对校长的有效监督问题。随着高等教育机构面临的来自内外部的各种挑战越来越多，高等院校日益变得巨大和复杂，校长任期比以前有所缩短，董事会的实质性决策权威显得越来越重要，相应地也对董事会的知识水平提出了更高的要求。为了弥补这一差距，有些高校倾向于吸纳其他高校的教师或退休校长加入董事会，有些高校设置了董事身份委员会（如约翰·霍普金斯大学），要求该委员会不仅要负责董事的遴选和绩效评价，还要对董事进行一定的培训，尤其要对新加入董事进行"定位"（orientation）培训。此外，私人制度组织提供的专业培训和服务支持，对于解决这一问题也有很大帮助。

　　由董事遴选方式带来的问题同样是制度内生问题。在这方面，公私立高校有着很大的不同。私立高校董事通常由现任董事选举继任董事，即自我增选（co-option），辅之以校友或其他利益相关者群体选举、依职权（ex officio）当选等方式，因此都是自我永续（self-perpetuating）的董事会。公立高校董事的遴选方式比较多样化，主要有：（1）任命，包括由州长任命、由立法机关任命或者由多个权力机构共同任命等方式，其中经州长任命的董事一般必须经过参议院批准。（2）选举，包括由整个州或整个学区的选民进行选举和分区选举两种形式。在分区选举中，有的高校按照董事选区（trustee area）进行选举。有的高校按照最高法院司法区（judicial district）进行选举。（3）允许处于特定职位的人因其职位的缘故而担任高校或高校系统的当然董事。有的高校只采用一种形式的董事遴选方式，如密歇根大学董事全部通过全州范围的选举产生，加州查伯特-拉丝·泊西塔斯社区学院学区的董事由7个董事选区的选民选举产生，威斯康星大学的董事全部由州长任命，经参议院批准。有的高校则同时采用几种董事遴选方式，例如匹兹堡大学的12名所谓的"州董事"中，4名由州长任命，4名由参议院议长任命，4名由众议院议长任命。

　　在实行"自我增选"制度的私立高校，由于委托人缺位，有些董事只选择与自己价值取向和意见一致的候选人继承自己的职位，有些在董事会或者学校内部关键职位安插自己的亲信。在有的高校，董事与董事之间或董事与学校或学校行政人员之间进行内幕交易，董事会主席把持董事会，董事会给校长提供不合理的高额报酬……到头来损害了高校的整体利益。为避免和解决这些问题，私立高校采取了种种措施，如设置一定比例的校友董事席位以增强董事会的责任心，注重实行董事会自我评价，强调董事会文化建设，等等。

　　公立高校董事会面临的问题更多。这些问题包括受政治影响大，董事会对校长的监督大于支持，更容易以"为了人民"的名义控制校长，更容易拥权自重和傲慢，等等。[23]英格拉姆（Ingram）就指出，有些人担任志愿董事的动机并不纯洁。他们认为，高校董事可以享有某些特权，有不少人甚至是为了牟取个人私利而出任董事的。[24]事实上的确有些董事利用职权之便进行内幕交易，从中渔利。有些公立高校董事是出于政治原因，为捞取政治资本而选择担任不拿报酬的志愿董事的。在科罗拉多州，一些人为了当选公立高校董事，大张旗鼓地为选举活动筹集经费、拉选票，甚至将广告做到了自己的汽车上，以至于竞选公立高校董事也成了一种需要耗费大量经费、精力和人力的工作，而一些有资格担任董事的人要么没有兴趣参与选举，要么缺乏必要的时间、精力和财力，这必然会对选举的效率产生不利影响。学生董事、教师董事往往被认为是受利己动机驱动的，即他们担任董事是为了在董事会中代表其所属群体的利益。克尔和盖德就指出，私立高校董事会普遍好于公立高校董事会。[25]20世纪70年代甚至有人预言，到2000年，只有私立高校才有可能设置董事会。[26]对于这些问题，目前尚未找出有效的解决措施。

发展中出现的问题非常多样化。例如，为了获得更多的资源支持，一些私立高校的董事会规模较大，影响了其决策职能的正常发挥。为此，很多高校的董事会章程要么规定了董事会的具体人数，要么规定了董事会规模的上、下限，以在董事会的资源供给功能和治理功能之间寻求协调和平衡。

一些法律或法院判决对高校董事个人法律责任的认定在增强董事个人责任意识的同时也产生了一定的副作用，对不少人来讲，高校董事职位越来越显得没有吸引力。为了保护志愿者为非营利组织提供服务的积极性，很多州制定了相应的"志愿保护"法，非营利性高校的董事也在"保护"之列。例如，田纳西州和亚利桑那州法规定，高校董事可以免于被起诉。在联邦层面，1997年6月美国国会通过《志愿保护法》（Volunteer Protection Act of 1997），规定包括董事在内的志愿者无须为在履行职责的过程给他人造成的经济损失、损害承担法律责任。在非经济损失方面（如身体或精神的痛苦、生活乐趣的损失等），只能按照应由每位志愿者负责的恰当比例来确定其所应负的法律责任。针对董事可能利用自身职权谋取私利的问题，在针对上市公司（如安然、世通等大公司）财务丑闻而制定的《2002 年美国竞争力和公司问责法案》（The American Competitiveness and Corporate Accountability Act of 2002，又称《撒泊尼斯-沃刻丝利法案》）出台之后，一些高校对照这一法案自发修改了大学章程，纷纷设置或加强对董事会审计委员会的规制。

三、启示与建议

《国家中长期教育改革和发展规划纲要（2010—2020 年）》明确提出，要"完善中国特色现代大学制度……扩大社会合作。探索建立高等学校理事会或董事会，健全社会支持和监督学校发展的长效机制"。这一改革方向顺应了世界高等教育治理改革潮流，必将为我国高等教育发展带来新的局面。但是，董事会或理事会治理对于我国大部分高校来说尚属新生事物。要在高等学校建立理事会或董事会，美国的经验可以给我们以下启示。

1. 社会参与治理是高校健康发展的必要条件

应将我国高校理事会或董事会建设成为有"外行"参加的高等学校治理机构：一方面，作为学术组织，高校在董事会的保护下能够按照学术的逻辑自主发展。另一方面，作为社会机构，高校通过董事会可以保持与社会各界的广泛联系与互动。它不仅是一种高等学校治理制度，也体现着一种社会参与高等学校治理的价值取向。按照《高等教育法》的规定，我国高校实行党委领导下的校长负责制。基于这一前提，我国不可能完全照搬美国模式，设立一个董事会来作为学校的最高决策机构，但可以借鉴其"外行性"中的某些合理要素，打破目前高校只由专职人员治理的封闭局面，吸引"外行"志愿参与，并赋予其适当的治理权威，如可以作为学校的决策咨询和监督机构，以加强高校与社会之间的联系。

2. 健全相关法律法规，加强大学章程建设，为董事会或理事会的运行构建明确的制度规范体系

《教育规划纲要》中提到的在我国高等学校建设董事会或理事会，主要是从扩大社会合作、争取社会支持和监督等角度考虑的，要想有利于试点改革的顺利开展，就应该在法律法规层面对这一机构的权力性质、法律地位等作出明确规定。在高校章程中，应该明确董事会或理事会的运作方式，使一切皆有规范，避免因人事更替造成混乱局面。

3. 对高等学校董事会治理改革进行系统分析，避免简单化

任何一项制度都不是孤立地存在和发挥作用的，它和外部的制度和文化环境之间存在着密切的互动。这些互动有时是正向的协同作用，有时则会相互抵牾，致使制度功能失调、效率低下。高等学校治理制度改革不是简单地增设一个机构，或者裁撤一个机构的事情。任何一项制度的引入都需要配套的制度作为支持，需要相应的文化作为依托。如果美国高校董事会制度没有相应的法律制度作保障，没有大量的私人制度作支持，没有相应的文化价值观相呼应，恐怕也不会运行这么顺畅。在我国高校设立董事会或理事会，就必须分析这一新的制度安排将会面临哪些挑战，如何在法律和私人制度组织甚至文化环境方面为其提供相应的保障和支持。

参考文献

[1] AGB. Mission Statement [EB/OL]. [2003 – 10 – 12]. http://www.agb.org/content/fexplore.cfm.

[2] [20][22][23][25] Kerr, Clark and Gade, Marian L. The Guardians: Boards of Trustees of American Colleges and Universities [M]. Washington, DC: The Association of Governing Boards of Universities and Colleges, 1989: 8-9, 9, 5, 42, 40.

[3] [19] 陈学飞. 美国、日本、德国、法国高等教育管理体制改革研究 [M]. 北京: 教育科学出版社, 1995: 2, 3-4.

[4] [7][10] Clark, Burton R. and Neave, Guy. The Encyclopedia of Higher Education [M]. Oxford: Pergamon Press, 1992: 1495, 1398, 1497.

[5] Hofstadter, Richard. Academic Freedom: In the Age of the College [M]. New York and London: Columbia University Press, 1969: 120.

[6] [24] Ingram, Richard T. and Associates. Governing Independent Colleges and Universities: A Handbook for Trustees, Chief Executives, and Other Campus Leaders [M]. San Francisco: Jossey-Bass Publishers, 1993: 98-111, 13.

[8] The Carnegie Commission on Higher Education. Governance of Higher Education: Six Priority Problems [M]. New York: Mcgraw-Hill Book Company, 1973: 32-33.

［9］California Constitution［EB/OL］.［2010-01-30］. http://www. leginfo. ca. gov/. const/. article_9.

［11］王绽蕊. 美国高校董事会制度：结构、功能与效率研究［M］. 北京：高等教育出版社，2010：166.

［12］J. 布卢姆，等. 美国的历程：上册［M］. 杨国标，张儒林，译. 北京：商务印书馆，1988：39.

［13］Hall, Peter Dobkin. A History of Nonprofit Boards in the United States［M］. Washington, DC：National Center for Nonprofit Boards，1997：29.

［14］Clark, Burton R. The Higher Education System：Academic Organizations in Cross-National Perspective［M］. Berkelly, Los Angeles, London：University of California Press，1983：117.

［15］约翰·S. 布鲁贝克. 高等教育哲学［M］. 徐辉，张民选，译. 杭州：浙江教育出版社，2001：32.

［16］托克维尔. 论美国的民主：下卷［M］. 董国良，译. 北京：商务印书馆，1988：634.

［17］德里克·博克. 走出象牙塔：现代大学的社会责任［M］. 徐小洲，陈军，译. 杭州：浙江教育出版社，2002：70.

［18］谷贤林. 美国高等教育管理体制成因探析［J］. 广西高教研究，1998（4）.

［21］王绽蕊. 系统性：美国高校董事会制度的基本特征［J］. 比较教育研究，2010（8）.

［26］Corson, John J. The Governance of Colleges and Universities［M］. New York, et al：Mcgraw-Hill Book Company，1975：270.

（王绽蕊系北京工业大学高等教育研究所副研究员，博士）

□ 杨茂庆

美国研究型大学教师流动政策与实践研究

大学教师作为一种高层次的人力资源，是人力资源在大学中的具体表现，已经成为大学竞争力的重要构成。而大学教师的合理流动，将直接影响着大学教学与科学研究活动的顺利开展，影响着学生的培养质量，影响着大学自身的健康发展。美国研究型大学充分认识到大学教师及其合理有序流动的重要性，对大学教师流动进行规范管理，制定了一系列教师流动政策措施，以优化教师结构，实现大学的良性发展。

一、美国研究型大学教师流动政策的内容分析

1. 大学教师招聘实行"远缘杂交"

"近亲繁殖"现象是大学教师队伍的学缘结构问题，即大学教师最终学历毕业大学的构成问题。伊尔斯（Eells）认为大学教师"近亲繁殖"指大学选择自己培养的应届毕业生留校工作。[1]大学教师"近亲繁殖"现象是早期美国研究型大学普遍存在的特征。

在 1900 年之前，美国研究型大学通常雇佣本校的研究生，并让本校的应届博士毕业生留校工作。聘用本校学生的做法在 20 世纪 20 年代末达到了极致。早期美国研究型大学选留本校毕业生作为大学教师，有利于维护本校或本专业已经形成的科学研究特色与学术传统。后来大学在教师招聘过程中逐渐达成一种共识，认为"近亲繁殖"是影响大学教师流动的最大障碍，大学学术的进步依靠相互交流，尤其需要大学教师适当地流动。如果大学教师中本校毕业的比例过多，大学教师学缘结构会比较单一，大学教师将缺乏学术个性，不利于学术交流。为防止"近亲繁殖"，美国研究型大学坚持"远缘杂交"。如芝加哥大学在教师申请标准中明确规定："必须把'近亲繁殖'控制在最小限度……任何时候涉及'近亲'候选人，都必须尽最大努力对其进行考察，以便与外校申请者进行公平比较，相同条件下要将重点放在外校的候选人身上。"[2]

美国研究型大学聘用大学教师不受国别限制，通常都面向国外招聘教师，云集大量来自世界不同国家的优秀大学教师。这种公开的大学教师招聘和筛选方式扩大了大学教师选拔的范围，实现了机会均等，并有利于全世界的优秀人才为其所用。另外，美国研究型大学在全国乃至全球范围内进行广泛招聘，不管肤色、种族、国籍和性别等差别，只要符合教师职位应聘条件的人选，均可按照招聘工作既定程序自愿报名。哈佛大学的《大学教师手册》中对此进行了明确规定："大学管理者有责任保证在聘用大学教师和对待有资格的应聘者时，在性别、种族、肤色、信仰、年龄、国籍、是否残疾、是否为服役老兵或越战老兵等方面不允许有任何歧视。第一，哈佛大学系主任有责任在每个层次的位置安排给少数民族和女性竞争的机会。他们直接执行这项任务或者同一位终身教员一起执行。在学年结束时，系主任需要递交一份报告给院长，这个报告区别于正常年度报告，主要强调本部门的大学教师反歧视行动的结果。第二，大学学术委员将有责任监督在大学教师研究与任命中反歧视行动的具体实施情况。"[3]

2. 大学教师聘任实行任期制

大学教师任期制指大学教师在职工作的期限，一般由工作需要及大学教师胜任工作的实际状况所决定，并由法律和法规予以保证。[4]美国研究型大学实行任期制，大学教师任期满后，符合条件的大学教师继续被聘用，未能达到继续聘任条件者必须作出流动决定。美国研究型大学与教师签订的聘任合同，具有非常严格的法律效力。除了聘书由校长签发外，聘任合同一般明确规定教师的薪酬与福利待遇。在任期内，大学和教师双方都必须严格遵守合同，任期结束后，大学和教师双方必须及时决定是否续聘。大学教师未能得到续聘，大学将会与教师解除双方关系，教师则必须到其他大学、研究机构任职。美国研究型大学的任期制与试补制、契约制、终身教职制同时并行，对高级职务大学教师没有规定任期制，一般采用终身教职制度，对低级职务大学教师规定有任期制。[5]具体而言，任期时间根据大学教师职务确定，职务最高级别（如教授）的大学教师一般聘为终身制，职务级别较低（如助理教授）的大学教师任期一般为1年，而职务级别较高（如副教授）的大学教师任用期则稍长，通常为3至6年。

3. 大学教师晋升实行"非升即走"

美国研究型大学专职教师分为两个系列：终身教职系列和非终身教职系列。终身教职系列大学教师的学术职务自下而上分为四个等级：讲师、助理教授、副教授、正教授。大学教师晋升是指大学教师从一个学术职务等级升至一个较高的学术职务等级，一次通常晋升一级，晋升时必须经过大学审批与评价。学术职务的晋升是大学教师学术生涯中一个现实而又可以触及的追求，学术职务等级的顶端在每个大学教师心中是一种可以预知的学术归宿。在美国研究型大学里，新教师能顺利通过终身教职审核的人数不多。在哈佛大学文理学院中不被续聘者十中有八，比例虽然可以变化，但是在"最好的三分之二"的大学中，续职从来都不是一种例行的手续。[6]

美国研究型大学教师晋升制始终坚持"非升即走"（up or go），即大学教师在聘期内或聘期结束之前，如果不能按照规定期限获得晋升，就必须离开学校，另谋他职。"非升即走"最早是由哈佛大学第23任校长柯南特（Conant）创立的。该原则规定，一位哈佛教师从讲师升到助理教授的最长年限不得超过8年，如果讲师聘期已满，却无法升入助理教授，学校对该教师不再续聘；同样，如果助理教授期满而无法升入副教授，也只得另谋出路。美国研究型大学都对大学教师晋升的时间作出明确规定，一般而言，讲师的任职期限是1至3年，助理教授的任职期限为6年，副教授和教授的任职年限为8年或10年。在每个任期最后一年的12月15日［AAUP（美国大学教授协会）规定的最后期限］之前，如果还没有获得新的任命或晋升，则意味着合同关系自动解除，大学教师必须流动到其他大学。"非升即走"是美国研究型大学对教师提出的基本要求，也是大学对教师作出的郑重承诺——不埋没优秀大学教师，它营造了大学教师竞争激烈的环境氛围，形成大学教师竞争和淘汰机制，促进了大学教师的流动。

4. 允许大学教师兼职

允许大学教师兼职是美国研究型大学促进大学教师流动的一个重要政策措施。大学教师兼职是指美国研究型大学聘请校外学者来本校定期或不定期地讲课、从事科研活动的一种基本方式。美国研究型大学鼓励专职教师到其他院校兼课与进行科学研究工作，同时也愿意接收临时研究员来从事教学与科研工作。例如，美国《耶鲁大学教师手册》明确规定，大学教师根据自身研究兴趣和专业发展可以到其他大学兼职从事短期的教学学术研究活动。[7]但研究型大学都有比较规范的大学教师管理制度，规定大学教师的兼职活动不能影响本校正常的教学和科研工作的开展。如哥伦比亚大学规定："大学教师不得从事与大学的核心使命和大学责任相冲突的外界活动，除了时间上不得冲突外，外界活动还不得与大学的专利和版权政策相冲突。全职教师既不可以在非营利机构也不能在商业组织开设课程、提供课件或接受教学安排，除非是获得教务长的授权或院系领导的推荐。"[8]

美国研究型大学为了充分发挥兼职教师的作用，让兼职教师从事教学与科研工作，开始尝试通过法律形式对大学兼职教师的待遇进行保护。由立法机构颁发的正式规范和保障措施对兼职教师利益的保护和合理发展起到了非常重要的作用。如得克萨斯州通过"得克萨斯雇用群体待遇计划"（Texas Employees Group Benefits Program），以及对规定任职人员待遇的SB1370法律条文进行修改，规定在该州大学工作的兼职教师如果教学时间超过12学期，就可以与全职教师一样参与到"得克萨斯雇用群体待遇计划"中，可以得到健康医疗保险、事故安全保险，其子女还可享受州儿童保险计划的待遇。[9]这一计划将吸引更多的兼职教师到得克萨斯州的大学从事教学与科研工作，促进大学教师流动。

二、美国研究型大学教师流动政策的具体实践

1. 通过防范"近亲繁殖"形成合理的大学教师学缘结构

美国研究型大学自觉防范"近亲繁殖"，并将这一做法制度化。当该规定制度化时，美国研究型大学组织和学者出于合法性的考虑，在强迫性机制、模仿性机制和社会规范性机制三者的共同作用下都自觉地执行这一制度。[10]美国研究型大学都比较自觉地把本校毕业的教师比例控制在全体教师总数的1/3以下，消除由于本校毕业的学阀帮派可能产生的弊害，这种严格的规章制度有利于提高大学教师的质量水平。[11]以美国的哈佛大学、圣迭戈大学、南加利福尼亚大学和得克萨斯州大学奥斯汀分校四所大学为例，本校应届博士毕业生直接留任为大学教师的比例比较低，一般保持在15%以内。以密歇根州立大学教育学院为例，该学院的教师主要是从国外和国内研究型大学引进的，全院共46位教师，最高学位在国外授予的有1位，最高学位在国内其他大学授予的有38位，比例达到82.6%。[12]而密歇根州立大学教师教育学院的教师最高学位在国内外其他大学授予的比例更高，该学院共有50位老师，最高学位在国外授予的有2位，最高学位在国内其他大学授予的有43位，比例达到86%。[13]此外，有的研究型大学要求专职教师的博士学位从其他大学获得，避免另外一种形式的"近亲繁殖"。如俄亥俄大学《大学教师手册》明文规定：大学讲师职务以上的任何教师不能在本校攻读博士学位，尤其当该教师是该学科点成员，或讲授相关课程，或在博士或硕士学位委员会任职，俄亥俄大学的专职教师的终极学位必须是在其他大学获得。[14]正是"远缘杂交"政策使研究型大学教师形成了较强的异质性与流动性，具有良好的学缘结构，促进了学术交流与大学教研经验的共享，有利于大学教师博采众长与培养大胆求新的学术品质。

2. 通过任期制实现大学教师的定期横向流动

美国研究型大学在《大学教师手册》中对讲师、助理教授和副教授等职务的大学教师的任期都作了明确规定，大学教师任期满后，符合条件的大学教师继续被聘用，未能达到继续聘任条件的大学教师则必须作出横向流动决定。例如，哈佛大学在《大学教师手册》中规定了讲师、助理教授和副教授的任期，一般为短期聘任，在确定大学教师资格的前提下，哈佛大学根据教学与科研工作的需要以及科研经费情况来聘任大学教师，签订具有工作期限的聘任合同。助理教授工作若干年后可享受终身教职，但他必须完成博士的所有课程学习与科研任务。助理教授受聘期为 3 至 5 年，最长为 6 年，包括重聘。在任何非终身教师职务中，最长的聘期是 8 年。如果助理教授任命人在之前已经做了超过 2 年的工作（全职或非全职的），助理教授的聘任时间通常可以最长达 8 年。副教授职务也是非终身制的，但是工作若干年后可晋升为终身教职。该职务是由助理教授晋升的，副教授受聘时间限定在 3 至 5 年，这主要取决于副教授的工作资历和刚进大学时受聘的教师职务。最长 8 年期的受聘期可以给予非终身教师，如果他已经在副教授职务上工作了超过 2 年时间，包括全职大学教师或兼职大学教师，那么其受聘时间必须算入 8 年的受聘期。[3]

而加州大学伯克利分校对于大学教师的任期规定则是，讲师的任期一般为 1 年，也可以增加一个额外的任期，但在加州大学伯克利分校任讲师的任期总共不得超过 2 年。助理教授的聘任和重新聘任都不能超过 2 年，在特殊情况下，在伯克利担任助理教授或其他类似头衔的时间不得超过 8 年，助理教授之下的每一个等级的服务期一般为 2 年。教授和副教授的聘任则是终身的，除非是当事人退休、被降级或免职。副教授的服务期限一般为 6 年。如果有突出成果，也可以破格提升。[15]埃伦伯格（Ehrenberg）曾对美国大学教授协会收集的有关教学人员的数据进行分析后指出："正教授和副教授的离职率在 8% 至 10% 之间，而助理教授的离职率则在 14% 至 16% 之间。"[16]这反映出美国研究型大学职务较低的大学教师离职率相对比较高。任期制的实行确实促进了大学教师在学校之间的流动，保证了美国研究型大学教师队伍的质量。

3. 通过晋升考核实现大学教师合理流动

美国研究型大学在教师管理过程中实行"非升即走"，大学教师考核未通过，将被迫作出流动。这将直接决定大学教师的学术前途，这种竞争机制增加了大学教师提高学术水平、追求卓越的紧迫感与驱动力，促进了大学教师的合理流动。"刚任职的助理教授在 3 年后要经过严格的评审，主要目的是根据三年以来的表现、成绩和贡献来取决其是否在第 5 年还可以继续任教。通过这一关之后就有资格在第 5 年后申请进入终身任期同时晋升为副教授。申请终身教职有两次机会，即任教的第 5 年和第 6 年，如果这两次申请失败，在第 7 年结束就必须离开本校另谋出路。"[17]副教授的任期必须根据合同规定，连续聘用的年限不得超过 7 年。如果副教授是由助理教授晋升的，7 年限额也包括任助理教授的时间。副教授在总共任期 7 年以内如果不能晋升为教授，就必须离任。以明尼苏达大学为例，该校教师若未通过晋升，或得到来年再次申请的一次许可，或得到正式通知不再留任，再应聘于其他学校。通常情况下，该校每年大约只有 60% 的助理教师晋升到副教授资格而获得终身教职的资格，其余的大学教师就意味着被解雇。根据美国教育部的统计，美国研究型大学教师中获得终身教职的比例已经从 1993—1994 年度的 56.2% 降低到 2007—2008 年度的 48.8%。[18]

为了科学有效地实行"非升即走"这一政策措施，实现大学教师的合理流动，美国研究型大学制定了大学教师晋升考核方式，如大学教师晋升期限、大学教师晋升考核标准、大学教师晋升评议方式。[19]以大学教师晋升考核标准为例，美国研究型大学将课堂教学水平、科研成果的数量及水平以及社会服务作为大学教师晋升考核的主要指标。在美国研究型大学任职的系主任则认为大学教师学术研究水平和其著述质量是其得到晋升以及最终获得终身教授资格的基本标准。[20]布拉克斯顿（Braxton）研究表明，尽管美国各研究型大学在办学宗旨与重点上存在一些差异，但是各大学在教师晋升和授予终身教授资格上更加看重教师的著作数量、质量和其他形式的学术活动，而不是教师的教学质量或社会服务情况。[21]如加州大学伯克利分校要求大学教师不能仅仅将发表的论文数量作为考核标准，在评价方法上要将定性与定量标准相结合，注重学术研究的创造性，同时将大学教师对专业著作、实践的贡献以及专业教育的新观点等作为考核指标的一项重要内容。在对科研成果进行考核的同时，注重对研究工作作客观的考核与评价。

4. 允许兼职为大学教师柔性引进提供支持

美国研究型大学允许教师兼职，加强了大学教师校际的学术交流，让大学教师在这种宽松的环境中进行去留选择，实现大学教师的合理流动。同时，美国研究型大学也可以根据教学与科研的实际需要，随时引进某学科、某专业的优秀大学教师到本校兼职。美国研究型大学根据自身发展需要，聘任学术造诣深、知名度较高的学科专家或学术带头人兼职担任学术实职，对大学教学与科研工作进行指导，促进大学学科发展。例如，哈佛大学公共健康学院聘请生物统计专家瑞恩（Ryan）到生物统计系兼职担任学术带头人，指导团队研究环境健康风险评价方法等。瑞恩一直供职于美国统计协会和国际统计所，在生物统计领域具有很大的学术影响力。[22]美国研究型大学根据科研工作的需要，聘请国内外相关专家或优秀教师作为大学兼职教授，共同申请重大科研项目，或共同承担学术研究课题，提供智力支持。例如，美国亚拉巴马大学聘请中国科学院过程工程研究所张锁江研究员为兼职教授，与美国总统绿色化学挑战奖获得者、亚拉巴马大学绿色化学制造中心主任罗格斯（Rogers）教授在离子液体领域共同开展合作研究，促进离子液体研究的发展，推进离子液体由基础研究转向应用研究的进程。[23]

　　美国研究型大学聘请知名教授担任硕士或博士研究生指导老师，开设研究生核心专业课程等，联合培养与指导硕士、博士研究生。例如，纽约大学聘请20多名兼职教授为研究生讲授专业课程。纽约城市大学兼职教授阿门多拉（Ammendola）为研究生开设国际政治经济、国际商业、国际管理、国际金融、国际贸易与投资等专业课程。他教学水平很高，并获得纽约大学职业和专业化的教育学院（School of Continuing and Professional Studies）优秀教学奖。兼职教授帕提（Patty）在全球事务研究中心为研究生讲授国际关系和非洲内战课程，同时被聘为国际安全的顾问和研究者。兼职教授约翰逊（Johnson）为学生开设可持续性经济发展、全球经济下的发展中国家、外交与国际关系理论、民族政治景观、多元文化与民族政治等课程。[24]另外，伊利诺伊大学则聘请了近50位兼职教师（大多数为兼职讲师）为学生开设专业课程。[25]美国研究型大学让兼职教师定期安排时间到受聘大学工作，促进大学教师的流动，推进学术知识的流动，实现大学教师资源共享。

参考文献

［1］ Walter Crosby Eells. Faculty Inbreeding ［J］. The Journal of Higher Education, 1999 （5）.

［2］ Chicago university. Faculty handbook ［EB/OL］. ［2011-10-13］. http://www. uchicago. edu/docs/policies/provo-stoffice/facbk05. pdf.

［3］ Harvard University. Handbook for Faculty of Harvard University ［EB/OL］. ［2011 - 02 - 21］. http://www. fas. harvard. edu/home/academic_affairs/faculty_handbook. pdf.

［4］ 徐辉. 国外高校教师队伍管理的历史发展及启示 ［J］. 比较教育研究, 2003 (10).

［5］ Richard Wynn, Joanne Lindsay Wynn. American Education ［M］. San Francisco: Harper & Row Publishers, 1988: 239.

［6］ 亨利·罗索夫斯基. 美国校园文化: 学术·教授·管理 ［M］. 谢宗仙, 等, 译. 济南: 山东人民出版社, 1996: 151.

［7］ Yale University. Yale University Faculty Handbook ［EB/OL］. ［2011 - 01 - 12］. http://www. yale. edu/provost/handbook/XV. C. html.

［8］ Columbia University. Columbia University Faculty Handbook ［EB/OL］. ［2010 - 11 - 20］. http://www. hr. columbia. edu/dat/documents/perfattrib/pdf - ver. pdf.

［9］ 王冬梅. 美国高校兼职教师发展的问题及其对策 ［J］. 高教探索, 2007 (2).

［10］ P. DiMaggio, W. Powell. The Iron Cage Revisited: Institutional Isomorphism and Collective Rationality in Organizational Fields ［J］. American Sociological Review, 1983 (2).

［11］ Edward Shils. Academic Freedom and Permanent Tenure ［J］. Mineua, 1995 (5).

［12］ Michigan State University. CEPSE Faculty ［EB/OL］. ［2011 - 02 - 12］. http:// education. msu. edu/cepse/faculty. asp.

［13］ Michigan State University. Faculty & Staff Profiles ［EB/OL］. ［2011 - 02 - 12］. http://education. msu. edu/te/About - the - Department - of - Teacher - Education/ Faculty - Profiles. asp.

［14］ Ohio University. Faculty Handbook ［EB/OL］. ［2011 - 02 - 12］. http://www. ohio. edu/facultysenate/handbook.

［15］ University of California. Academic Personnel Manual ［EB/OL］. ［2009 - 09 - 11］. http://www. ucop. edu/acadadv/acad - pers/apm.

［16］ R. G. Ehrenberg, H. Kasper, D. I. Rees. Faculty Turnover in American Colleges and Universities Analyses of AAUP Data ［J］. Economics of Education Review, 1991 (2).

［17］ Henry Rosovsky. The University: An Owner's Manual ［M］. New York: W. W. Norton & Company, 1991: 169.

［18］ U. S. Department of Education National Center for Education Statistics. Digest of Education Statistics : 2009 ［EB/OL］. ［2010 - 09 - 20］. http://nces. ed. gov/ programs/digest/d09.

［19］杨茂庆. 美国研究型大学的教师流动研究［D］. 重庆：西南大学博士学位论文，2011：76-81.

［20］J. Fairweather. Academic Values and Faculty Rewards［J］. Review of Higher Education，1993（1）.

［21］J. Braxton. Institutionalizing a Broader View of Scholarship through Boyer's Four Domains［M］. San Francisco：Jossey-Bass，2002：97

［22］Harvard University. Harvard University Faculty［EB/OL］.［2011 – 02 – 10］. http://www. hsph. harvard. edu/faculty/louise-ryan.

［23］中国科学院过程工程研究所. 张锁江研究员被聘为美国 Alabama 大学兼职教授［EB/OL］.［2011 – 02 – 10］. http://www. ipe. ac. cn/xwdt/zhxw/201010/ t20101027_2995496. html.

［24］The New York University Department of Politics. Adjunct Professor［EB/OL］.［2011-09-15］. http://politics. as. nyu. edu/object/politics. adjuncts. html.

［25］University of Illinois Graduate School of Library and Information Science. Adjunct Faculty［EB/OL］.［2011 – 05 – 12］. http://www. lis. illinois. edu/people/ faculty/adjunct.

（杨茂庆系广西师范大学教育科学学院副教授，博士）

□ 王春春

美国文理学院课程体系特色探析
——以麦克莱斯特学院为例

文理学院（liberal arts college）在美国高等教育系统中占据着独特的地位，它们以长期坚持博雅教育（liberal arts education）理念、专注于本科教育、重视教学、保持 2000 人左右的学生规模、实施高选择性招生和住宿制、小班教学、强调师生互动等特点著称，以其优秀的本科教育实践而备受推崇。美国文理学院提供的本科教育被认为是高等教育阶段中的基础性教育，也是美国大众化教育背景下的精英教育。[1]

文理学院的本科教育之所以卓越，甚至成为美国一些研究型大学本科教育教学改革学习的对象，主要得益于一系列制度安排，例如，严格而有弹性的学分制、系统而不乏个性的课程体系和专业管理制度、能有效提高教学质量的教师管理制度、小班教学制、教授治校、导师制、住宿制等，这些制度共同发挥作用，形成合力，营造了文理学院特有的办学氛围，使其成为"与众不同"的大学。[2]本文结合作者在麦克莱斯特学院（Macalester College）的实地调研，重点分析文理学院在课程体系设置和管理制度方面的特色。

　　麦克莱斯特学院具有文理学院的典型特征。该校创建于 1874 年，位于美国明尼苏达州的圣保罗市，是一所私立的、独立的四年制本科院校，只提供本科教育，现有 1978 名本科生；有 170 名全职教师，其中 94％都具有博士学位或拥有本学科领域的最高学位。[3]该校在《美国新闻与世界报道》关于全国 228 所文理学院的排名中长期位于 25 名左右，实施选择性极强（most selective）的招生制度，属于一所精英文理学院。[4]此外，麦克莱斯特学院还有其鲜明的个性特征，该校所追求的"卓越的学术水平""国际化""族群多元化"和"服务社会"使命，渗透在学校生活中的方方面面，在社会上有较为广泛的影响。

一、课程理念：坚守传统与追求创新

　　美国文理学院的课程设置、教学理念与其办学理念密不可分。文理学院能够生存发展至今，并且能够在美国高等教育体系占据着独特的位置，在很大程度上是因为它们能够在风起云涌的教育改革浪潮中坚守自己的办学使命和教育理念，又能够在坚守传统的同时追求不断地创新与超越。

　　当很多大学纷纷扩大招生规模，不断追求升格的时候，绝大多数文理学院却一如既往地以本科教育为主要任务，始终把本科教学放在首位。①当美国高等教育大众化不断推进的时候，文理学院特别是顶尖的文理学院，始终保持着自己小而精的办学特色。它们坚持精英教育，志在培养社会领袖，却不因此急功近利，不因专门化教育和职业技能教育的盛行而改变自己的"博雅教育"理念，也不因一时的就业率高低而改变自己以文理科基础教育（liberal arts field）为主的办学定位，而是坚定地为学生的个人成长、全面和长远发展打好基础。

　　这种对传统博雅教育理念的坚持，使文理学院看起来多少有些"不食人间烟火"。事实上，面对不同历史时期的各种挑战，文理学院

---

　　①　极少数文理学院扩大招生规模，或增加学科专业，或增加研究生教育，进而升格为综合性大学，不再被列为"文理学院"这类高校。

为了生存与发展，也采取了许多改革措施。就课程教学改革而言，文理学院近些年来的改革主题主要可以归纳为：通过跨学科课程培养学生的探索能力和心智判断能力，重视培养学生的社会责任感和社会参与意识，重视培养学生的整合性学习能力。这些改革都是为了帮助如今更加多样化的学生群体实现博雅教育长期以来的目标：培养学生的知识探究和心智判断力、公民和社会领导力、开阔的视野。[5] 基于这种办学理念和教育目标，文理学院教师的课程教学理念可以被简要概括为"教学生学会学习、学会思考"。而这些都在文理学院的课程设计和安排以及教学过程中得到了充分的体现。

二、课程要求：学科广度与专业深度

本科教学之所以重要，就在于它给予学生较为完整的知识架构和必要的专业训练。这是他们成才的基础。[6] 文理学院强调要使学生在知识的广度和深度上保持一定的平衡。为此，学校实行分布必修制，通过学分制对学生的选课加以引导和限制，要求学生对主要的学科领域都要有所涉猎。这一方面旨在使学生形成开阔的视野，另一方面则是为了使学生掌握各学科的基本内容和基本原理，以及主要的学习方法与研究方法，为以后的专业学习奠定基础。例如，麦克莱斯特学院的学生手册规定："从麦克莱斯特学院毕业共需要 128 个学分（约 32 门课程）。这些学分包括：A. 必须有 8 个学分属于社会科学领域，该课程须满足分布必修规定；B. 必须有 8 个学分属于自然科学与数学这一领域，该课程须满足分布必修规定；C. 必须有 12 个学分属于人文与艺术领域，其中至少修满 4 个学分的人文学科课程，至少修满 4 个学分的艺术类课程，该课程须满足分布必修规定。"[7]

为了避免学生对各个学科的学习都浅尝辄止，学校要求学生在大学期间必须至少选定一个专业（major），以确保对某一个学科领域有较为深入系统的认识。例如，麦克莱斯特学院规定："只要能够符合各个专业的要求，每个学生可以完成一个以上的专业，如，一个学生可以同时修读两个主修专业，也可主修一个专业同时再加上一个或两个甚至三个副修专业（minor），但仅有一个或多个副修专业的学生是不能毕业的。"同时，为了避免过度专业化，学校又会对专业领域的学分总数加以限制，如麦克莱斯特学院规定："D. 在上述（社会科学、自然科学与数学、人文与艺术）任何一个领域里修的学分都不得超过 96 个学分。E. 在任何单个学科里的学分都不得超过 60 个学分。F. 独立学习类型的课程学分不得超过 24 个学分。"[7]

此外，文理学院还通过课程设计来体现学校的办学特色。例如，为了彰显学校"国际化""族群多元化"的独特教育使命，麦克莱斯特学院要求学生必须"在满足'国际化'和'美国族群多元化'规定的课程中各修满 4 个学分"。此外，为提高学生的写作能力，学校还明确规定学生"必须在上完大一新生研讨课之后，在大四学年之前修读一门符合写作规定的课程，至少修满 4 个学分。"为提高学生的数学推理能力，要求学生"必须修满一门、两门或三门满足定量推理规定的课程"[7]。

三、课程体系：统一框架与多种形式

文理学院自学生进校起就对学生大学四年的教育和课程学习进行了总体设计，这种设计既体现出统一规定性，又体现出很大程度的灵活性。以麦克莱斯特学院为例，该校将学生的大学四年作为一个整体来设计。通过四年的学习，学生一是需要掌握合理的学科知识结构，兼顾知识的广度和深度；二是要在不同的教育阶段经历特定的教育体验。这两项要求对所有大学生都是一样的，而学生在这个统一的整体框架下具体学什么、体验什么，则由学生自己选择。

若将学生四年大学生活作为一个整体来看会发现，文理学院的课程体系非常有特色。其中，大一的新生研讨课（freshman seminar）、大二的专业选择（major）、大三的出国游学（study abroad）、大四的顶峰体验（capstone experience）堪称设计中的亮点。上述每一段经历都有其特定的设计理念和教育意义，而且这些经历之间不仅具有内在的联系，并且与大学生在不同阶段的成长特点和需求密切相关。

1. 大一新生研讨课

新生研讨课是美国本科教育中极有特色的一类课程，是文理学院所有学生必须在大学第一学期学习的一门课程，不仅具有普通课程的教学意义，还是新生教育的重要组成部分。[8] 麦克莱斯特学院的新生研讨课，课堂规模严格控制在 16 人以内，授课教师同时也是本班学生的导师。这门课程的宗旨，主要是帮助新生顺利从高中过渡到大学，尤其是帮助他们适应文理学院的教育理念和教学模式，了解和适应学校对学生的期望和要求。该校明确规定，通过新生研讨课，授课教师要引导学生掌握至少一个学科领域或交叉学科领域的关键探索方法；要通过大量而频繁的写作训练帮助学生提高写作能力，使之达到大学要求的写作水平（包括学会反复打草稿和正确引用）；要让学生学会有效利用图书馆进行学习和研究；建立师生之间的联系，使导师在一开始就能对学生有所了解，为学生提供必要的指导和帮助；为有着相同兴趣和经历的新生提供支持性的共同体氛围（sense of community），使其产生归属感，以更好地过渡到大学生活。

文理学院各系对新生研讨课非常重视，通常会安排资深教授担任授课教师。学校教务处也会提前作准备，组织学校的各相关部门，如图书馆、学习辅导中心、注册中心以及各学系任课教师进行培训和集体备课。新生研讨课程虽然是全校新生都必修的一门课程，课程宗旨和功能也是一样的，但是课程内容却不尽相同，因为这门课程是由全校 30 多个系科同时开设的。每年秋季共有约 31 门新生研讨课供学生选择，各门课程的教学内容、组织形式和教学方法不尽统一，学生可以依据自己的兴趣，在入学前即可进行选择。

2. 大二选择专业

美国的大学通常允许学生在大二下学期才自主确定专业，是为了使学生有充足的探索时间和选择机会，具有宽阔的视野；要求学生必须选择至少一个专业，则是为了使学生对某个学科领域有较为深入的认识。文理学院一般有三类专业可供学生选择，即：第一，系设专业（departmental major）；第二，现有的跨系专业或跨学科专业（interdepartmental major）；第三，自主设计的个性化的跨系专业（individually designed interdepartmental major，IDIM），就是说，如果前两类专业都不能满足学生的需求，那么还可以申请自主设计一个专业，经 IDIM 专业设置委员会审议批准所需要修读的课程和学分，亦可毕业。多种类型的专业供学生选择，尤其是自主设计的专业，体现了文理学院以人为本、因材施教的教育理念。

3. 大三出国学习

提供充分的国际交流机会，让学生在大学期间出国学习一段时间，已成为当代文理学院本科教育中不可或缺的一部分，这也是美国文理学院为培养具有国际视野的社会领袖而采取的战略之一。这一做法如今在美国的大学中越来越普及，在文理学院中的普及面更广。

文理学院一般安排学生在大三出国学习，有的学生出国学习一个学期，有的甚至出国学习一年，有的则利用寒暑假出国学习一到几个月不等。例如，在麦克莱斯特学院2007年毕业的450名学生中，有317人曾参与出国学习项目，占70.4%。这317名学生共去过45个不同的国家，其中81.3%的学生在国外学习时间长达一个学期，有2.1%的学生在国外学习时间长达一个学年，6.6%的学生利用暑假参加出国学习项目，10%的学生利用寒假（一个月）参加短期出国学习项目。[1]

文理学院的博雅教育理念通常也被翻译为"自由教育"，简单说是要通过教育实现学生心灵的解放和自由，促进心智的成长，避免形成褊狭的视野。可以说，出国学习是文理学院在新的时代背景下实现这一传统教育理念和教育目标的新途径。文理学院认为，把学生推向外面不同的文化环境中，对学生而言将是一次强有力的自由教育经历。当学生们不得不置身于另一个社会，沉浸在另一种文化中（尤其是非英语的文化环境中）时，他们会面临挑战，他们将不得不以新的方式看待事物，去面对与他们习以为常的世界观截然不同的观点、经验、现实和视角。这样的教育将把学生从以往的习俗中，从未经检视的做事方式、看问题的方式和思维方式中"解放"出来，将把他们的批判性思考能力和鉴别能力提高到一个新的水平。当然，出国学习还能使学生通过接触其他非英语国家的教师、学生以及普通大众来了解国外的文化，同时使他们有更多的机会提高外语水平。

对于少数由于各种原因未能出国学习的学生而言，他们在学校也一样能体会到国际化氛围，从课堂中接受到国际化教育。而这种经历不仅仅来自外语课堂上的学习。美国文理学院除了提供大量机会让学生走出校园、走出国门接受国际化教育，还从招生策略和课程设置上下大工夫，在校园内营造国际化的氛围，以培养学生的国际视野，使学生不出校门便可接受国际化教育。如今美国的文理学院越来越重视吸引和招收国际学生，例如，长期以国际化教育为特色的麦克莱斯特学院，国际学生比例已高达13%，招收的国际学生来自世界上90多个国家，这样，学生"足不出户"便可在校园中、宿舍里、课堂上接触到不同国家的文化和观点，由于文理学院坚持小班教学，学生在课堂上与不同国家学生进行思想上的碰撞与交流的概率也非常之高。此外，麦克莱斯特学院还规定，每个学生必须修读一门符合"国际化规定"的课程，并获得4个学分。

4. 大四顶峰体验

文理学院希望学生在专业学习过程中的最后一个阶段经历一次顶峰体验。这种体验可以通过修读一门高级综合训练课来实现，如毕业生研讨课（senior seminar）、独立研究项目（independent project）、荣誉项目（honors project）。学校希望学生通过其创造性成果或演出，来展示他们对所学专业的学科方法和交流范式的掌握程度。文理学院的学生通常是在其毕业前夕的研究报告或毕业汇报演出中完成顶峰体验。

例如，麦克莱斯特学院规定，无论选择什么专业，每个学生都必须经历一次顶峰体验。这一课程规定是为了让学生有阅读原创性研究文献、进行原创性研究工作或汇报演出的经历和体验。完成顶峰体验的方式可以由专业所属的系、跨学科专业的责任系科或IDIM专业设置委员会指定。课程的最后成果不仅要接受同行评议，还要通过公开报告或公开演出的形式与麦克莱斯特学院的全体成员分享。学校同时也将这个展示和分享的过程，作为庆祝学生在麦克莱斯特学院的教育经历中所取得的学习成就的机会。

在麦克莱斯特学院，各个系、跨学科专业或自主设计的专业对于顶峰体验课程都有各自具体的要求，但是一般都遵循以下原则。

第一，各系或跨学科专业可以选择在某门研讨课、个性化课程、独立项目或荣誉项目，或上述课程的组合中提出顶峰体验的要求。第二，顶峰体验必须有所成果，即创造出符合本学科要求的高级作品。最终的作品形式可以是研究性文献综述、原创作品、原创性研究论文、一场演出、一次原创性工作报告。第三，各系或跨系专业应认真考虑同行评议的性质和分量。例如，同行评议可能会被限制在大四研讨班的少数几个学生中间进行，也可以是本学科专业的所有学生都来参加同行评议。教师应该指导学生如何进行同行评议，包括该看什么，以及如何提出建设性的反馈意见。第四，顶峰体验的结果应该便于麦克莱斯特学院这个社区的成员了解，最好是能够通过公开报告或公开演出的方式呈现。至于这些作品应如何传播出去，则由各系或跨系专业决定。

从大一到大四，文理学院每个年级的教育都有其侧重点和特色。文理学院这种制度化的、精心设计的课程体系，不仅满足了学生在不同阶段的需求，使得每个学生都有一段完整的大学体验，还使每个人都有一段个性化的、与众不同的教育经历。例如，大一共有约 31 门新生研讨课供 400 多名学生选择；大二学生确定的专业可以是现成的，也可以是学生自己设计的；大三出国留学的目的地和学习时间长短，也因人而异；大四的顶峰体验则因专业不同而有所不同，这些都可以看作统一框架下的个性化特征。

四、课程教学：以 "学" 为中心

美国文理学院的课程教学特点可以被归纳为以 "学" 为中心，就是说，从教师与学生在教学中的关系来看，是以学生为中心；从教学的目的来看，则是以 "学生的学习"，而不是 "教师的教" 为中心。那么，这一特点是如何体现出来的呢？文理学院对学生、对学生学习的重视，可以通过学院对本科教学的重视、对教师的招聘和考评要求、对课堂规模的控制等方面充分体现出来。

第一，文理学院素以重视本科教学闻名，教授（包括助理教授、副教授、教授）亲自给本科生上课，没有研究生助教给学生上课；教师中有博士学位的比例很高，他们因热爱教学、热爱学生，以及表现出色的教学能力而来到文理学院工作，师生比高，师生交流多。例如，麦克莱斯特学院共有 170 名全职教师，其中 94% 有博士学位，学校师生比为 1∶11，而在排名第一的威廉斯学院（Williams College），师生比则是 1∶7。

第二，教师的教学能力和教学效果在职称晋升时极受重视。文理学院在对教师的以下三大评审中，即终身教职前的中期评审（pre-tenure reappointment）、终身教职评审，以及晋升为教授时的评审，都极其强调教师的教学能力和教学效果。在终身教职前的中期评审和终身教职评审中，文理学院都是将教学能力与教学效果放在第一位，当然也要求教师开展一流的科研，但是更加希望教师在教学和研究之间取得平衡，尤其强调要带领本科生一起开展科研，培养本科生的学习能力和研究能力。

而在由副教授晋升为教授的评审过程中，教师的科研能力被放在首位，但是，教师的科研要促进教学。麦克莱斯特学院在教师手册中明确地指出："对于麦克莱斯特学院的教师而言，优秀的教学是第一要义；而好的教学离不开本学科的最新知识，同时，优秀的教学还需要探索的热情，需要与拥有第一手知识的人的对话。传播知识所需要的各种技巧，对于文理学院而言比从事研究本身所需要的技能更加有价值；传播知识需要渊博的知识和一定的深度，而这并不是每个成功的研究者都具备的。"[9]

第三，文理学院的课堂规模得到严格的控制。文理学院大多实行小班教学，在麦克莱斯特学院，有64.3%的课堂规模小于20人，34.3%的课堂规模在20至49人之间，仅有1.4%的课堂规模在50人及以上。[4]

第四，教师在教学过程中要确保学生最大限度地参与和融入。实地观察发现，文理学院的教师在备课、上课、作业反馈、学生评价等各个环节都表现出了对学生学习的重视。[10]

五、课程支持：制度环境与校园氛围

事实上，美国文理学院的课程设置理念、课程体系、课程要求以及教学理念，甚至课程教学内容，可能在其他类型的大学里也会出现，那么，究竟是什么使文理学院的本科教学独树一帜呢？答案在于文理学院特有的制度环境，以及文理学院独特的校园氛围。当我们考察文理学院的课程管理体系时，不仅应关注前文所涉及的各种显性要素，更要注意到一些看不见的隐性因素。例如大学自治、学术自由、教授治学等现代大学制度中的精髓，还有文理学院特有的积极的、富有支持性的共同体氛围。在这种氛围中，无论是教师还是教育行政管理者，抑或是普通教辅人员，都把自己定位为"教育工作者"，所有人齐心协力在课堂内外为学生创造全方位的教育环境，为学生的学习提供最大的支持。只有当我们把文理学院的课程体系、课程教学内容放在这样一种环境中来考察，只有当我们关注的不仅仅是课程教学内容本身，还有教师所运用的教学方法以及整个教学过程的时候，才能够深刻体会到文理学院的本科教育及其课程教学的与众不同。

在文理学院，是教授，而不是外界的力量，也不是行政力量，负责执掌大学内部的全部或主要事务，尤其是学术事务的决策权，并对外维护学校的自主与自治。这是大学自治、教授治校的生动体现。比如，在麦克莱斯特学院，所有与教育政策和方针有关的各项事宜，如专业的增减、毕业要求的更改、课程的增减、新教师的数量、教职的增减等，均由教育政策及学校治理委员会（Educational Policy and Governance Committee）负责审议和决定。

六、结语

美国文理学院基于博雅教育理念设计的课程体系表现出整体性和内在连贯性的特点；对学生的课程要求，旨在帮助学生构建合理的知识结构；在课程教学过程中强调以学为中心，通过晋升评估制度引导教师重视教学、提高教学质量；最后，也是最重要的，文理学院特有的校园氛围为其课程教学提供了有力的支撑条件，而这种氛围与现代大学制度之大学自治、教授治学、学术自由等思想精髓密不可分。

本文认为，就课程体系而言，中国大学可从以下三个方面加以借鉴。第一，注重从整体上对大学四年的课程进行设计，加强课程之间的过渡与联系，尤其应培养学生的知识整合能力和融会贯通能力。第二，美国文理学院的经验表明，课程结构和课程教学内容的改革固然重要，但教学方法、教学过程和教育氛围的重要性亦不容忽视。教学过程中，应从"要学生学习"转变为"学生要学习"。第二，教育工作者有时也需要跳出课程看课程，重视制度建设，营造积极氛围。

参考文献

［1］ 王春春. 美国精英文理学院研究：以麦克莱斯特学院为例 ［D］. 武汉：华中
科技大学博士学位论文，2009：40，228，233，86，88.

［2］ 王春春. 美国文理学院卓越本科教育的制度保障：以麦克莱斯特学院为例
［J］. 中国高教研究，2011 (9).

［3］ Macalester College. About Macalester ［EB/OL］. ［2012-04-20］. http://www.
macalester. edu/about/.

［4］ Macalester College. Usnews and World Report ［EB/OL］. ［2012 - 04 - 20］.
http://colleges. usnews. rankingsandreviews. com/best-colleges/macalester-college-
2358.

［5］ Carol Geary Schneider. Practicing Liberal Education：Formative Themes in the Re-
invention of Liberal Learning ［EB/OL］. ［2012-04-20］. http://www. aacu. org/
publications/practicing_liberal_education. cfm.

［6］ 杨志坚. 中国本科教育培养目标研究（之二）：本科教育培养目标的基本理论
问题 ［J］. 辽宁教育研究，2004 (6).

［7］ Macalester College, Graduation Requirement ［EB/OL］. ［2012-04-20］. http://
catalog. macalester. edu/content. php？catoid=4&navoid=619.

［8］ 王春春. 美国文理学院新生研讨课的特点及启示：以麦克莱斯特学院为例
［J］. 大学：学术版，2010 (2).

［9］ Macalester College Employee Handbook ［EB/OL］. ［2012-04-20］. http://www.
macalester. edu/employment services/handbook/.

［10］ 王春春. 以"学"为中心：美国文理学院教学过程特点分析 ［J］. 高等工程
教育研究，2010 (2).

（王春春系中国教育科学研究院高等
教育研究中心助理研究员，博士）

朱国辉

英国高校内部教育质量保障体系的发展及启示

英国高校内部教育质量保障体系包括高校和高校系统的内部教育质量保障体系。以牛津大学为代表的英国高校在高等教育问责不断强化、政府干预不断增强的前提下，一方面通过建立专门的校级教育质量保障机构，制定统一的质量保障手册，实施校外督察员制度，坚持以教师、学术分部和学院作为内部教育质量保障的核心主体，重视学生参与作出适时调整；另一方面通过建立高校系统层面的内部教育质量保障机构来缓冲高校在高等教育质量保障中与政府、市场等力量的关系。我国高校内部教育质量保障体系建设应重视高校系统的内部教育质量保障机构建设，高校和高校系统的内部教育保障机构的对外协调以及自我规范、自我约束质量文化的培育。

一、英国高校内部教育质量保障体系：以牛津大学为例

1. 早期牛津大学的内部教育质量保障

教育质量保障是牛津大学形成的早期特征。剑桥

大学校长安娜·朗斯黛尔认为教育质量保障"一是大学的内部需求，即管理并为师生提供健康环境的需求。二是外部需求，即大学要制定一套公认的授予相应资格和学位的标准"[1]。牛津大学早期的教学质量保障活动如导师制，是由教师个体和学院共同完成，并未产生校级层面的教学质量保障机构。牛津大学早期进行教育质量保障的另一个典型行为就是模仿其他行会组织，将行会中的师徒制以及其他区别不同工种、技艺和能力的做法引入大学，教师们通过颁发不同层次的学位来体现学生知识学习的广度和深度，学位标准的制定和授予由教师和学院共同掌握。由于牛津大学是根据皇家特许状或议会法案建立的自我控制的自治机构，教育质量保障自然是牛津大学自身的事务，大学以外的机构无力干涉，进而教育质量保障的程序、内容、方法、结果都无须公示于政府和社会，因此长期以来，以牛津大学为代表的英国传统大学的教育质量保障呈现出模糊、非正式的特点。另一方面，由于采用学院制和导师制等制度形式，牛津大学每一个教师群体都掌握着各自学科领域的权力，包括管理教育质量的权力，质量管理权力在教师群体的发展中经历了800多年的延续，至今已内化为每一位牛津教师的价值规范，因此牛津大学的教育质量保障呈现出连续性和自律性的特点。

2. 现代牛津大学的内部教育质量保障

现代牛津大学的组织结构较为复杂。牛津大学内部教育质量保障的特点如下。

（1）通过建立专门的校级质量保障机构，制定统一的质量保障手册以及实施校外督察员制度，牛津大学的内部教育质量保障由模糊、非正式走向清晰、正式。牛津大学有两个专门的校级质量保障机构，一是教育委员会，其前身是 2000 年实施治理改革时建立的教育政策标准委员会（The Educational Policy and Standards Committee, EPSC）。该委员会致力于与各部门就质量保障框架进行持续商讨，提出指导各部门进行质量保障的政策与指导并监控各部门的执行。另外一个校级质量保障机构是审计与检查委员会（Audit and Scrutiny Committee, ASC），负责校外督察员的任命、内部审计的各项事务及与全国审计办公室（National Audit Office, NAC）、高等教育基金委员会（Higher Education Funding Council for England, HEFCE）及其他外部教育质量保障机构的协调管理。

为了迎接 2009 年高等教育质量保障署（The Quality Assurance Agency for Higher Education，QAA）对其进行的院校评估，牛津大学教育委员会于 2008 年 10 月便制定了质量保障手册。该手册严格按照高等教育质量保障署制定的实践准则，将自身实践与外部质量保障体系的评价紧密结合，列出了学校进行教育质量保障的 12 个领域：招生、入学指导、课程设计认可、监控与评价、学生反馈、学生申诉、数据信息、外部信息、教学的质量提升、教学监控、研究生研究型学位、跨校学习协调措施。此外，校外督察员（external examiner）是现代牛津大学内部教育质量保障的重要角色。校外督察员由副校长和学监任命，行使调节与仲裁的双重功能。当前共有两类校外督察员服务于牛津大学的内部教育质量保障：一种作为学术标准的外部仲裁者，另一种是为学校提供内部所不具备的学术技能的专家。[2]

（2）以教师、学术分部和学院作为内部教育质量保障的核心主体，保持着内部质量保障体系的连续性和自律性。教育委员会是一个校内质量保障的宏观管理机构，而具体质量保障事务则重点由学院、学术分部或系、教师共同完成。每一个学院都有一个负责教学监控的专职人员，通过学院大会（Conference of Colleges）在学院内传播良好教学实践行为，并且牛津大学各学院、学术分部及系等学术委员每六年组织一次正式的教学质量检查。学院、学术分部或系对教学质量的实时检查几乎可以说是与学生学习过程同步发生的。牛津大学至今沿用导师制，"导师是学生所选专业方面的学者，他负责指导学生的学业和品行……学生每周至少与导师见一次面，目的在于评价学生提出的答案和理论，并在讨论的过程中提出新的观点"[3]。正是对这种学院制与导师制的历史传承和发展，教师们及时获得教育质量的反馈情况，自觉、自律地维护着牛津大学内部教育质量。

（3）重视学生参与内部教育质量保障，丰富了内部教育质量保障的主体。牛津大学的学生主要通过两种方式参与内部教育质量保障：一是学生代表以学生观察员的身份参与到校委会中。例如，2010 年校委会共有三名学生代表，即本科生学生会主席、本科生学生会的成员、研究生会的副主席。二是参与相关学生调查，以帮助学校了解学生对学习、学校支持与生活的看法，促进学校改善学生学习、生活条件。具有影响的学生调查有两种形式。一是学生晴雨表调查（Student Barometer

Survey)，主要面向牛津大学所有全日制除本科毕业班以外的学生，一般在开学后第 6 周至第 9 周由副校长发起邀请，并将问卷发至每位学生邮箱。该调查内容包括学生对入学申请、学校教学和精神支持服务、系和学院的具体措施等的看法，是学校了解学生学习经历的重要工具。调查结果都会在牛津大学的网站上予以公布。二是全国学生调查（National Student Survey），面向的是即将毕业的学生。问卷由 22 个问题组成，涉及课程教学、考试和反馈、学习支持、课程组织和管理、学习资源、个人发展和总体满意度等七个方面的内容。该问卷由高级导师通过邮件发给学生并鼓励他们完成调查，以了解学生对学校的看法，以及对学校改进的意见。学生的反馈被发布在网站 Unistats.com 上，帮助那些即将进入大学的学生进行学校和专业选择。这些资料同时会被学校教育委员会、高级导师委员会以及学生会采用，为改善教学质量提供依据。另外还有两种由高等教育研究院（Higher Education Academy，HEA）设计、主要面向两类研究生的学生调查：一是教学型研究生调查（Postgraduate Taught Experiences Survey，PTES），二是研究型研究生调查（Postgraduate Research Experiences Survey，PRES）。除此之外，各个学术分部也对课程、讲座进行问卷调查以获得对课程质量的反馈。学院主要通过辅导评价问卷、学院问卷、学生和导师会议、学生及导师年会等形式来获得学生的反应。[4]

二、英国高校系统的内部教育质量保障体系：组织机构发展及特征分析

1. 组织机构的发展

19 世纪，英国一些大学的副校长和学院的院长自发成立了英国大学副校长和院长委员会（Committee of Vice-Chancellors and Principals of the Universities of United Kingdom，CVCP①），并定期组织非正式会议共同讨论高等教育问题。1918 年，CVCP 共有 22 所大学和学院参与并举行了正式会议。1930 年，CVCP 获得其成员的委任状并宣称"CVCP 的

---

① 2000 年 12 月 1 日 CVCP 易名为 Universities UK。

成立有利于大学之间的相互磋商，并能促进英国共同利益的发展"[5]。

20 世纪 60 年代中期，英国打破了以大学为高等教育主要实施机构的局面。在英国政府的推动下，高校系统出现了以多科技术学院和教育学院为代表的非大学机构来分担社会对高等教育日益增加的需求。"大学是根据皇家特许状或议会法案建立起来的，有权授予学位、确定和保证自身的学术标准。"[6]作为非大学的多科技术学院和教育学院的学术标准及学位授予由"全国学位授予委员会"（Council for National Academic Awards，CNAA）负责。20 世纪 70、80 年代，英国经济日益衰落，政府大幅度削减高等教育经费，并要求大学提高办学质量和效率。面对来自政府及社会的压力，CVCP 于 1983 年成立了由兰卡斯特大学副校长菲律普·雷诺（Philip Reynolds）领导的学术标准小组（Academic Standards Group），并于 1986 年发布了"雷诺报告"（Reynolds Report），报告提出了三项实践准则（codes of practice），包括校外督察员、研究生教学与研究以及研究型学位审查，另外报告对大学质量的维持和监控提出了标准，为大学进行质量自我对照提供了参照。[7]该报告被认为是"第一个全面清晰地表达大学教育质量标准的指南"[11]。

尽管多数大学采用了"雷诺报告"中的建议，但政府对大学的办学质量依然不满，并于 1988 年颁布《教育改革法》，取消了大学拨款委员会（UGC），由与政府关系密切的大学基金委员会（UFC）取而代之。面对拨款机构的变化，CVCP 在采纳学术标准小组建议的基础上，成立了一个大学系统自身专门的学术审计机构，即学术审计小组（Academic Audit Unit，AAU），以深入督查大学质量控制系统。学术审计小组将财经系统的"财务审计"（financial audit）引入大学学术质量保障，该小组并不直接检查大学教育质量保障的具体内容，而是对大学教育质量保障的组织机构及方法技术进行评价。学术审计小组于 1991 年 2 月至 1992 年 4 月期间共对 27 所大学进行了审查，其主要工作任务是：审查大学为实现既定目标而采用的学术标准监控和促进机制；对大学维持质量的程序及其应用进行评价；从国家层面对维护良好学术标准的大学进行宣扬；对校外督察员系统进行审查；通过管理董事会向 CVCP 汇报工作。学术审计小组的管理董事会要求审计员注重大学四个领域的审查：课程设计及学位条例；教学交流方法；学术人员的聘任；校外督察员、学生及其他外部机构的意见。[9]

1992 年 5 月，在以 CVCP 等为代表的高校系统组织的努力下，一个新的高校系统的内部教育质量保障机构取代 AAU 宣布成立，即高等教育质量委员会（Higher Education Quality Council，HEQC）。HEQC 具有两大工作目标：质量审计和质量提高，此外还处理学位授予权力、大学名称、课程认证、国际交流等事务。

1997 年，CVCP 和英格兰高等教育基金委员会（HEFCE）合作成立了高等教育保障署（Quality Assurance Agency，QAA），取代了英格兰高等教育基金委员会的教学质量评估委员会和 HEQC 的工作。QAA 是一个独立运行的机构，主要负责"为全英大学和学院提供统一的综合质量评估和保障，它在与高等教育基金委员会委托合同约定的框架内工作，同时接受高等教育基金委员会的监督检查"[10]。可见，英国高校系统的内部教育质量保障体系在政府等力量不断干预的过程中，逐步由完全自治走向自治与政府调控相结合的道路。

2. 特征分析

（1）在高等教育问责的不断强化中，英国高校系统的内部教育质量保障体系通过调整体系机构以及制定正式的大学学术标准来缓冲政府、市场等力量与高校的关系。20 世纪 80 年代以来，英国政府为缓解财政压力，对公共部门进行了改革，对大学的影响主要体现在经费削减上。在此改革过程中，大学的利益相关者，以政府委托人或机构如高等教育基金委员会等为代表，要求大学对其资金的使用状况及使用效果作出解释和说明，由此高等教育问责逐步形成并制度化。英国大学素有自治传统，但在高等教育问责不断强化的过程中，英国高校系统创造性地建立和调整高校系统的内部教育质量保障机构，如学术标准小组、AAU、HEQC 等机构，公开发布统一的高校学术标准报告、学术审计报告，实现了大学内部教育质量标准由模糊的非正式程序转向清晰的正式程序，一方面在一定程度上协调和缓解了大学与外部力量的关系，另一方面也为大学为实现自身办学目标及质量目标进行学术质量观念及实践的调整提供了参照。

（2）英国高校系统的内部教育质量保障具有两大工作目标，即内部学术质量审计（internal academic quality audit）和质量提升（quality enhancement）。内部学术质量审计的重点由五项内容组成：一是对组织单位如学术院系、管理单位或部门以及学习支持服务部门的审计；二是对课程、专业方案的审计，具有三种形式，即每 3—6 年的周期性检查、每年的检查以及模块化检查（作为院系检查的一部分）；三是对质量保障政策、程序以及质量管理实践的审计，具体包括宣传材料的准确性、招生政策、程序、指南及相关信息、专业学习的审批和评价、教学评价、学生评价程序、学生章程的实施、人员的聘用、指导、发展及评价、合作方案、研究型研究生的教学与指导、学生支持、安抚与申诉程序、校外督察员的任命、校园外服务等；四是对学生学习经历的审计，如学生反馈、某些经历的评价等；五是以审计作为工具来探寻问题以及为学校战略安排提供支持[11]。质量提升是内部学术质量审计的必然结果，HEQC 的质量提升报告描述了质量提升小组（Quality Enhancement Group）的五项目标：探寻与国家利益相关的问题，为国家和高校规划与政策制定提供支持；规范高等教育的良性发展及其质量管理；为能促进现行高等教育实践改革的发展变化提供支持，并在必要的时候促进这些变化；建立质量保障和质量提升责任承担者的全国性交流平台；积极发展与外部机构的联系以避免重复劳动、共享有限资源以及相互学习质量保障的经验。[12]

（3）英国高校系统的内部教育质量保障体系是根据大学自身需求逐步形成的，并构建了较为成熟的、多样化的内部教育质量保障策略和方法。无论是在大学完全自治的时代还是在政府干预不断增强的今天，高校系统的内部教育质量保障体系都是在自发、自觉地调整自身的结构和质量保障的过程和程序，它采用的内部学术质量审计是一种典型的自我评价，它对高等教育质量进行独立检查和评价，并基于一些基本问题展开评价。这些基本问题包括：你在做什么？为什么要做？你所做的是否能满足期望？此外，通过周期性检查和同行评价来系统地检查期望满足的状况。在具体运行中，高校系统的内部教育质量保障更多的是一个探究的过程，采用多种策略和方法对大学的期望、规范与行为、标准或指标进行客观的检查、分析和评价，这些具体策略和方法包括：检查内部文件和各种记录情况；阅读大量源于数据库的信息；检查外部评价报告；检查校外督察员的报告；采用问卷调查；对师生及其他相关人员进行结构性访谈；直接观察与随机观察等。[13]

三、英国高校内部教育质量保障体系
对我国高校质量建设的启示

从以牛津大学为代表的英国高校内部教育质量保障体系及英国高校系统的内部教育保障体系的发展及其特征可以看出，英国高校内部教育质量保障体系从大学的创始之日起便逐步形成，即便是在以政府为代表的外部力量不断干预的情况下，英国高校内部教育质量保障体系不断作出调整，克服自身体系的缺陷以应对外部力量干预带来的变化，并依然在英国高等教育质量保障中发挥着主体作用而经久不衰。借鉴英国高校内部教育质量保障体系，可以得到如下启示。

1. 建立高校系统的内部教育质量保障机构，强化高校系统的整体参与，为内部教育质量保障提供组织支持

高等教育质量保障的效能在很大程度上取决于是否拥有科学合理的组织结构及组织结构的设计。秉承"大学自治、学术自由"的办学理念，早期英国传统大学的内部教育质量保障建基于"导师制"和"学院制"，并借助"校外督察员"制度，大学独立、自觉地捍卫着教育质量，其他机构无权干涉教育质量事务。20 世纪 80 年代以来，随着高等教育问责的不断强化，英国高校为了均衡高校自治、政府干预和市场调节三方力量，借助高校系统组织——CVCP 成立专门的高校系统的内部教育质量保障机构，如学术标准小组、AAU、HEQC，这种组织结构的设计强化高校系统的整体参与，提高了高等教育质量保障的效能：一方面，通过专门的高校系统的内部教育质量保障机构，可较为全面、客观、系统地收集各高校的质量信息，并基于高校的整体利益满足外部利益相关者的问责需求；另一方面，依据科学的内部学术质量审计，发布统一的学术标准、学术审计报告，进一步克服早期内部教育质量保障体系的模糊、非正式的缺陷，为高校提升教育质量提供参考依据。

2. 从高校与高校系统层面分别建立高校内部教育质量保障体系的对外协调机制，重视与社会各界的交流和海外办学质量

与精英高等教育时代不同的是，大众化及普及化时代高等教育质量观呈现多元化特点，在英国高等教育质量观的讨论中，出现了以下几种观点：质量应与产品的说明和标准一致；质量应与目的或目标相适应；质量与高等院校达标过程中的效率一致；质量在于满足消费者明确表达的和隐含的需求。[14]多元化的高等教育质量观在高等教育质量保障的实践中需进行协调和平衡，英国高校内部质量保障体系通过设立高校一级和高校系统一级的对外协调机构及采用相应协调措施，来应对各种外界力量对高等教育质量的看法和需求。如牛津大学的 EC 就是一个专门的校级教育质量保障机构，CVCP 先后设立的学术标准小组、AAU、HEQC 等则是高校系统层面的专门内部教育质量保障机构。校级与高校系统层面的内部教育质量保障机构均设立对外交流的岗位和专门人员，关注与社会各界如政府委托机构、各种专业团体、社会组织的交流，并重视海外合作办学的质量，如在内部学术审计工作中涵盖海外办学机构质量的检查。

3. 自我规范、自我约束质量文化的积淀是高校内部教育质量保障的根本

英国高等教育质量保障体系自大学创始之时便主要依赖大学自身自我规范、自我约束的机制运行，自我规范、自我约束已积淀成英国高等教育独有的质量文化。这种文化不仅体现在大学使命的文字表述和各项制度措施中，更是内化为每一位教育者的价值规范，并深入教育者的个体行为中，大学及其成员们共同自觉自律地维护着高等教育的质量。在英国高校系统的内部教育质量保障机构 HEQC 与政府委托机构即HEFCE 合作成立 QAA 后，政府干预愈演愈烈。"QAA 所采用的科层机制的方法成本太高，而且不能得到确切的绩效信息，不得不重新强调高等学校自身在质量保障中的责任，强调高等学校要自我规范。"[15]这就是英国高等教育质量保障体系在自治与政府调控的矛盾中对自我规范、自我约束质量文化的回归，同时也充分说明高等教育质量保障必须遵循高等教育发展的规律，高等教育质量保障的主体应当是高校和教师。英国高校内部教育质量保障积淀形成的"自我规范、自我约束"的质量文化在我国高校追求卓越大学文化及良好质量意识的过程中，尤其值得学习。

参考文献

［1］安娜·朗斯黛尔. 教师发展与教和学中的质量保障［C］. 中外大学校长论坛文集，北京：高等教育出版社，2002：249.

［2］朱国辉，谢安邦. 英国高校内部教育质量保障体系的发展、特征及启示：以牛津大学为例［J］. 教师教育研究，2011（2）.

［3］刘宝存. 牛津大学办学理念探析［J］. 比较教育研究，2004（2）.

［4］http://www.admin.ox.ac.uk/ac-div/resources/surveys/.

［5］http://en.wikipedia.org/wiki/CVCP.

［6］杨晓江. 教育评估中介机构研究［D］. 上海：华东师范大学博士学位论文，1999：42.

［7］［9］［12］Roger Brown. Quality Assurance in Higher Education：The UK Experience since 1992［M］. London：Routledge Falmer，2004：35-36，51，62.

［8］刘晖. 高等教育大众化进程中的教育质量评估问题：兼论英国高等教育质量监督与评估的经验与启示［J］. 外国教育研究，2001（3）.

［10］蒋家琼，姚利民，游柱然. 英国高等教育外部质量保障组织体系及启示［J］. 比较教育研究，2010（1）.

［11］［13］Jackson，Norman. Internal Academic Quality in UK Higher Education：Part Ⅰ—Current Practice and Conceptual Frameworks［J］. Quality Assurance in Education，1996（4）.

［14］朱镜人. 英国高等教育质量理论研究述评［J］. 比较教育研究，2003（6）.

［15］金顶兵. 英国高等教育评估与质量保障机制：经验与启示［J］. 教育研究，2005（1）.

（朱国辉系北京邮电大学远程与继续教育处博士）

英国科研评估制度研究

在经历了 20 世纪 60 年代的高教大发展之后，20 世纪 70、80 年代，由于英国经济状况的恶化，高教资源受到了限制，政府在压缩高等教育经费的同时，要求高校提高质量和效率。于是政府通过制定学术标准加强对大学的质量管理，通过高等教育投资机构加强质量控制[1]，科研评估（Research Assessment Exercise，RAE）应运而生。这表明，随着英国高等教育从精英教育向大众教育转变，政府加强了经费分配的选择性，高教拨款机制日益体现出了市场化的倾向。[2]

科研评估（RAE）是英国高等教育基金委员会（HEFCE）联合所有拨款机构，成立 RAE 评估小组专门对高等院校的研究工作进行的 4—5 年（RAE2008 为 7 年）一次的水平评估活动。其目的是在对科研单位（相当于我国的学科点）进行水平评估的基础上，为向有关高等学校分配科研拨款提出判断依据。科研评估的质量等级依据国家和国际的标准制定。除了给高等教育基金委员会的拨款决定提供参考信息外，科研评估（RAE）的结果还对工商界、慈善机构或其他组织的募捐研究有指导意义。[3]

自英国大学拨款委员会（UGC）实施第一次科研评估以来，RAE共进行了六次评估，分别是 1986 年、1989 年、1992 年、1996 年、2001 年、2008 年评估。到 2014 年，将执行新的评估方案"卓越研究框架"（Research Excellence Framework，REF）。在此关键"时间节点"，笔者尝试梳理英国科研评估制度的研究状况，剖析该制度对英国高等教育的影响，以期为我国高等教育评估制度的发展和完善提供启示与借鉴。

一、英国科研评估制度的研究前沿

随着科研评估的实施，国内外学术界对之一直密切关注，并且从理论和实践上对该制度进行了深入的研究。

1. 科研评估的运行机制和影响因素分析

科研评估制度运行机制已有的研究主要集中在科研评估的衡量标准、以科研评估成绩为基础的拨款模式等方面。虽然科研评级主要是由学术界通过同行评议的方式确定的，但是政治因素却掌控着如何利用科研评估成绩向大学拨付研究经费。

亨克·F. 穆德（Henk F. Moed）对近 20 年来英国科研评估的纵向分析表明：在前几次的科研评估（1992 年、1996 年和 2001 年评估）中有三种衡量标准，科学家们对主要评估标准的反应可以为此提供佐证。1992 年科研评估注重成果发表"数量"，1996 年评估标准从"数量"转向了"质量"，而 2001 年评估的侧重点再次从"质量"转回了"数量"。[4]穆德的研究表明了英国科研评估的衡量标准在近 20 年间发生了"数量"→"质量"→"数量"的转向轮回，其原因可能是英国比较重视数据的发布和分析，在数字面前学者们对科研评估结果公正性的质疑多少会减少一些。埃米恩·阿里·塔利布（Ameen Ali Talib）认为在科研评估中要做好两方面工作才可能取得好成绩：首先，权衡"数量与质量"，即决定将要提交"谁"作为研究活跃型人员参与评估；其次，将评估材料提交给哪个评估小组，即选择向"哪里"提交本单位的评估材料。[5]

科研评估的成绩与大学获得的拨款数目直接挂钩，无论是高等教育基金委员会（HEFCE、SHEFC、WHFC、北爱尔兰学习与就业部）的科研拨款，还是各研究委员会（RCUK）的科研项目合同拨款，都是以全国科研评估成绩为基础进行的。英国4个高等教育基金委员会的科研拨款都是独立的，其辖区内大学仅仅接受各自基金委员会拥有的可供分配的经费。威尔士、苏格兰、英格兰和北爱尔兰4个区域的大学在研究拨款上并未有直接的区域间的竞争，仅有区域内部竞争。尽管如此，莫诺吉特·查特基和保罗·西曼（Monojit Chatterji ＆Paul Seaman）运用英格兰和苏格兰两种拨款模式下的模拟数据发现：英国不同区域接受的模拟拨款数额与实际得到的数额差别很大。例如，无论是用英格兰高等教育基金委员会还是苏格兰高等教育基金委员会的拨款模式，英格兰都得到约1000万英镑的拨款，而苏格兰在英格兰模式下得到约400万英镑的拨款，在苏格兰模式下大约得到700万英镑的拨款。但无论使用哪种模式，威尔士和北爱尔兰都损失惨重。[6]

在稍早进行的另一项类似的研究中，莫诺吉特·查特基和保罗·西曼认为，虽然以科研评估成绩为基础的拨款模式在一定程度上表明了评估的客观性，但是英格兰高等教育基金会和苏格兰高等教育基金会采用的科研拨款基准都有缺陷，都是区域化的——没有努力利用英国其他地方的数据，尽管英国所有地方的所有学科都是由共同的科研评估小组评价的。[7]

科研评估作为一项已经推行了20多年的制度，产生了巨大影响。研究者们除了关注科研评估的标准、拨款模式等运行机制之外，还对影响科研评估的因素进行了深入研究。泰德·特普尔和布莱恩·萨特（Ted Tapper & Brian Salter）认为：20世纪80年代后期，出现了希望英国高等教育采用新的治理方式的广泛的政治需求。英国高等教育拨款方式由拨款委员会向高等教育基金委员会模式转变，可以看作一种采用"新公共管理"治理方式的尝试。高等教育基金委员会治理模式是一种互动过程：政府不断地为基金委员会制定政策目标；而基金委员会为贯彻政府政策，通过规章制度来和高等教育机构打交道。科研评估正是基金委员会实现政府政策目标的手段，其实施机制巧妙地契合了"新公共管理"的原则。同时，评估是在官僚化的精心控制下进行的，从一开始就获得了政府的支持。[8]还有研究者以新公共管理的视角系统考察了英国高等教育管理机制改革对高等院校产生的影响，认为在英国政府运用新公共管理理念改革公共部门时，有两大机制——市场运行机制和多元监控机制发挥了关键性作用。其中，市场运行机制包括市场竞争机制和市场交易机制两个方面。在高等教育领域里，前者表现为英国政府在经费拨款中创建竞争机制，由此引发高等院校在经费、招生人数和教师等方面的竞争，以提高高等院校的资源使用效率及办学效益。[9] 莫诺吉特·查特基和保罗·西曼的研究指出，政治因素对科研评估的影响很大：政治家确定了高等教育基金委员会的预算；大学获得的教学与研究拨款的标准，也是开销大的政府部门之间斗争的结果。[6] 还有研究者指出：英国大学基金委员会的成立极大地削弱了大学自治权。在不到30年时间里（1963—1992年），大学逐渐丧失分享公众拨款的特权，不得不在同样条件下为有限的资源同其他部门进行竞争，也更容易受到政治因素的牵制。英国高等教育拨款机构首先是一个"协调机构"（co-ordinational organization），建立在咨询性权力（consultation regulatory powers）、实际调整权力（de facto regulatory powers）和法定调整权力（jury regulatory powers）三种权力的基础上，既协调政府与高等教育的关系，也协调大学与非大学的关系，还协调高等教育与社会的关系。[10]

2. 科研评估的数据结果分析

学术界除了早已关注科研评估的观念、机制和结果之外，还对科研评估的数据分析很感兴趣。通过对科研评估单位、学科、评级等数据的统计分析，学者们得出了一些探讨性的结论，并尝试作出了相应的解释。

塔利布、斯蒂尔（Steele）采用一种技术方法，集中研究了提交科研评估项目的战略决策问题。他们的研究注意到大多数学系都拓展了研究人员的范围，认为需要注意提交项目的数量和质量均值的平衡问题。斯蒂芬·夏普对1992年、1996年和2001年三次科研评估进行了回顾，其结果显示：科研评估的平均等级有了明显提高，尤其是在1996年和2001年之间。但是各评估单位的上升趋势并不均衡，1996年和2001年评估中各评估单位的平均评级差别非常明显，研究评分高的评估单位提交的评估项目较少。夏普注意到，虽然没有证据显示大学为了提高评级而限制提交评估的人员数量，但是有迹象表明：1996年评估中成绩不佳的项目更不可能被提交参加2001年的评估。在这项研究中，夏普主要研究了 1996 年和 2001 年每所大学的研究评级变化、评估单位的变更和评估单位之间的变化等三个问题，并且具体分析了上述变化可能的原因：大学的研究质量确实提高了；大学更注重评估战略，把资源从 1996 年评估成绩不佳的学系向评估级别更高的学系转移，并撤出了成绩不佳的评估单位；学系利用以前科研评估的经验为提交评估的项目作了更好的准备，减少了参与评估的人员，并提交了比前几年质量更高的成果；2001 年的科研评估小组采用了更加宽松、降低了的评估标准，导致了评分膨胀。[11]

　　英国的科研评估需要参与单位向学科评估小组提交研究活跃型人员的研究产出信息，也就是成果发表情况。K. J. 摩根（K. J. Morgan）的研究发现，在 2001 年科研评估中，英格兰每所大学的学科评级差别很大。在声望很高的牛津、剑桥和伦敦大学联盟（Loxbridge Group），几乎所有的学术人员都是研究活跃型的，90% 的学科领域都达到了 5 级；而在新大学，只有 40% 的学术人员属于研究活跃型，仅有 7% 的学科领域达到了 5 级。同时，研究质量高、投入大的学科领域（医学、科学、工程学）都集中在老大学里，研究基金显然也主要分配给了老大学。摩根发现，科研拨款和研究合同拨款是这样分配的：老大学占 94%（牛津、剑桥、伦敦大学联盟占 35%），新大学占 6%。另外，1992 年以来，除去学科重组、合并造成的评估单位数量减少之外，老大学评估单位的数量减少了 4%，而新大学评估单位的数量同期增长了 10%。[12] 吉姆·泰勒（Jim Taylor）对 1992 年科研评估结果和一些定量指标进行了统计分析，从多重回归分析中他发现，不同学科与评估指标的统计显著性相差很大：只有社会科学和人文学科的研究评级与著作、短文的关系是显著相关的；同行评议期刊的论文与大多数以自然科学为基础的评估单位和许多社会科学的研究评级高度相关，但与大部分艺术和人文学科的研究评级关系不大（历史和哲学是两个非常例外的学科）；同行评议的会议论文只与少数学科显著相关；书评与一些非自然科学评估单位的研究评级显著相关，主要是艺术和人文学科。泰勒的主要发现还有：研究活跃型人数与科研评级之间的关系是非线性的（倒 U 形）；大学大量的研究评级的变化仅是由少数变量引起的。[13] 横山惠子（Keiko Yokoyama）总结了 2001 年评估结果与早期评估相比的主要特征：获得全国或者国际优秀的学系从 43% 提高到 64%；1992 年前大学和1992年后大学的研究边界比1996年评估时模糊多了；提交参与评估的学系和研究者更少了。[14]总之，横山惠子认为2001年评估使得研究环境的竞争性程度更高了。

3. 大学和学系的科研评估策略研究

由于英国科研评估成绩与大学获得的拨款直接挂钩，这就使得大学和学系为了取得更高的研究评级，纷纷采取应对措施。大学和学系需根据科研评估标准侧重点的变化，相应调整工作重点。在提交科研评估项目时，大学必须要找到数量与质量的平衡点，跨学科学系要慎重选择向哪个评估小组提交项目。

科研评估注重什么标准，英国学者们就会相应地向这些标准倾斜。由于1992年评估重视发表"数量"，于是英国科学家的成果数量显著地增加了；当1996年评估侧重成果"质量"时，英国研究者便增加了在引用率高的刊物上的成果发表数；而在1997—2000年间，由于2001年评估单位的侧重点又转回了"数量"，为提高研究活跃型人员的数量，大学和学系采取了下列措施：鼓励自己的成员更密切地合作，或者至少多出些合著，尽管合作并未增加论文总量。[4]

埃米恩·阿里·塔利布认为，在科研评估中取得好成绩的关键是：第一，数量与质量的平衡；第二，选择向哪个评估小组提交评估材料。具体来说，提交评估人员的规模大，就能提高拨款的容量系数，但是要冒降低评估质量的风险，研究评级降低就会使获得的拨款减少；而提交评估人员的规模小，可能提高研究评级。而大量事实表明，评估小组并不愿意把最高评分给予那些参与评估人员比例较低的学系，即使它们的成果一般都质量较高。因此，大学必须找到数量和质量的最佳平衡点。同时，高等教育领域越来越普遍的跨学科现象使得"决定"向什么评估小组提交材料变得很复杂。大学和学系的运作正如约翰斯顿（Johnston）所说的那样，越来越像办企业，需要评估"市场风险"。大学在追求数量与质量的平衡和作出向什么评估小组提交材料的"决定"时所面临的不确定性与企业经营的不确定性无异。[5]横山惠子为了研究科研评估（RAE）对英国大学学院制和管理主义平衡的影响，选择了4所英格兰大学作为案例，研究了大学和学系2001年的科研评估策略及其对组织文化的影响。她的研究发现，科研评估的主要目的是向英国大学分配研究经费，而不是要构建质量文化和质量提高机制，于是大学就把战略重心放在努力吸引卓越的研究者，并用晋升的手段留住国际知名学者，而不是内化质量提高体制。[14] 还有研究者指出，英国部分新兴大学开始通过高薪聘请优秀科学家，以求提高它们的研究评级。[15]

4. 科研评估制度的影响及改进

英国科研评估与高等教育基金委员会的拨款挂钩，对组织文化和学术人员都造成了不可低估的影响。具体来说，科研评估对大学战略和学系结构带来了冲击，对学术职业的影响广泛而深远：增大了学术人员的工作量，使他们面临着前所未有的成为研究活跃型人员的压力，还造成了研究人员与教学人员之间的冲突。

迈克内（McNay）的研究发现，英格兰的科研评估影响了组织文化。[14] 横山惠子考察了科研评估下英国大学治理、管理和领导方面的变化。她指出，2001 年科研评估引起了城市大学和新大学普遍的文化变化，使得这些大学的管理特色更明显，更以研究为导向。虽然科研评估对不同大学的文化和学院制与管理主义的平衡造成了程度不同的影响，但是它使得大学为了提高科研评级，必须加强科研战略管理。同时，科研评估的实施还在研究积极分子与以教学为主的人员间引起了冲突。[14] 帕特·赛克斯（Pat Sikes）采用案例研究法，探究了一所新大学教育学院职员的工作信念和工作阅历，研究发现国家和地方政策使高等教育部门发生了变化，并已影响了大多数大学工作人员：原来被聘任为讲师的职员目前正日益面临着要求他们成为研究活跃型人员的压力，该要求不仅增加了他们的工作量，改变了其工作方式，而且影响了他们的专业和个人身份认同。[16] G. W. 伯纳德（G. W. Bernard）发现，尽管承认科研评估对行为有激励作用且历史学评估小组确立了适当的程序，但是大学的历史学家仍然对科研评估对他们学科的影响感觉不安。伯纳德认为，大学管理层把科研评估仅视为捞取好处的权宜之计的做法造成了破坏性的影响。[17] 另外，为了更加集中有效地使用由评估结果直接导向的研究经费，部分大学还依据校内不同学科评估的结果，对校内学科布局进行了调整和重组。[15]

还有的学者从更深层面研究了科研评估在英国高等教育现代化进程中所产生的影响。玛丽·亨克尔（Mary Henkel）认为，科研评估作为英国高等教育现代化的重要手段，是英国高等教育现代化过程的重要组成部分。在不到 10 年的时间里，科研评估已经成为对学术机构影响最大的制度之一，其直接影响政府拨款，间接地充当促使学术界名实相副和遵守市场规则的信息媒介。但亨克尔同时冷静地分别从大学、学系和个人三个层面具体探究了科研评估对学术职业的深远影响。由于高等教育基金委员会依据科研评估结果为大学而不是学系拨款，因此到1998年时，大学的学系为提高科研评估成绩，已出现了合并、重组的案例，当然有成功的也有不太成功的；大学参与科研评估更普遍的做法是决定要提交评估的人员，这样做是在挑战学系文化和威胁学术人员的角色定位之间斡旋。在学系层面，科研评估使得人文社会科学学系作为组织集体的特色愈益突出。另外，科研评估因为影响学系获取资源的能力，故而对自然科学家职业认同的影响很可能要比对社会科学家和人文学者的影响更大。最后，亨克尔得出这样的结论：科研评估业已充分改变了大学的科研管理和学系文化，它扰乱了大学、学系、学科和学术人员的关系网，已影响了学术人的专业身份和研究职责。[18]

鉴于科研评估在促使大学分层合理化、研究资源集中和研究产出最大化方面发挥的重要作用，及其对英国大学、学系和学术界的积极和消极影响，很多研究者还提出了科研评估未来改进、完善的思路。泰德·特普尔和布莱恩·萨特主张，将来的评估要尽可能比过去更重视定量指标（例如研究收入、文献被引、博士学位的完成情况和注册博士生或博士后数）；科研评估最可能的出路是对目前的模式进行修正。[8] K. J. 摩根也建议修正目前的科研评估，其理由是：评估程序的制度成本过高；人们越来越关注评估系统的不充分性；评级系统与拨款的联系存在失灵现象。[12]

二、英国科研评估制度的特点及影响

1. 科研评估制度的特点

国内外学术界普遍认为英国科研评估制度具有以下几个特点：评估过程的公开性；评估成员的广泛性；评估指标的合理性；评估方法的科学性；评估结果的竞争性。[19]英国科研评估具有两大功能：评判英国大学学者的研究质量以及将大部分国家资助分配给公认为具有国际水平的研究者。[20]

2. 科研评估制度的影响

（1）参评院校数量不断扩大

科研评估对英国高等教育的影响逐年扩大，最初的两轮评估（1986 年、1989 年）仅涵盖拥有"大学"地位的机构，数量十分有限。作为 1992 年教育改革法案的一个结果，许多以前的多科技术学院、专科技术学院和其他类似的高等教育机构也被冠以大学的名称，使得英国大学的数量大大增加，科研评估的评估范围也得到了相应的拓宽。RAE1996 的评估规模有了更大的扩展，收到了来自 191 所高等教育机构 2893 份评估材料，参加评估的学者达 55000 人。到 RAE2001 时，评估组收到了 2598 份评估申请，约 200 个高等教育机构的将近 8 万名科研人员参加了评估。[12]

（2）资源集聚效应显现

随着英国科研评估的开展，高等教育资源出现了更加明显的集聚效应，虽然科研评估并不是导致该效应的唯一因素，但其推波助澜的作用不可小觑。一份名为《选择性作用和研究卓越》（2000）的分析报告表明，1986 年引入科研评估后，拥有医学院的大学在 10 年之中得到的研究合同和项目拨款的比例更高了，从 74% 到 80% 多，提高了 6 个百分点，同时研究生和专职研究人员的比例也相应地增加了。[21]

由此可见，英国科研评估明显偏向历史悠久、蜚声海内外的名牌大学。无论是从科研评估小组的人员构成和科研评估中获得的研究质量评级，还是从高等教育基金会获得的科研拨款以及从研究委员会争取到的合同和项目经费来看，一流大学群体都是最大的受益者。在英国大学的研究质量不断提高、研究评级上升很快，但经费增长比较缓慢的情况下，为了保证对卓越者的资助，拨款机构不断提高获得拨款的基准，甚至不惜"拆东墙补西墙"，把原本应该给予新大学的研究拨款划拨给了名牌大学。[22] 在 2009—2010 年英格兰高等教育基金会的年度拨款计划中，只有在 RAE2008 中获得 2 星级（研究质量达到世界水平）的评估单位才能获得拨款，而最高的 4 星级学科所获得的拨款是 2 星级的 7 倍。[23] 这反映了国家大力支持高等学校科研达到国际先进水平的指导思想，一般水平的学科不再获得科研拨款的资助，这种导向也必然造成高等学校高水平研究力量和优势科研领域的重新组合和进一步集中。

（3）"研究管理文化"愈加浓郁

20世纪80年代后期以来，英国大学里的研究管理工作明显呈现出不断加强的趋势。《英格兰选择性研究拨款模式的影响与结果》（2005）的调查表明：过去15年来，英国大学的研究管理系统不断发展，而且越来越被公认为是高等教育研究文化（research culture）的一部分。大学研究管理的重点因研究历史、能力和使命的差异而不同。[24]

在"新公共管理"思想的影响下，英国科研评估具有并强化了大学中的管理主义。这不但表现在大学更加关注研究机会，并且建立了专门组织。例如，20世纪90年代早期大学里出现了形形色色的"研究委员会"（research committees）及更复杂的绩效监控等机构，大学中已经逐渐形成了"管理文化"。对研究绩效的关注和学系、研究人员对于研究管理工作的认可与接纳，表明科研评估业已影响大学行为和个体的思维方式，这势必对英国传统的大学自治造成巨大冲击。

3. 全面认识科研评估制度

有研究表明：在一个以前没有进行选择性拨款的体制内，以质量为基础的选择性研究拨款模式在刚出台的时候会影响研究质量，但是随着研究水平的提高，其影响逐渐衰退。[24]杰纳和马丁（Geuna & Martin）的研究也发现：同其他的方式相比，绩效拨款模式的初始收益确实大于其成本支出，但是随着时间的推移，其收益逐渐递减[25]，这就引出了是否继续使用的问题。

诚然，英国科研评估对英国高等教育和大学带来了巨大的积极影响：增加了研究环境和研究设施管理的灵活性；促进了高校的学科发展和高校科研人员结构的调整；提高了研究训练水平和高校教师的研究效率与质量；有助于促进高校整体研究实力和高校科研拨款效率与科研绩效的提高。[15][26][27]但是英国科研评估也产生了一些副效应：最主要的问题是大学准备进行评估的成本过高；科研水平评估对于论文发表的强调，造成了大学教师在发表研究成果时的急功近利行为。例如，倾向于提前发表成果和较短的一系列文章而不是较长的文章等；使得科研人员的工作量大大增加，工作时间更长，还要承受科研工作以外的各种压力；导致一些大学为了得到科研基金，加大对科研的关注和资金投入而忽视了教学；导致各大学研究投入加大，赤字上升，收益递减；妨碍学术自由，带有惩罚色彩，这对于英国传统的学术文化和学术本身是一个沉重的打击。[26][27][28] 不过总的看来，英国高校科研评估对英国高等教育发展发挥的积极作用盖过了其所带来的消极作用。

三、英国科研评估制度对我国的启示

诞生于 20 世纪 80 年代的英国科研评估制度，对于克服目前我国高等教育评估中存在的管评不分、重数量轻质量、重形式轻内容等突出问题具有重要的启示与借鉴意义。

1. 建立非官方中介评估机构

英国科研评估是由高等教育基金委员会组织实施的，而高等教育基金委员会是独立于政府教育部门的非官方中介机构，成为高校和政府之间的"缓冲器"。利用中介机构进行科研评估，可以在政府、高校等利益相关者之间保持某种程度上的"超然"地位，使得科研评估结果更加公平。

教育部出台的《关于进一步改进高等学校哲学社会科学研究评价的意见》（教社科〔2011〕4 号文件）（以下简称《意见》）倡导要完善以同行专家评价为主的评价机制，在突出专家与同行在科研评价中的主导地位的同时，要积极探索政府、社会组织、公众等相应研究成果受益者参与的评价机制。在我国目前权威社会中介机构不太健全的情况下，已有的社会中介评估组织应增强自身的权威性和公正性，建立一支以评估专家为核心的结构合理的评估专家队伍；同时要树立主动服务的意识，以高质量的评估来赢得政府、高校和社会的信任，为自身赢得评估"市场"。[29]

2. 对不同层次的大学进行分类管理与评估

英国将教学评估与科研评估分开进行，在进行教学水平评估的同时也进行研究水平评估，并将国家的资助拨款与两项评估结果联系起来，促使各高校准确地定位自己的类型。而我国已进行十多年的本科教学工作评估包括合格评估、优秀评估、随机性评估、水平评估，但是并没有对高等学校的科研水平进行评估。这就导致我国高校在发展过程中出现了严重的同质化倾向，主要表现是学科设置趋同，以及片面追求成为研究型大学等。

教育部新出台的《意见》倡导：要针对人员、项目、机构、成果等不同评价对象，不同的学科领域，基础研究和应用对策研究等不同研究类型，论文、著作、教材、研究报告、普及读物、非纸质出版物等不同研究成果形式，建立健全符合各学科特点的分类评价标准体系。由于大众化高等教育的主要特征是多样化，所以对各类高校的评估，不应是一套而应是多套评估标准。这样每所高校都可以根据自身的主客观条件、优势和特点，在各自层次和类型中争创一流。

3. 成果评价的质量与数量并重

英国科研评估制度是为了提高英国高校的科学研究质量而创立的，并且在其实施的20多年内提高了英国科学在大多数领域里的研究质量。在对各高校提交的评估项目进行评审时，科研评估小组要求每位研究人员提交4篇代表作，在这一点上，教育部《意见》所倡导的"大力推进优秀成果和代表作评价"的做法与之在主旨上是相通的。《意见》指出，要牢固树立科学的质量观，正确把握数量和质量的辩证关系，从根本上改变简单以成果数量评价人才、评价业绩的做法，将创新和质量导向贯穿于科研评价的各个环节、各个层面。

4. 加强评估过程的公正公开性

英国科研评估在评估过程中充分彰显了公正公平的理念。评估是以学科而不是院校为基础进行的，这就使得各所高校的所有学科都可以参加评估。高校能以自己的特色学科凸显自身优势，在一个较为平等的平台上接受评估。科研评估结果以及相关经费的拨付过程均向社会公众公布，社会公众可以通过互联网在英国高等教育基金会的主页上查到全部评审材料及每个学科的具体评级。

而在我国以前的高等教育评估实践中，由于或隐或现地存在着大量利益冲突，所以直接影响着评估的公正性和客观性。随着我国市场经济体制的建立和不断完善，高等教育评估主体日益多元化。[30]这就要求我们加强高等教育评估过程的公开化、透明化，以使各项评估工作得到社会更多的监督和支持，并提高评估工作的社会认知度。

参考文献

[1] 金顶兵. 英国高等教育评估与质量保障机制：经验与启示 [J]. 教育研究，

2005（1）.

［2］汪利兵. 中英高等教育拨款机制比较研究［D］. 杭州：杭州大学博士学位论文，1994：1.

［3］包林静. 英国高等教育财政拨款体制研究［D］. 桂林：广西师范大学硕士学位论文，2008：23.

［4］ Henk F. Moed. UK Research Assessment Exercises：Informed Judgments on Research Quality or Quantity?［J］. Scientometrics, 2008（1）.

［5］ Ameen Ali Talib. Simulations of the Submission Decision in the Research Assessment Exercise：The "Who" and "Where" Decision［J］. Education Economics, 1999（1）

［6］ Monojit Chatterji & Paul Seaman. Research Assessment Exercise Results and Research Funding in the United Kingdom：A Regional-Territorial Analysis［J］. Education Economics, 2007（1）.

［7］ Monojit Chatterji & Paul Seaman. Research Assessment Exercise Results and Research Funding in the United Kingdom：A Comparative Analysis［J］. Education Economics, 2006（3）.

［8］ Ted Tapper & Brian Salter. Governance of Higher Education in Britain：The Significance of the Research Assessment Exercises for the Funding Council Model［J］. Higher Education Quarterly, 2004（1）.

［9］高耀丽. 英国高等教育管理机制改革研究：新公共管理的视角［D］. 上海：华东师范大学博士学位论文，2006：1.

［10］张建新. 高等教育体制变迁研究：英国高等教育从二元制向一元制转变探析［M］. 北京：教育科学出版社，2006：173, 177, 183.

［11］ Stephen Sharp. The Research Assessment Exercises 1992-2001：Patterns across Time and Subjects［J］. Studies in Higher Education, 2004（2）.

［12］ K. J. Morgan. The Research Assessment Exercise in English Universities, 2001［J］. Higher Education, 2004（4）.

［13］ Jim Taylor. A Statistical Analysis of the 1992 Research Assessment Exercise［J］. Journal of the Royal Statistical Society, 1995（2）.

［14］ Keiko Yokoyama. The Effect of the Research Assessment Exercise on Organisational Culture in English Universities：Collegiality versus Managerialism［J］. Tert Educ Manag, 2006（12）.

［15］汪利兵，等. 英国 RAE 大学科研评估制度及其对大学科研拨款的影响［J］. 高等教育研究，2005（12）.

［16］ Pat Sikes. Working in a "New" University：In the Shadow of the Research

Assessment Exercise? ［J］. Studies in Higher Education, 2006 （5）.

［17］ G. W. Bernard. History and Research Assessment Exercises ［J］. Oxford Review of Education, 2000 （1）.

［18］ Mary Henkel. The Modernisation of Research Evaluation: The Case of the UK ［J］. Higher Education, 1999 （1）.

［19］ 顾丽娜, 等. 英国 RAE 对我国学科评估的启示 ［J］. 教育探索, 2007 （11）.

［20］ Dominic Orr. Research Assessment as an Instrument for Steering Higher Education—A Comparative Study ［J］. Journal of Higher Education Policy and Management, Vol. 26, No. 3, November 2004.

［21］ Figure 4 in Evidence. The Role of Selectivity and the Characteristics of Excellence ［R］. A report to HEFCE, 2000.

［22］ Stephen Sharp & Simon Coleman. Ratings in the Research Assessment Exercise 2001—The Patterns of University Status and Panel Membership ［J］. Higher education quarterly, volume 59, 2005 （2）.

［23］ HEFCE. Recurrent Grants for 2009 – 10 ［EB/OL］. ［2009 – 09 – 18］. http://www. hefce. ac. uk/pubs/hefce/2009/09_08/09_08. doc.

［24］ Impact of Selective Funding of Research in England, and the Specific Outcomes of HEFCE Research Funding (2005) ［R］.

［25］ Geuna, A & Martin, B. University Research Evaluation and Funding: An International Comparison ［J］. Minerva, 2003 （41）.

［26］ 王璐, 尤锐. 评估与竞争: 英国高校科研拨款的基础与原则 ［J］. 外国教育研究, 2008 （2）.

［27］ 罗侃. 英国高校科研评估研究 ［D］. 重庆: 西南大学硕士学位论文, 2008: 29, 30, 32, 33, 34, 35.

［28］ 王来武. 英国高等教育机构的研究水平评估及其借鉴意义 ［J］. 比较教育研究, 2005 （12）.

［29］ 康宏. 我国高等教育评估制度: 回顾与展望 ［J］. 高教探索, 2006 （4）.

［30］ 王战军, 等. 中国高等教育评估实践的问题及对策 ［J］. 清华大学教育研究, 2004 （6）.

（常文磊系对外经济贸易大学学科
建设办公室助理研究员, 博士）

☐ 李润华

日本高等教育财政拨款制度改革研究
——以法人化改革后的国立大学为例

自 20 世纪 90 年代以来，受经济低迷影响，日本政府迫于教育资源的制约而逐渐减少对大学的直接拨款，推动大学走市场化道路，以往完全依赖于政府从国家财政渠道保证大学的办学经费已经变得不现实。日本政府开始逐步改变以往高等教育财政中以定量为基准的非竞争性资助方式，力求构建一种以效率为准则的竞争性资源配置体系，以期有效地发挥政府投资杠杆的作用，进而引导高等教育健康发展，实现国家可持续发展的终极目标。之后，随着第一期、第二期、第三期《科学技术基本计划》的相继实施，这种减少政府财政非竞争性"大锅饭"式拨款、扩大"优胜劣汰"式竞争性资金的举措逐渐成为日本高等教育财政拨款制度改革的重中之重。

一、日本高等教育科研经费资助的两种模式

日本高等教育的主要特征是由承担不同社会职能

的"官学"和"私学"两种设置主体构成的双元结构。由于设置主体的不同，决定了教育研究功能与资源分配模式的不同。根据《学校教育法》中"设置者经费负担"①的原则，可以把日本高等教育机构分为国立、公立和私立。基于经费来源渠道的不同，又可以将上述学校类型称为国家支付型、地方政府负担型和学费依存型。以国家财政性投入为主体的国立学校特别会计制度，通过地方自治体向公立学校支付补助金的地方自治体会计制度，以及以国家财政性补助为辅的私立学校振兴补助制度构成了日本高等教育财政的三大制度。科研经费配置制度是日本高等教育财政拨款制度体系的重要组成部分。日本政府主要通过非竞争性资助方式和竞争性资助方式对科研经费进行分配。

1. 非竞争性"大锅饭"式经常性研究经费资助制度

所谓非竞争性资助方式，也称统一分配方式，即把资金直接拨付给高等院校及科研机构的制度性拨款方式。例如国立大学的经常性研究经费，目的是保障教育研究活动稳定、有序地进行。一般而言，非竞争性资助方式是通过公示、协商等形式拨付，竞争性成分较少，透明度较低，与学校的招生规模、学科特点等相关指标关系较大。在日本高等教育领域，政府采用非竞争性资助方式直接拨付研究经费的对象主要是国立大学，公立和私立大学仅占教育财政拨款的极少部分。

截至2004年4月国立大学独立行政法人化政策正式实施之前，日本的国立大学处于"国家设施型"（State Facility）经营形态[1]，是由国家［文部（科学）省］根据《国立学校设置法》设置的、归属文部（科学）大臣管辖的教育研究机构，其自身并不具有独立的行政权与财政权。根据《学校教育法》中"设置者经费负担"的原则，国家有承担国立大学教育经费的责任和义务。此外，国家承担国立大学教育经费的法律依据还有颁布于1964年的《国立学校特别会计法》。该法在国家财政预算中设立了区别于一般会计预算、遵从议会民主的统一管理的国立学校特别预算，国立大学通过开展教育研究活动而产生的年收入和年支出的总额都要接受预算议会的事前统一管理，由文部科学大臣作出年收入和年支出的总预算，送交财务大臣，然后经由内阁会同一般会计

---

① 《学校教育法》第5条："学校开办人管理其所办学校，除法令另有规定外，应负担所办学校经费。"

预算一起提交国会审议表决。国立大学的年收入除了一般会计转入金额（即政府的各项财政拨款）外，还包括学费、入学金、附属医院收入、通过产学合作等途径获得的外部创收资金等，所有这些收入都要集中到国立特别会计账户与政府财政拨款合并，共同纳入国家财政预算之中，然后再根据国立大学规模的大小、办学质量及学术水平的高低等具体标准进行事后统一管理。

日本政府以政府财政预算拨款形式下拨到国立大学的经常性研究经费被称为"运营费交付金"。日本政府通常将国立大学的自我收入与维持正常运营所需经费之间产生的差额以"运营费交付金"的形式，按年度给予一次性拨款。而年支出中的设施购置、维修费是由文部科学大臣以设施费补助金的形式拨付的。运营费交付金由标准运营费交付金、特定运营费交付金和附属医院运营费交付金三类构成。其中，标准运营费交付金是政府根据各国立大学的教职员工、在校生的人数等客观指标对各大学采用统一的核算基准进行平等资源配置。作为保障和支撑各国立大学日常教育科研活动的正常运作的资金，标准运营费交付金主要用于支付研究人员以及辅助人员的工资、最低限度研究经费、研究基础运营费（保养、维护设施费用、设备费）等。特定运营费交付金是根据各国立大学的规模、所在地区以及职能等不同特点，对各大学采用不同的核算基准确定其必要经费。附属医院运营费交付金的拨付对象限定为设有附属医院的国立大学。[2]这种经常性研究经费对于大学研究人员来说，是其维持在尚未得到竞争性经费支持的前期工作中必不可少的资助资金。同时，在科研项目的实际操作过程中，经常性研究经费在改善大学附属研究所、研究中心的环境，保持国立大学科学研究基本条件，保障教育研究活动的正常、稳定进行等方面也起到了重要作用。

"国家设施型"大学的经营形态可以确保大学财政的长期稳定，国立大学只要遵循《教育基本法》《学校教育法》等相关法律法规，符合《大学设置基准》，就可以获得由政府提供的维持学校正常运营所需的日常经费资助。但是，在高度集中的教育管理体制下，无论是人员编制、学科设置、大额资金的使用，还是小到增减一门课程设置或跨学科的学分互认等教学计划的实施，都必须遵守文部科学省的严格规定，独立地进行运作受到国家规制的强烈控制。这种国家"统包统办"式的做法带来种种弊端，导致"大锅饭"现象日趋严重，严重制约了人才培养及大学自身的发展。同时，这一体制也阻碍了国立大学之间良性的竞争，使国立大学在僵硬的运作体制下沦为保守的组织。并且，自20世纪90年代开始，日本经济的持续低迷甚至停滞不前导致日本政府长期被严重的财政赤字问题所困扰，体现在高等教育领域中，就是限制对高等教育的投入，作为公共财政支出对象的高等教育预算经费被大幅度削减。由于不同大学之间的预算分配受到国家规制的强烈控制，并且所有的国立大学采取相同的运作方式，独立地进行运作受到过多牵制，于是国立学校特别预算这项制度的缺点逐步暴露出来，严重制约了对资源进行合理有效的配置，束缚了国立大学开拓多元性资金渠道和采取灵活的财务举措，日本高等教育财政拨款体制亟待改革。另一方面，僵化的单年度预算制度导致国立大学在经费使用上存在着巨大的浪费，造成屡屡发生每个年度末普遍存在的为花钱而花钱的现象。[3]

在当今经济全球化和知识经济的时代背景下，日本国立大学的这种"国家设施型"经营形态理念已愈来愈难以适应社会的需求，国立大学僵硬封闭的组织结构和日益僵化的行政体制运行机制使其应变能力受到很大限制，难以适应科学技术发展和国际竞争的需要。国立大学的法人化改革的意图旨在利用立法的形式赋予国立大学自主经营的权力。同时，为规避"大锅饭"现象，改革僵化的管理体制，对国立大学进行适当的"去行政化"改革，采取法人化的形式也是市场经济发展到一定阶段在高等教育领域的必然反映。

2. "优胜劣汰"式的竞争性研究经费资助制度

"优胜劣汰"式竞争性资助方式，也称倾斜分配方式，即把资金拨付给竞争优胜者。例如日本政府把科研资金拨付给获批立项的"卓越研究中心"（COE）①，通过中期考核结果进行差额配置，强调经费使用的效率性。竞争性资助方式主要通过公开招标等竞争性渠道获得，其目的性很强，与制度性拨款方式相比，效率较高。日本政府设立竞争性研究经费的目的在于扩大科研人员选择研究经费的范围，鼓励科研人员自

---

① 所谓"COE"，即"Center Of Excellence"的缩写，可译为"卓越研究中心""英才培养中心"或"重点科研基地"。根据1996年7月日本文部省学术审议会的界定，"COE"是指"富于创造性的从事世界最尖端学术研究的高水平科研基地"。本文中的"COE"主要是指日本政府先后于2002年和2007年推出的"21世纪COE计划"（21st Century COE Program）和"全球COE计划"（Global COE Program）。

由选题的创新意识，形成一种富有竞争性的科研环境等。竞争性研究经费主要用于重点资助富有创新意识的研究人员从事独创性研究。

自 20 世纪 90 年代以来，面对外在科技竞争日趋激烈与内在财政资源紧缩的情况，日本政府开始尝试改革资源配置方式与激励机制，加快了通过竞争方式分配资源的市场机制的导入，探索一种对结果与质量负责的政府模式，开始了通过绩效评价进行分配资源，降低公共成本，追求效率和能率的"经营时代"和"淘汰时代"。

2001 年 6 月，日本文部科学省就"构建充满活力、富有国际竞争力的国、公、私立大学"正式提出了《大学（国立大学）结构改革方针》，全面阐述了面向 21 世纪日本高等教育改革的总体方针与具体内容。文部科学省首先对大学研究经费进行了结构性调整，在原有的国立大学经常性研究经费的基础上，增加了其他类型的经费，并采取竞争性、重点性资源分配政策，即对科研成果突出、社会信誉良好的大学在预算及科研补助金上实行方向性倾斜，优先配置财政支持，把大学评价的结果与有限的资源配置和资金援助结合起来，从而有助于政府财政拨款在大学间的有效配置。

图 1 显示了 1997—2003 年 7 年间国立大学经费的变化情况，从中可以明显看出，1997 年以来高等教育基础经费增长非常缓慢，2001 年以后甚至出现零增长的现象；而与政府公共财政资助范围和额度逐年减少形成鲜明对比的是竞争性研究经费的逐年递增。竞争性研究资金持续走高意味着国立大学在充实自身研究活动的同时，唯有通过校际竞争积极争取国家的竞争性研究资金和来自企业的委托研发等外部资金，才能获得充足的办学经费。

日本政府在对研究开发投资进行整体扩充规划时，一方面采取切实措施保障基础经费，另一方面力图扩大竞争性经费规模。这种扩大竞争性研究资金规模的战略意图在每一期《科学技术基本计划》中都得到了充分体现。《第一期科学技术基本计划》（1996—2000 年度）中提出"重点扩增竞争性资金等多元性研究经费，包括采取公开招募形式的竞争性研究经费的大幅度增加"。《第二期科学技术基本计划》（2001—2005 年度）中把"对资源进行重点配置，从而提升研发投资的效果"确定为振兴科学技术的基本方针之一，彻底推行研究开发投资的重点化、高效化和透明化，大幅度加大竞争性经费的投入力度，在 2001—

图1　1997—2003 年度国立大学经常性经费与竞争性研究资金的变化情况

资料来源：文部科学省科学技术·学术审议会. 国立大学の基盤的经费と競争的研究资金の推移 ［EB/OL］. ［2011 – 12 – 26］. http://www. mext. go. jp/b _ menu/shingi/gijyutu/gijyutu4/siryo/04112401/011/012. pdf.

2005 年期间力争实现竞争性研究资金总量翻一番的目标。此外，《第二期科学技术基本计划》还强调，要通过公正、透明的审议和评价制度确保竞争性经费的效果和效率。《第三期科学技术基本计划》（2006—2010 年度）提出逐步减少对大学的直接拨款支持，大幅度提高研究经费中竞争性经费的比例。[4]在各国都加大科研资金投入的大背景下，日本政府出台这一措施的深意在于鼓励大学与企业等研究机构共同申报科研项目，推动"官产学"联合体系的建立，将三者紧密联系起来，实现优势互补。从 1990 年度到 2009 年度，政府竞争性研究资金的数额从700 亿日元增至 4900 亿日元，在 19 年的时间里增加了 6 倍。[5]

　日本的竞争性研究资金广泛分布在文部科学省、内阁府、总务省、厚生劳动省、农林水产省、经济产业省、国土交通省、环境省等国家机构。其中预算比率较大的当属文部科学省、经济产业省、农林水产省等部门。以 2005 年度为例，分配至其他省厅的竞争性资金为 1064 亿日元，分配至文部科学省的竞争性资金为 3609 亿日元，占经费总额的 77.2%，文部科学省成为竞争性资金的主要管理机构。[6]文部科学省掌管科学研究费补助金、战略性创造研究推进事业费、科学技术振兴调整费、世界顶尖研究基地创建费补助金等数十种竞争性研究资金。保障"21 世纪 COE 计划"和"全球 COE 计划"顺利实施运行的"卓越研究中心建设费补助基金"也属于竞争性研究资金的一种，归属文部科学省管理。为妥善管理竞争性研究资金，文部科学省将其划分为数个类别，资助不同研究领域的研究项目，并制定了"竞争性资金制度"，通过申报、审批、评价等手段，保障这些资金的使用效率和效果。

2010 年度，日本文部科学省主要"竞争性资金"项目和资助金额预算、资助对象如下。

（1）科学研究费补助金①（2300 亿日元）。资助领域涵盖人文社会科学和自然科学领域从基础研究到应用研究的所有学术研究领域。科学研究费补助金是日本振兴学术研究的基本经费，也是日本基础研究的主要经费来源。此项补助金为谋求人文社会科学及自然科学诸领域卓越的学术研究取得突破性进展的研究助成费，其目的是鼓励科研人员的自由创新意识，培养优秀的研究人员，开展多领域跨学科的学术研究，开拓新的研究领域，以期尽可能多地产生具有创造性的新见解。它适应研究人员的多种需要及其研究的目的和特点，资助内容分"科学研究费""研究成果发表促进费""特定奖励费""特别研究员奖励费"和"学术创立研究费"等若干申请项目；研究人员可以自主提出课题申请，经学术审议会审核批准后拨发。资助对象为国立、公立、私立大学，国立、公立实验研究机构以及企业、独立行政法人中的研究人员。申请者可以个人为单位，也可以集体为单位。

（2）战略性创造研究推进事业费（581 亿日元）。用于资助符合国家发展战略，满足经济社会发展需求，与科技发展和创新技术有关的研究领域的研究项目。例如，围绕生命、信息、环境和纳米技术及材料四

---

①　科学研究费补助金项目除文部科学省外，日本学术振兴会也设立了该项研究补助经费，但二者补助的领域不同。日本学术振兴会更侧重资助具有前瞻性、创造性的学术研究项目，如开拓未来学术研究促进事业、战略性创造性研究促进事业等。资助目的在于促进开创未来科学技术发展，促进新兴产业的产生及发展，将科学技术的种子培育成与新兴科技萌芽密切相关的领域。

大重点领域实施的基础研究。具体实施方法有公开招募型和负责人实施型两种。资助对象是国立、公立、私立大学，国立、公立实验研究机构，企业以及独立行政法人中的研究人员和研究集体。

（3）科学技术振兴调整费（501亿日元）。用于资助按照综合科学技术会议制定的方针，改革科学技术体系，发挥人才创新能力，适应国民需求的战略研究开发项目。资助对象为国立、公立、私立大学，国立、公立实验研究机构，独立行政法人和企业等研究机构及其他有研究能力的机构。

（4）"卓越研究中心建设费补助基金"["全球卓越研究中心（COE）计划"，349亿日元]。以第三者评价为基础，引入市场竞争原理，资助日本国立、公立、私立大学创建具有世界最高水平的研究教育基地，主要资助国立、公立、私立大学的校长或学科领域带头人。[7]

二、法人化改革后的日本国立大学教育经费资助状况

在国立大学法人化改革之前，日本政府重点支持若干所国立大学，每年向这些大学按人头统一拨付办学经费。此时的国立大学的教职员工属于国家公务员，其管理机构实际上是政府行政机构在高等学校的延伸，权力为政府所垄断，国立大学成为一个无权无责的执行机构。国立大学的"官体制"所造成的恶果，一方面是其自身的"结构臃肿"和资源浪费增加了国家的负担，另一方面是"大锅饭""铁饭碗"现象的存在使得大学教职员工普遍缺乏竞争意识和效率意识，导致了大学工作效率的低下和竞争力的下降，从而无法提供高水准的教育与科研服务。

1997年，由日本前首相桥本龙太郎直接领导的行政改革委员会将"国立大学民营化"构想纳入国家行政改革项目。桥本内阁一方面寄希望于通过"国立大学民营化"改革使得国立大学的教师脱离公务员身份，达到削减教育公务员编制的目的；另一方面通过改变以往根据大学的设置形态进行"差别化"财政支援的政策，在国立大学中引进市场竞争机制，使其向民营化方向发展，改变其"国立"性质，促进高等教育经费的多元化，增加私有资金的比例，减轻政府对高等教育投入

压力。

法人化改革后，国立大学在运营上引进了区别于以往的由中期目标、中期计划、中期评价组成的目标管理与第三方评价制度，并且在资源分配方面引进了基于竞争原则所进行的资金分配方式，具体体现在国立大学的财政、财务方面导入的运营费交付金制度。其运作方式是各国立大学法人根据文部科学大臣设定的中期目标每6年向文部科学省提交一次中期计划，期满时由专门评价机构"国立大学法人评价委员会"对目标是否实现、计划完成情况作出评价，文部科学大臣在听取意见之后，决定是否拨付与中期目标相对应的运营费交付金，而评价的结果又将成为下一个中期目标制定（包括财政预算）的基本依据。[8]

国立大学法人的教育经费来源主要包括政府拨付的公共财政资助和自筹资金。其中公共财政资助由机构资助金、项目资助金和个人资助金构成，具体细分为运营费交付金、"卓越研究中心"（COE）及"优秀实践"（GP）教育支援项目①等竞争性科研经费、公共奖学金和科学研究费补助金；自筹资金包括学费及入学金、附属医院收入、通过委托研究及企业派遣等途径获得的外部创收资金。

1. 运营费交付金

运营费交付金不再像以往在资金的使用途径上受到单年度预算的种种制约，并且其剩余资金可以结转到下一年度继续使用，有利于大学财政自主性的增强。[9]运营费交付金制度的明显特征是效率化系数及经营改善系数的导入。所谓效率化系数，是指逐年削减对学校运营补助的特定运营费交付金预算中的1%；经营改善系数是指逐年削减拨付给拥有附属医院的国立大学的运营费交付金预算中的2%。其目的是期望通过适当削减经费促进大学资金构造的多元化、大学运作的效率化，推动高等教育的财政预算朝着追求高效低耗的方向发展。如表1所示，自2004年4月1日国立大学法人化改革实施以来，运营费交付金呈逐年

---

① 日本文部科学省基于重视对大学教育活动的评价的考量，自2003年起，先后实施了一系列"GP"（Good Practice）教育支援项目，具体包括"特色GP"（Support Program for Distinctive University Education Good Practice，独具特色的大学教育改革支援计划）、"现代GP"（Support Program for Contemporary Educational Needs Good Practice，满足现代化教育需求的项目支援计划）和"教育GP"（Program for Promoting High-Quality University Education Good Practice，高质量大学教育推进计划）。

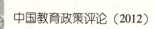

下降趋势，由 12415 亿日元降至 11528 亿日元，共减少 887 亿日元，降幅为 7.1%。

表1 2004—2011 年度国立大学基础经费−运营费交付金的变化情况

单位：亿日元

国立大学基础经费	运营费交付金预算额	教育研究经费	特别教育研究经费	其他经费
2004 年度	12415	10369	741	1305
2005 年度	12317	10148	786	1383
2006 年度	12214	9984	800	1431
2007 年度	12043	9884	781	1378
2008 年度	11813	9735	790	1288
2009 年度	11695	—	—	—
2010 年度	11585	—	—	—
2011 年度	11528	—	—	—

资料来源：文部科学省. 国立大学法人運営费交付金の推移 ［EB/OL］. ［2012-01-01］. http://www.mext.go.jp/b_menu/houdou/20/05/08060201/001/008/004.pdf.

2. 学费收入

20 世纪 90 年代以来，日本政府在实施财政紧缩政策的同时，提出高等教育"受益者负担"的原则，教育成本依赖逐渐从政府或纳税人转移到家长和学生身上。日本政府开始逐年减少对国立大学办学经费的投入，削弱国立大学完全依赖于政府的状态。为了弥补经费补助减少造成的财务缺口，国立大学必须逐步负担自筹经费之重责，而自筹方式中最便捷的当属提高学费。由此教育负担模式逐步从以公共开支为主转变为以学生及其家庭承担为主。

国立大学法人化改革后，为了鼓励大学开拓经费来源渠道，日本政府不再把学校的自我收入一并收缴国库，纳入运营费交付金的预算中。关于学费及入学金等收入，在文部科学省每年公布的"学费标准额"的基础上，给予校方一定的自主裁量权。同时，为了减轻受教育者负担，保障高等教育正常化，文部科学省将国立大学学费的调节上限设为"学费标准额"的 10%。但是，为了减轻国家教育经费逐年递减带来的压力，维持大学的正常运营，共计81所国立大学于法人化改革的翌年采取了提高学费的措施，约占国立大学总数的93%。其中，2005年度学费标准额是535800日元，比2004年度提高了15000日元。[10]

表2　2004—2008年度国立大学法人财政收入统计

单位：亿日元

国立大学财政收入	运营费交付金	学费及入学金	附属医院收入	其他收入	总　计
2004年度	12415（56.5%）	3481（15.8%）	5957（27.1%）	121（0.6%）	21974
2005年度	12317（55.8%）	3567（16.2%）	6062（27.5%）	120（0.5%）	22066
2006年度	12215（55.4%）	3566（16.2%）	6145（27.9%）	130（0.6%）	22056
2007年度	12044（54.8%）	3567（16.2%）	6219（28.3%）	137（0.6%）	21967
2008年度	11813（54.2%）	3557（16.3%）	6284（28.8%）	154（0.7%）	21808

资料来源：文部科学省. 国立大学等の法人化について［EB/OL］.［2009 – 07 – 30］. http://www. mext. go. jp/a_menu/koutou/houjin/houjin. htm.

3. 科学研究费补助金

与政府公共财政资助范围和额度逐年减少形成鲜明对比的是，竞争性研究经费的逐年递增。总体来说，国立大学科学研究经费的来源主要由以下三部分组成。

（1）经常性教育研究经费。它是以各国立大学的教师人数为基数乘以人均补助额度，以政府财政预算拨款形式下拨的一次性预算拨款。经常性教育研究经费作为保障日常教育研究活动正常运营的资金，是运营费交付金的重要组成部分。主要用于支付研究人员以及助理研究人员的工资、最低限度的研究经费、研究基础运营费（保养、维护实验室设施费用，设备费，研究杂费）等。2004—2008年度的经常性教育研究经费分别是10369亿日元、10148亿日元、9984亿日元、9884亿日

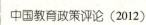

元、9735 亿日元，呈逐年递减态势。[11]

（2）竞争性研究经费。由日本文部科学省掌管的科研经费包括科学研究费补助金、战略性创造研究推进事业费、科学技术振兴调整费、研究基地创建费补助金等。其资助对象为国立、公立、私立大学，国立、公立实验研究机构以及企业、独立科研政策与管理行政法人中的研究人员和研究集体。竞争性经费的设立改变了政府过去将专项研究经费按科研人员的人头平均下拨的做法，而是需要通过公开招标等竞争性方式来获取。

（3）外部研究经费。主要是大学与日本公司企业或财团合作的研究经费。日本政府鼓励产学合作，希望大学能够吸引社会上的委托和合作的科研项目，推动科学研究成果的产业化。在日本文部科学省制定的"竞争性资金制度"中，金额数量最大并且保持稳态增长的是"科学研究费补助金"。科学研究费补助金由文部科学省与学术振兴会共同管理，用于资助人文社会科学和自然科学领域从基础研究到应用研究的所有学术研究。在 1993—2011 年的 18 年内，科学研究费补助金从 736 亿日元增加到 2633 亿日元，增幅超过 258%。[12]

表3　2004—2011 年度科学研究费补助金的变化情况

年　度	2004	2005	2006	2007	2008	2009	2010	2011
预算额（亿日元）	1830	1880	1895	1913	1932	1970	2000	2633
比上年度增长率（%）	3.7	2.7	0.8	0.9	1.0	2.0	1.5	31.7

资料来源：独立行政法人日本学術振興会. 科研费パンフレット2011（详细版·改订版）[EB/OL].［2012-01-01］. http://www.jsps.go.jp/j-grantsinaid/24_pamph/index.html.

在文部科学省"竞争性资金制度"中，除科学研究费补助金的资助主体是国立大学外，另一项与人文社会科学发展有密切关系的是"研究基地项目创建费等补助金"，主要包括"卓越研究中心"（COE）、"优秀实践"（GP）教育支援项目等一系列国家重点资助教育科研建设项目。与以往经由日本政府召开科学技术会议等形式来予以推动的重点科研基地建设项目不同的是，这类项目的科研资助经费的拨放主要依据独立于政府和大学之外的第三方评价机构对国立、公立、私立大学的绩效评价考核的结果，强调竞争性原则，而不是按照大学设置形态来重点分配政府的专项资金。其目的是通过实行倾斜式的重点科研项目优先拨款，引导和促进各大学形成自身优势、个性和特色，创建具有国际竞争力的、特色鲜明的世界最高水平大学。这些重点资助项目的出台不但避免了因为相应财政资金不到位而导致计划"流产"，也意味着法人化改革后的国立大学，虽然主要预算仍将由国家财政拨款，但也将同其他大学一样，更多地参与市场竞争，以获取充足的办学经费。随着国立大学的独立行政法人化改革的推进，作为独立法人的大学由以往的政府经营转变为自律型经营，各大学的学费将会出现上调的可能性，教职员工的待遇也可能随着大学的运营业绩而变化。各大学之间的竞争将更加激烈，特别是"产学研"合作将使大学的研究活动更为活跃，外部资金的筹集竞争将更加白热化。

三、法人化改革对日本国立大学财政资助的影响

一方面，法人化改革对进一步强化国立大学在财政管理方面的裁量权、提高大学财政的灵活性等起到了积极的推动作用。"独立行政法人国立大学"这一新称谓的出现意味着国立大学脱离了"国家设施型"的经营形态，在法律地位上发生了根本性的改变。根据 2003 年 7 月 16 日颁布的《国立大学法人法》（法律第 112 号）的规定，日本国立大学由国家行政机构身份转变成为由文部科学省设置和监督的独立行政法人。两者之间"统制"与"被统制"的行政隶属关系逐渐淡化，国立大学作为一个独立的采用企业会计制度提供行政服务的机构将享受一定的裁量权。新的财政管理体系旨在保障国立大学拥有相对独立于政府的自主性的同时，提高大学组织的自律性。它改变了以往政府对行政事业单位的事前干预与限制，使政府的管理重心转为事后监督。为此，除了直接管辖大臣的管理与监督之外，来自政府的财政干预只能保持在必要的最小限度内。虽然国立大学仍然处于政府的间接管理之下，国立大学教育经费的主要来源依然是政府的财政拨款，政府作为国立大学主要经费负担者的地位并没有发生本质上的改变，但是，在高等教育大众化、大学机能多样化的潮流中，"法人型"的国立大学在财政方面不必再束缚于政府预算的种种烦琐的制度，在依赖于来自政府的财政拨款及学生缴纳的学费的同时，也可以通过向社会提供教育、研究等服务来增加学

校资金来源，开拓多元性资金渠道，提高大学财政的灵活性。[1]

另一方面，法人化改革对原有的国立大学的财政资助体系造成了强烈冲击。具体体现为：（1）运营费交付金制度中"效率化系数"及"经营改善系数"的导入带来的"双刃剑"效应不可小觑。法人化改革有利于减轻日本政府财政负担，政府将依据对国立大学的评价结果通过资源分配的重点性、倾斜性方针重新对其财政收入进行分配，进而提高资金的有效利用率。然而，由于国立大学在设立之初就存在财政和制度上的差距，不同的国立大学间存在金字塔式、相对固定的等级关系，占绝大多数的普通地方国立大学与少数社会威望和声誉极高的、研究型国立大学之间在国家财政的各项拨款上存在巨大差距。法人化改革打破了原来教育经费的分配比例，对每年的运营经费实施逐年削减1%的措施，与此同时，在经费配置上增加了竞争性科研经费拨款的比例，这就使在外部资金的竞争中处于不利地位的"非研究型"国立大学陷入运营经费短缺的困境之中，进而影响到大学日常教育研究活动的正常运作。再者，政府只把有限的财政资源重点分配到培养社会精英和提升国家科研竞争力的一些有实力的综合性国立大学及实用性领域，并未从根本上改变传统的倾斜性教育财政投入机制。长久以来这种资源分配的重点性、倾斜性方针导致了国立大学间的不均衡发展格局，法人化改革不但没有从根本上加以改善，反而对在法人化后的大学评价过程中外部创收没有发生很大变化、财政压力很大的地方国立大学以及以培养教师为主的师范类大学造成更为猛烈的冲击。[13]

（2）学费的上涨违背了教育机会均等的原则。国立大学法人化改革后，教育负担模式逐步从以公共开支为主转变为以学生及其家庭承担为主。例如绝大多数国立大学都于2005年采取了提高学费的措施，2005年学费标准额是535800日元，比2004年提高了15000日元。如此一来，无疑增加了中低收入家庭的学生的择校难度和家庭开支负担，高额的学费侵害到教育机会均等及宪法保障国民受教育的权利，并且学费的划一性也阻碍了国立大学个性化、多样化的发展。

此外，国立大学虽然在称谓上发生了改变，但在根本性质上可以将其看作介于政府直属机构和民间法人组织之间的一种"准"政府机构，财政大权、制定中期目标的主导权以及中期计划结束后决定国立大学的存亡特权依旧紧握在政府手中，这种政府权力的隐性膨胀，无疑将会影响大学的自治与学术自由。支撑学术自由必须允许浪费、重复等与学问有关的没有效率的投入等现象的出现。过度地注重效率，追求收益，尽可能减少资源分配，有陷入追求利润倾向的危险。只有在一定广度上开展研究活动，才能够形成激发研究整体活力的基础。特别是如果对大学的财政支援过度依赖于短期研究的绩效评估的话，不仅会危害长期性研究的生产率，而且也会妨碍教育质量的提高。

四、结语

日本国立大学法人化改革是 21 世纪初日本高等教育改革的重要方略。在国内经济不景气、现有教育资源有限的前提下，日本政府开始追求竞争和教育投资效率，希望在减轻财政负担的同时，将国立大学推向市场，增强其竞争能力，激发大学在科研方面的潜力。从高等教育政策层面来看，政府的管理由原来的政府统一管制转变成为政府宏观调控和指导，政府的拨款由以往对各大学"均摊"的非竞争性"大锅饭"式分配方式，转变成以科研能力为评判基准的"优胜劣汰"式的竞争性研究经费拨款方式。日本高等教育财政拨款制度改革摈弃了平均主义、本位主义的做法，打破"出身"桎梏，刺激了大学之间的竞争，有利于加快大学的优胜劣汰，提升国家的整体科研水平，代表了高等教育的改革方向。但是，由于日本大学长期以来形成的传统不可能在短期内得到改变，在体制转轨时期必然会出现这样那样的问题，法人化改革难免会对国立大学财政资助带来诸多问题与争议。

在高等教育领域引入市场竞争机制，这不仅是日本高等教育面临的问题，而且也是一个跨越国界的、带有普遍意义的问题。在高校体制改革方面，我国也面临着类似的机遇和挑战，关注日本高等教育财政拨款制度改革的措施和进展，将为我国高校未来财务管理体制的构建提供有益的借鉴。

参考文献

［1］金子元久. 大学的经营形态——日本的特征［J］. 教育与经济，2002（2）.

［2］島一則. 国立大学における運営費交付金に関する実証的研究—効率化係数・経営改善係数がもたらす影響について—［J］. 広島大学高等教育研究開発センター大学論集，第40集，2009（3）.

［3］高益民. 日本国立大学"独立行政法人化"决策过程分析［J］. 比较教育研究，2000（5）.

［4］内閣府. 科学技術基本計画［EB/OL］.［2011－12－23］. http://www8. cao. go. jp/cstp/kihonkeikaku/honbun. pdf.

［5］日本女性科学者の会. 平成21年度補正予算、平成22年度概算要求［EB/OL］.［2011－12－24］. http://www. sjws. jp/Proposal/Proposal% 20H21% 20SJWS. pdf.

［6］文部科学省. 競争的研究資金［EB/OL］.［2011－12－24］. http://www. mext. go. jp/b_menu/shingi/chukyo/chukyo0/toushin/05090501/021/003－50. pdf.

［7］文部科学省. 平成22年度科学技術関連予算概算要求の概要［EB/OL］.［2011－12－30］. http://www. mext. go. jp/.../shingi/gijyutu/gijyutu0/shiryo/_icsFiles/afieldfile/2009/11/04/1286457_003. pdf.

［8］吴遵民. 日本高等教育改革的现状与问题——访日本比较教育学会会长马越彻教授［J］. 全球教育展望，2004（6）.

［9］山本清. 日本大学财政的结构和课题——以国立大学为中心［J］. 教育与经济，2002（2）.

［10］芝田政之. 我が国の学費政策の論点（国立大学を中心に）［J］. 大学財務経営研究，2007（8）.

［11］文部科学省. 国立大学法人運営費交付金の推移［EB/OL］.［2011－12－28］. http://www. mext. go. jp/b_menu/houdou/20/05/08060201/001/008/004. pdf.

［12］独立行政法人日本学術振興会. 科研費パンフレット2011（詳細版・改訂版）［EB/OL］.［2012－01－01］. http://www. jsps. go. jp/j－grantsinaid/24_pamph/data/pamph2011_kaitei. pdf.

［13］鲍威. 法人化改革后日本国立大学财政管理体系的重构——从"行政隶属型"向"契约型"的转化［J］. 比较教育研究，2007（9）.

（李润华系北京联合大学应用科技学院讲师，博士）

□ 高慧斌

印度理工学院教学管理制度管窥

创立于 1951 年的印度理工学院（Indian Institutes of Technology，缩写为 IITs）被称为印度"科学皇冠上的瑰宝"，在全球理工科大学中享有盛誉。据伦敦《泰晤士报高等教育副刊》所载的 2006 年全球大学排行榜中，IITs 排名全球大学第 57 名；在全球工科大学排行榜上排名第三，仅次于美国麻省理工学院和加州大学伯克利分校。[1] 它所培养出来的毕业生不仅有享誉全球的英国首相顾问库麦，也有美国朗讯科技贝尔实验室前任总裁、现任首席科学家奈特拉瓦里，更有大量美国各大公司竞相争夺的人才。[2] 因此，比尔·盖茨称印度理工学院是"改变了世界的了不起大学"。[3] 那么，是什么让仅仅有 60 余年发展史的印度理工学院屹立于世界尖端理工大学之林？是什么让它的毕业生受到如此欢迎？这里，我们仅从生源筛选管理、专业设置与课程体系、教风学风建设和国际合作等狭义的教学管理①制度方面加以阐述。

---

① 教学管理是一个比较宽泛的概念。从广义上来说是指为了提高教学水平，保证教学工作稳定、协调、具有活力，对教学工作进行计划、组织、协调、监督的总称。内容包括教学目标管理、计划管理、教学过程管理、师资管理、教学对象管理等。但从狭义的教学管理来说，更多是指根据人才培养目标，制订教学计划，体现教学活动规律，协调保证教学秩序，并最终实现培养目标。本文仅以狭义教学管理加以阐述。

一、严格的生源筛选管理制度

培养一流学生一直是印度理工学院的办学宗旨。因此，印度理工学院的生源无论是本科生还是研究生，都要经过严格的入学考试的筛选，这在源头上确保了学生的质量。

1. 实行"联合入学考试"确保本科生生源质量

"联合入学考试"（Joint Entrance Examination，简称 JEE）是印度理工学院本科生入学时必须参加的考试，并被公认为不仅是世界上最难的工程类联考[4]，也是世界上最可信和最具有竞争性的入学考试之一[5]。

为确保生源质量，凡是报考印度理工学院的学生都要符合其严格的限制条件。首先是报考次数和分数的限制。凡参加印度理工学院 JEE 的考生只能参加通过资格考试当年及次年的两次连续考试，且成绩达到总成绩的 60% 以上（表列种姓和部落学生成绩在 55% 以上）。其次是资格考试的限制。只有通过国家指定的 10+2 的毕业考试，或受国家认可的大学预科考试等的考生，才有资格参加 JEE。最后是年龄限制。25 周岁以下的普通民众可报考 JEE，但表列种姓和部落以及身体残疾的考生年龄放宽到 30 周岁。

JEE 考试内容主要是数学、化学和物理，考题采用客观类问卷，设计灵活多变，目的在于尽可能地杜绝考生以填鸭式来死记硬背并预测考题。正是由于印度理工学院遵循严格的入学考试制度，尽管印度其他大学在不断扩大招生，招生规模、入学率都在不断增长，但印度理工学院面对不断增加的考生数量，其录取率依然维持在低于 3% 的水平。[6]有时甚至更低，如 2010 年报考印度理工学院的考生共计 47.2 万人，考试录取 8000 人，录取率为 1.69%。[7]

2. 通过多种入学考试选拔研究生

印度理工学院研究生考试并不是整齐划一，而是不同学科有不同的考试类型，其中试图攻读工程学、科技、建筑学、科学和医药学研究生课程的学生需参加"研究生工程学能力测试"；攻读工商管理硕士学位课程需参加"联合管理入学考试"；攻读科学硕士学位课程的学生需参加"联合招生考试"；攻读设计类硕士学位课程的考生需参加"设计类统一入学考试"。只有通过各类入学考试，并通过面试，才能最终成为印度理工学院的硕士研究生。

印度理工学院研究生入学考试的严格程度尽管无法同本科生入学参加的 JEE 相比，但由于印度理工学院良好的声誉，使得研究生入学考试的竞争远比印度其他大学要高得多，如 2003 年共有 15.9 万人参加印度理工学院研究生入学考试，其中达到录取线的考生有 28877 人，但最终只录取了 4000 多人。[8] 相比之下，博士生的录取则比较容易，因为他们无须参加专门的考试。

印度理工学院正是通过实行严格的、有针对性的入学考试制度，保证了异常优秀的人才在竞争中脱颖而出，这些良好的生源为印度理工学院培养国际一流的理工科人才打下坚实的基础。

二、多样化的专业设置与课程体系

高等学校的专业设置和课程体系体现了人才培养的基本模式，直接关系到所培养出的毕业生能否满足经济发展和社会需求，而当代科学技术的不断发展进步也对高等学校的专业设置和课程体系提出更高要求。为了适应时代的需求，印度理工学院不断调整专业设置，改革课程体系，从而形成了具有自身特征的人才培养模式，并在前沿和高端领域走在世界高等教育的前列。

1. 专业设置注重基础，关注人文，突出优势

印度理工学院根据科学技术的前沿领域和国家发展的需求设置专业。2001 年 9 月以前建立的 7 所分校已形成了以计算机、航天、电子等理工科为主导，人文与社会学科共同发展的专业结构。同时，各个分校注重跨学科中心建设，并形成了各自的专业学科优势。2008 年以后建立的 8 所分校专业设置主要集中在计算机科学工程、电子工程、机械工程、化学工程、土木工程等领域，各分校的优势专业正在形成中。[9]

这种以基础学科为主导，人文学科兼具，优势学科明显的专业结构，使得同一群体内具有各种专长的人才有一个合理的比例，尤其是印度理工学院各个分校优势学科的明显差异，不仅使印度理工学院培养的

人才各具特色，避免了同质化倾向，也使得各个分校间由此形成了优势互补、良性互动的格局，促进了印度理工学院整体的可持续发展。

2. 以"核心课程"为主体，建构专业理论课程与实践课程相结合的课程体系

印度理工学院在创建筹备时期就确立了以美国麻省理工学院课程为蓝本，同时根据印度的特殊国情，建立适应印度发展的独特课程体系目标。其关键就是课程的"非专门化"，其中前两年主要强调自然科学、人文社会科学、技术人文科学及工程科学中的"核心课程"，后两年注重实践的专业课程。

表1　印度理工学院部分分校不同时期课时标准比较

学科 ＼ 学校		国家标准	卡拉格普尔	孟买	马德拉斯	坎普尔	德里
自然科学	20世纪60年代	20.6	24.8	32.3	23.4	33.4	31.5
	20世纪90年代	20.6	18.7	15.0	17.1	26.5	31.5
人文社会科学	20世纪60年代	5.0	10.0	5.0	9.4	14.2	9.7
	20世纪90年代	5.0	6.6	7.0	5.0	9.2	8.0
工科基本理论	20世纪60年代	32.3	23.6	23.9	25.8	19.4	26.4
	20世纪90年代	32.3	23.2	14.0	21.1	22.8	21.4
工科专业课	20世纪60年代	42.1	41.7	38.8	42.4	33.0	32.4
	20世纪90年代	42.1	51.5	64.0	56.8	41.5	57.1

注：20世纪60年代的印度理工学院本科为5年制，20世纪90年代以后为4年制。

资料来源：Suma Chitins & Philip Galtbach. Higher Education Reform in Indian：Experience and Perspectives ［M］. New Delhi：Saga Publications，1993：343－349.

从表1来看，印度理工学院这5所分校自然科学和人文社会科学的学时数很多都远远高于国家标准，其中20世纪60年代超出国家标准的比例更大，尽管20世纪90年代以后缩短了学制，但其中的人文社会科学课时标准依然普遍高于国家标准。而在工科基本理论课时标准中，5所分校均低于国家标准，但在以实践为主导的工科专业课中，20世纪90年代印度理工学院的课时标准明显高于国家标准（坎普尔分校除外）。这说明，尽管印度理工学院是以工科著称的学院，但它同样关注对学生人文素养的培养，而且更注重以实践课程为基础的专业课程。

印度理工学院以实践为主导的专业课程，主要通过以下途径得以实现。

首先，各分校通过建设实验工厂、实习车间，并且装备先进的工作设备，展开实践教学。如马德拉斯分校的计算机与工程专业就是该分校赖以成名的优势学科，其实践课程主要有计算机编程实验、高级编程实验、VISI 实验设计、语言编程实验、汇编语言实验、计算机操作设计实验等，学分至少 18 个学分。同时，专门在暑期开设工业培训课程。

其次，突出科研项目教学。项目教学在高等教育中通常是在研究生阶段开展，但印度理工学院却在本科阶段，且学分要求也偏高。例如马德拉斯分校的计算机与工程专业科研项目教学有 3 项，至少 38 学分。学生通过参加为企业解决实际问题的项目，不仅加强了理论与实践有效结合的锻炼，并且提高了学习跨学科综合性知识的能力，也提升了交际能力、表达能力和团队协作精神的综合素养。

最后，聘请业界专家担任教师。印度理工学院非常注重学校教育与产业互动的高度协调，并努力为学生创造一个能对科技产业发展有充分了解和接触的校园环境。为此许多专业课程直接聘请业界专家担任教师，如电子商务最新运作、通信软件等课程，就是直接聘请 IBM 公司和摩托罗拉公司的专家担任教师，教授学生最新的软件技术。这就使学校教育内容与产业动态发展保持一致，为学生毕业后投入产业创新打下基础。

3. 突出跨学科研究

印度理工学院非常重视跨学科的研究和跨学科的人才培养。学校从未因为人为的学科分类而画地为牢、以邻为壑。印度理工学院在课程体系中开设跨学科课程，开展跨学科研究，其出发点是：一个训练有素的工程师除了掌握必要的技术专业知识外，还应该是具有从经济学、生态学和社会学角度寻求技术解决方案的"复合型"人才。

而真正重要的是，印度理工学院的跨学科研究不仅仅停留在某一专业内对自然科学、社会科学等的学习，其重点是在与各院系平等的基础上，设立跨学科研究中心，每个分校都给予这些中心与院系相同的地位，包括人、财、物等实权。

印度理工学院各分校的跨学科研究中心主要针对研究生的培养，并按照本中心跨学科的要求，制订研究生培养计划，并在科学研究和对外咨询项目中，开展针对硕士生和博士生的教育，其跨学科研究至少是两个工程学或科学课程的重合。[10]例如孟买分校的跨学科研究中心涉及了生物医学工程、腐蚀科学与工程、工业工程与运筹学、可靠性工程、系统与控制工程等。

这种跨学科研究中心的实质是知识重新组合和组织，其研究领域已不局限于临近学科之间，而是跨越自然科学、社会科学乃至人文科学结构。其优势就在于中心的教师是由来自不同学科背景的人才组成，这样的团队可以用不同的学科思维去共同探讨新的领域，用多学科的集成优势去解决新的问题，承接世界性的大课题，产生创新性的技术革命。

三、严谨踏实的教风和学风

即使有一流的生源、优良的专业设置和课程体系，如果没有良好的教风和学风，大学也培养不出一流的人才。印度理工学院之所以仅仅用了60余年就成为享誉世界的工科院校，与其严谨的教风和学风密不可分。

1. 教师治学严谨

印度理工学院办学之初就提出以培养高级与尖端领域人才为目标，这也深切地影响着每一位教师。如孟买分校机电工程系卡马思教授就曾指出："IITs是英才云集之地，不能让这些人成为三流货色。"[11]正是在这一理念的指引下，印度理工学院教师对学生学习要求非常严格。如毕业于马德拉斯分校的互联网浏览器（Junglee com.）创办人之一的哈里纳拉仁曾说：该校电机工程系雷迪教授对学生的要求非常严格，这位教授对每个数理化工程方面的作业题、设计方案、试验报告的答案和数据均要求精确到小数点后四位数，否则就算错误而计零分。

高质量的教师聘任与培养为教师的治学严谨打下坚实基础。很多分校都从国内外聘请知名教授、学者来学校任教。如卡拉格普尔分校就聘请到欧洲电子学领域的专家克劳斯和蒂斯纳。[12]同时，注重通过营造自由的学术氛围和良好的工作条件留住人才。

2. 学生学习勤奋

印度理工学院是以"入学难、学习难、毕业难"三难为名的"斯巴达"式大学，JEE联考只是艰难学习的一个小小的起点。

印度理工学院学生按学分制进行绩效评估，学分则根据课程的重要性按比例衡量。通常情况下，本科生毕业前需修满180学分，每5个星期举行一次全校性大考，成绩全校排名。每学期的评估都是互不影响的，最后再将各个学期的成绩平均用来计算累积平均成绩。[13]

正是在这样繁重的课程压力和严格的绩效评估下，学生们无不发奋苦读，深更半夜都不能休息，每天睡眠时间不足5小时已成为家常便饭。许多进入该校的学生因经不住长考、严考、严要求的巨大压力而被无情淘汰，这大体占入校生的20％。[3]

四、全方位的国际合作

开展与世界一流大学和研究机构的国际合作是印度理工学院跻身世界理工科名校的重要途径。全方位的国际合作使印度理工学院从创办之初就有了很高的起点，而向发达国家最优秀的大学看齐恰恰成为印度理工学院与世界顶尖高等教育接轨的基础。

1. 专业设置国际化

印度理工学院与欧美一流大学合作开发了许多先进的教学计划和课程项目，与国外机构进行的合作研究和技术开发更是数不胜数，并在这些研究与开发中确立了自己的专业领域。譬如，孟买分校在创建之初的前20年里，苏联派遣59名专家和14名技术人员为该校的专业设置进行指导，建立了如人类环境工程学、工业设计、粉尘冶金学、海岸工程学、运输工程学、城市规划与建筑领域等专业。[14]

2. 师资培养国际化

首先，引进国外专家。印度理工学院各分校教师是在世界范围内招聘，并通过经费支持吸引国外专家来印度理工学院长期任教或做为期几年的短期工作。

其次，印度理工学院通过国际合作培养和提高学校已有教师的水准。譬如，在"坎普尔印美项目"实施期间，美国9所大学开展了对坎普尔分校50多位该校教师和技术人员的专业培训。[15]

最后，选派教师到发达国家尖端大学学习和攻读学位。教师通过在国外学校学习获得硕士学位和博士学位。从1978年来，大量印度理工学院的教职员工从这个项目中受益。[16]

与此同时，印度理工学院利用学校经费和其他资助机构提供的研究经费，资助教师参加国际会议，鼓励教师在国际会议上提交论文，与同行进行交流。如德里分校仅2005—2006学年，学校就利用自有经费资助了95名教师参加国际会议。

3. 学生交流国际化

学校不仅注重教师的交流，还充分利用国外资助将印度理工学院的学生送到国外，实施研究生层面上的交流计划，以提高培养质量。如学院利用德国学术交流中心资助计划，建立了马德拉斯、坎普尔、孟买等6所分校和德国名列前茅的柏林工业大学和慕尼黑工业大学等6所大学的学生交流机制，学生在德国期间主要从事和硕士学位有关的研究工作。

为了激励学生，印度理工学院还专门划拨资助经费，资助优秀的硕士生和博士生参加国际学术交流会议，以达到与国际接轨的目的。譬如，德里分校2005—2006学年有25名学生获得每人2万卢比的相关资助。

与此同时，印度理工学院通过邀请法国、德国、荷兰、瑞典、美国等国家的研究机构、大学和企业直接驻校园创建实验室，开展项目研究，并在项目研究中联合培养博士生和博士后，这就使更多的学生不用出国就能在校园内接受到来自国际尖端的学术培养。

印度理工学院正是通过国际合作，与世界发达国家最顶尖的大学建立了学术、人员、研究等方面广泛密切深入的联系，从中掌握、了解和吸收了世界科技发展的最新动态、国际高等教育的最新潮流，也正是基于此，印度理工学院的毕业生走出印度，走向了世界各地。

纵观印度理工学院60余年的发展历程，其严格的生源筛选制度、教师严谨的治学风格，为筛选和培养优秀人才打下了坚实基础。同时，其重视对学生基础课程和实践课程的教学，使学生不仅注重基础知识方面的学习，而且更注重实践能力的养成，再加上国际化视野的管理，都有力推助印度理工学院跻身于世界知名理工大学之列，使其所培养出的毕业生具有高度的国际竞争力。

参考文献

［1］ The Indian Institute of Technology, Reeognition ［EB/OL］. ［2008－03－01］. http://en. wikipedia. org/wiki/Indian－Institutes－of－Technology.

［2］ 袁晓明. 印度理工学院如何成为世界一流 ［EB/OL］. ［2007－04－12］. http://www. edude. cn/news/news_content. asp? id＝10527.

［3］ 黄俊伟，等. 厚积薄发——印度理工学院成功之谜 ［J］. 大学教育科学，2004 （3）.

［4］ The Indian Institute of Technology, Entrance Examinations ［EB/OL］. ［2007－11－22］. http://en/wikepedia. org/wiki/Indian_Institutes_of_Technology.

［5］ 安双宏. 印度高科技人才的摇篮——谈印度理工学院的体制创新 ［J］. 中国高等教育，2000 （22）.

［6］ 马克·杜茨. 释放印度的创新潜力 ［M］. 张传良，译. 北京：中信出版社，2009：134-135.

［7］ 竞争激烈　印度理工学院录取率仅为1.6% ［J］. 世界教育信息，2010 （5）.

［8］ 转引自戴伟伟. 印度高等工程教育发展研究——以印度理工学院为例 ［D］. 上海：华东师范大学硕士学位论文，2009：23-24.

［9］ Outcome budget 2011—2012 ［EB/OL］. ［2012－03－16］. http://www. education. nic. in.

［10］ The Categories of IITs, The Inter－disciplinary Centers of IIT Delhi ［EB/OL］. ［2008－03－24］. http://gollum. easycp. de/gollum/gollum/gollum. php? acore&len&w1＝en&q＝.

［11］ 徐风. 印度理工学院——精英的摇篮 ［J］. 东南亚南亚信息，2000 （4）.

［12］ The Institute of Technology Kharagpur ［EB/OL］. ［2008－01－10］. http://en. wikipedia, org/wiki/IITKGP.

［13］ The Indian Institute of Technology, Education ［EB/OL］. ［2008－03－12］. http://en/wikepedia. org/wiki/Indian_Institutes_of_Technology.

［14］ History of IIT Bombay ［EB/OL］. ［2007－11－18］. http://www. iitb. ac. in/about/how. html.

［15］ Kanper Indo－American Programme （KIAP） ［EB/OL］. ［2009－03－24］.

http://www.iitk.ac.in/infocell/iitk/history/kiap.html.

[16] IIT Madras. Quality Improvement Programme (QIP) [EB/OL]. [2007 - 04 - 10]. Indian Institute of Technology Madras.

（高慧斌系中国教育科学研究院教育
政策研究中心副研究员，博士）

现代大学制度专题研究

彭宇文

高校法人治理结构的若干要素分析

法人治理结构作为高校运行的基本制度架构，对高校适应 21 世纪改革发展的新形势，推进我国高等教育的现代化、国际化具有重要意义。高校法人治理结构，是指在一定的财产权制度基础上，为实现高校的教育目标，就高校内部治理的组织机构设置及其相互之间权力配置、制衡与激励等所进行的制度安排，以及对高校与外部利益相关者等关系进行处理的机制安排。高校法人治理结构实际上是关于法律关系调整及权力运行的制度化设计，在其体系构建中涉及诸多要素，本文着重分析高等教育法律关系、高校法人地位的确立、权力以及制衡与约束机制等关键性要素，这些要素在高校法人治理结构构建中共同发挥着决定性作用。

一、高等教育法律关系

高等教育法律关系对于高校法人治理结构的研究具有重要的基础性意义，可以说，它既是高校法人治理结构的最基础要素，也是法人治理结构中各方面关系的具体体现。

高等教育法律关系作为一种特殊的法律关系，具有以下几方面主要特征。

1. 主体结构的多边性

在我国，高等教育法律关系的主体主要包括各级教育行政部门、各类高等学校及其他高等教育机构、高校教育者（教师和管理人员等）、高校受教育者（各类学生）以及与高等教育密切相关的学生家长、社会用人单位和服务单位等。在教育法律规范的调整下，这些主体之间构成了多边交错的立体结构，每一类主体都可能在不同层面和不同程度上与其他主体发生法律关系。

2. 主体地位的交叉性

由高等教育活动的丰富性决定，高等教育法律关系主体在法律地位上也体现出交叉性的特征。这主要表现在：其一，高等教育法律关系主体的法律地位，既有平等的，也有不平等的；其二，这些纵向或横向的法律关系往往在同一个主体身上交叉体现，甚至在同样两个主体之间，因为法律关系内容的不同，而可能表现出法律地位的平等或者不平等现象交错存在。主体地位的交叉性特征，使得高等教育法律关系的外在表现显得更加丰富和复杂。

3. 主体资格的限定性

高等教育是一项具有特殊能力要求和特别目标取向的活动，因而对高等教育法律关系的主体资格有着限制性的要求，这也是它与其他法律关系包括一般的教育法律关系相区别的一个重要方面。

4. 客体构成的多样性

高等教育活动涉及面广泛，内容丰富，高等教育法律关系的客体因此也表现得形式多样，包括物、人身、精神产品、行为结果等等。需要特别注意的是，由于教育活动的特殊性，因而在高等教育法律关系中，精神产品、行为结果作为客体的情况常常显得更为普遍，表现出较强的非物质化或者无形化特征。

5. 内容的多元性或复杂性

高等教育法律关系以主体之间的权利和义务为其内容，由于其主体在结构和法律地位上的特殊性，而使其内容体现出多元性或复杂性的特征：其一，权利与义务的复合性。高等教育法律关系中权利与义务一般是并存的，特别是在平等主体之间产生的法律关系，往往相互享有权利和承担义务，而且这种权利义务复合存在的情况是非常普遍的。其二，权利与权力的复合性。由于高等教育法律关系中存在着地位不平等的主体，因而其内容有时还带着权力的特征，具有一定的公法色彩，但是这种权力常常与权利并存，表现出复合性。

按照分类标准的不同，可以将高等教育法律关系分为以下几类。

（1）根据调整时适用的部门法的不同，可以分为高等教育宪法法律关系、高等教育行政法律关系、高等教育民事法律关系和高等教育刑事法律关系等不同类别。当高等教育活动的主体依据不同部门的法律规范而形成法律关系时，就会建立不同类别的高等教育法律关系。这些高等教育法律关系具有鲜明的复合性特征，它们常常是复合的，依据同一个法律事实可能会形成若干个不同类别的法律关系。同时，在高等教育活动中，最主要并且也最经常发生的法律关系是教育行政法律关系和教育民事法律关系，二者构成了高等教育法律关系的主要类别。

（2）根据法律关系主体类别的不同，可以在各级教育行政部门、各类高校、高校教师及其他教育工作者、学生、学生家长、社会用人单位以及服务单位等不同主体之间，分别形成不同的法律关系。这些法律关系因为发生的法律依据和事实依据的不同，而可能表现出不同的性质和特点，对高等教育活动产生较大影响。

进入 21 世纪，高等教育在原来传统理念的基础上，内涵得到不断深化，外延获得更大扩展，高等学校的办学活动，无论是在形式上，还是在内容上，都正在经历着越来越大的变革。与此相适应，高等教育法律关系也逐步发生着变化，呈现出比较突出的私法化发展趋势。"当前社会转型而导致的学校领域中学术力量、政府力量、市场力量的分离实质上是一个权力重构的过程，在这一过程中，传统的集三种职能于一身的高度集权体制必然难以为继。这就要求政府对学校的行政管理必须简政放权、转变职能，必须在政府与学校、市场之间进行合理的权利配置，建立完善的法律调控机制。"[1] 在这样的形势下，高等教育活动应该更多地通过民商法律等私法来进行调整，构建以主体地位平等、权利义务对等为主要特征的新型法律关系。高等教育领域中正在发生的法律关系"公法私法化"变革，虽然与民商法律领域中出现的"私法公法化"和"公法私法化"相结合并以"私法公法化"为主的普遍趋势不尽一致，但确实是高等教育改革与发展在其法律关系变革上的真实而现实的反映，也体现了高等教育法律关系与其他民商事法律关系在不同发展阶段上的个性区别。

当然，高等教育法律关系变革的私法化趋势并不意味着公法将完全退出教育法制领域，而只是表明公私法之间权重的适当调整。所谓私法化趋势，既是指高等教育法律关系变革的一种发展方向，也是对高等教育法律关系现实状态的客观描述。这种发展趋势，必然对高校法人治理结构的构建带来深远影响，高校法人治理结构只有与之相适应，才能真正适合高等教育改革发展的新形势。

二、高校法人地位的确立

高校作为独立法人的法律地位的确立，既是构建法人治理结构的基本条件，也是高校法人治理结构的前提性要素。

通过法律确立高校的独立法人地位，在我国还是 20 世纪 90 年代的事。顺应深化高等教育体制改革的强烈呼声与现实要求，1993 年 2 月 13 日，中共中央、国务院颁布《中国教育改革和发展纲要》，提出："在政府与学校的关系上，要按照政事分开的原则，通过立法，明确高等学校的权利和义务，使高等学校真正成为面向社会自主办学的法人实体。"其后，1995 年 9 月 1 日起施行的《中华人民共和国教育法》和1999 年 1 月 1 日起施行的《中华人民共和国高等教育法》等法律法规，对高校的独立法人地位等问题作出了更加明确而具体的规定。这些规定使学校具有独立的法人地位这一重要问题，在《民法通则》所确立的一般意义法人概念的基础上，获得了更具特别意义的确认，明确了学校的法律权利与义务，将其行为纳入了法制化、规范化的轨道，对学校建设与发展产生了深远的影响。

回顾并分析我国高校法人地位确立的过程，可以得出以下几方面结论。

第一，高校法人地位在法律上的确立经历了一个较长的过程，是伴随着高等教育管理体制改革的进程而发展的。确立高校独立法人地位，是我国高等教育改革和发展的必然选择。高校独立法人地位的确立，直接反映了高校与政府之间法律关系的变革，体现了高校要求获得办学自主权的愿望与需求。高校法人地位的加强，已经是全球高等教育发展的重要表现，只不过在不同类型的国家存在着不同的着重点而已。"大学法人化诉求缘于不同的社会矛盾，诉求的主体或是大学，或是政府，它们的方向有时恰好相反。但有一点我们可以看到，不同的诉求正在向一个点上靠拢，这就是政府与大学的关系寻求合理的定位，大学经营高度市场化的国家正在加强政府控制，大学经营高度垄断的国家正在引入市场机制。"[2]由于我国高等教育管理体制的长期计划性特征，所以取得独立法人地位以争取更多的办学自主权，就成为我国高校的首要追求。

第二，高校独立法人地位的法律规定，虽然目前还显得比较粗略，关于高校法人的性质也存在一定的不同认识，但是已经为高校办学自主权的实现提供了比过去大得多的可能性和空间。应该说，高校独立法人地位已经在法律上获得确立，目前所面临的主要问题是如何使之得到真正落实和完全实现。

第三，关于高校法人的法律规定，仍然需要通过更加深入的理论研究和不断发展的改革实践来进一步完善和细化，必须在法律上给高校法人更加明确的法律定义，使高校法人的法律性质获得更加清晰的内涵界定，使体现高校法人法律地位的法律权利与义务的规定更加完整、具体和具有可操作性。也只有在高校法人独立地位得到确立、法律性质得以明晰的前提下，才能够实现法人治理结构的有效构建，否则就只能是无本之木。

三、高等教育中的权力

权力作为社会组织运行的基本要素，同样存在于高等教育之中。而法人治理结构的最基本构成要素就是权力，高校法人治理结构的核心既是对高校内外部的各方面权力予以清晰厘定，也是对这些权力进行科学配置。

高等教育中的权力问题，往往与高校办学自主权有着极为密切的联系，其常常以办学自主权的大小、内涵与外延的宽窄等形式予以表现。"人们不会把自治视为一种绝对的东西，而是会视其为一种有联系的问题，一方面涉及院校与政府的权力平衡，另一方面涉及院校内部行政与学术的权力平衡。"[3] 可见，高等教育中的权力关系包括两方面内容：一是在高校外部，高校与政府部门之间的权力关系；一是在高校内部，学校行政、学术等方面权力之间的关系。全面分析起来，可以将这些权力划分为政治权力、资本权力、行政权力和学术权力四类，这四类权力共同构成了高校内外部的权力体系。

所谓政治权力，是教育管理部门及高校党委系统，根据党和国家的高等教育方针政策，对高校办学活动进行领导的权力。它是社会主义国家高等教育管理体制中的一项特殊权力，直接体现了党对高校的政治领导，对保证高校保持坚定正确的社会主义办学目标和人才培养方向具有重要意义。政治权力来源于我国基本政治制度和相关法律政策，主要由各级党务系统予以行使。

所谓资本权力，是高校出资者或投资人所拥有的，对高校办学活动中的重大事项予以决策和管理的权力。对于公立高校而言，虽然法律没有作出明确规定，但应当是由有关教育行政部门代表国家来行使所有者权力；而对于民办高校而言，则是由董事会作为出资者或投资人代表，负责行使有关重大事项决策和管理权力。需要明确的是，作为独立法人，高校的日常运行不应当受到资本权力的过多过细影响。

所谓行政权力，是高校内部的管理机构及其人员，按照一定的规章制度，遵循一定的程序，对学校办学活动进行管理的、具有一定强制性的权力。行政权力主要依据行政职位而产生，由高校中的校长、处长（部长）、科长等各级行政管理人员具体行使，属于对高校各方面行政事务进行决策和日常管理的权力，是维持高校内部系统正常运行的重要机制。

所谓学术权力，是指学术人员所拥有的关于学术事务的控制权、决策权，它通过以教授、专家和学者为核心组成的学术委员会、学位委员会、教授委员会等学术组织系统进行运行，以实现对学术事务的管理。学术权力是一种专业性非常强的权力，正如美国学者克拉克所言："专业权力像纯粹官僚权力一样，被认为是产生于普遍的和非个人的标准。但这种标准不是来自正式组织而是来自专业。它被认为是以'技术能力'而不是以正式地位导致的'官方能力'为基础的。"[4] 学术权力具有明显的学术性质，对保证高校学术活动的正常有序运行发挥着重要作用。

分析高校权力中的四类权力，可以归纳出以下几方面特征。

其一，这些权力都表现为一种权威性，但其来源或者依据存在明显区别。政治权力作为我国政治制度的产物，具有鲜明的政治性。资本权力依据财产权而形成，是财产所有权在办学活动中的体现。行政权力作为一种科层制的权力，一般来自组织的任命、委派或授权，其依据具有明显的规定性和行政性。而学术权力由于其学术性的本质特征，主要来自学者自身的学术声望、人格魅力，植根于高校的学科专业之中，其依据表现出明显的自主性和松散性。

其二，这些权力都是具有层次性的权力，但其表现程度有别。权力一般由上层对下层行使，层次性是所有权力的共同特征。资本权力实际上是高校办学活动中的决策权，具有最高层次性，也是单一层次的。政治权力与行政权力的层次性表现得非常鲜明，不同层级依据规章制度的规定而极为明确，等级层次也很清楚，不可能随意逾越。相比之下，学术权力的层次性则要弱化一些，虽然教师可以按照不同职称而分成高低不同的等级，但是由于学术地位与职称并不一定完全一致，因而这种层次性就难以表现得像其他权力那样鲜明。

其三，虽然这些权力在权力运行的基本形式上都表现出由上至下的特征，但相对而言，政治权力、资本权力与行政权力明显的是从上到下运行，而学术权力则更多的在内涵上呈现出从下到上运行的特征，其中"权"的因素相对较弱，而学术地位影响"力"的因素相对突出。

其四，政治权力、资本权力与行政权力是一元的，如一所高校只可能存在一个行政运行系统，从决策、执行到监督、反馈形成一个完整的管理循环，集中统一。而学术权力则不然，由于学科专业的多种多样和学术的复杂化及专业化等因素的影响，加之学者自身所具有的自由性和松散性，就使得学术权力具有多元性的特征，常常难以集中统一，而是随不同学科专业或者不同的学术群体而表现得较为分散。

其五，政治权力、资本权力与行政权力在权力的强制性方面表现得十分强烈，下级服从上级、上级对下级进行指挥的权威性是不容置疑的。学术权力的民主性更强，由于学术主体常常自主开展学术活动，自由进行研究，所以面对这样的主体，学术权力的强制性就表现得较为软弱，有时还需借助其他权力来实现其强制性。

其六，政治权力、资本权力与行政权力要求依法行使，强调按照法律法规和规章制度的规定办事，权力的行使一般都有着明确清晰的范围和程序，并特别注重时效性。而受学术活动存在的松散、多元、自发等方面特征所决定，学术权力在规范性、程序性和时效性等方面都表现得比其他权力要弱，而且还体现出不同的内涵。或者说，学术权力在规范性、程序性和时效性的要求上，既显得比较松散，又是民间化、弹性化的，有时甚至是不确定的。

其七，与以上特点相联系，由于行政权力具有规范性、明确性、一元性等特征，所以对其进行司法审查是可行的和比较容易的。而对于学术权力而言，姑且不论现行法律制度的限制，由于受学术权力的强烈学术性和不确定性等因素限制，对学术权力的司法审查基本上无法实施。也就是说，司法救济手段对行政权力可以适用，而对学术权力则几乎难以适用，从而使学术权力在更大程度上有赖于通过学者的学术良心和学术道德予以制约。

具有一定相同的权力特征但是又存在比较明显区别的政治权力、资本权力、行政权力和学术权力这样四种权力，并存于高校管理活动之中，共同构建起了高校的权力体系。这种权力的多元结构，反映了高校办学活动的特殊性，体现了高校作为具有较强学术性的社会组织的个性化特征，各方面权力各有特色，互为补充，缺一不可，构成合理配置、协调互补、互相尊重、相互平衡的多元结构，对高校实现其办学目标具有重要的意义。

但不可避免的是，只要存在权力多元结构，就会存在多种权力之间的冲突与矛盾。由于政治权力、资本权力、行政权力与学术权力具有不同特点，造成它们在行为原则、价值取向、行为方式等方面的较大区别，使权力在运行时难免发生冲突。这种冲突具有一定的客观必然性，是无法回避的。

实际上，政治权力、资本权力、行政权力与学术权力之间的冲突，既体现了一所高校内外部不同利益群体之间的利益冲突及其行为方式冲突，又是国家高等教育管理体制大环境在微观层面的具体反映。由于利益之间矛盾的永恒性，因而根本解决冲突是不可能的，现实可行的措施是，根据国家及学校发展的实际，在这些权力的配置上，划定一个相对明晰的界限，求得一个相对合理的"度"，实现平衡。界限清晰、平衡适度，是协调好各方面权力之间关系的基本前提。同时也必须看到，这种"度"或者平衡并非永恒不变，而是应当随着实际形势的变化而不断调整，建立一种动态的平衡。但是，无论各方面权力的强弱力量对比如何变化，必须保证权力多元结构的动态平衡，一旦打破平衡格局，势必对高校办学活动造成不利影响。

高校政治权力、资本权力、行政权力与学术权力的多元结构，对构建高校法人治理结构有着重要的影响。高校法人治理结构在决策、执行、制衡等权力的架构上，不能离开权力多元结构的现实，必须在这一实际情况的基础上进行权力的整合。政治权力、资本权力、行政权力和学术权力多元结构，既是对构建高校法人治理结构的制约，也是使高校法人治理结构与其他组织法人治理结构相区别的重要特征的体现。

四、构建制衡与约束机制

制衡与约束机制对权力的行使和权利的保护，发挥着不可忽视的重要作用。就法人治理结构而言，一个核心的内容就是，构建一套完整的投资者、决策者、执行者和监督者以及利益相关者等方面主体之间相互制约的有效机制。因此，制衡与约束机制应当是高校法人治理结构的核心要素。

高校法人治理结构，必须在投资者所有权和高校法人财产权、办学者办学权分离的基础上，形成所有权、决策权、办学权等方面权力的相互制衡与约束，构建以权力制约权力的合理权力架构。这种权力架构包括以下两方面重要内容。

其一，分权。"分权是实现制衡的前提和基础，没有分权这个前提，就不能形成制衡的格局，制衡是分权的目的和结局，分权的目的就在于通过分权而形成一个以权力制约权力的制衡格局。"[5]对高校来说，既有政治权力、资本权力、行政权力与学术权力之间的分权，又有政治权力、资本权力、行政权力和学术权力各自内部不同权力之间的分权。分权使高校内部权力机构之间的权力得到相应的分配，也包含着这些权力之间界定明确、界限清晰的含义。通过分权，可以在不同权力机构之间形成相互制约，构建相互监督的内部控制机制。

其二，监督机构的制约。在有关权力机构之外，通过监督机构对权力进行制约，是对分权体制的必要补充，也是保证权力合法行使和保障权利的需要。监督机构的制约在这里有两方面含义：一方面是指在高校内部设立专门的监督机构对权力机构的行为进行监督和约束，是来自内部的制衡机制；另一方面是指通过社会化的机构如评估机构等对高校办学活动进行评价，是来自外部的较为间接的制衡机制。

对高校办学活动的监督，实际上核心就是对高校权力机构的职权行为的监督。由于这种职权行为具有权威性、强制性、主动性、创造性等特点，加之高校规模的不断扩大、专业化程度的加强以及管理层级的增多、管理幅度的增大等方面原因，仅仅依靠行政领导和权力部门进行自身监督，就难以保证管理的良好运行，从而必须在领导监督和权力部门内部监督之外，建立专门的机构来行使监督职能。专门监督机构的建立，意味着高校法人治理结构的完善，表明高校内部权力架构达到了合理而科学的多维平衡，意义极为重要。

完善高校民主监督机制，可以通过进一步增强教代会在民主监督方面的职权，利用教育中介组织，以及充分发挥纪检、监察、审计等党政系统内部监督机构和其他多种形式的内外部监督的作用，形成内外兼治的合力，强化监督成效。

需要特别提及的是，在高校制衡与约束机制的建设中，可以借鉴公司法人治理结构，探索建立高校监事会制度。就公司法而言，监事会制度是公司法人治理结构中的一项重要制度，构成了公司内部重要的制约机制。高校建立监事会制度，在规范的法人治理结构之中是可行的，从加强对决策及执行权力的制约来说也是必要的。借鉴公司监事会制度的理论和实践，高校监事会制度建设应当注意以下几点。

其一，在权力配置上，监事会必须与董事会、校长为主的行政系统、教代会等其他机构实现合理、恰当的平衡，避免畸轻畸重，而导致权力结构失衡。根据我国国情，监事会的权力应当是有限的、适度的，应以监督办学活动为自己的基本职能。高校监事会的主要职权应当包括：监督高校办学指导思想及目标的正确性和合法性；检查高校财务情况，必要时可组织进行审计，并有权选择会计（审计）事务所；监督高校日常办学行为，当有关行为违反法律法规、学校章程规定，损害学校利益时，予以制止和纠正，必要时可以代表学校起诉有违法行为的董事和高级管理人员；为维护学校利益，在必要时可以提议召开临时董事会。

其二，为保证监事会履行监督职能，必须赋予监事会以事先监察权，如：有权直接调查学校业务及财产状况；董事会、校长等应当定期向监事会报告办学活动开展的情况；有权随时查阅学校文件及办学活动的有关材料，向有关人员了解情况。同时，会计（审计）事务所选择权、代表学校起诉权等，也可以使监事会拥有更为权威和具体的监督权力。强有力的监督手段，是有效行使监督权的基本保障。当然，监督手段的拥有，并不意味着监事会可以对正常的办学活动进行干预，这是必须注意的。

其三，监事会成员一般由董事会推选、教代会选举产生，举办者代表、办学者代表、教职工代表、学生代表和其他利益相关者代表均应占一定比例，以体现监事会的代表性，但从监事会工作的有效性和专业性考虑，监事应当主要由熟悉高校管理、了解教育教学活动过程的专业人士担任。同时，在监事任免、薪酬等机制上，要尽可能降低各种主观性干扰，增强客观性和独立性。在适当时候，也可以考虑设立独立性更强的独立监事，并由其担任监事会主席，进一步强化监事会的独立性。

其四，完善对监事会本身的激励和约束机制，提高监督的成效。监事履行职责，应当获得相应的报酬，以鼓励监事的工作积极性。同时，监事会的工作又不是不受约束的，监事与董事一样需要履行注意义务和忠实义务，只不过这些义务的具体内涵有所区别而已。还可以建立对监事会工作的评价机制，通过组织各方面对监事会的工作进行业绩评估，促使监事会增强履行职责的责任感。

高校法人治理结构的构建涉及一系列要素，本文所论及的四个关键性要素相辅相成，在其中发挥着重要作用。高等教育法律关系作为基础性要素，是高校法人及其权力运行在法律上的体现，反映了高校办学活动中的多方面社会关系；高校法人独立法律地位的确立是构建法人治理结构的基本前提条件，在独立法人的基础上，形成了相应的权力运行以及由此而产生的诸多法律关系；权力是法人治理结构的最基本构成要素，表现出高校作为独立法人所具有的基本法律人格；而制衡与约束机制则是通过对权力配置及运行的制约，形成对高校法人治理结构有效性的制度化保障，从而有利于高校办学活动各方面目标的实现。当然，要看到的是，除了这四个要素以外，还有许多要素也或多或少地影响着高校法人治理结构的构建，如大学文化、办学历史、办学规模与结构等，这些要素对法人治理结构在不同高校形成不同特点带来的影响，也是不容忽视的。

参考文献

［1］劳凯声. 变革社会中的教育权与受教育权：教育法学基本问题研究［M］. 北京：教育科学出版社，2003：41.

［2］熊庆年. 大学法人化趋势与我们的对策［J］. 江苏高教，2002（4）.

［3］弗兰斯·F. 范富格特. 国际高等教育政策比较研究［M］. 杭州：浙江教育出版社，2001：54.

［4］伯顿·R. 克拉克. 高等教育系统：学术组织的跨国研究［M］. 杭州：杭州大学出版社，1994：128.

［5］赵宝云. 西方五国宪法通论［M］. 北京：中国人民公安大学出版社，1994：62.

（彭宇文系武汉大学校长助理，教授，博士）

毕宪顺　张济洲

我国大学学术管理与行政管理的制度建构

当前大学权力运行关系主要分为两类：宏观层面上政府与大学权力厘定；微观层面上学校的决策权、执行权、监督权的配置以及基层学术组织的决策权和执行权的落实。改革开放 30 多年来，我国高校外围改革取得一系列成果，大学作为政府的附属机构的局面逐渐改变，高校自主权日益增强。

一、高校改革外围突破——政府与大学权力调整

1979 年 12 月，《人民日报》发表的复旦大学校长苏步青等几位著名大学校长、书记关于《给高等学校一点自主权》的呼吁，引发了人们对政府和大学关系的讨论；1985 年 5 月，中共中央颁布《关于教育体制改革的决定》的重要文件，明确提出简政放权，"扩大高等学校的办学自主权"。1993 年，中共中央、国务院联合颁发了《中国教育改革和发展纲要》，确立高等学校的法人地位，推进高等教育各项体制改革的全面深化。1995 年颁布的《教育法》

是这一改革首先取得的法制成果。1998 年 8 月 29 日，第九届全国人民代表大会常务委员会第四次会议通过了《中华人民共和国高等教育法》，从法律意义上对高等学校的管理和自主办学的问题进行了进一步确认与保障。

教育体制改革始于 20 世纪 80 年代，但是在体制改革 30 多年后，大学内部核心问题改革仍然步履维艰。随着我国社会急剧转型和高等教育体制改革不断深化，我国大学改革的宏观制度环境逐渐成熟，但是我国大学内部制度创新滞后，直接影响现代大学组织的良好培育。当下高等教育改革重点应由外转向内，大学内部制度安排是建立现代大学制度的关键变量，大学的内部自主发展成为适应制度环境变化的必然选择。

二、大学内部治理滞后——行政化色彩浓厚

"中国大学中的制度设计，在很大程度上是一种比较政府系统和行政原则的设计。"[1]我国公立大学现行的权力结构是党委领导下的校长负责制，在此基础上形成校、院、系三级管理模式，构成自上而下的垂直领导，下级向上级负责，权力重心上移，形成倒金字塔式的权力配置。伯顿·R. 克拉克认为过于集中的权力成了高等教育系统运转过程中的最大危险。对权力的任何形式的垄断只能体现部分团体的利益和观点，而其他团体的利益却遭到了排斥。与欧美高校相比，我国大学治理的行政化倾向严重，教育内部管理的官僚化运作逐渐偏离大学学术自由的精神底蕴。目前我国高校普遍存在"教授官员化，官员教授化"现象，教授热衷于"教而优则仕"，权力交叉、错位、越位甚至模糊不清，导致行政权力取代学术权力、学术权力行政化。

1. 行政权力泛化与学术权力失语

大学内外权力之间的相互交织和渗透，构成复杂的权力网络。但是近些年来大学行政职能日益强化，行政权力不断侵蚀学术权力，大学学术与行政处于制度非均衡状态。学术权力是由高深的学术而产生的权力，其合法性的基础在于学科专业性。行政权力依赖于组织的任命，具有纵向的层次性和隶属关系，表现出科层化的特征。在当前制度框架下，行政体现一种实质性权力，而学术权力被虚化为权利，仅获得程序

性合法性。我国大学学术权力没有形成相对的独立力量，目前大学学术性组织或学术自治性团体数量太少，既有的学术组织缺乏独立性，学术权力弱小，行政权和学术权基本不相分离，行政人员行使学术性权力十分常见，学术与行政之间权力制度失衡，学术研究常常感到被行政权力所左右，大学愈益演化为一种官僚机构。行政权力的泛化所导致的制度非均衡不仅降低了大学的运作效率和管理质量，而且影响到大学学术创新和人才培养目标的达成。事实上，大学学术与行政不是截然对立的关系，而是相互依存关系，只有建立在学术与行政合理分工制度架构的基础上，才能适应建设一流大学和服务社会发展的需要。

2. 行政权力治理的"路径依赖"

路径依赖是新制度经济学中的一个重要概念。路径依赖的含义类似于物理学中的惯性理论，制度变迁一旦进入某一路径就可能对这种路径产生依赖。制度经济学代表人物诺斯认为，制度变迁如同技术进步一样，具有报酬递增和自我强化的性质。如果某种制度安排一旦完成，它可能就会根据其固有的惯性沿着既定的方向前进，并且在以后的制度变迁过程中得到自我强化。长期以来我国大学作为单位体制下政府直接领导的事业单位，高等学校的管理一直采用官僚模式或科层模式，大学制度形成与变迁的路径主要依赖于计划经济时代的行政指令模式，并在相当长一段时间使这一路径依赖得到强化。

制度变迁路径依赖的深层次原因是利益因素。当前大学行政权力主导的制度架构，客观上形成了庞大的行政人员利益群体，基于不同的价值判断标准，行政人员与学术人员对制度改革的成本收益分析事实上存在着差异，作为现存体制中有既得利益的压力集团，对现存路径有着强烈的需求，他们力求巩固现有制度，阻碍选择新的路径。

3.《高等教育法》中厘定权力主体不清晰

我国《教育法》和《高等教育法》对高校自主权作了明确规定，包括：高校招生权，如制订招生方案、调节招生比例；教育教学权，诸如设置学科、专业，制订教学计划、选编教材、实施教学；科学研究自由，如科学技术开发、社会服务、科技交流合作、决定授予学位；机构设置权；教师管理权，包括聘任教师、评聘职务、调整工资津贴、实施奖励或处分；学生管理权，包括学籍管理、实施奖励或处分、颁发证书等；经费使用权，包括管理、使用各种财产和经费等。

虽然我国《教育法》和《高等教育法》规定了大学的自主权，但并没有更加清楚地对其内部结构进行区分，学术自由权责和内部行政管理的权责界限不清。另外，法律上并没有对学术与行政两者区别对待，更没有对学术权力予以特别保护，从而导致大学自主权的内在结构交叉、主体不明确等。因此，应该修改《高等教育法》及其他相关法律法规，厘定大学内部各权力主体的权力关系和权利关系，使它们在法律的高度上形成有序的、适当的平衡机制。

三、制度重建——学术权力与行政权力的博弈

　　在新制度经济学制度分析框架中，制度重建被视为内生变量，其内涵就是权力结构的配置。根据制度经济学的理论，制度重建主要有两种方式，即诱致性制度变迁和强制性制度变迁。20世纪80年代以来，我国的高等教育改革主要是一种强制性制度变迁，强制性变迁具有强制性、政策性、严肃性和整体性等特征，国家推行强制性制度变迁，一般可以超越社会利益集团的钳制，降低制度变迁中的组织成本和协调成本。但是其缺陷较为明显，主要表现为制度运作传统惯性依然强大、缺乏打破制度均衡的土壤和自主动力。这种依靠国家强大的权威和力量自上而下推行的制度变迁，经常会陷入制度设计的"诺斯悖论"：一方面高等教育制度供给过剩，制度管理趋向形式化；另一方面高等教育内部治理被动迟缓，缺乏制度创新压力。我国制度环境的变革已使高校发展进入内部自主制度创新为主的阶段，任何强制推行的统一制度变革模式都可能因为难以符合各校发展的实际而流于形式。

　　为了避免"诺斯悖论"导致的制度过剩或无效，高校内部治理应该强化诱致性制度变迁，采取自下而上的、从局部到整体的缓慢制度变迁过程。事实上，当制度出现不均衡时，人们通常选择从某一项具体的制度安排开始，先在基层组织内部自发地寻求变革，然后逐渐扩展制度影响范围，并推动其他相关的制度变革。我国部分高等学校先后在基层试行"去行政化"改革，例如2000年5月东北师范大学在国内率先实行"教授委员会制"，至今国内已有上百所高校成立教授委员会。教授委员会作为彰显高校学术权力重要形式，成为近年来高校内部管理体制

改革的亮点，但是尚处于起步阶段，缺乏完整的制度体系。事实上，诱致性变迁容易产生"搭便车"行为，而强制性变迁可以弥补诱致性变迁的不足之处。实践证明，在诱致性变迁发展到一定的程度后，强制性变迁应适时跟进，以弥补制度供给不足。《国家中长期教育改革和发展规划纲要（2010—2020 年）》明确了大学"去行政化"目标，但是缺乏国家层面的制度设计，当前必须加强现代大学制度供给，推进制度变迁和创新，让整个制度系统根据既定的法律规则而运行。

1. 基于行政权力与学术权力分离原则，重构大学内部权力结构，创造"三元一体"权力交融与制衡的运行机制

"三元一体"的权力结构包括基于校党委会的政治权力体系、基于校长办公会的行政权力体系、基于教授会或学术委员会的学术权力体系，三种权力有着不同的侧重点和运作方式，其中，政治权力是中国特色社会主义大学的本质要求与特色。《高等教育法》明确规定："国家举办的高等学校实行中国共产党高等学校基层委员会领导下的校长负责制"，同时要求厘定大学行政权力界限，逐步推行校长和管理人员阶层职业化。"三元一体"的制度结构设定了党委、校行政管理体系和教授会各自的权力范围，将其限定于特定制度框架内展开各自的活动。

"从法律的视角来看，学术权力的重心并不在'权'，它是来源于学术自由这一宪法基本权利所产生的一种学术力量，因为有'力'才有了'权'；而行政权力则直接来源于国家对大学的授权，因为有'权'而有'力'。"[2]由于大学内部行政组织的科层化，行政权力具有相对集中和强制性的特点，在与学术权力的冲突中，行政权力一般都会占有相对优势。现代大学制度中首要的问题就是彰显学术权力、规范行政权力。因此我国大学必须合理配置权力，规范行政权力的活动范围，有效构建监督和制衡的机制。

在校、院、系三级管理层级，权力配置应体现重心下移和权力分离原则，大学基层组织包括系、教研室，遵循学科、专门知识和专业化逻辑。作为学术活动主体的系、教研室，应该拥有实质性而非程序性的学术权力；二级学院层面行政权力泛化现象严重，必须削减院级行政权力，强化学科教授会决策权，以学术权力为主导；目前校级管理层和校级职能部门掌握着学校工作部署、资源分配、考核判定等权力，行政色彩十分浓厚，应由管理为主转向参谋、协调、服务功能，淡化行政色彩。教学科研活动中，应该充分发挥学术权力核心作用，强调教授治学主体地位。校级教授会以及院教授会或学术委员会应该限制以院长或处长身份的教授组成比例，无行政职务的教授在数量上应占优势，避免行政权力替代学术权力。

2. 加强大学章程建设，实现大学内部权力运作规范化

大学章程作为大学制度的重要组成部分，《教育规划纲要》明确提出将"加强章程建设，完善治理结构"作为"完善中国特色现代大学制度"的重要目标。

大学章程是构建高校自我约束机制，实现教授治学、依法治校的基本要件，在学校内部具有法律效力。一方面，大学章程厘定大学与政府权力行使的领域与边界，保障实现依法自主办学，防止社会外部权力的干预和侵蚀，是大学成为独立法人的基本条件。另一方面，大学章程规定大学最根本的问题，包括大学的本质、宗旨、校长的权责、内部领导体制、组织机构建制、师生权责。大学的内部权力尤其是学术权力彰显及行政权力的运行和规制，是大学章程的重要内容。大学章程必须清晰厘定高校内部管理运行机制，明确党委书记、大学校长在学校发展与管理中的权责，正确处理党委会、校长办公会、学术委员会、教职工代表大会之间的职责分工和定位，各司其职。当前在大学治理过程中，存在很多权限划分不明和混乱的状况，未能形成有效分权，同时高校内部机构的搭建因为没有大学章程的明确规定而显得随意和缺少法律基础。我国《高等教育法》留下的诸多空白，应当由大学章程予以明确规定。

制定和完善大学章程，并依据章程对高校的办学行为进行管理和监督。针对学术权力弱小以及行政权力僭越学术权力的现象，大学章程应从法律层面赋予各学术组织的权力范围，界定其运行方式和运行规则，为学术组织行使学术权力提供法律基础，同时明确强调学校的任何领导人都不得以党组织和行政组织的名义侵犯学术组织的权益，保障学术组织独立行使权力。

当前我国大学章程建设尚需完善，许多大学章程认可程度差，流于形式，既不能约束政府和社会的介入，也无法规范大学内部权力的运行。大学章程法律地位的确立尚不具备法的基本特性，其制定程序还不够严谨。法律法规的制定必须满足公众的知情权和表达权，体现程序正义和实体正义的统一，但是目前章程制定没有得到国家立法机关的授权或委托，法律效力难以落实。大学章程虽然在大学内部具有至高无上的地位，但是在教育法律法规体系中地位难以确立，在很大程度上是一种自言自语行为。

大学章程的生效需要以通过教育行政部门的审核为前提，教育行政部门对主管大学的审核，在本质上是属于行政法上的行政许可行为。但是许多大学章程并没有通过教育行政部门的实质性审核，即便有些大学章程通过教育行政部门的备案，但在教育领域的执法环节和司法环节，大学章程被弃之不理。[3]当务之急，政府及相关部门必须确立大学章程的法律地位，通过立法机关审议大学章程，保障大学章程的合法性和合理性，增强其权威性，强化其法律效力，实现大学内部权力和谐有序运作。

3. 健全高等学校教职工代表大会制度，构建以民主参与和监督为基础的大学公共治理模式

党的十六大报告指出："加强对权力的制约和监督，建立结构合理、配置科学、程序严密、制约有效的权力运行机制，从决策和执行等环节加强对权力的监督，保证把人民赋予的权力真正用来为人民谋利益。"当前大学权力配置必须建立健全决策权、执行权、监督权相互制约的权力结构和运行机制，以制度的完善来制约权力对制度的侵犯。失去制度制约和监督，权力过度向上集中，在校、学院和系之间形成了严格的等级，校长、处长、院长掌握学校公共资源配置权，大学教授和科研工作者常常感到被行政权力所左右，影响基层创造性的发挥，也影响了大学学术创新所要求的组织柔性化、灵活性。因此构建以教职工代表大会制度为基本形式的高校内部民主监督机制，是建立现代大学制度的本质要求和制度保证。高校教代会制度具有广泛的代表性和充分的民主性，是深化高等学校内部管理制度的重要创新。2011 年教育部审议通过《学校教职工代表大会规定》，明确学校必须建立和完善教职工代表大会制度，依法保障教职工参与学校民主管理和监督，完善现代学校制度，促进学校依法治校。这较之 1985 年的《高等学校教职工代表大学暂行条例》有较大进步，并且规定教代会制度为教职工行使民主权利的基本形式但是我国多数高等学校教职工代表大会流于形式，难以发挥实质性作用。教职工代表大会制度尚不完善，性质模糊，监督乏力。教代会权责局限于咨询和建议层面，在当前行政权力泛滥的背景下，教职工代表大会的意见和建议很难被采纳和落实。"教代会性质与职权矛盾，教代会权限设定太多，不符合高等学校实际。"[4]

健全教职工代表大会制度，必须厘定其功能和性质，明确其监督和制约行政权力的功能，凸显民主管理，彰显职工意志，以法规形式真正落实其职权，保障教代会制度在法制轨道上良性运行。

设计教职工代表大会制度，立足高校民主监督，以师生为本，推动教代会制度向纵深发展，在院系设立二级教代会制度，提升制度设计的客观性、科学性，建立长效运行机制，真正发挥民主政治、民主监督、权益保护功能，从而构建一种健康有序、协调平衡的大学公共治理模式。

教育制度运作的过程不仅是利益相关者彼此博弈的结果，而且还是将各种不同偏好整合成某种集体偏好的结果。教授委员会行使决策权，就大学组织内外重大问题进行决策，彰显现代大学本质。校长治校履行行政权，执行教授委员会的决定，是高校良好运行的保证，并且推行校长及教育管理人员职业化。民主监督是高校内部治理的重要组成部分，教职工代表大会制度是监督行政权力、彰显学术权力的基本保障。教职工代表大会制度作为大学公共治理模式，是体现大学治理科学化、规范化、法制化的必然要求。

加强党委领导、规范行政管理，实施教授治学、鼓励民主监督，推进章程建设、实现依法治校，是当前我国大学内部治理的关键。通过上述制度安排和设计实现权力运作均衡化，以消除大学内在结构中诸多冲突，构建决策权、执行权和监督权相互制约又相互协调的管理体制。

参考文献

[1] 许杰. 政府分权与大学自主 [M]. 广州：广东高等教育出版社，2008：253.
[2] 周佑勇，赵会泽. 论现代大学的章程之治 [J]. 江海学刊，2011 (6).
[3] 陈学敏. 关于大学章程的法律分析 [J]. 武汉大学学报：哲学社会科学版，

2008 (3).

[4] 毕宪顺. 制约与协调：高校内部管理变革的使命 [J]. 高等教育研究，2011
(10).

（毕宪顺系鲁东大学党委书记，教授；
张济洲系鲁东大学教育科学学院副教授，博士）

□ 方耀楣

去行政化：大学内部治理机制的重构

　　《国家中长期教育改革和发展规划纲要（2010—2020 年）》提出"推进政校分开、管办分离"，"逐步取消实际存在的行政级别和行政化管理模式"。同时，《国家中长期人才发展规划纲要（2010—2020 年）》也第一次明确"取消科研院所、学校、医院等事业单位实际存在的行政级别和行政化管理"。因而，大学的"去行政化"问题成为学界、大学校长们热烈讨论、探索的议题。审而视之，大学的行政化管理倾向有两个方面：一是政府对大学管理的行政化倾向，二是大学内部治理的行政化倾向。笔者从制度变革、治理机制的视角，探讨改变大学内部治理行政化倾向的策略。

一、行政权力泛化：大学内部
治理机制危机四伏

1. 大学管理的科层化是世界大学的一个发展趋势

　　自第二次世界大战以来，大学的两个主要发展趋势对世界许多国家大学管理产生了重大影响。一是大

学规模急剧膨胀，许多以本科生为主、规模仅为千人的大学发展成为数万人的多元巨型大学，在此过程中大学的管理机构也不断扩张，加速了大学管理的科层化。二是各国政府都加强了对大学的干预，特别是20世纪90年代以来，管理超越了学术成为应对激烈竞争性市场挑战的主要动力，大学正在经历从传统的学院（学者社团）精神向经济理性主义和新管理主义意识转化。当前大学管理范式的主要特点是强有力的行政主管控制气氛和市场优先的战略选择。美国著名高等教育学家阿特巴赫（P. Altbach）指出："随着大学行政管理化以及行政人员权力的扩大，行政部门控制了预算和学术规划。"[1]很多国家都通过制定教育政策和财务控制，逐渐把政府的行政管理模式引入大学的管理，使其呈现出科层化趋势。

在新管理主义的影响下，各国纷纷制定政策，监控大学经费的使用，逐渐使政府的管理模式和程序渗透到大学，使大学的管理与政府的管理趋同。约翰·霍普金斯大学校长穆勒（S. Muller）在波隆亚大学建校900周年纪念大会上痛心地指出，大学"早期在存在的人之间的密切关系和人文标准正在受到规模、制度和程序的侵蚀。这种演变使得大学自治更难于实施"，大学"不可避免地官僚化了"。[1]在这过程中更突出了大学学术文化与行政文化的冲突。

在我国，受很强的官本位文化影响，在过去的50多年中，大学被视为政府的附属部门，大学管理人员被视作国家干部，按照干部来任免和管理，官本位被无限扩张和强化，大学正处于一个不断被边缘化的过程。

2. 行政权力挤压学术权力，学术管理日趋弱化

高等学校行政管理与学术管理孰重孰轻，权力孰大孰小的问题，可以从宏观和微观两个层面来审视。高等学校的根本在于其学术性，学术能力的大小以及学术扩展性、独享性等，从根本上决定着一所学校的实力与发展的潜力。显然，高校本质上是学术机构、教学机构。然而，目前我国高校的权力结构属于行政权力模式，具有典型的科层制管理模式特征。高校的决策往往出自学校行政权力部门，在行政权力与学术权力的博弈中，学术权力始终处于弱势地位，即使是纯学术事务管理也常常由行政部门来定夺，教授治学名存实亡。目前我国高校的行政权力与学术权力博弈关系，可用图1来概括。首先，行政权力与政治接壤后有集

权的、组织庞大的行政组织为支撑；其次，《高等教育法》中明确规定的学术权力机构学术委员会被定位为咨询机构，不具备决策权。因此，行政权力得以控制直至操控学术发展，学术权力被挤压、弱化。君不见在"官本位""行政化"的大学里，一些人津津乐道于大学校长的级别；一些大学洋洋得意于校友中有几多高管；一些教授，竟然抢着去竞聘一个"处长"官位……官本位造成人身依附，失去灵魂，一方面使教学科研人员为了维护自身利益不得不投入更多的精力去经营"权术"，另一方面也使得学术上能给予教授的激励减少，引发了一部分人追求行政权力的欲望，随着教授从专业角度对学术事务关注度的下降，学术权力也就自动弱化。为了弥补这部分的缺失，提高学校运行效率，行政权力又不得不在学术事务上进一步渗透，因此而形成恶性循环。

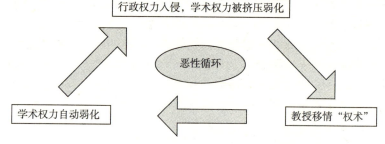

图1　我国高校行政权力、学校权力之间的恶性循环

3. 大学正在异化为以官僚机构模式运转的另类机构

大学由于官学一体的制度安排，正在异化为以官僚机构模式运转的另类机构。虽然《高等教育法》明确规定在大学中设置学术委员会，但是在大学中往往并没有明确的制度或规章具体规定学术委员会的组成、权力和责任。学术委员会由行政决定其组成人选（基本上为校、院、系三级行政领导），由行政决定其领导，由行政决定其会议的召开和议程，这种制度安排决定了学术权力隶属于行政权力，始终处于行政权力之下，形同虚设，已被行政权力所取代。学术权力混同、淹没于行政权力之中，很难享有真正的独立性。在这样一种治理机制下，类似情况不同程度地存在于大学的其他委员会和评议组织中，如教授委员会、职称评审委员会、教学指导委员会等。另外，各类学术机构都没有常设机构或日常管理机构，只能"挂靠"在行政机构下，更加剧了学术权力的"被行政化"现象。

随着高校规模的扩张和内部结构的复杂化，以及与社会联系的日益广泛，高校中权力制衡的天平有进一步向行政权力倾斜的趋势。行政权力的强化就必然导致学术权威地位的弱化，学术权力被边缘化了，势必大大影响高校中的知识传播、应用和创新，使高校进一步沦为科层制、官僚化的另类机构。

二、现代大学制度：大学内部治理机制重构的目标

"大学是以学术为本质的特殊社会组织，是以人才培养为主线将其他活动有机联系起来的学术机构。"[2]正是这种特殊的理念和组合方式，决定了学术能力是大学再生产能力的核心因素，自主性、自由性反映着学术活动的基本特点。大学制度作为这些行为原则的体现和保证，是以学术本质为根据，决定大学生存与发展的规则体系。去行政化、重构大学内部治理机制的目标无疑是建立现代大学制度。

1. 现代大学制度的内涵：大学自治、学术自由

现代大学制度相对于我国现有大学制度而言，是指与社会主义市场经济体制相适应，符合高等教育发展规律，在政府的宏观调控下，宏观层次上实现大学自治，高校面向社会依法自主办学、民主管理，微观层次上落实学术自由的大学制度。

作为现代大学制度之源的"洪堡精神"，强调大学自治、学术自由。德国以柏林大学为代表的现代大学的创立，不仅贯彻了洪堡对大学独立和学术自由的强调，同样也体现了费希特、谢林和施莱尔马赫对高等教育使命的思考。为了使自治理念落到实处，洪堡还成立了以讲座教授为主体的教授会，实行教授治校。正是由于"洪堡时代"的出现，才使得各国大学在发展过程中纷纷取法于德国，最终确立了"大学自治"这一经典理念的历史地位。

2. 去行政化的内部架构是现代大学制度的必然要求

我国高等学校从一开始就是按照行政体制的结构模式来建构和运行，具有明显的行政化倾向。[3]国家及教育主管部门集举办权、办学权、管理权于一身，自上而下作出决策并进行管理，高等学校缺乏自主办学的权力和独立作出决策的权力。政府及教育主管部门通过一系列的

制度政策对高等学校进行管理，留给高等学校自主管理的空间很有限；高等学校只有听从政府指令，对政府及教育主管部门的计划负责，其微观计划也是政府及教育主管部门制定的宏观计划的分解。借此，高等学校因袭政府部门的体制架构，对应地设立部、处、科，循规蹈矩地执行政府及教育主管部门制定的游戏规则和政策指令，学校的管理者往往把平稳执行指令作为首选目标，把管理行为限制在遵循和执行规章制度方面，不会贸然选择那些虽然有效但与规则相悖的方案，只能够在规则许可的条件下选择一些改革力度非常有限的方案。可以说，大学在很大程度上失去了自治的积极性、主动性、创造性。对大学而言，去行政化是建立现代大学制度的必然要求。

3. 大学内部治理机制的重构旨在弘扬现代大学精神

"建立现代大学制度，最根本的是弘扬一种深沉的、博大的、批判的、追求新知和真理的大学精神，恢复大学的教学和研究主旨，克服行政化、官僚化的弊端，建立以教师为本、以学术带头人为中心的管理制度，建立公平、公正、公开的学术评价和人才竞争机制，从而营造有利于创造型人才生存、发展的环境。"[4]

在科层制行政化主宰的大学里，一个科长就能决定大事，一个处长就握有大权，学校的行政部门背离了为教师、学生服务的本义。热衷行政职位的现象在高校里早已不陌生，绝大多数教授到科技处、教务处办事还要看工作人员的脸色，与以教授为主导、以学术带头人为中心的管理制度相去甚远。因此，对大学而言，唯有大学内部治理机制的重构，促使大学内部治理机制去行政化，才能传承、发扬现代大学精神，推进现代大学制度建设。

三、中外比较研究：中法高校行政管理体制的异同

1. 中法高校行政管理体制的现状

中华人民共和国成立 60 多年来，高等教育事业有了很大的发展，但高校与政府的"行政关系"并没有发生实质性的改变。高校行政管理体制现状的主要表现，一是政校不分，政府掌握院校的管理权、办学权，二是内部为行政化的结构及运作模式。

"中央集权下的大学自治"是法国高教行政管理体制的一大特色。法国高校的组织管理模式，正如伯顿·克拉克所指出的欧洲大陆模式，是以学术管理为主的权力模式。以德国早期洪堡式高教管理为典型代表，分为国家行政管理和学术自我管理两大部分。高校置于政府的管理之下，但行政机构不干涉学术自由。

2. 中法高校行政管理体制的异同点

从组织结构、权力传递以及资源配置三个角度，可以更好地剖析中法两国高校行政管理体制的异同点。从组织结构看，中国是科层制的行政组织架构，法国是多元化的教育行政架构；从权力传递看，中国高校的行政管理过程沿袭了传统的管理文化，政府（官）本位观念突出，法国高等教育的权力传递模式属于哑铃型模式，是中央集权与大学自治的平衡；从资源配置看，中国是政府拨款为主，多渠道筹措，法国是契约式资助体系。

3. 现代大学制度是体制衍化的内在动力

历史无法模仿和复制，比较给人带来思考。高等教育管理活动的特殊性、系统组成人员的特殊性以及教育系统的二元控制结构特点，均要求我们务必遵循高等教育的发展规律办事。现代大学制度是体制衍生和变化的内在动力，而对现代大学制度的践行程度是体制产生差异的根本原因。

纵观法国的历史，自治是传统大学之所以显赫的重要原因。给予高校充分的自主权，明晰高校自身的责任和义务，保证高校权利与义务的均衡，让高校对自身的投入和产出负责，不仅符合教育基本规律，也是大学制度建设的应循之路；而学术自由，则进一步保证了学术权力的运用，实现教授治学，是教育工作得以展开的基本原则。中国大学沿袭传统的科层制，成为政府的附属部门，行政权力与学术权力混杂，去行政化任重道远。

中法高校行政管理体制的比较告诉我们，不管是大学自治，还是学术自由，两者都充分反映了现代大学制度的内涵和基本要求，是高等教育事业得以发展的内生动力。只有始终不渝地践行大学自治和学术自由的原则，才能使高等教育事业取得长足的进步。[5]

四、回归教育本位：我国大学内部去行政化的可循路径

大学如何走出行政权力泛化的危机？笔者认为，不能说所有问题统统是行政权力泛化所致，但去行政化的确是推进现代大学制度建设的关键。去行政化，迫切需要摒弃"官本位"，回归教育本位，进一步强化大学章程的建设，重新定位高校与外部的关系；调整高校内部的决策、行政、学术治理结构。大学内部去行政化的路径可包括以下几方面。

1. 从根本上改变大学是政府附属部门的状况

目前，政府本位下的行政化，依然是我国高校与政府之间关系最现实的反映。政府在与学校关系中处于主导地位，政府是高等教育的主要决策者，学校必须接受政府的领导。在这种关系下，政府过多插手高校内部的运作和管理，一方面，使得高校内部自我管理束缚重重，政府通过其教育行政机构与高校内部设立的相应行政组织机构的衔接，来贯彻执行其下达的指令。从校长任命、机构设置到教师编制，从课程设置、学位授予、招生名额到入学条件和学费标准等，无一不由政府主管部门决定。高度的集权，使得治学权大部分都还滞留在政府手中。另一方面，高校行政组织成为政府在高校的准代理，在行政权力因政府权力的支持得以强化的同时，办学自主权、学术权力也因对资源的依赖而屈服于行政权力，致使高校自身管理亦日趋于行政化、官僚化。政府在大学管理中充当的角色，应是高等教育事业的规划者、协调者和调控者，而不是高等学校的直接行政领导者。因此，要去行政化，必须从根本上改变大学是政府附属部门的状况。

2. 推行校长职业化，从制度上厘清行政与学术的关系

一所大学特别是重点大学，行政事务繁杂，校长的责任之重、需要付出的精力之多，可以想见。正是鉴于大学校长难以管理、学术一肩挑，国际知名大学大都实行校长职业化的通行做法，哈佛、耶鲁、牛津、剑桥等举世公认的世界一流大学的校长，任期内只专心于管理职责，不再搞科研、带学生；而教育主管部门和社会对校长的评价，也主要看他为学校的发展作出的贡献，而不是看他本人在任期间发了多少论

文、做了多少课题、带了多少学生。

校内行政管理的本质是服务。正如弗兰克斯（Lord Franks）在有关牛津大学的委员会报告（Committee's Report）中所写的："学术民主的最佳保障是有效的校内服务意识。"[3]推行校长职业化，就是明确校长主政期间的职责是搞好行政管理，借此从制度上厘清行政学术混杂、消除学术腐败。长期以来，在官本位的体制下，行政权力影响甚至绑架学术自由的不端行为时有发生；在申请课题、争取经费和科研评奖中，拥有行政权力的人竞争优势十分明显。虽然校长行政事务繁忙，顾不上搞科研，但考虑到其"关系广、资源多"，能在申请经费、成果评估和评奖中近水楼台，加上碍于情面，课题组加挂校长的名字甚至将其列为第一作者或通讯作者，已成为学术界公开的秘密。因此，校长不搞科研无疑有利于从源头上消除腐败，有助于从根本上消解大学里的官本位思想。

3. 切实保障大学具有办学和研究的自主权

大学取消行政化管理模式，必须对学术民主管理与学术行政管理有明确的认识。笔者认为，学术民主管理即由教授组成的学术机构运用民主、协商的方式对学术事务进行管理，其客体集中为学术事务的审议、决策，而学术行政管理即行政管理机构以及行政管理人员运用行政命令的方式进行的学术事务管理。学术行政管理要为学术民主管理服务，而不单单是垄断支配教育资源的权利。要真正做到教授治校，通过制度给"学术权力"应有的地位和权威，充分发挥教授在教学、学术研究特别在学校学术管理中的作用，而不是传统意义上的教授治学。

去行政化的核心并不在取消行政级别，而必须重构大学内部的治理结构。这种改革是根本性的，要用制度化保障"去行政化"，避免"去意"虚置，对大学的权利进行合理的再分配。就学校层面而言，一方面要坚持和完善党委领导下的校长负责制，另一方面建立大学理事会或董事会等法人治理机构，健全决策、监督功能。保障教授有话语权，"教授"是学校中最受人尊敬的称号。从塑造现代大学的灵魂——学术自由做起，即实践蔡元培的"思想自由，兼容并包"，落实温家宝总理提出的"独立思考，自由表达"，切实拥有和扩大办学自主权，以回归大学的教育本位，回归大学应该担负的使命——大学承担着民族文化的积淀、传承和发展，对世界优秀文化吸收的责任。

4. 建构事业部制，区分行政权力与学术权力的界限

从重构大学内部组织的角度而言，应完善建构事业部组织。第一个提出事业部制结构也适合于大学的是管理大师明茨伯格，他把事业部制组织结构称为有限垂直分权。大学内部针对权力集中在上层的状况，建构事业部制组织，就应放权给各学院，保证各学院有独立处理其学术事务的权力。[6]这样，重大的战略决策由学校决定，战略实施则由各学院（事业部）进行。学校行政部门精简、扁平化，保留其财政拨款及各个学院负责人的任免权。将学术管理的权力委任给学院设立的学术委员会、教授委员会，事业部制组织结构既可以实现学院分权管理，又可以使学校集中进行重大决策。

在各岗位的聘任机制上，必须清晰区分行政权力和学术权力的范围和界限。要明确区分学术人员和行政人员两个不同的系列，把握不同的准入门槛，不同的评价考核和晋级标准，不同的职责和权力范围，两者都具有各自应有的尊严和待遇，互相尊重。特别重要的是，要尽量减少学术人员仅因学术成就突出而被提拔担任行政领导职务的情况，更要避免行政人员因行政管理成绩突出而获得学术等级和头衔的现象，不鼓励那些试图通过担任行政领导职务为自己谋取在原来所在学术领域中难以获得学术地位的人，尽量减少所谓"双肩挑"的现象，坚决防止行政权力和学术地位两者之间的通兑。在必须由学术人员兼任领导职务的机构（部处、院、系、所），可实行学术人员一把手（部处长、院长、系主任、所长）短期任期制和行政人员副手常任制相结合的方式，使这些一把手职位真正成为由学术群体的代表来充任的、行使学术权力的岗位，是专家、教授应当轮流为学术群体承担的一种义务，而不是一种"官位"。

参考文献

[1] 罗伯特·波恩鲍姆 [M]. 学术领导力. 周作宇，译. 北京：北京师范大学出版社，2008.

[2] 张俊宗. 现代大学制度：高等教育改革与发展的时代回应 [M]. 北京：中国社会科学出版社，2004.

[3] 巫春华. 高等学校非行政化：国际经验与对策 [J]. 高等教育研究，2005 (8).

［4］杨东平. 建立现代大学制度［J］. 中国高等教育评估，2000（3）.

［5］陈宝如. 中法高校行政管理体制的比较研究［D］. 上海：同济大学硕士学位论文，2012.

［6］刘家明. 我国高校管理体制改革：非行政化的方向［J］. 学术论坛，2009（11）.

（方耀楣系同济大学经济与管理学院教授，博士生导师）

□ 眭依凡　王占军

论教授"治校"及其制度建设

《国家中长期教育改革和发展规划纲要（2010—2020年）》提出："充分发挥学术委员会在学科建设、学术评价、学术发展中的重要作用。探索教授治学的有效途径，充分发挥教授在教学、学术研究和学校管理中的作用。"校长治校与教授"治校"是构建现代大学制度的关键基石。依靠教授"治校"是大学校长治校的必然选择，就像校长必须依靠教授办学一样不可或缺。但教授的"治校"并非意味着替代校长治校，如果这种替代可以成立的话，从中世纪大学产生起校长这一专门的大学管理层次就不可能也无必要出现。而事实是，虽经数百近千年的历史更替，大学校长依然以其治校者的角色存留下来，并且其作用越来越大。即便如此，校长仍然不应该越俎代庖地代替做教授的"治校"事务。原因何在，这正是以下要讨论的问题。

一、教授"治校"的内涵

教授是大学管理权力的传统力量，为了说明这一结论的可信性，不少学者都指证了中世纪早期大学如巴黎大学从创建起教师在学校的管理中就拥有不可争辩的诸如招生、考试、教学、学生管理等权力的事实。正是教师享有这些真实的权力，因此巴黎大学又有"教师大学"之称。但是，对于大学发展史的研究，当我们注意到教师管理权力时，同样不能忽视那时的校长究竟在干什么的问题。

巴黎大学的第一任校长大约产生于 1245 年，这比巴黎大学获得独立和权力象征的自己的校印早了 7 年。作为巴黎大学最高长官的校长，最初只能由艺术学院教授担任，并且要求候选人必须具有教授文法和修辞学 7 年或教授哲学 2 年以上的资历。当时的巴黎大学由艺术学院、神学院、法学院和医学院构成，艺术学院为基础性学院，学生只有通过艺术学院的基础课程学习才能进入三个专业学院中的任一学院深造。起初，巴黎大学每月改选一次校长，后改为三个月一次，选举人均为各学院院长及各学院推举出的教师代表。当时巴黎大学校长的权力很大，除对内进行最高层次的监督外，对外与后来的最高法院、宗教裁判所及巴黎市政会议打交道。对国王，巴黎大学利用教皇赐给的特权保护学校自身的利益；对于教皇，校长又利用国王批准的特权，使巴黎大学处于相对独立的地位。校长个人的特权也很诱人，如其任职仪式十分隆重甚至超过教廷大臣和各国使节的就任，任职期间去世可享王族成员的同等待遇。16 世纪后，校长每年改选一次。校长是大学管理机构的重要成员，并根据其意见，下设财务主管、书记官、执达官和其他勤务人员。[1] 由此可以提炼出来的有关巴黎大学是教授治校之代表的结论如下：（1）其校长必须由资深教授担任；（2）其校长由教授等选举产生；（3）其教学等学术事务由教授负责。这个结论说明，即使在巴黎大学的早期，"治校"也只是教授具有特定内容或特定范围的权力和事务。而从现代巴黎大学的情况看，校长治校和教授"治校"的关系更为清楚：大学理事会是法国大学包括各巴黎大学的有权对学校所有重大问题作出决议的最高决策机构，其成员由教师和研究人员、学生、管理及服务人员、校外人士的代表组成，由校长领导；校长由理事会选举产生，任期 5 年；学校设总管学校日常工作的秘书长一人，总管学校所有经费的总会计师一人，他们均对校长负责；大学设学术委员会，为确定学校科研方向、分配科研经费等学术事务的重要咨询机构，由教师和研究人员的代表组成，但教授必须占总人数的半数以上。

　　由此可见，把教授的"治校"加注引号以区别于校长的治校是有必要的。我们知道所谓治校即管理大学。而管理则是一个内涵极为丰富的概念，它包括管理者对组织目标的设定及根据这一目标对该组织系统所实施的组织化、制度化、程序化的一系列社会实践活动，尤其是获得各种资源并合理配置使其充分发挥作用、提高效益的活动。从管理的过程看，其包括规划、决策、组织、资源配备、指挥、控制等等；从管理的内容看，其包括人、财、物、信息、时间等资源的分配及有效利用等等。对大学这一从人员到任务都十分复杂的综合性学术组织来说，其管理就更非易事，非以教学、科研为其主职的教授所能担承。因此，教授"治校"有其确定的意义：其一，教授"治校"是个限制概念，不具有如校长"治校"那么宽泛的治校即管理大学的外延，其治校的内容通常限定在对重大学术问题进行决策的范畴，如学术政策的确定、学术规划的制定、教授的晋升和聘用、学位的授予、课程的设置调整等等。一般而言，在院系一级学术事务决策中，教授的权力比他们在学校一级的学术事务决策中表现得更充分。其二，教授"治校"其"教授"为一集合概念，即表示教授团体而非个别。因此，所谓教授"治校"并非意味着任一作为个体存在的教授有治校的权力（尽管他享有学术自由及提出治校建议的权利），而是对教授团体必须管理大学的强调，如教授会等。这与大学校长有权作为个体管理大学有着根本的区别。其三，教授"治校"多为参与治校而非决定治校。在理事会、董事会、评议会、校务委员会等大学决策机构中，教授代表的声音都不是决定性的，相反校长的声音却是十分有影响力的，在很多大学他们同时兼有这些决策机构领导人的职务。如法国的理事会、日本的评议会、中国的校务委员会的最高领导人均由校长担任。同时，诸如教授会、学术委员会等学术机构，且不说有些国家诸如法国、中国等其本身就是一个咨询机构，即便它是关于学术政策制定的决策机构，在一些国家的大学其校长也参与其中，甚至担任要职，如日本的教授会等。基于上述讨论，教授"治校"的内涵基本清楚，即教授参与大学学术事务的管理及重大学术问题的决策。

二、教授"治校"的理论和实践基础

　　教授"治校"的理论基础当然还要从大学组织自身属性来分析。伯顿·R.克拉克指出，只要大学仍然是正规的组织，它就是控制高深知识和方法的社会机构、学术组织。[2]就大学而言，我们所说的知识通常包括学科内容、思想方法及理智技能，如专业知识、人文知识和方法知识，是个广义的概念。而作为大学基本材料的高深知识有其显著的特征：其一，它具有专门化的性质，大学其实就是由若干学科专业组成的，这种专业日益增多的现象已成不可遏止的趋势。其二，高深知识的自主性程度越来越高，即专业与专业之间的距离不断扩大，越来越多的知识领域表现出内在的深奥性和固有的自主性。其三，高深的知识已成为一项永无止境的工作并成为学术组织得以发展的一项主要职能，而完成探索未知世界和不确定事物，以及促成每一专业都能实现跨越自己的专业界限，进入目前尚未标界的领域，则必须赋予教授对学术发展的发言权、决定权。其四，高深知识具有继承性，即各门学科都是历史发展的产物，一门学科的创设甚至需要几代人的努力。其五，高深知识的传播及创造活动即学术活动，其划分和组合有两种基本的方式，即根据学科进行划分和组合及根据院校划分和组合。由此产生学术组织的层次：大学及院、系。这些综合性的学术组合体一方面把不同学科专业的专家学者联系在一起，另一方面又把专家教授、为保证学术活动正常进行的服务和行政管理人员以及学生维系在一起。学者教授则是产生和控制高深知识的源泉和载体。因此，布鲁贝克认为，教授应该广泛地控制学术活动，因为他们最清楚高深学问的内容，因此他们也就最有资格决定应该开设哪些科目和课程以及如何讲授，他们最有资格决定谁有资格学习高深知识，谁已经掌握了知识应获学位，谁有资格成为教授。综上关于高深知识特征的分析，可得结论：大学是由高深知识及其集结——学科主宰的，而高深知识及学科又是由教授、学者主宰的。依此推理，教授自然成为大学这一学术组织发展的决定力量。因此，教授"治校"的理论基础得以成立。

　　实践的基础问题从管理的角度切入比较容易理解。在大学内部：从学术体系分，横向结合的单位为部类（sections），纵向的联系为层次（tiers）；从行政体系看，横向的区分为部门（sectors），纵向的区分为等级（hierarchies）。即便是以知识领域为出发点的学术体系的区分，"为了完成任务每一个主要层次都引申出了下层结构"[3]，一般大学通常有大学、学院、学系（讲座、研究所）三个层次。这些层次，其纵向不仅有学术的联系更有行政的联系，这实际上就是一种等级关系。但相对其他组织，大学内部具有相对独立性的层次要少得多，上级层次对下级层次的控制也相对较弱，各层级都有各自必需的学术权力以确保自己行动的独立性、正确性。然而，不管怎么说大学仍然是需要层级管理的组织，否则我们无法想象它如何把那么多有独立思想、富有知识和自主行动要求的教授凝合起来并且目标一致地高效运作起来。科层制在带来可观的管理效率的同时，确实会滋生官僚主义及行政权力过大的问题。诺贝尔物理奖得主温伯格曾说过："在大学里专家和研究者是皇帝。"[4]话虽说得有些夸张了，但教师的主体地位是不可小视的。此外，科层管理目标的过分明细性与大学学术目标的宽泛性也不甚兼容，科层管理方法缺乏对民主管理的吸纳，与大学必须依靠教授的力量来制定学术政策、规范学术活动也格格不入。因此，对于大学这样一个特殊的组织，其科层管理的方式必须进行较大的改革，以使它能充分发挥和运用教授的主观能动性和智能，以满足教授学术自由、学术自主的要求，体现大学的学术性和既按目标管理又按民主管理的灵活性。而教授"治校"是将科层权力与学术权力合理平衡的有效途径，此即教授"治校"的实践基础。

三、教授"治校"理念对校长治校的影响

随着国家和社会对大学地位和作用的日益重视与依赖，大学自治的权力必然会由于国家和社会更频繁地接触和介入大学而相对削弱。此外，大学自身规模的膨胀和内部事务的日益增多，导致了大学尤其是巨型研究型大学管理的复杂程度大大提高。大学存在的宏观和微观环境的这样一种变化，使西方中世纪大学教授"治校"的传统失去了往日的辉煌，其自身的局限性也日益凸显出来。譬如，尽管由于大学复杂的学

科和科层组织交叉的内部结构，使教授本身就隶属于两种完全不同形式的组织，但他们的精力和能力所长却难以同时兼顾两种组织的不同责任，即难以兼顾学术和管理工作，一些学有造诣的教授更愿意心无旁骛地把时间和精力集中于自己的学术工作。此外，教授参与决策往往缺乏全局观和长远性，他们考虑问题的视野和角度容易受到自己学科专业的局限，再加上没有治校的经验和缺乏对学校整体发展的了解和思考，难免就事论事。再者，双重角色使他们在决策中容易处于两难境地，在维护学术自由和忠诚学校的选择中，他们更有倾向前者的可能，这对强调管理效率的治校是不利的。正是上述原因的存在，包括欧陆大学在内教授"治校"整体上呈式微的趋势，即教授权力不再像中世纪大学那样在大学管理中事事都起决定性作用。譬如，在法国大学的理事会中，教授代表只占这个由校长主持的最高权力机构的40%—45%。

但是，各国大学的校长尤其是名府名校的优秀校长无不重视教授"治校"的作用，他们对教授"治校"理念的接受并付诸治校实践的最好体现，就是对教授之权力——学术权力的认可、尊重及自觉地建构和发挥其作用。对美国及中国大学来说，教授"治校"就是校长推动的结果。

美国最早的一批大学都是沿袭剑桥等英国古典大学传统的产物，如哈佛学院（1636年）、威廉·玛丽学院（1693年）、耶鲁学院（1701年）等。但它们在管理模式上都与中世纪大学的教授"治校"大相径庭，董事会作为大学的最高权力机构负责学校的财政、财物和校务的管理及校长的选任等。然而300多年之后，教授"治校"却成为美国大学民主治校的一大特色甚至比欧陆大学更凸显其作用。究其根源，有耶鲁大学数任校长率先推动的作用。1795年蒂莫西·德怀特（Timothy Dwight，1795—1817年任校长）作为耶鲁学院的第8任校长执掌耶鲁，尽管他是一位有非凡才干又非常自信且不乏发号施令习惯的校长，但他在欧洲大学教授"治校"理念的影响下，利用校长的特权指定了3名教授组成教授会，以期能与之共商学校大事。其后，教授会的成员之一杰里迈亚·戴（Jeremiah Day，1817—1846年任校长）成为德怀特的继任者，他把教授视为可以信赖的朋友，凡学校管理之大事均与教授们商量。而西奥多·伍尔希（D. Woolsey，1846—1871年任校长）则在自己的任期内努力把教授会作为一种制度固定下来。经70多年三代校长的努力实践，教授"治校"获得了董事会的承认，成为一条校规。到了第 13 任校长亚瑟·T. 哈德利（Arthur T. Hadley，1899—1921 年任校长），耶鲁已是以"教授会立法，校长同意，校董事会批准"[5]为管理模式的极有影响的大学了。正如斯坦福大学校长卡斯帕尔所言："各校正在令人难以置信地分权。安排课程和聘教师的权力已不在大学校长手中，而由各系和各学院决定。"因为，"我们的立足点是专家取舍"，而"人们认为这一现状是由自然法则决定的"。[6]

在中国，推行教授"治校"贡献最大者首推蔡元培和梅贻琦两位校长。蔡元培在出任教育部总长的当年（1912 年）就亲自起草并颁布了《大学令》。其中 4 条为教授"治校"之规定。1917 年蔡元培虽以强势校长架势执掌北大校政，却努力践行了自己教授"治校"的理念，他不仅强调"北大校务，以诸教授为中心"[7]"以专门学者为主体"[8]，从而使北大从校、系两级都实现了真正意义上的教授"治校"。梅贻琦并非清华大学教授会、评议会的首创者，但是他从制度的建设和完善上赋予了教授"治校"的真正地位，朱自清先生充满感情地说："梅月涵先生是难得的这样一位校长……他使清华在这七八年里发展成一个比较健全的民主组织。同事都能安心工作。他使同事觉着学校是我们大学的，谁都有一份儿。"[9]

新中国成立后，我国大学不再提教授"治校"，其原因固然有体制方面的原因，亦有对教授"治校"内涵的模糊甚至误解的因素。但这并不意味我们已全部舍弃教授"治校"。因为，尊重知识、尊重知识分子，依靠教师办学亦为新中国之主张，并在诸多有识有为之大学校长的治校实践中得以体现。典型者如政治家校长匡亚明先生，在执掌吉林大学时他为有效发挥教师在办学治校中的作用，明确规定校务委员会的常委会必须由知名学者教授组成，而当时吉大实行的领导体制为党委领导下的校长为首的校务委员会负责制，因此从权力看，昔日校务委员会非今日校务委员会。同时他要求在校务委员会下设分别由教授组成、由主管教学科研的副校长任主任委员的教学工作委员会、自然科学工作委员会和社会科学工作委员会，分管全校的教学工作、科学研究和学报工作。目前我国大学虽不设有决策性质的教授会，但几乎所有高校都设有咨询作用的学术委员会及各种专业委员会，从而说明专家教授参与治校的民主管理思想依然在我国大学具有影响并受到一定程度的重视。

四、教授"治校"的实现机制

1. 建立教授委员会，与行政机构划分权力

由于大学凡关于发展规划、资源配置等方面的决策都与学术评判密切关联，因此教授会的咨询或决策意见受到大学的高度重视。譬如在美国、日本等国，校、学院一级的教授会都是学术权力机构，具有相当大的实权。在美国，教授会几乎包揽了包括制定大学整个学术方针、政策、规划及评聘、任命教师在内的所有学术事务的决策权。而日本大学的教授会亦有很大的职权，除教学、科研及教师选聘、提升等学术事务均由教授会讨论决定外，有些大学的教授会还负有选举大学理事、评议会成员、校（院）长及学校财务管理等职责。校长对学校的管理通常是通过定期召开评议会或教授会并根据这两个决策机构的审议结果作出工作安排进行的。在欧陆国家，教授组织的权力虽不及美、日等国显赫，但教授在基层学术组织中占有绝对支配地位。如在德国大学称之为最小教学科研单位的"学术机构"，其讲座教授或其他责任教授不仅有权决定各种资源的分配使用，甚至掌握一定的人事权。此外，行政和学术的分权还体现在设于教授会之下的若干专业委员会，从而使教授会的学术权力获得了现实的、有效的发挥和运用。如加州大学伯克利分校的教授会下设了20—30个委员会，如经费预算委员会、科研委员会、教学委员会、学术规划委员会、教育政策委员会、教学学科委员会等，这些委员会在各自的职责范围内有绝对的权力，其成员则由教授会选举产生的常务委员会指派。加州理工学院虽是个规模较小的大学，但其教授会下也设有22个委员会。由此可见，在美国等西方大学，其教授会并非只是一种装饰门面的花架子，在大学的内部管理中确实起着学术事务决策的作用。

2. 教授参与决策和学校管理

除美国、日本等少数国家的教授会对大学学术事务起决定作用为决策机构外，多数国家的大学在学术权力和行政权力的协调平衡问题上采取的主要途径是吸纳教授进入学校各级决策机构，并且在这些决策机构中占绝对的数量优势。如德国的最高决策和管理机构分别是校代表大

会、评议会、理事会，它们的职责分别为：校代表大会的职能一般为选举校长、副校长，听取校长工作报告，公布和修改学校一般规章制度，处理大学政策原则性问题如大学改革问题，选举有关各委员会的成员等；评议会为大学最主要的管理机构，涉及学校几乎所有事务并协调校内各院系的关系等，下设教学委员会、科学研究委员会、组织计划和财政委员会等常设委员会以处理日常有关事务；理事会则为校代表大会的执行机构。上述这些机构由教授，学生，学术、艺术性协同工作者（主要指教授的助手）和助教，以及其他员工等四类人员按比例选举产生，其中必须以教授为主。如《巴伐利亚高等学校法》规定：校代表大会由 159 名代表按 6 : 2 : 1 : 1 比例构成。对涉及包括教授聘任等在内的学术事务决策机构，法国大学要求教授的席位即表决票必须占压倒的绝对多数。此外，法国大学还设校学术委员会，但它只是起确定学校科研方向、分配科研经费等作用的咨询机构，其成员必须由教师和研究人员构成，教授必须占半数以上。德国大学的最高决策机构为成员不超过 70 人的理事会，理事会选举产生校长并对学校所有重大问题进行决策；理事会的成员由教授、学生、行政人员及职工、校外人士按比例组成，其中教学、科研人员占 40% —45%。英国大学的内部管理体制比较复杂，其校级决策、管理机构为董事会、理事会和评议会。董事会为学校最高决策机构，其教授约占 1/3；理事会为大学之所有学术问题的最高管理和执行机构，教师人选占 50% 以上。如伦敦大学其理事会下设学术委员会、学院委员会和学校考试委员会。这三个常设委员会学术性很强，教师所占比例较大，尤其是学术委员会，其职责是对理事会提供指导并执行理事会的授权。

五、完善我国教授"治校"制度的建议

1. 完善教职工代表大会制度

遵从《中华人民共和国高等教育法》第四十三条要求，进一步建立健全"以教师为主体的教职工代表大会"制度，使教职工参与学校民主管理和监督的权利落到实处。如英国大学的教职员大会选举名誉校长，并对校务、教务等一切重大问题提出意见；在牛津大学，全校的教职员大会是最高权力机构，牛津大学等大学的校长是由教师大会选举产生的。德国大学的情况如前文所述，其校代表大会的实权就很大，因此为凸显教授在校代表大会中的地位作用，《联邦高等学校总纲法》规定，校代表大会教授代表的席位和表决票必须占绝对多数。针对我国大学教代会存在的问题，应当立法规定高校教代会的职责并确定教授代表的比例，以此确保教授参与学校重大问题决策的发言权和主动权。

2. 建立健全校务委员会制度

在新中国成立初期，我国实行过党委领导下的校务委员会负责制及党委领导下的校长为首的校务委员会制度。现在有些大学还保持着这样的管理层次。但是校务委员会还是一种纯行政权力的机构，只是更注意吸纳各级行政权力代表参与学校决策的民主管理形式，教授还不是注意的对象。其实国外和我国早期大学的理事会、评议会的性质与校务委员会十分相似，有所不同的是其成员中教授居多。如牛津大学的理事会为负责政策制定的决策机构，每周开会一次故又称每周校务会，该理事会由25人组成，其中校长（实际不出席）、副校长（为实际主席）、学监、财务干事、候补副校长等7人为当然成员，其余18人由教师大会从有影响的高级教师中选举产生。若校务会提出的议案遭到18人中的6人反对，该议案若还希望通过就必须交教师大会投票决定。梅贻琦执掌清华大学期间亦强化了教授"治校"的作用，由他主持制定的《清华学校组织大纲》明确规定了校评议会的职权。[10]借鉴英国大学和蔡元培、梅贻琦校长的治校经验，建议建立校务委员会为大学行政事务的最高决策机构。在这个机构，不担任任何行政职务的教授应当有一定的比例，以保证来自校长等行政权力系统之外的学术权力也享有一定参与学校行政事务决策的权限。

3. 建立健全学术委员会制度

依据《中华人民共和国高等教育法》第四十二条，建立健全学术委员会制度，以确保学者专家参与学术事务决策的权利落到实处。在当前我们还未形成应当建立大学教授会的共识，或者说大学成立教授会的条件尚未成熟前，通过对学术委员会职能及组织形式的适当改造，使之成为大学之学术事务的最高决策机构，如审议和决定校内的有关学术政策和制度的制定，学科、专业的设置，教学、科研发展的计划，教学科研成果的评定，教授的晋升评聘，甚至按上级部门设定的高校领导干部要求推举正、副校长的候选人，等等。这样，使学术委员会具有与欧美大学教授会相接近的职能。

4. 建立和健全专业委员会及学科委员会制度

从学术委员会的组成来看，它虽为包括校长等学术行政官员及各学科优秀之教授的集合，具有学科力量的综合优势，能避免了决策中的片面性、褊狭性，但它过于庞杂，不具有专业决策的长处，由此必然导致其在决策准确性上的欠缺。譬如，学术委员会对教师评聘晋升具有决定权，但多数大学教师的晋升评聘过程并没有一个专业性很强的咨询程序，因此造成学术委员会委员完全凭个人的感觉操纵申请晋升者生杀大权，导致杂家评专家现象。大学的学术事务是复杂多样的管理活动，有诸如学术政策制定这样具有普遍性、共同性的学术决策问题，但更多的却是操作性很强的专业性的决策问题。譬如教学有教学的规律性，学科建设有学科建设的规律性，科研有科研的原则，学位评定有学位评定的原则，学科专业、课程的设置、教材的选择、各学科教师的任用和选聘等等都有其学科、专业的特殊性和专门的要求。所有这些关于学术事务的决策均交给学术委员会去作决定是不严肃的，表面上这是对教授权力的重视，但效果并非如意，更像一种形式。正因此，美国大学的教授会才设有众多的专业委员会，以分解学术事务的决策，使之更具专业性。而英国大学如伦敦大学出于学术决策科学性的需要，设有57个学科委员会、4个学术咨询委员会和14个专门咨询委员会。因此，建议我国高校在学术委员会下建立若干诸如教学委员会、科研委员会、学位委员会等，并在各学院（系）建立学科委员会，这些委员会均由教授选举产生为学术委员会咨询机构，凡专业性较强的学术事务决策，必须先经各相关专门委员会或学科委员会的专业咨询提出建议方案后，学术委员会在此基础上进行决策。经此学术权力的分散和学术权力中心的下放，亦有利于对学术委员会学术权力的控制，不至于被滥用。

今日中国大学与欧美大学一样，已经变得越发复杂和多样化。大学对有效战略领导的需要与建立和完善现代大学制度具有同等的意义。我们决不能借去行政化而忽略赋予大学校长治校权的重要价值。在管理模式或权力结构选择构建中，大学校长必须找到学者目标与学校目标、学术标准与社会标准同存共融的途径。

参考文献

[1] 李兴业. 巴黎大学 [M]. 长沙: 湖南教育出版社, 1988: 23-24.

[2] [3] 伯顿·R. 克拉克. 高等教育系统 [M]. 王承绪, 等, 译. 杭州: 杭州大学出版社, 1994: 11, 41.

[4] 吴斯人. 优秀大学校长面面观 [J]. 大学教育论坛, 1993 (2).

[5] 陈宏薇. 耶鲁大学 [M]. 长沙: 湖南教育出版社, 1990: 24.

[6] 罗恩·盖尔斯. 改造大学 [J]. 国外高等教育快讯, 1996 (8).

[7] [8] 高平叔. 蔡元培教育论著选 [M]. 北京: 人民教育出版社, 1991: 469, 450.

[9] 周川. 梅贻琦与清华大学 [J]. 大学教育论坛, 1991 (1).

[10] 刘述礼, 等. 梅贻琦教育论著选 [M]. 北京: 人民教育出版社, 1993: 193-194.

（眭依凡系浙江师范大学教授，博士，华东师范大学兼职博士生导师；王占军系浙江师范大学田家炳教育科学研究院助理研究员，博士）

□ 马雷军

论大学内部事务的司法介入

大学自治是大学制度的基础和核心，大学自治与学术自由一起构成了大学的灵魂。正如布鲁贝克所指出的，失去了自治，高等教育就失去了精华。[1] 而在当今社会中，大学自治与外部干预之间的冲突时时凸显，其中司法干预作为一种强制性的大学外部干预手段，其能否介入大学管理的具体事务中，始终是教育学界和法学界关注的焦点。

一、司法介入大学内部事务的历史演变

自中世纪大学产生至今，大学的自治权经过了一个从无到有的过程，而司法权与自治权在高等教育发展史上的冲突，也在不同的时期有着不同的表现形式。

（一）中世纪大学自治权的获取

真正意义上的大学产生于中世纪的欧洲。当时最早产生的大学有意大利的波隆那大学、法国的巴黎大

学等。这些大学自产生之始，就为了争取自身的自治权而同教会以及世俗的政权发生了持续的斗争。在与教会以及世俗政权斗争的过程中，这些大学逐渐获得了包括内部自治权、免除赋税和免服兵役、罢教和迁徙权、行乞权在内的多种特权。

教师和学生行会拥有大学自治权是欧洲中世纪大学最突出的特征之一。随着大学的发展，这些自治权的范围逐渐得到拓展，包括招收学生和邀请学者、控制人员编制、自主确定教学内容和授课、颁发教学证书和学位、自主管理大学教学和行政等。大学还有迁移的权利，如果大学受到本地当局、其他行会或市民的勒索或遭受迫害，大学有权停止讲座，甚至可以迁移到其他城市。此外，大学享有司法权，对违背法律的学者和学生进行处罚，不受所在司法当局的干涉。

可以说，自治的制度确保了中世纪大学的存在和发展。[2]在此后的大学发展过程中，洪堡将大学自治作为一种大学理念，在高等教育的办学过程中加以确立和完善，创造了德国高等教育发展的"洪堡时代"，也最终奠定了大学自治的历史地位。

（二）国外大学自治中的司法干预

在大学自治的理论指引之下，西方各国大学开始逐渐确立其大学自治的范围，包括与学生学习、研究和教育教学直接相关的学术事项。为保障大学的学术自由，一些国家开始将保障学术自由写入宪法等基本法律中。1848 年，在德国《保罗教会宪法》第 152 条当中首次将学术自由纳入保护范围。1919 年德国《魏玛宪法》传承了《保罗教会宪法》保障学术自由的精神，并将其规定在第 142 条。《德国基本法》《意大利宪法》《日本宪法》《大韩民国宪法》都有学术自由的规定。[3] 1949 年的《民主德国基本法》、1978 年的《西班牙宪法》、1975 年的《希腊宪法》也将学术自由纳入规定。[4]学术自由的法律化为大学自治奠定了立法的基础，为大学自治的实现提供了法律的保障。联合国教科文组织在《关于高等教育的变革与发展的政策性文件》中也指出："必须给予公立高校和认可的私立高校一定程度的法定的自治权，允许它们针对实际情况在社会中发挥其创造、思考和批判的职能。"

但司法能否介入大学内部争议的救济中，大陆法系国家与英美法系国家采取了不同的理论基础、立法方案和司法原则。

1. 大陆法系国家司法对大学事务的介入

在大陆法系的德国、日本等国家，在处理大学自治与司法干预的关系上，早期逐渐建立了以特别权利关系理论为依据的处理模式，司法很难介入大学内部争议的处理中。但随着时代的发展，特别权力关系理论在大陆法系的司法实践中开始动摇，司法开始有限度地介入大学事务的纠纷处理中。

在20世纪70年代，联邦德国宪法法院在判例中使用了"重要性理论"。该理论放弃了对以往司法救济不能介入大学事务的特别权力关系理论的传统观念，开始让司法审查介入大学内部争议的审查中。法国的司法系统也采取了重要性理论的判断标准，即法院对于学术纠纷只进行程序上的审查。即使在学生管理问题上，司法对高校权力的审查也是有限的，只有涉及重要的学生权利时才能提起行政诉讼。[5]

日本在第二次世界大战之后，将特别权力关系的行为区分为内部行为与外部行为两种。内部行为是指不涉及相对人的权利义务，单纯为特别权力关系内部的行为，对内部行为不得提起行政争讼；外部行为是指涉及相对人个人权利义务的行为，法院可以进行司法审查。[6]

2. 英美法系国家司法对大学事务的介入

在英美法系的国家，由于其司法形式和大陆法系有很大的不同，同时学校与政府关系也存在极大的差异，所以其司法对于大学事务的介入也与德国、日本等典型的大陆法系国家有很大的不同。例如，在美国，没有把公法、私法作截然两分的传统，公立、私立学校受许多相同规则的约束。同时，由于政府和学校之间长期以来是一种松散型的关系，即使对公立学校，政府往往也只是通过拨款、评价等间接的手段管理。因此，学校享有大量的自主权，对学生的管理往往是基于一种契约关系。[7]另外，英美法系国家大多是以判例形式确立自己的基本司法准则，其对高校纠纷的介入是有限度的。

美国司法有尊重高等教育自治的传统，尽管司法审查对高等教育管理的介入事件越来越多，但美国司法界仍然坚持以"学术节制"作为介入学术案件的基本原则。所谓学术节制原则，特指法院对那些虽在其管辖内的案件，但拒绝介入学术程序及代替学术官员作出判断的一种态度。它表明了美国司法界对学术自治的尊重。当法官被要求审查一个纯粹学术判断的时候，只要不能证明学校有根本未作学术判断等严重偏离公认学术准则的行为，就不能对其实质性内容加以审查。司法上的学术节制原则在美国法院介入高等教育问题，尤其是在学生是否合格及其他纯学术问题上更为突出。[8] 例如，在 20 世纪 70 年代，霍洛维茨诉美国密苏里大学管理委员会一案体现了司法对学术领域的尊重。在该案中，法官拒绝对由学校专业人士作出的学术鉴定进行合理性审理，充分地体现了学术节制的原则，表现出司法体系对于学术领域的尊重。

（三）我国大学自治中的司法干预

在新中国成立之后的前 30 年，政府对公立学校基本上采取全面、直接控制的方式，公立学校很难真正地享有大学的自治权。政府不仅为公立学校提供场地、设施、经费、人员、学校制度等学校存在必备的外在条件，而且也具体负责教育的内部事项。所以说前 30 年基本上是行政权力全面掌控教育的历史，这与当时的计划经济体制也是相一致的。[9] 改革开放之后，我国高等教育办学逐渐进入了法治化的轨道，《教育法》《高等教育法》《学位条例》的出台，使高等学校建立起了独立法人的体制，为大学自主管理内部事务奠定了法律基础。由于大学独立法人地位的确立，涉及大学事务的种种纠纷开始从内部申诉、行政复议转向寻求司法领域的救济。其中刘燕文诉北京大学案、田永诉北京科技大学案成为司法介入大学内部纠纷的标志性案例（后者还被载入《中华人民共和国最高人民法院公报》），表明了国家最高司法机关对于司法介入大学内部管理的积极态度。

自刘燕文案和田永案之后，我国陆续发生了大量学生、教师诉高等学校的案件。在这些案件中，有相当数量属于平等民事主体之间的民事诉讼，例如高等学校中学生伤害案件、学生隐私权诉讼案件等。另外还有一部分基于学校学术评价、学籍管理、校级惩戒等方面的案件，这部分案件无论是在司法实践当中，还是在理论讨论当中，都存在非常大的争议，以致相似的案件在不同的法院得到了截然相反的判决。这类案件的焦点即在于司法能否对大学的内部事务进行干预，例如中国人民大学王利明教授就针对刘燕文案件提出：学术评价属于高等院校的自主权，海淀区法院受理刘燕文案妨碍了高校的自主权，国外也没有法院受理的先例。法院不能做力所不能及的事情，如果做了也是无法执行的，那是司法资源的浪费，因为学术问题太复杂，法院的受理代替了一种学术评价。[10]

由此可见，我国目前对于因高等学校内部管理产生的纠纷，是否可以采取司法救济的手段，以及司法救济的干预程度如何等问题，还存在很大的分歧。学理和立法上的争论，导致司法机关在司法实践当中受理案件和审理案件的标准及依据不统一，使得当事人的合法权利以及高等学校的正当自治都受到不同程度的影响。

二、司法介入大学内部事务的理论基础

（一）特别权力关系理论

公法上的特别权力关系理论起源于德国。所谓特别权力关系，是指基于特别原因，即法律的直接规定，或自主同意，服从于国家或公共团体的特别支配权这样一种关系，特别权力关系是与法律上的一般权力关系相区分的。在一般权力关系当中，一个国家的法律对于其法律管辖范围内的全部公民、法人或组织等法律主体都产生管辖效力，而特别权力关系只是特定机构与一定范围内的特定公民之间发生的法律关系，这种法律关系的当事人之间必须要有一个特定的联结点才能发生。例如学校与学生之间的特别权力关系是因为某公民具有特定学校的学籍才成立的。在实践中，特定机构与公民之间的特定关系可以分为两大类，即受私法调整的特定法律关系和受公法调整的特定法律关系。前者如医院与患者之间的关系，受私法的调整，属于私法上的特别法律关系，不具有特权性质；后者如行政机关与公务员之间的关系，受公法的调整，属于公法上的特别法律关系，具有特权性质。只有受公法调整的特别法律关系，才属于特别权力关系。[11]特别权力关系是一种特殊公权力的行使，排除依法行政、法律保留原则的适用，可以在没有具体法律依据的情况下限制相对人的自由，干涉其权利，且对于权力之内容不得作为争讼的对象。如果按照绝对化的特别权力关系理论，大学可以拥有绝对的自治权，从而将司法对大学事务的介入排除在外。

（二）基础关系与管理关系理论

在特殊权力关系当中，过于强调特别权力一方的权力，而对于特别权力关系中相对人的权利保护不够，这就使得公民的司法救济权被完全剥夺，一旦其基本权利受到特殊权力关系中行使权力一方侵害的时候，只能通过内部机制进行解决。这就很容易使得大学自治的权力被滥用，从而侵害大学中教师和学生的基本权益。所以，特别权力关系理论在发展的过程当中，逐渐地得到修正，以符合法治社会的要求。

在这种背景之下，德国法学家乌鲁教授在 20 世纪中期将特别权力关系理论区分为基础关系和管理关系（经营关系）两种基本类型。所谓基础关系，又称外部特别权力关系，是指有关特别权力关系的产生、变更及消灭的关系，这种关系的实质在于使特别权力关系中的特权主体与相对人之间的权利义务关系存在或消灭。所谓管理关系，又称内部特别权力关系，是指为了达到行政之目的，特别权力主体所为之一切措施，即特别权力关系的特别权力主体对相对人实施的管理。基础关系应当遵守法律保留原则，在基础关系上发生的纠纷可以通过司法救济的方式解决；在管理关系内不必严格地遵守法律保留原则，在管理关系上发生的纠纷不可以通过司法救济的方式解决。[11]例如学生的入学许可、退学、开除、毕业证及学位证的授予等，属于会引起特别权力关系产生、变更及消灭的行为，应当遵循法律保留的原则，将其纳入行政诉讼审查的范围。而属于特别权力关系秩序的维持与管理行为，如对学生的警告、记过等纪律处分，则不纳入行政诉讼审查的范围。这种理论将基础关系从特别关系中剥离，使特别权力关系的范围大为缩小。

1972 年，联邦德国宪法法院在判例中使用了"重要性理论"，该理论放弃了对以往司法救济不能介入大学事务的特别权力关系理论的传统观念，承认在特别权力关系中，只要涉及人民基本权利的重要事项，均应由立法规定，也均可寻求法律救济。[12]对特别权力关系理论的扬弃，使得司法介入大学自治有了理论上的基础，大学自治的绝对性也因此受到了一定的限制。

三、司法介入大学内部事务的实践分析

（一）司法介入大学内部事务的合理性分析

1. 司法介入是高等学校实现大学自治的保障

大概没有任何打击比压制学术自由更指向高等教育的要害了[13]，大学自治拒绝司法介入最重要的理由莫过于对学术自由的维护。但是正如迪特里希·戈尔德施米特所指出的："一个更具有根本性的论点是：教学和科研在成为完全自治的活动或受到严厉监督的时候，它们都会受到损害。"[14]假如包括司法在内的各种外界因素过分地介入大学事务中，大学失去了自治权，必定会影响大学的学术自由，对大学产生致命的打击，使大学丧失产生和传播高深学问的地位。但是绝对的大学自治，使大学完全摆脱外界的监督和制约，对于大学的发展也是不利的。所以大学自治与司法等国家和社会的外部干预是相互并行，缺一不可的，过分地强调大学自治，就有可能造成大学自治权的滥用，甚至侵害大学内部的学术自由。对学术自由的威胁不仅来自大学之外，而且来自大学本身，来自大学自治。因为无限制的大学自治将常常使大学流于保守与偏激，排斥新思想和创新精神，从而危及学术自由。而过多的外界干预，又有可能造成大学自治权的丧失，进而影响高等教育的办学质量和办学方向。布鲁贝克因此认为："学术自治和学术自由的边界，政府和国家力量干预的限度，大学参与社会的程度与方式等等，一直是高等教育哲学的主题。"[15]

司法介入作为国家和社会对高等教育进行干预的一种方式，守护的是一个国家和社会的行为底线，是一个大学行使自己的自治权时不能触碰的最后一道底线，所以它对于大学正确行使自己的自治权，合理保障自己的学术自由具有积极的意义。

2. 司法介入是大学师生实现基本权利的保障

法治国家有两个基本的要求，其一是国家要制定有良好的法律，其二是制定的良好法律必须得到严格的遵守。作为国家根本大法的《宪法》以及《民法通则》《侵权责任法》《教育法》等基本法律规定了公民的一些基本的权利，例如生命权、健康权、隐私权、名誉权、受教育权等等。而一个人进入大学，也并不意味着他们对这些公民基本权利的放弃。

在大学的内部事务管理当中，如果侵犯到大学教师、学生的这些基本权利，仅仅通过大学内部的救济机制来解决，就很有可能造成大学既作为运动员，又作为裁判员的情况出现，而且司法部门也是专业性非常强的一个机构，大学对其功能的替代必然无法保障最终裁决的公正性和公信力。从这个角度讲，司法介入大学内部事务也是必要的。

（二）司法介入大学内部事务的基本原则

1. 法律保留原则

在大学自治的权力行使当中，必须遵循法律保留的基本原则，即对于影响公民最基本权利的公权力，只有在法律授权时，得到授权的机关或组织才能行使。在行政法律的范畴内，没有授权即为禁止，这是一条不可逾越的行政权力行使底线。对于代为行使部分行政权力的高等教育机构来说也是如此，大学行政权力的行使一定要得到法律的授权，对于法律没有授权的权力，大学不得擅自越权行使。法律保留原则要求高等学校在制定章程和其他自治规则时，在法律、行政法规、地方性法规、规章没有现行规定的情况下，不能自行设定规则的内容，以限制相对人的权利。

2. 学术禁入原则

大学是产生高深学问的地方，具有极强的专业性。作为司法机关的法官，虽然本身也有一定的专业知识，但是由于跨学科的原因，其对于大学当中的学术事务也很难形成是非方面的准确判断。例如在刘燕文一案中，原告方就提出"一个学界泰斗面对他所基本不懂的学科争议时，与北京大学学五食堂的师傅并没有什么区别"的观点，极有力地说明了法官介入学术问题的危险性。

3. 程序介入原则

虽然因为高深学问的专业性，司法不能介入学术性事务，但是并不意味着所有涉及学术性的事务司法均无法介入。学术性事务本身又可以分为实体性的学术性事务和程序性的学术性事务。其中，实体性的学术性事务是指大学中的专业人员基于自身的学术水平对学术性问题作出的决定或者判断，例如大学教师职称评聘中的学术性评价。程序性的学术性事务是指大学中的专业人员对于学术问题作出决定或判断的程序或者步骤。如果程序性的学术性事务具有瑕疵，就很有可能影响实体性的学术性事务的准确性。作为司法机关的法官，虽然对于实体性的学术性问题不能作出判断，但是其可以对程序性的学术性事务是否具有瑕疵作出准确的判断。

（三）司法介入大学内部事务的基本范围

1. 民事纠纷与行政纠纷的不同介入

如果大学成员和大学自身作为平等的法律主体发生争议，其受案范围属于民事诉讼的受案范畴。在民事案件当中，一般是不会涉及学术因素的，因此大学内部民事纠纷的解决是可以通过司法途径的，其介入是不会影响大学的学术自由与大学自治的。

而假如大学与其成员作为不平等的法律主体，即处于管理与被管理关系的情况时，其受案范围属于行政诉讼的受案范畴，这类案件的受理不仅要满足行政诉讼法规定的一般条件，而且还要避免对其中纯学术问题的介入。如上所述，司法对学术问题的介入缺乏专业与权威的判断，只能导致大学自治与学术自由内涵的丧失。但这并不意味着司法对所有大学内部行政法律纠纷都采取回避的态度。

2. 学术性纠纷与非学术性纠纷的不同介入

对于大学内部的行政性质法律纠纷，还要区分其属于学术性纠纷还是非学术性纠纷。对于学术性纠纷，其介入有可能影响高深学问的治学，所以对这种纠纷应当尊重大学内部的处置，或者将其纳入其他救济方式当中，司法不宜介入。

对于大学内部的非学术性纠纷，司法的介入是妥当和可行的。在符合一般行政案件的受案条件时，司法机关应当予以受理，此时简单地以不属于受案范围不予受理的情况反而有可能造成大学成员基本权利的救济丧失。法院应当按照《高等教育法》等法律对大学自治的授权，对照案件的具体情况进行审理，对大学是否超越权限、滥用权力或者怠于履行责任的情况进行审查。

3. 程序性纠纷与非程序性纠纷的不同介入

对于大学内部的学术性纠纷，如果原告以大学的程序性瑕疵为由提起诉讼，而且也符合一般行政案件的受案范围，司法机关也应当审慎介入。在欧美司法当中，有"毒树之果"的法谚，意思是不正当的程序不可能得到正确的结论，大学内部的学术性纠纷也是如此。即使参与学术性决定的都是学界的权威，但是假如学术性决定的程序存在瑕疵，就很有可能造成结果的不当。无论是刘燕文案还是田永案，当事人都是以程序瑕疵为由提起诉讼的。除此之外，如果当事人单纯以大学内部的非程序性学术纠纷有误为由提起诉讼，司法机关都是应当坚决回避的。

综上所述，司法机关对于大学内部事务的介入犹如一把双刃之剑，恰当合理的介入既可以保障大学的合理自治，维护大学的学术自由，也可以使其成员的基本权利得到必要的法律救济。但是，一旦其介入分寸把握不当，又可能危及大学的自治或成员的权益。所以无论是学理探讨，还是司法实践，都应当对其介入采取积极而谨慎的态度，在尊重人的基本权利与大学基本性质的基础上确立适当的介入标准。

――――――――

参考文献

[1]［13］［15］布鲁贝克. 高等教育哲学［M］. 杭州：浙江教育出版社，1987：31，55，42.

[2] 王建华. 从理念到制度：对"大学自治、学术自由"的再思考［J］. 青岛化工学院学报：社会科学版，2001（3）.

[3] 胡肖华，倪洪涛. 从失衡到平衡：教育及其纠纷的宪法解决［M］. 北京：中国法制出版社，2007：9.

[4] 高家伟. 教育行政法［M］. 北京：北京大学出版社，2007：263.

[5] 田鹏慧. 中外高校权力司法审查所涉制度环境比较及思考［J］. 中国高教研究，2008（5）.

[6] 翁岳生. 行政法院对特别权力关系之审查权［M］//法治国家之行政与司法. 台北：月旦出版社股份有限公司，1994：60-61.

[7] 刘庆，王立勇. 高校法治与特别权力关系［J］. 政法论坛（中国政法大学学报），2004（6）.

[8] 韩欣欣. 司法审查介入高校学生管理纠纷的范围和原则［J］. 辽东学院学报：社会科学版，2006（4）.

[9] 周兰领. 政府与公立学校行政关系法治化论纲［M］. 北京：海洋出版社，2010：26.

［10］徐建波，胡世涛. 学位之争能否启动司法程序［N］. 检察日报，2000-01-10（3）.

［11］杨临宏. 特别权力关系理论研究［J］. 法学论坛，2001（4）.

［12］马怀德. 行政法制度建构与判例研究［M］. 北京：中国政法大学出版社，2000：310-311.

［14］约翰·范德格拉夫. 学术权利：七国高等教育管理体制比较［M］. 杭州：浙江教育出版社，1989：182.

（马雷军系中国教育科学研究院教育
政策研究中心助理研究员，博士）

□ 罗志敏

大学学术伦理准则文本探讨

学术制度是大学制度的重要组成部分，是指围绕学术活动而建立起来的一系列制度和规范。而确立一份学术伦理准则可以说是大学学术制度体系方案中的核心工作，也是学术伦理制度化实践中最基础性的工作。目前，从一些学术机构发布的类似于学术伦理准则的文本来看，格式与内容很不统一，有的以"意见""声明""办法"的形式出现，有的仅仅是处理学术不端问题的规定。本文针对这一问题，就大学学术伦理准则文本的相关问题作一探讨，以期为我国现实中大学学术治理工作提供有益的启示或借鉴。

一、建立学术伦理准则的必要性

所谓学术伦理准则，就是以制度化的形式把需要倡导的学术伦理价值观明确下来，从而使本来抽象的学术伦理价值观具有可操作性。这种道德实践原则也可以说是学术行为主体（如学术管理人员、学者、研究生等学术人员）具体的行为准则，它以一定形式规范制约着各相关主体人员的学术行为，并应明确告诉他们什么是对的、什么是错的，什么行为是应该提倡的、什么行为是应该被禁止的。与此同时，学术伦理准则也是在一般的、抽象概括性的学术伦理价值观与实实在在的学术实践生活之间的联系和统一中确立起来的，它更切合学术行为主体的生活实际，易为其所理解，且歧义较少，易于操作。

而作为社会最具代表性、学术人员最为集中的学术机构，大学更有必要在其内部建立一份学术伦理准则。其必要性主要体现在以下几个方面。

1. 有助于统一的学术伦理规范的形成

与学术伦理价值观这一抽象的价值观念不同，学术伦理准则必须通过一定的组织方法，用文字的形式表达出来并固定下来，以便展示具体的、明确的、系统的学术道德与行为要求，即从学术标准、学术态度、学术责任以及学术义务等方面都有规定，人们看得见、摸得着，便于把握和执行。否则，学术伦理价值观就会成为抽象的东西，从而丧失其可操作性。

过去，我国大学的学术由于受行政的干预比较深，鲜有职业意义上的学术伦理准则，大学教师等学术人员只能凭着自己的理解去把握学术伦理规范，这难免有很大的盲目性和随意性。要解决这一问题，首先要做的就是让大学教师等学术人员都能准确地把握学术伦理规范。此外，学术伦理准则还可以使学术伦理价值观更具有现实性和可操作性，能有效避免学术伦理价值观仅仅停留在道德说教和一般号召的层面上，并能防止学术伦理的规制人员（即学术管理人员）对学术伦理作出随意的理解和盲目的处置，减少学术伦理规制过程中的不确定和偶然性。

2. 有助于学术伦理价值观的内化

学术伦理价值观的内化也可以说是学术伦理规范从"他律"走向"自律"的过程。在一个稳定的学术伦理环境下，学术人员往往会通过学术伦理准则来预计自己相关行为的现实性后果，被伦理准则倡导的行为受到精神上或物质上的鼓励，而伦理准则反对的行为则将受到谴责或处罚。"这样反复多次，作为集体理性的伦理制度就会在行为人的内心扎根并且得到巩固，习惯成自然，最后成为人们心目中的一种道德无意识，成为道德行为选择的条件反射。"[1]

3. 有助于增强学术伦理价值观效用的普遍性和持久性

学术伦理准则是学术伦理的应有之义。在大学学术制度建设实践中，建立学术伦理准则，并不是因为大学教师、学术管理人员等学术人员天生就比别人缺乏从业道德或职业道德，而是因为这份准则对逐步形成大学的学术文化，以使每位学术人员都能按照学术规则行事来说，是迫切需要的。与此同时，学术伦理准则也是相关学术人员从事学术活动以及学术管理部门进行学术治理的最高指导原则，是制定相关配套学术制度及其实施细则的基础和前提。

二、学术伦理准则文本的内容安排

学术伦理准则文本就其包含的内容来讲，应包括学术伦理价值观和学术伦理规范两个主要部分。

1. 学术伦理价值观

学术伦理价值观，是指学术人员在从事学术活动过程中所把持的，对学术价值进行评价、判断、选择的内在尺度。这种内在尺度一旦形成，就成为学术人员头脑中一种比较稳定的观念模式，在很大程度上左右着他们的思想和行为。学术价值观对学术人员的行为起着一种深层的导向作用，是一种内部控制的力量。

学术伦理价值观一般居于学术伦理准则文本的第一部分（或最上方）。如果没有这一部分而直奔学术伦理规范这个主题，那么这个文本就不是学术伦理准则，而是一份普通的学术法律或学术制度汇编。学术伦理价值观往往是由一个核心价值观（如"求真"）统领下的几个最基本的价值观（如严谨、创新等）组成①，每一价值观下面列有各自的简要说明。这些基本的价值观内涵丰富，涵盖了学术活动的方方面面，是任何一个学术人员都应该明晓的、应该追求的，任何学术不端的行为

---

①　笔者曾通过专家咨询和文献梳理等方法，建构了一套立体式的学术伦理价值观体系：a. "求真"是学术伦理的"核心伦理"（核心价值观）；b. "严谨"是学术伦理的"底线伦理"（最低价值规范，包括唯实、严肃、严格、严密和审慎等具体伦理规范）；c. "创新"是学术伦理的"上标伦理"（最高价值追求）。此外，还从横向的角度提出了个人、组织和社会三个维度的"横向伦理"，分别是"理性"（包括潜心、怀疑和实证等具体伦理规范）、"合作"（包括诚信、互尊和公开等具体伦理规范）和"独立"（包括自由、自尊和公正等具体伦理规范）。参见罗志敏. 论专家视野中大学学术伦理价值观的构建［J］. 中国高教研究，2011（5）.

（伦理规范不可能把它们全部都列举在纸面上）都是对这些价值观（或某一价值观）在伦理上的背叛。

2. 学术伦理规范

学术伦理价值观要想进入大学学术伦理规制的实践中并得到落实，还必须将其转化为具有一定操作性的学术伦理规范。学术伦理规范即具体化的学术伦理价值观，如学术伦理价值观"严谨"可以转化为"唯实""严肃""严格""严密"以及"审慎"等比较具体的学术伦理规范。

有鉴于此，一套完善的学术伦理准则需要有专人对其进行研究（由学术伦理委员会负责），按照我国的特殊国情（如社会制度环境）、所在大学的实际以及学术界出现的突出问题，来诠释、解读这些基本价值观，然后把他们转化为大学教师等学术人员所熟悉的伦理规范。

学术伦理规范一般位于学术伦理准则文本的第二部分（学术伦理价值观的下面）。根据适用范围的不同，学术伦理规范可分为两种类型（见表1）：（1）"应当型"伦理规范。它一般为"上标伦理"（"创新"）而设计，主要应是一些激励性的伦理规范。这也就是说，"应当型"伦理规范提倡、号召并鼓励每一位学术人员按照"上标伦理"所明示的目标前进，但也不"奢望"每一位学术人员都能达到它的要求。（2）"禁止型"伦理规范。它一般为"底线伦理"（"严谨"）而设计，主要应是一些惩罚性的伦理规范。这也就是说，"禁止型"伦理规范向共同体内任一成员提出了作为一位学术人员最起码的伦理要求（如不能抄袭、剽窃等），要求每位学术人员都必须做到，否则将会受到某种形式的惩罚。

表1 "应当型"伦理规范与"禁止型"伦理规范

划分角度＼适用范围	"应当型"伦理规范	"禁止型"伦理规范
从层次上划分（纵向）	"上标伦理"	"底线伦理"
从内容上划分	理想性道德 进取型的道德	广泛性道德 维持型道德、协调型道德

适用范围 划分角度	"应当型"伦理规范	"禁止型"伦理规范
从难易程度上划分	不是所有的学术人都能做到的	全体学术人都必须做到的

在制定"禁止型"伦理规范时，有一点特别需要注意，那就是伦理规范不能给人以暗示：没有被禁止的就是允许的。学术伦理委员会不可能也没必要只通过一份伦理准则，就开列出全部"禁止型"伦理规范。大学学术伦理跟其他领域中的伦理一样，也存在着需要大学学术人员进行个人思考和作出独立判断的空间或灰色地带。一份好的学术伦理准则，应当为大学学术人员提供伦理决策的指导方针，包括决策前应该予以考虑的原则和因素。

总之，在大学学术治理的实践过程中，学术伦理准则中的学术伦理价值观与伦理规范是相互统一的、相互促进的。没有价值观的伦理规范，就缺乏一个点明其意义和目的的框架；而没有伦理规范，则缺乏明确而具体的内容。缺乏价值观引导的伦理决策犹如蒙着眼睛行事，而缺乏伦理规范的价值观则是抽象的、无实际价值的。

三、学术伦理准则文本的撰写要求

确定了学术伦理准则文本所应包含的内容，接下来的任务就是如何撰写和呈现的问题。撰写大学学术伦理准则文本应注意以下几点。

1. 语言要简洁、明确

无论一份书面的学术伦理准则包含什么内容，它使用的语言都应该是十分简洁而明确的。当学术人员面临学术伦理难题而难以作出伦理判断时，应当根据学术伦理准则第一部分的学术伦理价值观而不是现有的学术规范文件（法律、制度等）来进行判断。这份学术伦理准则还应让大学学术人员知道，他们要为自己的学术行为承担责任，同时也传递一个很明确的信息，那就是这份学术伦理准则所体现的"善"是建立在每个大学学术成员个人"德"的基础之上的。

目前，一些大学制定的学术伦理准则，一般都是笼统地列出几条，它们不仅叙述烦琐，不得要领，而且条与条之间语义重复。从以下某大学的《学术道德行为规范》所列出的四条基本学术道德规范就可见一斑。

在科学研究与学术活动中，应当遵守以下基本道德要求：

（一）科学研究以探索真理为目的，遵循科学研究的规律，尊重学术自由的原则，维护学术的高尚、纯洁与严肃性；

（二）确立科学研究的历史使命感和社会责任感，以繁荣学术、发展先进文化、推动社会进步为己任，追求学术创新，反对沽名钓誉、急功近利、自私自利、损人利己等不良作风；

（三）坚持实事求是的科学精神和严肃认真、一丝不苟的科学态度，反对一切弄虚作假、投机取巧、抄袭剽窃和粗制滥造行为；

（四）不断提高学术道德素养，倡导求真务实的学术作风，养成恪守学术规范的良好品德。

以上学术道德要求除了存在上文所提及的"叙述烦琐""不得要领""语义重复"这样的缺陷以外，而且无明确的学术价值观念。如第（一）、第（二）和第（三）条语义重复，"以探索真理为目的"难道就不是"确立科学研究的历史使命感和社会责任感"？"维护学术的高尚、纯洁与严肃性"与"坚持实事求是的科学精神和严肃认真、一丝不苟的科学态度"其实讲的都是"学术严谨"。第（四）条简直就是多余。

再看另一所大学颁布的《大学学术道德规范》第二章所列出的基本学术道德原则，其更是有些杂乱无章。

在学术活动中，应牢固树立实事求是的科学精神，自觉遵守国家法律法规、社会公德、职业道德和学术规范，在教育教学、科学研究、成果发表、学术评价和其他学术活动中严以律己，自觉维护学校的学术声誉和教育（科研）工作者的良好形象，努力成为良好学术风气的维护者、严谨治学态度的践行者、优良学术道德的传承者。

2. 要层次分明

一些大学在制定学术道德准则时，把"基本原则"与"操作规范"相混淆，把"目标要求"与"限制规定"相交叉。在具体的限制性规范上，又总想把学术上的一切不端问题都纳入进来。其结果往往事与愿违，造成条文烦琐混杂，含义模糊不清。这种弊端，不仅让该道德规范在大学教师中间难以深入人心，而且还会给后续的学术道德委员会的学术管理带来麻烦。如某大学在其颁布的《学术道德规范实施细则》① 中"基本规范"第（一）条中的"不允许专任教师和专职科研人员在学术研究上的不作为或懈怠"这句话，本应属于限制性规范，却与倡导性规范放在一起，这不仅与后面有关"罚则"重复，而且含义模糊，让人不知所云，成了空话、套话。

3. 不要存在心理暗示

从笔者目前所能搜集到的一些大学所发布的学术道德规范来看，其中的一些条款往往存在着某种程度的"心理暗示"，即条款上没有严格禁止的行为就是允许做的。如我国一所名牌大学颁布的《教师学术道德规范》（以下简称《规范》）第二章"基本学术道德规范"：

第三条　教师应遵循国家有关法律、社会公德；在治学过程中，要坚守严谨和诚信原则，应当遵守下述学术道德规范：

（一）在学术活动中，充分尊重已经获得的研究成果；引用他人成果时，注明出处；所引用的部分不能构成引用人作品的主要部分或者实质部分；从他人作品转引第三人成果，注明转引出处。

（二）合作研究成果在发表前要经过所有署名人审阅，所有署名人对研究成果负责，合作研究的主持人对研究成果整体负责。

（三）在进行学术评价时，遵循公正、客观、全面、准确的原则。

第四条　教师不得有下述学术道德不端行为：

（一）伪造与篡改：在自己的研究成果中，故意捏造、篡改实验数据、结论或引用的资料等行为。

（二）抄袭与剽窃：在学术活动过程中抄袭他人作品，剽窃他人的学术观点、学术思想或实验数据、调查结果等行为。

---

①　从严格的意义上讲，目前我国大学颁布的诸如《××大学学术道德规范》《××大学学术道德守则》《××大学学术道德行为规范》等不同名称的文本是不能等同于本文所指的学术伦理准则文本的。但是基于"道德""规范"与"伦理"具有相通性，不同名称的学术规范文本从某种程度上讲也可以说是学术伦理准则，或者至少包含有学术伦理准则方面的内容。基于此，本文对该大学颁布的《学术道德规范实施细则》文本的评析，是从学术伦理这一角度出发的。下同。

（三）伪造学术经历：在填写有关个人学术情况时，不如实报告学术经历、学术成果，伪造专家鉴定、证书及其他学术能力证明材料等行为。

（四）不当署名：未参加实际研究或者论著写作，而在别人发表的作品中署名；未经被署名人同意而署其名等行为。

（五）滥用学术信誉：在学术活动过程中夸大成果价值；对应经而未经学术同行评议的研究成果向媒体公布等行为。

（六）其他违背学术界公认的学术道德规范的行为。

以上《规范》第三条所列举的倡导性的"学术道德规范"共3条，分别涉及"个人研究""合作研究"与"学术评价"三个方面，这是不是意味着"社会维度"上学术道德规范（如公正、客观地在公共场合发表学术见解，不搞钱学交易等）可以不"遵守"？再看《规范》第四条所列举的6条"禁止性规范"中的第（六）款，更是有些耐人寻味。"公认的学术道德规范"这几个字就存在很大的灰色地带，这在学术管理实践中往往成了那些"狡猾"的学术不端者逃脱"罪责"的理由。

4. 不要纳入与学术无关的内容

许多大学的学术道德规范像是政治宣传，缺乏学术伦理色彩，甚至与学术伦理要求相悖。如某大学在其发布的《学术道德规范实施细则》"基本规范"一节中就有两大段这样的内容：

（一）必须具有强烈的推动学术进步的历史责任感和努力进行学术创新的社会责任感，积极开展科学研究，努力弘扬科学精神、人文精神和民族精神，以促进社会主义物质文明、政治文明和精神文明建设为己任。不允许专任教师和专职科研人员在学术研究上的不作为或懈怠。

（二）坚持正确导向。学术研究应以马克思列宁主义、毛泽东思想、邓小平理论和"三个代表"重要思想为指导，坚持科学发展观，遵循"解放思想、实事求是、与时俱进"的思想路线，贯彻"百花齐放、百家争鸣"的方针。

学术道德的基本规范阐述的应是学术道德的基本原则和要求，以上大多内容虽跟学术有联系，但跟学术本质没多大关系，好像是在搞政治或文化宣传。中山大学教授陈少明在《重提对规范的疑虑》一文中就曾提到，"学术知识同政治宣传混淆，从而扭曲了知识的评价标准，损害了理智的事业，实质上也是动摇了知识分子安身立命的基础"[2]。

5. 要提供进一步的信息和指导的资源

如在学术伦理准则的下面列举详细解读该文本的负责机构的咨询电话、网址、相关法律政策的索取途径、上级管理部门的相关规定等等。需要补充说明的是，学术伦理准则由于其着重强调简洁性，显然不能把一些细节性的东西囊括进去。这就需要以出台的学术伦理准则为依据，制定出相关的配套伦理制度及其操作细则，如"学术不端行为的认定及处理办法"等。

———————————

参考文献

[1] 周奋进. 转型期的行政伦理 [M]. 北京：中国审计出版社，2000：203，207.
[2] 陈少明. 重提对规范的疑虑 [M] //邓正来. 中国学术规范化讨论文选. 北京：法律出版社，2004：51.

（罗志敏系上海师范大学高等教育研究所副研究员，博士后）

□ 张千帆

中国大学招生制度存在的问题与改革建议

教育机会平等是关系中国长期持续发展的最重要的国家利益，也是公民受宪法保障的基本权利。当前中国大学的招生与考试制度严重偏离了宪法平等原则，并已产生诸多社会问题，亟须深层次、全方位的改革。

一、中国大学招生存在的普遍问题

目前全国不同地区的教育资源分布仍然极不均衡，城乡差距尤其显著。在高等教育领域，广大农村没有一所大学，几乎所有全国知名学府都集中在北京、上海等大城市。更严重的是，部属重点院校对本地考生保留了远超过考生人数比例的招生指标，形成了严重的大学招生地方化，产生了一系列值得警惕的社会后果。

1. 违背宪法原则，造成机会不平等

高等教育机会是最重要的公共资源，理应按照机会平等原则公平分配给所有公民。《宪法》第33条规定："公民在法律面前一律平等"；第46条明确规

定："公民有受教育的权利"。这表明公民接受高等教育的权利应受到国家的平等保护，而不应该因户籍地等不相关因素而受到歧视。然而，部属重点院校的分省招生指标制度对本地考生给予特殊照顾，严重歧视了外地考生接受高等教育的平等权利，明显违反宪法规定的教育机会平等原则。[1]众所周知，北京大学不是北京的北大，而是全中国的北大，但是北京考生考取北大的机会却要比山东、河南等省的考生高出几十倍甚至上百倍；而上海、江苏、浙江、湖北等地的招生地方化甚至远比北京高校严重，诸如复旦、南大、浙大、武大等国家重点支持的"985 高校"在本地录取考生达到招生总量的百分之三四十，有的甚至高达 50%。[2]

虽然目前已有 16 个省份实行"自主命题"，不同省份的高考成绩失去可比性，高考丧失了统一衡量标准的功能，招生指标体制的地域歧视也变得不那么明显，但是地域歧视的实质并没有改变。只要看看各大高校的招生指标分配，就会发现在所在省市自主命题前后没有实质差别，因而同一所高校对全国各地考生设置的录取门槛实际上和以前一样不平等。"自主命题"不仅不可能改变大学招生地方化的事实，而且恶化了招生地域歧视的性质；如果说统一高考时代仅限于录取分数的不平等，那么现在则已经失去了统一的衡量标准。[3]

事实上，目前的大学招生体制不仅保护本地考生、歧视外地考生，而且对于外地考生群体也显示出严重的差别对待。2009 年，北京大学对每万名考生在天津投放的招生指标为 10 人，在上海投放的指标为 4.8 人，但是在山东与河南投放的指标却只有 1 人，在广东与安徽投放的指标更是不到 0.7 人，导致不同省份的单位招生指标相差好几倍甚至十几倍。[4]同年复旦大学对每万名考生在浙江投放的指标为 5.2 人，在北京投放的指标为 4.2 人，而对河南与内蒙古投放的指标都仅略超过 0.4 人，不同省份的单位招生指标同样相差巨大。如此显著的差别待遇不仅侵犯了不同省份考生的平等录取机会，而且使招生指标的地域分配带上人为复杂性和巨大任意性，为大学招生腐败和幕后交易提供了温床，对招生过程的法治化与公开化则设置了重重障碍。

2. 加剧"高考移民"，恶化资源分配

除了歧视广大考生的平等权利，大学招生地方化的一个直接但经常被忽视的后果是加剧中国社会的资源配置失衡。历年来，京、沪等各大城市形成了高度集中的教育资源优势，而这些省份的全国知名学府为本地考生降低录取标准，极大增加了这些省份对人才和资源的吸引力，进一步加剧了国家资源分配失衡的趋势。

大学招生地方化造成的一个独特现象是"高考移民"。[5]大学对各省份分配的不同招生指标造成不同的录取标准，从而自然产生了考生家庭从高标准地区向低标准地区"移民"的理性驱动。目前人们普遍关注每年招生过程中发生的"高考移民"现象，尤其是海南、新疆等录取标准得到优惠的边远省份。其实最大的"移民"对象显然还是北京、上海这些教育资源集中而本地照顾严重的省份，只不过这些省份对"移民"控制很严、要求很高，只有高学位、高职位或高投资的"人才"才可能获得在当地落户的指标，从而使他们的子女享受当地基础教育和高等教育的优势。但是这种貌似合法的控制措施只是提高了高考乃至中小学"移民"的门槛而已，而不可能消除"移民"现象的根源。各行各业的大量精英为了给子女争取优质高等教育的机会，不安心留在当地发展，想方设法、不择手段到京、沪等大城市工作，使这些地方的人才、物资、财富更加集中，使其他地区的各方面资源更加匮乏。

3. 阻碍人才流动，扩大城乡差别

大学招生的地方保护主义直接阻碍了全国范围内的人才流动，并进一步扩大城乡差别。大学招生地方化本身即意味着当地考生占了大学相当部分的名额，他们毕业后大部分又留在当地工作，不仅不利于人才流动，而且极大增加了当地的就业压力。如今京、沪等地的绝大多数大学毕业生或研究生都选择在大学所在地就业，一方面造成这些大城市的毕业生就业压力极大，另一方面造成广大急需人才的地区却人才极度匮乏。从国家层次上考虑，中国社会和经济的均衡发展取决于是否能从制度上保证人才在全国范围的自由流动，而大学招生地方化显然是人才流动的障碍。

人才流动不自由的受害者首先是农村。大学招生地方化进一步扩大了原有的城乡差别，重点高校的农村学生比例连年下滑。如果不从根本上改变招生指标制度，必然进一步扩大城乡和地区差别。

4. 增加高考压力，阻碍素质教育

在山东、河南等考生大省，高中学生起早贪黑、夜以继日地拼命学习，放弃了文体课和节假日休息时间，影响了正常的身心和智力发展，应试教育现象极为严重。[6]即便北京、上海等大城市的孩子们和家长们也在各种辅导班、补习班之间疲于奔命。分省命题和招生地方化加剧了针对考生大省（往往也是农业大省）的歧视，至少使这些省份的应试竞争达到白热化程度。

5. 引发公众不满，影响社会和谐

目前，高考招生歧视引发的地区利益冲突已经成为社会不和谐的重要缘由。大学招生的地方保护主义侵犯了全国大多数地区的考生利益，理所当然引起了社会的普遍不满。2009 年 3 月"两会"期间，北京大学宪法与行政法研究中心和腾讯网联合举办了针对高校招生制度的网络民意调查，结果显示高达 3/4 的网友认为现有的高校招生政策对全国各地的考生不公平，同样比例的网友认为部属高校按省份投放招生名额的做法不公平。对于某些高校以"学校的历史传统""往年招生历来如此"等作为向不同省份分配录取名额的理由，3/4 的网友表示不能接受，其中高达 46% 的网友强烈表示"完全不能接受"。[7]。

为了保障各地考生接受高等教育的平等权利，遏制普遍盛行的大学招生歧视，促进整个国家的人才培养和自由流动，构建和谐社会秩序，中国大学招生和考试制度改革已经到了刻不容缓的地步。

二、世界主要国家的经验及其对中国的启示

通过调查英国、美国、澳大利亚、瑞士、德国、法国、印度、日本等国的招生考试制度，可以根据大学的性质将世界各国的大学分为三类：国立大学、地方公立大学和私立大学。国立大学类似于中国的"部属高校"，由中央政府设立并主要依靠中央财政维持；地方公立大学则是由州、省或其他层次的地方政府设立，主要依靠地方财政维持①；私立大学相当于国内的"民办院校"，由私人创办并主要依靠学费、私人捐赠等民间资源维持。

这些国家的大学招生制度具有以下普遍规律：一是根据宪法或法律

---

① 当然，个别国家的情况可能更为复杂，例如澳大利亚的某些大学是由省或地方政府设立，却主要由联邦政府资助，因而名义上属于地方公立，实质上是"准国立大学"。

规定，国立大学有义务对来自不同地区的考生一视同仁，对本地和外地考生在原则上采取平等的录取标准；二是地方公立大学可以照顾当地考生，对本地和外地考生实行不同的录取标准，但是如德国宪法判例显示，即便地方公立大学对当地考生的照顾在有些国家也存在宪法上的限度；三是私立大学一般遵循因材施教、择优录取的原则，没有义务也没有动力对本地考生给予任何特殊照顾。对不同国家的比较研究得出的结论是高度一致的：除了某些国家的地方院校之外，所有这些国家的大学招生政策都没有地方保护主义，更没有设置地区指标制度。

1. 国立大学——机会平等不容许地域歧视

在所考察的国家中，凡是国立大学都在宪法或法律上有义务对所有地区的考生一视同仁，不得在招生标准上采取地方保护主义。当然，并非所有国家都有"国立大学"，尤其是联邦国家强调地方自治，因而公立大学往往是由州或地方政府设置的，如美国没有一所大学可以被定性为"国立大学"，但是某些更偏向中央集权的联邦国家仍有"国立大学"。譬如实行联邦制的印度和中国同样都是人口大国，经济和教育发展水平也大致相当，但是印度的公立大学招生却从来没有发生过严重的地域歧视问题。从1947年印度独立到最近几十年，印度的绝大多数高校都是公立大学。公立大学可以自主制定招生政策，但是为了确保学生的多样性和不同地区的代表性，印度大学的招生政策并没有地域方面的限制。

单一制国家一般规模较小，中央集权特征也更为明显，公立大学往往都是国立大学，而这些大学无一例外都必须遵循宪法平等原则，不得在招生过程中实行地域歧视。例如实行单一制的英国历来强调地方自治，因而"国立大学"（national universities）实际上具有相当程度的地方性，但是并不能在招生过程对本地考生给予任何特殊照顾。譬如布里斯托大学和伯明翰大学的招生活动确实主要针对本地学生，如与本地中学建立合作关系，进行招生宣传并鼓励本地学生报考，但是这几所大学的招生负责人均表示这些活动只是一种便利的招生策略，目的在于更有效地和主要的潜在申请人建立联系，而并不意味着本地申请人在录取机会上获得任何优势。因此，英国大学的主要招生标准是学术兴趣和能力，而非家庭所在地等不相关因素。

由此可见，世界各国的普遍原则是国立大学招生不得实施地方歧视，更不能人为设置大学在各个地区的招生指标。招生指标制度不仅意味着大学招生对本地考生的偏袒、对外地考生的歧视，而且也导致对不同省份之间的任意区别对待。无论是招生地方保护主义还是各省指标分配的任意性，都不符合宪法要求国立大学履行的机会平等义务。

有人认为，上述普适经验未必适用中国的"国立"（部属）大学，因为中国的部属高校名义直属中央，实际上接受一定的地方财政支持，因而并非严格意义上的"国立"大学。尤其是近年来发展的"省部共建"模式要求地方对于中央财政投入给予配套资金支持，譬如"985工程"保证全国39所重点高校每年一定的经费，由中央和所在省市各承担一半。除此之外，地方政府还通过土地划拨等方式给予大学各种支持，而大学理应通过划拨更多的招生指标对地方支持予以一定回报。然而，地方支持虽然构成招生地方保护主义的动力和原因，却并不足以为其提供足够的正当性。在土地国有的宪法体制下，大学所在的城市土地属于全民所有，地方政府只有管理权而非所有权，即便地方居民也在原则上和全国人民一样共同享有大学所在的土地，因而土地划拨并非地方有权赠送大学的"礼物"，而是拿着属于全国的财产"借花献佛"，因而也谈不上大学的"回报"。事实上，即便大学和所在地确实存在利益互惠关系，大学（尤其是名牌大学）本身也通过为城市培养和输送大批高层次人才、为城市治理出谋划策、改善城市人文环境乃至作为旅游景观作出了诸多贡献；换言之，地方对大学的投资并非只是付出，在某种意义上也是对自己的投入。况且即便大学有必要对地方财政支持有所回报，最合理的报答方式也显然不是损害教育资源配置的招生地方化，而是不损害宪法平等或影响因材施教的减免本地学生学费等方式。因此，地方财政支持并不能为部属大学招生地方化提供适当理由。

2. 地方公立大学——招生地方化或有宪法限度

地方公立大学由州（省）或地方政府设立，主要靠地方税收维持，因而被认为理所当然可以对当地居民有所照顾。如美国有的州立大学甚至将90%以上的名额保留给本州，而美国法院似乎并不认为这种招生"地方化"违背平等原则，因为州立大学本身就是"地方化"高校。[8]

在澳大利亚，虽然公立大学也是地方政府设立的大学，但是由于联邦投资比重相当大，因而公立大学顾忌联邦制裁而不敢在招生标准上倾斜本地。事实上，联邦资助决定了澳大利亚公立大学并不是标准的地方公立大学，而是"准国立大学"；既然公立大学的主要经费来自全国纳税人的贡献，招生过程理应平等对待不同地区。[9]

即便真正意义的地方公立大学也未必可以随便照顾当地考生。在印度，只有完全以邦自己的财政建立和管理的医学类或技术类教育机构才会在招生过程中考虑学生的地域因素，并在录取标准上偏向本地学生，但是即便如此，地域也不是最重要的考虑因素。联邦德国则更是通过宪法审查制度控制州立大学对本地居民的优惠。和美国不同，德国宪政法院对地方公立大学的招生平等实行更严格的控制，以下仅举一个宪法判例为证。[10]

巴伐利亚州的《大学入学许可法》第3条规定，如果入学申请者居住在巴伐利亚州并获得该州或邻州的大学前教育结业证明，那么应在大学录取过程中获得优待；如果符合条件的申请人申请就读离其住所最近的巴州境内大学，就可以获得加分。本案原告申请慕尼黑大学医学系，但是大学在考量《大学入学许可法》的上述标准之后驳回了申请，于是原告向法院提起诉讼。联邦宪政法院审查了巴州立法第3条规定的入学许可制度，判决其违反了《基本法》的一般平等原则、社会国体原则和第12条保障的择业自由。宪政法院指出，如果国家承认已设立的教育机构，人民便有权要求适用平等原则和社会国体原则。在界定受益范围过程中，国家机关受宪法原则限制，不得将部分国民排除在外，进而限制择业自由并造成国家对职业的操控；单方面优待本州居民，必将对其他州的居民造成不公待遇。只有保证入学机会不受任何州的出生地限制，才能实现自由选择学校和职业的权利。

德国和印度的相关经验更值得借鉴，因为德国和印度的体制和中国更为接近。[11]同为联邦国家，德国、印度和美国对地方公立大学的招生地方化之所以采取不同措施，是因为德国和印度的中央化程度更高，因而即便是地方公立大学也有义务遵循联邦宪法原则。

3. 私立大学——推动招生平等的楷模

如果说美国的州立大学是招生地方化的典型，那么私立大学则成为招生平等的楷模。与州立大学等地方公立大学相比，美国私立大学招生呈现出高得多的国家化甚至国际化程度。由于私立大学在财政上并不依附于各州，州法显然也没有正当理由要求私立大学录取标准向本州倾斜，私立大学也没有理由为了照顾所在州而牺牲自己的生源质量，因而几乎没有例外都以学生的素质和能力作为录取的首要考虑因素。例如常年排名第一的哈佛大学在招生政策中没有提到任何地区照顾，当然也不存在任何地区招生指标。事实上，哈佛招生政策明确表示不对任何特定的学校、社区、州或国家设置配额。在高级中学的学业成就很重要，但录取委员会也考虑很多其他的标准，如社会参与（community involvement）、在课外活动中的领导才能和荣誉以及工作经历。

和美国相比，英国的私立办学的传统更加悠久，自牛津、剑桥开始至今已有近千年的历史。英国私立大学也同样是招生平等的典范，牛津、剑桥、伦敦等世界一流大学不实行任何地域指标分配制度。政府对高校招生也没有提出过任何名额分配要求，因为具体的招生决策完全取决于各个高校本身，政府的职责在于监管而非直接插手大学招生政策。譬如作为面向全球的私立大学，牛津大学的录取标准非常明确，即考生的学术能力与潜质，包括考生的学习能力、学术兴趣以及以往经历与所申请专业的契合程度。

英美私立大学的发展经验表明，民间完全有能力创办和管理世界最好的大学，而私立大学也完全有动力按照教育规律办学，因材施教、择优录取，打破地域等人为设置的障碍，实现高等教育资源的最优配置。如果中国行政主管部门放开对私立大学的管制，允许私立大学和公立大学在同一个起跑线上平等竞争，那么私立大学完全可以成为打破招生指标体制的主导力量。

4. 考试制度——多元而统一的评价机制

综观世界各主要国家的考试制度，共性是极其明显的：在绝大多数国家，考试可以是多元的，但是任何一种考试都是全国统一的。为了保证高等教育的机会平等，考试可以多种或多次，但是任何考试都必须具备全国统一的标准。

英国的考试制度相当复杂，但是要进入研究型的高等院校，考生一般都要通过全国统一的普通教育证书高级水平（A-level）考试。有些大学（如公立的朴茨茅斯大学）只要求通过全国统一考试，有些大学则还要求第二轮考试。譬如在通过全国统考和纸面材料审核之后，牛津大学还对筛选出来的申请者进行面试，以测评申请人解决问题的能力、接受新思想和信息的能力、智力的灵活性和分析推理能力。牛津的面试包括笔试和口试，竞争十分激烈，每年录取率都在10%以下。[12]

邻国日本和中国同属东方文化，两国注重教育的国民心态和思维方式具有一定的相似性，因而日本招生考试经验对于中国具有显然的借鉴意义。然而，日本的考试招生制度却和中国大相径庭，日本国立大学并没有地区性招生指标。和英国类似，申请日本的高层次大学需要通过两次考试：在全国范围内，由大学入学考试中心组织统一考试；通过"中心考试"后，大学还可以设置自己的学力考试。例如东京大学就有两次入学考试，但无论是全国统考还是大学自主考试，对日本国内不同地区的考生都是原则上平等的。[13]

当然，也有个别国家并不实行统一考试，譬如澳大利亚就没有全国统考，大学主要根据申请人的中学成绩和会考成绩决定是否录取。但是经过历年招生实践，澳大利亚对于不同地方的中学成绩和会考成绩还是形成了一套比较准确的折合标准，从而形成相对统一的评价标准。对于中国来说，澳大利亚的经验未必适用，因为实行分省自主命题之后，各省份高考成绩之间的折算很难找到一个客观准确的公式，因而难以为大学招生提供一套统一的评价标准。

综上所述，世界主要国家的国立大学受宪法和法律约束，不得偏袒所在地区的考生；私立大学则为了保证生源质量，不愿意降低标准录取本地学生；即便地方公立大学可以照顾，但在某些国家还是受到宪法限制。

三、对我国大学招生考试改革的建议

1. 确立招生公平目标，废除分省指标体制

大学招生和考试改革应将保障考生的平等权利作为基本目标，在此基础上形成符合中国需要的招生考试制度。中央应逐步废除招生指标体制，推动各部属院校实行地域平等的招生政策，鼓励地方院校实行更加开放平等的招生政策。[14]在招生制度改革不能一步到位的情况下，目前可以维持招生指标作为权宜之计，但是中央教育主管部门至少应不断降低部属高校对本地考生的录取比例，并不断缩小其在不同省份的单位招生指标（每万名考生中的招生人数）之差，逐步消除高校招生政策中的任意性与地方保护主义，争取在十年内实现大学招生地区平等的制度化。

2. 完善招生纠偏行动，促进教育资源共享

在原则上保证大学录取标准统一的同时，有必要进一步完善对少数族群和边远地区的招生优惠政策。可以按大学在全国招生规模占考生总人数比例，对西藏、新疆、内蒙古、宁夏、甘肃、青海、广西、云南、海南等占总数 1/3 不到的边远省区实行同比例招生政策。为了促进边远地区建设，有关部门可以规定权利和义务对等：对于在录取标准上受到照顾的考生，可以将其在毕业后回原省区工作，否则支付违约金作为录取的先决条件。

3. 建立统一考试制度，鼓励高校招生自主

招生地域公平的前提是存在统一的衡量标准，因而要求废除目前的分省命题体制，实行全国统一的考试制度和评判标准。就目前看来，可借鉴英国和日本的考试程序，先进行全国统考，在统考筛选的基础上各大学可以再进行自主考试。既然全国统考已经淘汰了大部分申请人，大学也就不再面临资源约束的困惑，完全有能力在第二次考试中对来自全国各地的考生一视同仁。当然，为了节省考生成本，层次相当的大学也可以组织联考，但是不论考试方式和组织主体如何，都必须保证对全国的考生完全开放、平等。

4. 保证大学平等竞争，打破私人办学障碍

造成中国应试教育的社会根源在于优质高等教育资源的严重稀缺及分布失衡，而解决这一问题的根本在于允许大学在自由公平竞争的环境下繁荣发展。目前不仅大学分层次、分阶段录取，一般院校和民办大学只能吸收重点大学录取后的剩余生源，因而在众目睽睽的招生阶段就被打上"二流"乃至"三流"院校的烙印。为了促进高等教育的繁荣和多元发展，国家还应该降低私人办学的门槛，使私立学校和公立学校在同一平台上公平竞争、共同发展，进而缓解高等教育资源紧张并促进各地高等教育资源的均衡分布。

5. 制定招生考试法律，保障公民有效参与

高等教育是对人产生毕生影响的重要公共资源，高等教育的机会平等是公民受宪法保护的基本权利，全国人大及其常委会有必要在这个领域制定专门法律，实现大学招生考试的法治化，在适当时机制定颁布《大学招生考试法》，完善大学招生考试的制度环境。

党的十七大报告要求"加强宪法和法律实施，坚持公民在法律面

前一律平等，维护社会公平正义，维护社会主义法制的统一、尊严、权威"，并提出"教育是民族振兴的基石，教育公平是社会公平的重要基础"。我们希望，有关部门能按照宪法和党的十七大报告的有关要求，更新教育观念，深化招生考试制度改革，推动中国社会早日实现高等教育机会平等。

___

参考文献

［1］张千帆. 大学招生考试多元化的宪法底线——兼论高考分省自主命题与大学自主招生制度的违宪性［J］. 法商研究，2010（5）.

［2］张千帆，杨世建. 高校招生与宪法平等［J］. 法学，2009（11）.

［3］熊文钊，吴旸. 高等教育平等权实现机制的思考［J］. 浙江学刊，2010（1）.

［4］北京大学（校本部）2009 年招生来源计划［EB/OL］.［2012 – 02 – 02］. http://news.xinhuanet.com/edu/2009–04/22/content.

［5］苗连营. "高考移民"现象的宪法学思考［J］. 法学，2009（11）.

［6］曲相霏. 部属高校"地方化"与受教育权平等［J］. 法学，2009（11）.

［7］法制日报. 众议高考地域歧视是否存在［EB/OL］.［2009–03–20］. http://vote.qq.com/survey_project_stat/21368_true.shtml.

［8］牟效波. 美国大学招生制度及其对中国的启示［J］. 贵州社会科学. 2010（9）.

［9］李志强. 澳大利亚大学招生制度及其对中国的启示［J］. 贵州社会科学，2010（9）.

［10］司法院大法官书记处. 德国联邦宪法法院裁判选辑：二［G］. 台北：司法院，1991：80–114.

［11］朱应平. 论宪法对高校招生地域名额分配的规制——基于德国判例的对照分析［J］. 浙江学刊，2010（1）.

［12］王立科. 英国高等院校招生考试研究［D］. 厦门大学教育学院博士学位论文，2007.

［13］魏晓阳. 日本大学招生考试制度及其对中国的启示［J］. 贵州社会科学，2010（9）.

［14］赵娟，李良. 取消高考招生指标制度势在必行——以南京大学为例［J］. 探索与争鸣，2010（7）.

（张千帆系北京大学宪法与行政法研究中心教授、
常务副主任，法学院人大与议会研究中心主任，博士）

☐ 张忠华

现代大学课程设置若干问题的思考

　　高等教育质量问题是高等教育发展的生命问题。提高大学教学质量，最关键的是要解决好大学的课程设置问题与教学方法变革的适切性问题。其中课程设置是最为关键的核心问题，它既关系到"教什么""学什么"的问题，又关系到培养目标的实现问题。

一、大学培养目标的厘定及大学课程设置的价值取向问题

　　大学作为高等学校的主体部分，在人才培养中具有举足轻重的作用，而培养什么样的人，直接取决于大学的课程设置。因此，大学教育在制定培养目标时，既要考虑培养目标的适应性，又要考虑培养目标的超前性；既要考虑培养目标的统一性，也要考虑培养目标的层次性。长期以来，我国大学培养目标比较注重适应性，忽视超前性，注重统一性，忽视层次性，使得培养目标过于单一，也使得我国大学课程设置在相同专业上基本一致，专科学校的课程也是本科

学校课程的浓缩。还有我国大学的培养目标比较重视培养"适应性人才"，不同程度地忽视了人才培养的超越性与创新性。例如，《中华人民共和国高等教育法》规定："本科教育应当使学生比较系统地掌握本学科、专业必需的基础理论、基础知识，掌握本专业必要的基本技能、方法和相关知识，具有从事本专业实际工作和研究工作的初步能力。"这里的表述比较强调"掌握"与"从事本专业实际工作和研究工作的初步能力"，没能体现出培养学生的质疑能力、批判精神与创新能力。相反，美国大学比较重视学生的能力培养，特别是批判精神、创新精神的培养。1998年，美国卡内基基金会发表的《博耶报告》提出，大学应该提供给学生在其他环境下不可能得到的科研经验，造就出富于探索精神并渴望解决问题、具有代表其清晰思维和熟练掌握语言的交流技能、具有丰富的多样化经验的人才。[1]麻省理工学院在一份调查报告中也提到，大学培养的人才应具有发达的批判和推理的理智力，具有所在领域内的扎实知识基础以及继续学习的动机，具备判断力、美感，适应变化的灵活性和自信心等美好品质。[2]看来，我国大学课程改革的首要问题是重新厘定大学培养目标，只有目标明确、清晰与准确，合理的课程体系才能建构。

大学课程设置的逻辑起点是人，即促进人（大学生）的全面和谐发展。然而，长期以来，我国大学课程设置的价值取向一直徘徊在"社会本位"与"学科本位"之间，以学科课程为主体。社会本位的课程设置的价值取向是关心社会的需要，开设课程的目的是造就社会需要的各种各样的人才（政治人、经济人等），通过这些人才的社会活动进而达到服务国家、服务社会的目的，此种价值取向的课程设置是一种追求功利价值的课程体系。学科本位的课程设置的价值取向首先观照的是学科的发展，注重学科知识发展的逻辑，以学科知识为中心，开设课程的目的是培养学者或学科专家，也背离了教育的本真——教育是发展人而不是继承与发展知识本身。这种价值取向的课程一直是我国的主体课程，它强化学科知识的系统性，注重教授和接受学习，学生变成接受知识的"容器"，养成呆读死记的恶习，使学生失去学习兴趣，更遑论培养学生的创造性。

二、大学课程编制与课程设置的主体问题

大学课程编制与课程设置首先应关注的焦点是学生。然而，从现代大学课程设置的改革与发展的现实来看，大学无论是课程的编制，还是课程的设置都在不同程度上忽视了学生。

在大学课程编制上，我们一直是国家（或政府）把持着课程的编制权，有国家统一的教材，尽管现在编制课程权不断下放，但学校、教师编制课程的机会和权限都是有限的，基本上框定在校本课程的范围内。此外，我国还没有制定出"大学课程编制"的标准，以至于一些课程的编制五花八门，无法进行课程编制的评估，这都不利于课程改革。在课程编制模式上，我国基本上采用单一的目标模式。其课程编制分为确立和表述目标、选择和组织课程内容、安排教育教学活动、对课程进行评价四阶段。对于课程编制的过程模式、环境模式与批判模式，我国的课程编制还是一片空白。[3]

在大学课程的设置上，更是存在诸多问题。从现实的课程设置实践来看，我们的课程设置首先是体现国家意志，国家课程是主体；其次是学校课程、教师课程。学校规定通识教育平台的课程，不经过专家学者的论证，更不征求学生的意见，有些院系为了照顾教师开课的需要，放松标准，教师能教什么课就开设什么课，根本不讲究课程的知识体系与逻辑体系，更谈不上课程建设的科学化，在诸多大学的校选课中真正有质量的并不多。

在课程编制与课程设置存在的问题中，最突出的是主体问题。国家或政府、学者或专家一直是课程编制与课程设置的主体。这种课程编制与课程设置较好地体现了国家意识形态和学科知识结构，但却忽视了课程享用者——教师与学生的主体需要，特别是根本没有顾及学生的学习需要。今后大学课程改革，一定要以学生为中心，以市场为目标，以国家职业标准、意识形态为导向，以学科发展为基础，综合考虑各种因素，以复杂的系统观来编制与设置大学课程，才能收到理想的改革效果。

三、大学课程设置门数与各类课程之间的比例问题

为了更好地说明我国大学课程设置门数以及必修课程与选修课程、理论课与实践课的比例问题，笔者统计了我国13所大学学分、学时以及选修课程所占比例的实际情况，以利于分析说明（见表1）。

表1　13所大学学分、学时与选修课程设置及比例情况①

学校名称	总学分	总学时	1学分的学时数	课程门数（以平均3学分为一门课程）	必修比	选修比
北京大学	136	2448	18.0	45.3	63.9%	36.1%
清华大学	175	2720	15.5	58.3	89.7%	10.3%
厦门大学	150	2313	15.4	50.0	70.7%	29.3%
浙江大学	150	2400	16.0	50.0	74.8%	25.2%
南京理工大学	174	2080	12.0	58.0	90.8%	9.2%
南京师范大学	178	3582	20.1	59.3	92.1%	7.9%
武汉大学	140	2340	16.7	46.7	62.9%	37.1%
武汉理工大学	205	2494	12.2	68.3	84.4%	15.6%
中国海洋大学	161.5	2700	16.7	53.8	79.3%	20.7%
中国政法大学	160	2784	17.4	53.3	72.5%	27.5%
苏州大学	152	2662	17.5	50.7	77.6%	22.4%
扬州大学	164	2739	16.7	54.7	71.1%	28.9%
江苏大学	213	2645	12.4	71.0	81.3%	18.7%
平均值	166	2608	15.7	55.3	77.8%	22.2%

---

① 此表中的数据主要是通过访问各大学网站与研读各校大学生手册整理出来的，像学分的学时数、课程门数是根据各校的原始数据计算出来的。相同专业在不同大学与大学不同专业学分数均不等，本文仅以每所大学中的一个专业为例。

　　从表 1 中我们可以看出我国大学学生取得毕业证书，所修学分参差不齐。北京大学毕业总学分最低，需 136 个学分（每学分 18 学时），最高是江苏大学的 213 个学分（每学分 12.4 学时），两者相差了 77 个学分，13 所高校平均学分是 166。各高校总学时数同样不等，最多与最少相差了 1500 多个学时，平均约为 2608 学时。由此我们可以看出，中国大学课程设置方面存在的主要问题是：大学学生学习课程门数差异很大，多的学习 71 门课程，少的学习 45 门课程（事实上，许多学校的选修课程都是 1 个学分或 2 个学分，这可能导致学生学习的课程门数更多）。这意味着在在校时间是一个常数（一学年 40 周）的情况下，学生学习总量各不相同，有多有少，并且相差很大。由此引发我们的思考：一是现代大学究竟开设多少门课程为宜？1 个学分学习几节课为宜？二是必修课比例高，选修课比例低。必修课最高达到 92.1%，最低是 62.9%；选修课最高的比例是 37.1%，最低的比例是 7.9%。到底必修课和选修课的比例达到多少最合适？

　　从国际比较的视角来看，发达国家一般比较重视选修课程的比例，选修课程的比例一般都在总课程学习的 1/3 以上，而且近年来都有增加的趋势，有些国家的大学课程，选修课程已达到总课程的 1/2。例如，哈佛大学的本科课程体系由核心课程、专业课程和任意选修课程三部分组成，要求学生修满 32 门课程方可毕业。在这 32 门课程中，核心课程和任意选修课程占到了 50% 以上。[4] 英国牛津大学计算机科学专业，选修课在第二、三、四年开设，选修课比例越来越大，第二年选修课占 50%，第三、四年选修课占 67%。[5] 由此可见，我国大学课程改革刻不容缓。首先，应当调整必修课与选修课的比例问题，力争把选修课的比例提高到 30% 左右。其次，把课程设置门数适当精选，把学分控制在 150—160 之间比较适宜，每个学分最好控制在 15 个学时左右。这样既不加重学生学习负担，又能提供充分的时间和条件，保证学生自由选择，主动发展。与其他国家相比，我国高校学分数普遍偏高。日本颁布的《大学设置基准》文件中，规定大学毕业的条件是：学习四年至少要取得 124 学分；韩国首尔国立大学规定允许学生毕业的最低学分为 140 学分。[6] 美国伊利诺伊大学与得克萨斯大学分别是 130 与 135 学分。[7] 从表 1 中我们得知 13 所高校学分数平均为 166，略高于其他国家，降低学分，精简优化课程设置应是我们今后改革的重点。

四、大学课程设置的结构优化组合问题

课程设置结构是课程设置内部各要素、各成分的内在联系和相互结合的组织形式。课程功能的正常发挥不仅取决于课程内容的选择，而且取决于合理的课程设置结构。在我国大学课程设置结构的研究中，人们长期讨论的是专业课与基础课的关系、必修课与选修课的关系、理论课与实践课的关系等。但这仅仅是课程设置的形式结构问题，是课程设置结构的宏观层面，还没有触及课程设置的实质结构及微观层面。结合我国大学课程改革的实际，现就中观、微观层面的学科之间的知识组合、某学科内部知识之间组合的问题进行探索。

1. 学科之间的知识组合问题

学科之间的知识组合实际上就是解决学校培养一名合格的大学生，究竟学习哪些学科知识的问题。又因大学是以专业划分的，所以其实质问题就是通识教育与专业教育的问题。新中国成立后，我们全面学习苏联的大学办学模式，综合大学都被分解为专业教育的学校，专业教育成为我国大学教育发展的主流方向。专业教育在我国特殊发展阶段是有效的、合理的，大学也确实为我国社会进步作出了重大贡献。但随着高等教育的发展，高等教育由精英教育逐步过渡到大众教育阶段，高等教育的性质发生了重大变化，高等教育也是素质教育，提高大学生综合素质是当代大学教育的重要使命。适应时代发展的需要，培养"一专多能"型或"T"型创新人才是现代大学教育的主要任务。相对而言，专业教育是大学教育的根本，这是由高等教育的本质特性——培养高级专门人才所决定的。这里的问题是如何实现专业基础上的"通"。笔者认为，通识教育不是涉猎所有领域，而是在专业学习的基础上，拓展与专业相关、与社会生活相关的学习领域，使学生拥有较为宽广的专业文化基础知识和从事社会生活的知识，具备从事一到两种职业劳动需要的专业知识与技能，为学生将来发展提供能选择的知识储备。要实现这种通识教育，我国必须改革学年学分制，实行完全学分制，允许学生在相邻学科之间进行多种选择。高等教育还需要进一步开放化，允许学生入校后能进行第二次专业选择或第三次专业选择，这既符合学生的需要，也是以人为本的具体落实。同时，结合学生身心发展的德、智、体、美、劳五种素质，设置五大模块的通识教育平台，每种知识模块设置若干课程供学生自由选择。

2. 学科内部知识组合的问题

学科内部知识组合问题，就是一个学科专业的学习究竟设置哪些知识内容，从而保证专业培养方案的落实。这里最关键的问题是如何使学科内部知识优化，使学生的科学素养与人文素养和谐发展。众所周知，科学知识与人文知识本是融为一体的，科学知识中渗透着人文思想，人文知识中渗透着科学知识。但由于学科的划分，学校也就按照学科知识进行课程设置，也就出现了所谓的科学知识课程、人文社会科学知识课程。但把自然科学看成纯粹自然科学知识的教育、把人文社会科学看成纯粹人文社会科学知识的教育是偏颇的。根本问题不是课程，而是课程的使用者和受用者是否能够融会贯通地"理解课程"，是否能够把技术知识转化为能力素养。目前科学教育与人文教育的分离存在两种情况：一是在大学的课程表上注重科学课程的开设，弱化或减少人文社会科学课程的设置，这是从形式到内容重科学轻人文的表现；二是科学课程中的人文社会科学知识、人文社会科学课程中的科学知识被忽视或者没有被很好地挖掘出来、整合起来，这是科学与人文分离的隐性问题。针对科学教育与人文教育分离的情况，其矫正措施为：第一，国家组织成立专业设置审查委员会，对专业设置、培养方案、课程计划进行严格审查。第二，国家组织专家学者，深入学校、社会、企事业单位，对在校大学生、已毕业的大学生进行大量调查研究，切实弄清楚现在大学在专业教育、科学教育与人文教育中出现哪些问题，社会用人单位、大学生本人切实关心需要哪些知识，以此来初步确立大学科学教育、人文教育的基本课程知识。第三，提高课程编制者与课程使用者的综合素养。大学的课程教学应把知识教学、育人素养、审美意识有机地统一在一起。第四，改革高考制度。建议高考时将中学所学的学科都设置相应考试科目，大学招生不分科，学生到校一年或一年半后自主选择专业。像我国高中教育过早分科，从中学时代学生就产生了科学、人文分离的"病根"，学文的不懂理，学理的不懂文，知识结构先天"偏瘫"，到了大学再进行通识"矫正治疗"，是本末倒置的做法。

五、课程设置的知识模块与人的发展的关系问题

　　在确立了上述大学课程设置的诸种问题之后，究竟怎样设置课程？设置哪些课程？大学课程体系在总体上反映了人类科学文化知识发展的总体水平，也是学生学习的主要依据。因此，课程设置的知识模块问题，实际上反映了学生最终发展要达到的结果问题。新中国成立以来，我国的课程设置，在知识模块上经历了两个阶段。前期主要是学习苏联模式，大学课程设置主要有：公共课—基础理论课—专业基础课—专业课，即"四板块"课程体系。到了20世纪90年代以后，随着素质教育理论的兴起，通识教育备受青睐，大学课程在知识模块上进行调整，出现了"大底座""小塔尖"的金字塔型的课程结构体系，以适应大类招生并适当照顾学生个性发展的需要。其课程设置的知识模块是：普通课程（亦称通识课程或基础课程）—专业课程—选修课程。其实这种课程设置体系和前面的"四板块"课程体系没有太大的差异，只是把原来的公共课程与基础课程合并在一起，适当增加一些课程而已，同时为了体现教育的个性化，增加了选修课程。笔者认为，在课程设置的知识模块上，我们一直采用线性思维模式，课程的知识结构是一条直线，从基础到专业再到专业方向的选择。事实上，学生的学习并非线性思维，随着他们学习的深入，知识之间纵横交错，呈现出立体交叉的状况。因为知识本然是一个统一体，我们只是为了学习研究方便的需要，人为地把知识进行割裂。而且传统的大学课程结构体系是一个封闭的系统，学生选择了专业，基本上没有转换学习和研究方向的可能。再加上过于强化专业，基础课程的学习不够，使学生的发展缺乏后劲，也不符合终身学习理念的需要。笔者尝试用"知识树"的思维方法，建构现代大学课程设置体系（见图1）。

　　这种课程设置体系体现了发散性的特点，在"厚基础"的基础上，为学生发展提供了多样化的选择机会和发展空间，而不像传统的"金字塔"型的大学课程设置体系，越往上学习越窄。同时，这种课程设置也体现了学习的连续性和终身无限性的特征以及教育个性化的特征。随着学习的深入，大学生在厚基础、强专业学习的基础上，发展应有更

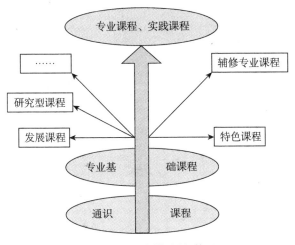

图1　"知识树"课程体系

大的空间，既可以从事研究型课程学习，又可以从事特色课程、发展课程、辅修专业课程的学习。至于从事哪方面的学习，应由学生根据自己的兴趣和爱好进行选择，学生自己选择的是十分珍视的，也符合自己的需要，学习中更能发挥主体性和创造性；这样的学习也最富有创造性，更有利于创新人才培养目标的实现。

　　大学设置课程，不管是基础课程与专业课程、理论课程与实践课程，还是必修课程与选修课程等，最终都要解决课程设置的目的问题即育人问题。所以，培育人是大学课程设置的最终目的。培育人可以分为几个层次：技术人、知识能力人、有文化教养会做人的人。技术人是最低层面的人，这种人有一定的文化知识，主要是靠技术生存。眼下国人对这种人最感兴趣，因为他们有非常熟练的技术，在工作中能发挥技术优势。但这种人最缺乏发展的后劲，一旦职业更动，就手足无措，这是功利主义在教育领域最典型的表现。知识能力人是中间层面的人，这种人有较宽厚的文化科学基础知识，在某种专业范围内有专业工作的能力，社会职业变换有较大的选择性和主动性。就目前我国大学课程改革来看，人们比较关注的就是这个层次，即所谓的厚基础、强能力。但这还不是教育的最终目的，教育的最终目的是培养高层面的人，即有文化教养会做人的人。这种人是在中间层面人的基础上，能够把知识转化为教养，既有宽厚的文化科学基础知识，又能对这些知识进行感悟，体验出一些世界经验和人生经验，他们能用道德智慧引领科学知识的应用，这才是最高尚的人，也是大学教育追求的终极目的。所以，大学在课程设置的知识模块上，应以"会做人"为最高价值取向。它们的逻辑关系可用图2表示。当然，三种知识模块的课程都有存在的价值，问题是如何优化三者之间的关系。尽管它们在价值层面上有层次之分，但在实践上都是不可缺少的课程，同时这三类课程之间也是相互制约、相互促进的辩证统一关系。

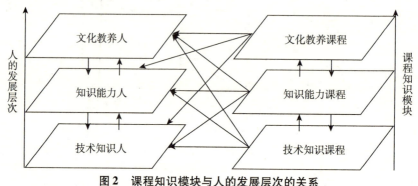

图2　课程知识模块与人的发展层次的关系

参考文献

[1] 何振海. 麻省理工学院本科教育特色及其启示 [J]. 比较教育研究，2003（7）.

[2] 袁祖望. 论高校课程体系重构和教学模式转型 [J]. 清华大学教育研究，2004（2）.

[3] 潘耀芳. 中外大学课程编制的比较与启示 [J]. 黑龙江高教研究，2005（10）.

[4] 陈明. 中美综合性大学课程体系特色比较研究 [J]. 当代教育论坛，2008（10）.

[5] 陈彩燕. 当代英国大学课程改革与启示 [J]. 高教探索，2010（2）.

[6] 钟金霞. 我国高校学分制改革的政策分析及思考 [D]. 长沙：国防科学技术大学硕士学位论文，2004：11.

[7] 相阳. 我国高等学校学分制改革存在的问题与对策研究 [J]. 现代教育科学：高教研究，2009（6）.

（张忠华系江苏大学教师教育学院教育科学研究所所长，教授）

□ 王保华

关于高校分类评估的若干思考

一、高校分类评估已经成为高教改革中的难题

当前，关于高教改革有不少判断，通常的说法是：高教改革进入机遇期、关键期和深水区。也有人认为改革走到"十字路口""拐点"等，不一而足。当然，高教改革涉及的问题方方面面，有制度层面的问题，也有操作层面的问题。仅就制度层面而言，就有高考制度问题、高教质量标准问题，在操作层面有高校分类评估问题。高等教育专家潘懋元等曾撰文指出：高等教育分类问题是一个世界性难题。[1] 既然目前高等教育分类问题都说不清楚，那么高校分类评估问题就更难以认清。其原因主要在于以下几个方面。

1. 高等学校的分类标准难以形成共识

在高等教育精英化时代，高等学校数量少、规模较小，似乎分类并不成为问题，但是到了高等教育大众化时代，高等教育的数量、规模、类型、层次出现

多样化，对高等学校分类发展的需求就变得迫切起来，于是学术界对高校分类的研究就逐渐增多了。现在比较有影响的是 6 种类型：第一种为类型说，以武书连为代表，把高校分为研究型、研究教学型、教学研究型、教学型。[2]第二种为层次说，以钟秉林为代表，把高校分为三个层次：第一层次高校为设有研究生院的高校，大约 56 所。第二层次高校为：具有博士学位及以下授权的其他高校，大约 235 所；具有硕士学位及以下授权的高校，约 239 所；仅有本科学位授权且通过第一轮评估的高校，约 100 所。第三层次高校为：取得本科学位授权但未经过第一轮评估的公立高校，约 131 所；民办本科高校，约 30 所；独立学院，约 318 所。[3]第三种为学科、专业、职业分类说，以潘懋元和陈厚丰为代表，把高等学校分为学科型、专业型和职业型三种。第四种为基于知识的分类说，以潘黎为代表，以知识创新、知识融合与应用、知识传播为主分为三种类型的高校。[4]第五种为三种分类法，以雷家彬为代表，把高等学校分为：理想类型、现实类型和发展类型。[5]第六种为学科分类法，以刘向东和吕艳为代表，以高校学科覆盖与层次为标准，把所有高校划分为综合型、多科型、单科型高校，在综合型和多科型中又分为研究型和教学型。[6]尽管学术界的探索不断，但是始终还没有形成共识。

2. 高等教育质量标准的建立十分迟缓和艰难

从国际、国内来看，目前还没有找到评估高等教育质量的普适性标准。制定高等教育质量标准困难的原因主要表现在以下几点。第一，高等教育固有属性的特殊性：人才培养的特殊性、复杂性。第二，高等教育的利益相关者较多：涉及政府、学校、学生（家长）、社会用人单位。第三，高等教育的贡献率难以确定和核算：人才贡献率、科学研究贡献率、社会服务贡献率、文化传承创新贡献率难以完全量化。第四，高等教育层次、类型和功能的扩大：高等教育层次、类型多样；高等教育功能在不断扩大。

3. 高等学校分类评估难以达成共识

关于如何进行高校分类评估问题，学术界也进行了大量的积极探索，主要有如下几类。第一，"任务导向"分类评估，其代表是黄志广、张淑林，主张高校按照培养人才的类型分为：研究型大学——以培养、造就"创新拔尖性人才"为主要任务；应用型大学——以培养造就各行各业所需的"专门人才"为主要任务；职业型大学——以培养、造就"高素质劳动者"为主要任务。[7]第二,"职能发挥"分类评价,其代表是陈章龙、佘元福,根据高校承担的人才培养、科学研究、社会服务三大职能,赋予不同的分值和权重,把高校分为7种类型,即教学型、研究型、应用型、教学研究型、教学应用型、研究应用型、综合型。[8]第三,多元化分类评估,以冯晖、王奇为代表,主张实行多元化评估。建议采用不同的评估模式:审核、认证、评估。同时,他们提出多样化体现在:不同类型的高校采用不同的评估体系;同一项指标在不同类型高校的权重不同;同一项指标在不同类型高校中采用不同的观测点;同一观测点在不同类型高校中的评估标准不同。[9]

4. 高校分类和分类评估背后的各种利益因素较为复杂

高校分类和高校分类评估之所以成为世界性难题,就在于分类与一些现实利益密切相关。如分类与分层、分层与资源配置、分类与高校定位、分类评估与资源配置等问题形成焦灼状态。就分类与分层而言,正如有的学者所提出的那样:"类主要是客观事实的描述,是绝对的概念,而层主要是基于价值判断和评价,是相对的概念。分类的原则是非竞争性的,而分层的原则是竞争性的。"[10]根据经济学的原理,资源总是稀缺的,尤其在中国现实的背景下,人们并不反对高校分类,而极力反对的是高校分层。从理论上讲,层次是自然存在,无所谓高低,但是在现实生活中,特别是在中国传统的观念之下,层次是有高低之分的,而高层次又往往与资源配置相联系,从而形成了"马太效应"。因此,资源配置影响高校对定位、分层的自主秩序的形成。而分类评估与学校分类以及高校三大职能的履行密切相关。就拿高校分类而言,之所以人们普遍反对自然形成的"985 工程""211 工程"分类之说,以及设置研究生院院校之说,就在于人们对已有的分类感觉不公平,尤其在绩效评价方面并没有体现出高投入、高产出的效益。因此自教育部实施第一轮本科教学评估之后,分类评估已经成为人们解决高校评估问题的一种共识,甚至成为一种社会期待,更确切地说是一种理想追求。这种期待和追求主要体现在:首先是政府部门治理的需要,即分类管理的需要;其次是高校自身发展的要求,即特色办学的需要;再次是社会公众对教育信息披露的诉求,即消费透明度的需要和市场细分的需要。

二、高校分类评估的超越

对于高校分类评估而言，涉及两个方面的问题：一是为什么评和评什么的问题，即涉及分类评估的价值取向问题；二是如何评的问题，即分类评估的方法论问题。下面就从分类评估的价值取向和方法论入手进行论述。

1. 高校分类评估的原则

高校分类评估之所以非常艰难，就在于人们对于评估所要坚持的价值取向还没有达成一致。因而要超越目前的困境，当务之急就是要解决分类评估的价值取向问题，简而言之，就是要解决分类评估所要遵循的原则问题。

（1）坚持育人为本的原则

高等学校具有三大职能：人才培养、科学研究和社会服务。但是三大职能并不是同时产生的，也并不要求所有的高校都要完成三大职能，而是对于不同的高校应区别对待。但是，人才培养的职能是所有的高校都必须予以完成的最根本任务，这不仅是高等学校历史使命的要求，同时也是时代发展的要求。《国家中长期教育改革和发展规划纲要（2010—2020年）》指出："把育人为本作为教育工作的根本要求。人力资源是我国经济社会发展的第一资源，教育是开发人力资源的主要途径。要以学生为主体，以教师为主导，充分发挥学生的主动性，把促进学生健康成长作为学校一切工作的出发点和落脚点。关心每个学生，促进每个学生主动地、生动活泼地发展，尊重教育规律和学生身心发展规律，为每个学生提供适合的教育。努力培养造就数以亿计的高素质劳动者、数以千万计的专门人才和一大批拔尖创新人才。"育人为本是以人为本思想在教育领域的充分体现，坚持育人为本的原则就是要把人才培养放在学校工作的首位，以及分类评估的重点要围绕人才培养设置分类评价指标，特别是把学生学习的投入、过程、结果作为评价的重要方面加以凸显，充分体现"把促进学生健康成长作为学校一切工作的出发点和落脚点"。

（2）坚持学术分途的原则

在教育部第一轮本科教学水平评估之后，人们普遍的反应是：用一把尺子去衡量所有的高等学校，缺乏分类评价的尺度。其中在如何分类中，社会各界较为一致的看法是：普通本科院校与高等职业院校应该有不同的评价标准，与此同时，不同层次的普通本科院校也应有所不同。首先，普通本科院校与高等职业院校，两者在"类"上不同，是两类不同性质的教育；其次，在普通本科院校与普通本科院校之间，高等职业院校与高等职业院校之间也应该有所不同。通俗地讲，在这里，最根本的分野就在于对"学术"内涵的诠释，即学理多一点，还是应用多一点的问题。

（3）统一性与特色性相结合的原则

在制定高等教育质量标准时，既要考虑高等教育质量的基本标准要求，又要把握不同高等教育机构的特殊性和追求卓越的要求。

（4）国际性与本土性相结合的原则

高等教育质量在一定意义上是标准的代名词，而高等教育水平是通过比较得出的。各国高等教育由于面临的背景不同，因而具有很大的本土性特征，但是在高等教育国际化的背景下，各国高等教育还必须具有国际的视野，否则就会缺乏可比性。所以，在设计高等教育质量的标准时，还必须兼顾国际视野，要有国际化指标。

（5）科学性与可操作性相结合的原则

标准的制定既要有科学依据、合理，具有指导性，又要具有实际操作的可能性和检测作用。如欧洲高等教育质量标准的制定就体现了此原则，既合乎高等教育的规律，又便于操作。

2. 高校分类评估的做法

高校分类评估在解决了价值取向问题之后，关键是要解决方法问题，即如何分类评估的问题。具体思路是：分类质量标准—分类评估—分类发展。

为了便于操作，需要解决三个问题，即方法论问题，也就是要解决先后的问题。先解决标准，然后解决评估，最后解决发展。正如教育部副部长杜玉波在2011年全国教育工作会议上的讲话中所指出的那样：质量是教育的命脉。提高质量是高等教育改革发展最核心的任务、最鲜明的特征。当前，提高质量的迫切任务就是要研究制定高等教育质量标准，建立健全高等教育质量保障体系，加快建立以提高质量为导向的管理制度和工作机制。没有标准的质量是无法评价、比较和监测的。要借鉴国际高等教育质量管理经验，进一步明晰高等教育质量的内涵、评价标准和影响因素，探索形成符合国情、校情的质量标准分类体系。

（1）关于分类质量标准

第一，要建立普通高等教育和高等职业教育两个系列的基本标准。

有的学者指出：普通高等教育与高等职业教育是两种不同类型的教育，前者属学术定向的教育，后者属职业定向的教育。两种教育类型的差异，体现在学术质量标准和职业质量标准的差异上。普通高等教育主要进行基础科学和应用科学的教育教学，包括自然科学、人文科学和社会科学，如力学、物理学、化学、生物学、文学、历史学、哲学、数学、天文学和地理学等在内的科学知识，是"间接改造客观世界"的知识。高等职业教育主要进行技术与技术学科知识的教育教学，包括农学、医学、药学、法学和商学及其他应用性、技术性科类等在内的技术科学，是"直接改造客观世界"的技术知识。[11]

因此，我们在制定高等教育质量标准时，既要考虑两类教育在价值取向上的显著不同，又要考虑两者之间的衔接问题。普通高等教育要考虑学生未来发展的通用性，高等职业教育要考虑学生未来发展的实用性，这是最基本的出发点和落脚点。所谓通用性就是强调人才的复合性，即全面性。所谓实用性就是强调人才的职业技能和素质要求，更多符合劳动力市场的需要，偏重于应用。即使有理论教育，也更多的是围绕实际应用的理论指导。

在两类教育之中，要把人才培养作为衡量质量的最重要内容。

高等教育质量不仅体现在高等学校的育人质量上，而且体现在政府和高校自身的管理质量和保障质量上，因此，高等教育微观质量标准包括育人的核心质量标准和保障标准。

育人的核心质量标准是以教学为核心的标准，主要包括学习环境、学习过程、学习成果。

表1　育人质量标准

一级指标	二级指标	三级指标	四级指标
育人质量标准	学习环境	设备教学环境	基本设备拥有程度
			合适度

一级指标	二级指标	三级指标	四级指标
育人质量标准	学习过程	目标	培养目标（学术型人才、应用型人才、技能型人才）
			专业目标（专业标准）
			课程（教学）目标（课程设计、课程内容）
		教与学	教师
			学生
	学习成果	知识	理论水平
		技能	认知水平
			实际操作水平
		能力	承担责任的能力
			自主开展工作的能力

注：学习成果的考察指标主要借鉴《欧洲终身学习资格框架（EQF）》[12]对学习成果的界定。知识主要反映理论水平。技能主要反映认知水平（使用逻辑、直观和创造性思维水平）和实际操作水平（手工灵巧度和对方法、材料、工具和器械的使用）。能力包括承担责任的能力和自主开展工作的能力。

保障标准主要包括设置标准、学校管理标准、社会评价标准。设置标准主要是用于设置高等学校的基准，也即办学的最低标准，主要是解决办学的门槛问题。学校管理标准主要是用于对高等学校管理水平的评价，以保证高等教育质量的实现。社会评价标准主要用于社会对高等教育的评价，解决满意度问题，如合格、良好、优秀甚至卓越的判断。

表 2　保障标准

一级指标	二级指标	三级指标
保障标准	设置标准	教职员
		学生
		管理
		设备
		财政

续表

一级指标	二级指标	三级指标
保障标准	学校管理标准	质量管理理念
		质量保证机制
		教师、学生的反馈
	社会评价标准	人才培养水平
		科研水平
		社会服务水平

第二，在两类教育之中，要兼顾追求卓越的需要。

高等学校具有人才培养、科学研究和社会服务三大职能，但是不同类型的高等学校在其发展的历史进程中所承担的功能却不尽相同，所以在职能发挥方面就应该区别对待。那么，为了体现不同高校之间的使命和目标定位的不同，可以通过科学研究和社会服务质量标准加以衡量和区分。

表3　科学研究标准

一级指标	二级指标	三级指标	指标说明
科学研究	科研基础	高端人才数量及比例（两院院士、长江学者、特聘教授等）	可反映高校科学研究的历史积淀与实力
		国家级科研基地、重点实验室数量	
		省部级科研基地、重点实验室数量	
		跨学科研究平台数	
		博士后流动站数量	

续表

一级指标	二级指标	三级指标		指标说明
科学研究	科研基础	学位点数量	本科	可反映高校的总体规模、人才培养的重点类型以及科研类型
			专业学位硕士	
			学术型硕士	
			专业学位博士	
			学术型博士	
		学位点所在的学科领域数量	本科	可反映高校科研的聚集点，以便判断其科研的多样化程度
			硕士	
			博士	
	科研投入	科技研发支出占学校经费支出的比例		可反映学校在科研与教学方面的相对投入力量
		教育教学改革项目支出占学校经费支出的比例		
		纵向科研立项项目数（总数、人均数）		可反映学校科研的偏重点及层次
		横向项目数（总数、人均数）		
	科研产出	高被引用度论文*总数、人均数		可反映成果产出质量，结合科研投入可反映科研产出效益
		论文被引用度系数		
		教育教学论文数		
		立项项目成果获奖情况（不同级别有不同当量）		
		立项项目成果的转让收入或被政府政策采纳的总数		

　　* "高被引用度论文"的操作性定义：在某一领域中论文的被引用次数从高往低排列，上位1%的论文被定义为高被引用论文。日本通常以高被引用论文作为指标进行大学科研质量的评价。参加肖俊杰. 大学科研能力评价研究［J］. 高等工程教育研究，2008（5）.

　　确定上述维度的标准时，应该以一段时间（例如5年等）为测量时段，有些需要测算国家平均水平。

表4 社会服务质量标准

一级指标	二级指标	三级指标		指标说明
社会服务质量	学历教育	招生人数中本地生源与外地生源的比例		包括本科、硕士、博士的总和
		在校人数中本地生源与外地生源的比例		包括本科、硕士、博士的总和
		毕业生就业人数中本地与外地的比例		包括本科、硕士、博士的总和
	继续教育服务	招生人数中本地生源与外地生源的比例		该指标可以反映学校服务社会的广度
		招生人数与报名人数的比例		该指标可以反映学校社会服务的声誉，间接反映学校提供服务的质量
		从业教师占全校教师的比例		该指标可以反映学校对继续教育的重视程度以及继续教育开展的深度
	经济贡献	从本地区之外获取的办学经费数比例		从区外获取的经费数越多，对本地的经济贡献越大*
		校办产业数量		这两个指标可综合反映学校产业的效率及对地方经济的贡献度
		校办产业向本地区的纳税额		
	科技服务	与政府及校外企事业单位的科研合作基地数量	本地区科研合作基地	这些指标与生源地、毕业生就业地等综合起来可反映学校服务地域的范围，范围越大，学校的影响力越强
			区域外研究合作基地	
		为政府和企事业单位提供培训的频次（或总人次）	面向本地区政府和企事业	
			面向区域外政府和企事业	

续表

一级指标	二级指标	三级指标		指标说明
社会服务质量	科技服务	为政府和企事业单位提供科技咨询的频次（或总人次）	面向本地区政府和企事业	
			面向区域外政府和企事业	
		学校教师参与政府或企事业单位决策的频次		可在一定程度上反映学校社会服务的深度
		科技园区数量		可反映高校社会服务的效率
		入驻科技园区企业的数量占科技园区容量的比率		
		科技成果转化额		
	文化传承与辐射	基础设施对外开放度		校外人员或单位利用学校图书馆、运动场、体育馆等设施的总人次或总次数
		校园大型文化活动的对外开放度		校外人员参与校园大型文化活动的人次

　　*刘宝存. 大学对地方社会经济发展的贡献——加州大学伯克利分校的个案研究［J］. 清华大学教育研究, 2005（6）.

　　（2）关于分类评估

　　第一，在普通高等教育和职业高等教育的不同轨道之下，进行分类评估。根据高等学校的类型，实行审核、认证两种模式。对于新办院校重在质量认证，对于办学历史较长的院校实行审核。界定的时限可以以2000年评估为限，参加过评估的院校进入到审核阶段，未参加者视为认证对象。新办院校的评估称之为合格评估，对于审核阶段的院校的评估称之为审核评估。合格评估的重点是考察学校基本的办学条件，基本教学管理和基本教学质量，学校服务地方经济社会发展的能力与应用人才培养的能力，学校教学改革和内部质量保障体系建设与运行的情况。

合格评估的结果分为三级："通过""暂缓通过""不通过"。审核评估重点在于考察学校办学条件，本科教学质量与办学定位，人才培养目标的符合程度，学校内部质量保障体系建设及运行状况，学校深化本科教学改革的措施及成效。审核评估不分等级，重在写实性报告，周期为5年。

第二，加大学科、专业、课程专项认证，鼓励高校在同类竞争中特色发展。高等学校之间的竞争最终检验的标准是社会用人单位对高校毕业生的评价。这里对于不同类型的高校而言，与市场联系最为密切的是一所高校的学科、专业甚至课程的设置。因此加大对高校专项的认证工作就显得尤为重要。每一所高校可能不是全能冠军，但是完全可以成为某一个单项冠军。可以在某一个学科、几个专业方面成为同类中的佼佼者。这样就可以避免高校在学科、专业设置方面的"同质化"倾向，从而引导高校合理定位，分类发展，最终实现高等教育的可持续发展。

（3）关于分类发展

建立分类质量标准，实行分类评估，其实质就是要实现高等学校的分类发展。分类发展一方面靠政府外在力量的推动，另一方面靠高等学校自身的努力。在中国当下，高等学校由于受资源配置的约束十分突出，单靠自身的自我约束显然是不够的，急需政府的政策干预。

作为一个以政府主导为主的国家，政府出面实施宏观的政策其效应是巨大的。所以建议教育主管部门通过制定高等教育分类质量标准，然后实施分类评估，最后达到实现高等教育的分类发展目标。分类发展是一种期待的结果，也是管理的结果。但是对于发展中的我国高等教育来说，分类发展的道路仍然十分漫长，急需解决的问题和矛盾依然很多，然而正是由于我们需要面对，所以只要我们拿出勇气，理性研究，科学决策，我们有理由相信：分类发展的明天一定会早日到来！

参考文献

[1] 潘懋元，陈厚丰. 高等教育分类的方法论问题 [J]. 高等教育研究，2006（3）.

[2] 武书连. 再探大学分类 [J]. 科学管理研究，2002（10）.

[3] 钟秉林，等. 坚持分类指导　制定分类标准　实施分类评估——新一轮本科

教学评估基本问题探析［J］. 中国高等教育，2009（6）.

［4］潘黎. 高校分类的新视角——基于知识的视角［J］. 教育科学，2010（1）.

［5］雷家彬. 中国高等学校分类方法的反思与建构［D］. 华中科技大学博士学位论文，2011.

［6］刘向东，吕艳. 高等学校分类的实证研究——基于75所教育部直属高校和19所地方共建高校的分析［J］. 清华大学教育研究，2010（4）.

［7］黄志广，张淑林. 基于"任务导向"的高校分类评价方法初探［J］. 中国高教研究，2005（8）.

［8］陈章龙，佘元福. 论基于职能发挥的高校分类评价［J］. 江苏高教，2011（4）.

［9］冯晖，王奇. 试论高等教育的分类评估［J］. 中国高等教育评估，2011（2）.

［10］王怀宇. 中国高等教育分类中的几个现实问题［J］. 北京教育，2005（3）.

［11］肖化移. 试论高等教育分类及其质量标准的划界［J］. 高等教育研究，2005（8）.

［12］驻欧盟使团教育文化处. 欧盟终身学习资格框架述评［J］. 国家教育发展研究中心研究动态，2011（4）.

（王保华系中国传媒大学发展战略规划处处长，教授，博士）

大学教师任用制度研究

教师是大学中最为重要的资源。一所大学的好坏在很大程度上还是取决于其师资，学生选择大学最看重的因素，依然是大学是否拥有能为他们实现梦想提供必要帮助的优秀教师。教师人事制度特别是教师任用制度是大学各项制度中最为重要的制度之一，对大学教师任用制度进行深入研究，有利于提升大学的竞争力，也有利于推动当前我国正在进行的大学改革。

一、我国大学教师任用制度的沿革

1. 清政府时期的大学教师任用制度

近代最早的关于大学教师聘任的文献应始于清政府刑部左侍郎李端棻 1896 年 6 月 12 日上奏给光绪皇帝的《请推广学校折》，该奏折中已有关于学堂教习聘任的论述。[1]后来随着戊戌变法的推进，清政府在 1898 年成立了中国第一所近代意义上的国立综合性大学京师大学堂。在《总理衙门奏拟京师大学堂章程》中也有关于总教习、分教习和教习聘任方面的内容。1904 年，清政府颁布《奏定学堂章程》，其中对大学堂各级教员的资格有详细规定。根据该章程，学堂教员分为正教员和副教员。当时，正教员的任职资格是取得研究生文凭（通儒院）或者取得国外大学研究生（大学院）文凭者。副教员的任职资格是本科毕业中的成绩优秀者或者取得国外大学本科（大学堂）文凭者。

2. 民国时期的大学教师任用制度

辛亥革命后，1912 年京师大学堂改为北京大学，历任校长严复、章士钊、何燏时、胡仁源、蔡元培等在教师聘任方面也作过一些有益的探索，特别是蔡元培在 1917 年出任北大校长之后，改革力度相对较大。蔡元培受德国洪堡办学思想的影响比较深，他主张在聘任教师时以学问为重，要求教师一方面教授，另一方面与学生开展共同研究。

在政府颁布的具有法律效力的正式文件中，1912 年的《大学令》规定大学设教授、助教授。1917 年修正的《大学令》规定大学设正教授、教授和助教授。1924 年的《国立大学校条例令》中取消助教授一职。1926 年广州国民政府时期专门颁布了《国民政府对大学教师资格条例之规定》。1927 年南京国民政府时期根据 1926 年广州政府时期的规定又重新颁布了《大学教员资格条例》，规定大学教员分教授、副教授、讲师、助教四级，这一规定一直沿用至今。1929 年，国民政府颁布的《大学组织法》第十三条也规定，大学各学院教员分教授、副教授、讲师、助教四种，由院长商请校长聘任之。1940 年，南京国民政府教育部成立学术审议委员会并颁布了《大学及独立学院教员资格审查暂行规程》。1941 年，南京国民政府行政院通过了《教育部设置部聘教授办法》。1948 年，南京国民政府通过《大学法》和《专科学校法》，将大学教师聘任进一步制度化。

关于助教、讲师、副教授和教授的任职资格，在 1927 年《大学教员资格条例》中也有详细的规定。大体的情况是，助教、讲师、副教授分别需要本科、硕士研究生文凭和博士研究生的文凭，并对毕业成绩有一定的要求。由低一级职位升任高一级职位需有一定的工作经验。如教授一般要求担任副教授 2 年以上，并有特别成绩。此外，在国学上有研究或贡献的人也可以分别被聘为各类职位。对任职教员的资格审查主要包括履历、毕业文凭、著作品和服务证书等，最初对于教员资格的审查由各大学的评议会或校务会来行使，属于学校的自主权。1940 年后，随着《大学及独立学院教员资格审查暂行规程》的颁布，审查教员资格的权力被收归政府。

3. 中华人民共和国成立后的大学教师任用制度

（1）中华人民共和国成立后至改革开放前的大学教师任用制度

中华人民共和国成立后，大学被作为事业单位来管理。大学教师作为高级知识分子，被纳入国家干部体制进行管理，属于事业编制，职务由行政领导任命。1950年，教育部颁布的《高等学校暂行规程》规定，大学及专门学校教师分为助教、讲师、副教授和教授四级，均由校院长聘任，报请中央教育部备案。1956年，高等教育部颁布的《高等学校任用教、职、工人的暂行规定》明确高校教师属于国家工作人员。1959年，《关于高等学校师资的补充、培养和调配问题的规定》规定，教师的补充计划列入干部补充计划，报国家计委，同时抄送教育部。

1960年，国务院颁布《关于高等学校教师职务名称及其确定与提升办法的暂行规定》，要求高校教师职务名称的确定和提升应以思想政治条件、学识水平和业务能力为主要依据，同时考虑资历和教龄。教师职务名称的确定和提升，应在党委领导下贯彻群众路线，实现领导和群众相结合的原则。助教和讲师的聘任权限在校内，但讲师需要省级教育行政机关批准，并报中央教育行政机关和有关主管部门备案。副教授的聘任权限在省级教育行政机关，需报中央相关机关备案。教授的聘任权限在中央教育部，行业主管高校的教师晋升教授在报中央教育部之前，需征得行业主管部门的同意。

1961年，《教育部直属高等学校暂行工作条例（草案）》规定，教师的教学职别的确定，要依据教学任务、教学质量和学术水平。对其中特别优秀的，应不受资历和学历的限制。1963年，教育部下发《关于高校教师职务提升工作问题的通知》，提出要严格教师职务考核和评审的程序，要求各单位建立对教师的考核制度，对教师绩效进行定期考核，根据考核结果来决定职务晋升。建立业务评审制度，经评审成绩优秀的教师，才能确定和提升职务。由教研室或系对教师业务进行分析鉴定，学校建立教师业务评审委员会，负责聘请同行专家对被确定和提升职务的教师的主要论文和著作进行仔细审查，提出书面审查意见。

"文革"期间，大学教师聘任工作基本停顿。直到1978年，国务院批准了教育部《关于高等学校恢复和提升教师职务的请示报告》，将教授职务名称的确定和提升权限改为省级教育行政部门批准，报教育部备案。其余的仍执行 1960 年的规定。

（2）改革开放后的大学教师人事制度改革

改革开放以后，随着市场化变革的不断深入，我国高校在内部管理体制和人事制度方面也进行了相应的改革。1986 年，中共中央和国务院转发了中央职称改革领导小组《关于改革职称评定、实行专业技术职务聘任制度的报告》，国务院发布了《关于专业技术职务聘任制度的规定》。后来，国家教委又发布了《高等学校教师职务试行条例》，正式开始进行高校教师聘任制度改革。根据条例规定，各级教师职务实行聘任或任命制，并且有明确的职责、任职条件和任期。

1991 年，人事部和国家教委下发《关于高等学校继续做好教师职务评聘工作的意见》，强调高等学校党委和行政要加强对教师职务评聘工作的领导；教师职务评聘工作要严格掌握思想政治条件；做好考核工作，把实绩考核与评聘工作相结合；主管部门要通过控制教师职务比例结构等方式加强宏观管理；对优秀中青年拔尖人才高级职务评审可以报国家教委特批；在有条件的高校进行评聘分离的试点。

当前，具有教授和副教授资格评审权的高校和各省、市、自治区和直辖市制定的关于高校教师职务任职条件都是根据《高等学校教师职务试行条例》和《关于高等学校继续做好教师职务评聘工作的意见》精神制定的。但在实际操作中，出现了具体的数量指标要求。如《辽宁省高等学校教师职务任职条件》对教授科研成果有以下规定：

公开发表过具有国际水平或国内领先水平的学术论文，公开出版过有较高学术价值、有创新的论著。社会科学学科教师要求发表上述水平论文两篇、公开出版上述水平论著一部（本人撰写部分不少于十万字）或主持编写过有独到学术见解通用教材一部（本人撰写部分不少于五万字）；自然科学学科教师发表上述水平论文三篇或公开出版上述水平专著一部。公共课、专科学校教师论文数量可减少一篇。

此外，外语和计算机的水平也成为硬性指标，需要通过相应的水平考试。总之，在高校教师职称评聘中，对学历、外语成绩、教学工作量、科研成果数量以及科研项目等级和经费等指标都有具体要求。在这种政策激励下，高校全面进入比拼论文数量的时代，如同地方政府比拼 GDP。

1993 年，国家教委、人事部下发《关于公布具有教授和副教授任职资格评审权的高等学校的通知》，公布了自1986年职称改革以来国家教委批准的具有教授和副教授任职资格评审权的学校名单。同年，国家还颁布《教师法》规定国家实行教师资格制度，颁发《关于高等学校内部管理体制改革的意见》，对高校编制、机构设置改革和校内转岗等事宜进行规定。

1998年通过的《高等教育法》规定高等学校教师的聘任应当遵循双方平等自愿的原则，由高等学校校长与受聘教师签订聘任合同。高等学校的管理人员，实行教育职员制度。高等学校的教学辅助人员及其他专业技术人员，实行专业技术职务聘任制度。

1999年，教育部颁发的《关于当前深化高等学校人事分配制度改革的若干意见》指出，高校实行聘用合同制的基本原则是按需设岗、公开招聘、平等竞争、择优聘任、严格考核、合约管理。

2000年6月，中组部、人事部和教育部联合发出《关于深化高等学校人事制度改革的实施意见》。该文件指出，深化高校人事制度改革的目标是，逐步建立符合高等学校特点的学校自主用人、人员自主择业、政府依法监督、配套措施完善的人事管理新体制；按照"新人新办法"和"老人老办法"的原则进行改革。同年9月，教育部颁布《〈教师资格条例〉实施办法》。

2002年7月，国务院办公厅〔2002〕35号文件转发了国家人事部《关于在事业单位试行人员聘用制度的意见》，指出人员聘用制度主要包括公开招聘、签订聘用合同、定期考核、解聘辞聘等制度。通过实行人员聘用制度，转换事业单位用人机制，实现事业单位人事管理由身份管理到岗位管理转变，由行政任用关系向平等协商的聘用关系转变。

2007年9月，人事部和教育部发布《关于高等学校岗位设置管理的指导意见》（国人部发〔2007〕59号）。此外，教育部也颁发了《教育部直属高等学校岗位管理暂行办法》（教人〔2007〕4号）。按照文件规定，高等学校专业技术岗位分为高级、中级、初级3类13级。其中正高级为4级，副高级、中级和初级各为3级。此外，文件还对各级岗位之间的比例进行了规定。

从历史角度看，高校教师任用制度受高等教育管理体制的影响比较大。民国时期和新中国成立后的前30年，各自形成了适应不同体制的相对完善的任用制度。尽管现在关于教师职位的名称仍然延续了民国政

府 1927 年的提法，但新中国成立后，高校教师的管理制度带有明显的
计划和行政指令的色彩，大学教师的身份属于国家干部，任用方式为任
命制。改革开放后，随着市场体制的建立，高校教师的任用制度改革重
新转向聘任制，又走上了和民国时期类似的轨道。

从聘任标准看，学历和资历一直是最基本的条件。但民国时期的聘
任更看重真才实学，特别是对国学有专长者，不拘于学历和资历，另
外，有海外学习经历者在聘任中有很大优势。新中国成立后至改革开放
前，适应当时的政治气氛，思想政治条件被作为重要条件，其重要性甚
至一度超过了学识水平和业务能力。改革开放后，思想政治条件的作用
被淡化。在聘任中出现了过分注重数量化指标的倾向，出版物的数量和
等级被作为重要指标，外语水平也成为一个重要指标，海外学习经历依
然很受重视。

二、发达国家的大学教师聘用制度

借鉴其他国家的经验，有助于了解改革的趋势和方向。大学教师人
事制度改革是世界各国都很关注的一个重要问题。特别是自 20 世纪 90
年代以来，大学教师人事制度越来越成为各国高等教育政策中一个非常
重要的议题。美国、英国、日本和韩国等国家都在进行大学教师人事制
度改革的尝试。

1. 美国的终身教职制度

美国大学教师的任用制度属于聘用制度，但在各个层次的大学中，
终身教职（席）（Tenure System）的设置十分普遍。美国大多数的大学
在教授和副教授的层次上设置终身教职（席）。美国大学教师人事制度
受美国大学教授联合会（AAUP）的影响很大。该协会有关学术自由、
工作安全和大学教师待遇等问题的立场，对美国大学教师管理制度产生
了重要影响，特别是它所提倡的终身教职制度对美国乃至世界高等教育
都产生了重要影响。

美国大学教师人事制度的改革主要体现在有关各方对终身教职制度
存留和改革争论方面。谈到终身教职制度，不能不提 AAUP。该协会成
立于 1915 年，在成立之初就提出了著名的关于学术自由和大学教师工

作一定时间后有权获得终身教职的《宣言》。1934 年，AAUP 和美国学院协会（AACU）举行联合会议，重申 1915 年《宣言》中所提到的学术自由和实行终身教职制度的原则。1940 年，两个协会又联合发表了《关于学术自由和终身教职原则的声明》。该《声明》的发表意味着两个协会所提倡的有关学术自由和终身教职制度得到了学术界和学院协会的认可。1972 年，该协会所提倡的这一原则获得了美国最高法院的认可。从此，终身教职制度在美国合法化。

终身教职制度的核心是学术自由、工作安全和经济保障。但事实上，终身教职制度自推行以来一直受到来自社会不同方面的批评。特别是冷战结束后，随着各州在高等教育领域投资热情的下降，政府加强了对大学资金使用效率和教师人事制度等问题的关注。一些州的议员认为获得了终身教职资格的教师过着悠闲的生活，进取心下降，纷纷要求州政府改革公立大学的终身教职制度。设置终身教职制度需要很高的花费，大学管理者出于预算压力，也在寻求削减终身教职的办法。学术团体内部对终身教职制度的意见也很不统一，一些年轻教师对终身教职制度多有微词。从 20 世纪 70 年代开始，就有人提出对获得终身教职的教师进行评估（post-tenure review）的建议。迫于社会各方面的压力，美国大学教授联合会在 1983 年接受了对获得终身教职的教师进行再评估的制度，并在 1999 年的年会上正式通过了对获得终身教职的教师进行再评估的指导原则。

进入 20 世纪 90 年代后，很多大学都在对终身教职制度进行调整。有的大学加强了对已取得终身教职资格的教师的监督和评估，有的大学干脆用签订较长的合同任期来代替终身教席的设置，还有的大学采取了一些措施使得解聘大学教师变得更加容易。1997 年全美已经有 28 个州的州立大学在讨论和执行对已获得终身教职的教师进行审查的制度，1998 年增加到 30 个州。

2. 其他一些发达国家的大学教师聘用制度

英国 1988 年公布了《教育改革法》，从法律上废止了终身教职制度。该法规定，1987 年前取得终身教职制度的教师，可以工作到退休；但对于 1987 年以后取得教职的大学教师，学校可以以适当的理由加以解雇。该法律公布后，引起了大学教师的罢工。

德国只给予教授终身教职，事实上在德国教授属于公务员。在德国，教授的任命一般由学校提出建议，由政府最终任命。教授的任职条件很苛刻，不过一旦被任命就享有很大的权力，并且终身拥有职位。法国对教授和副教授实行终身教职，助教一般由系来聘任。

传统上，日本国立大学和公立大学的教师也拥有公务员身份。1996年，大学审议会提出了《关于大学教师任期制——以实现大学教育、研究的活性化为目的》的咨询报告，向美国学习。1997年日本政府制定并通过了《关于大学教师等的任期的法律》。该法律规定大学实行选择性的任期制。法律将大学实行任期制的权力赋予了大学。到2000年，在全日本已经有38所国立大学和4所公立大学制定了大学教师任期制的规则。但大多数的大学并没有在所有的学科领域推行大学教师的任期制，而是选择部分学科的大学教师实行任期制。在实行任期制的大学中，大多数把任期规定在5年左右。[2]

韩国在1975年就开始教师聘任制的改革，当时的朴正熙政府颁布了《教师再聘审查委员会相关规定》，试图改革终身教职制度，结果推行不久即告失败。1987年韩国教育部又推出了教师聘任制度改革的措施，规定对讲师和助教实行聘任制，对副教授以上人员实行终身雇佣。进入20世纪90年代以后，韩国政府继续推进大学教师聘任制的改革。2000年教育部推出了高等教育改革的BK21计划。同年韩国教育部大学行政支援课向教育部提交了《大学教师人事制度改革探索》的咨询报告。该报告提出了彻底地用合同制代替终身制的改革建议。[3]

从上面的论述中可以发现，发达国家一般都采用任期制和终身教职制度相结合的教师任用制度。对教授和副教授（准教授）等高级职位一般采用终身教职制度，而对讲师等低等职位多采用任期制。从各国大学教师人事聘用制度改革的方向上看有两种思路，即修订终身教职制和鼓励使用任期制。日本、韩国和英国等在采用任期制方面表现得相对积极，而美国主要通过加强对获得终身教职后的教师进行评估来弥补终身教职制的不足。

三、大学教师聘用制度的理论基础

在大学教师聘用制度中，合同期限的长短和晋升中采用严格还是相对宽松的筛选是两个重要问题。有关这两个重要的问题的理论基础在聘用中十分重要。

1. 短期合同与长期合同

根据爱德华·拉齐尔（Edward P. Lazear）的研究，试用期与聘期的长短取决于筛选过程中出现测评错误的可能性与候选人的能力分布。[4]如果某项工作很容易被测评，出现测评错误的可能性较小，那么就可以给予应聘者相对较短的试用期。反之，如果某项工作出现测评错误的概率较大，那么候选人就应当有较长的试用期。如果多数候选人的能力都比较强，则可以采用较长的试用期。反之，如果候选人的能力普遍较差，就应该采用较短的试用期。

高校教师和其他职业相比有自身独特的特点，因此应根据其职业特点来确定其聘任期限。从教学技能和科研能力本身的特点来看，教学技能相对容易被观察，但科研能力往往不容易被识别。教学技能可以通过听课等方式进行观察，一般情况下，经过几轮听课对教师的教学技能作出相对公正的判断并不十分困难。但对教师的科研能力作出相对准确的判断并非易事，科研工作需要很强的创造性，需要一定的前瞻性和预见性，这种预见性在成为现实（产出有价值的科研成果）之前通常不为人们所理解。换言之，教学能力评价出现错误的可能性相对较小，而科研能力评价出现错误的可能性相对较大。所以，对于科研型教师采用较长的试用期和聘期较为合理，而对教学型教师则可以采用相对较短的试用期和聘期。即对教学型大学的教师可以采用短期合同制，而对研究型大学中偏重科研或者教学科研并重的教师在经过观察、确认能够胜任工作之后，应采用较长聘期的合同或给予终身任期。[5]

对学术工作者设置较长的观察期不仅可以保证选拔出优秀的人才，而且还可以起到净化学术劳动力市场的作用。如果观察期短，那么学术能力弱的人便容易蒙混过关。为了防止这些人进入学术队伍获取额外收益污染学术劳动力市场，需要设置较长的试用期。在有较长试用期的条件下，那些想获取额外收益的人就会考虑冒险的机会成本。在美国大学中，大学教师的试用期一般为6年，执行2个为期3年的短期合同。长期合同制和终身雇佣制的特点是雇主为雇员提供了工作安全方面的保障，这相当于为他们购买了一份补偿失业风险的保险。工作安全对于学者从事学术研究十分必要。学术工作具有很强的创造性，而创造需要自由宽松的环境。所以，对于已通过试用期的教师给予长期合同或终身教席有利于他们安心创造。长期合同制和终身雇佣制的缺点是一旦试用考核失效，选拔错误将不能得到纠正。学术工作的风险很大，工作过程不易被监督，自然情况与个人努力程度在成果形成过程中的作用很难被区分。所以，为了避免事后的"道德风险"（moral hazard），需要对获得长期合同和终身教职的教师继续进行评估和观察，这种制度就是前文所述的职后评审制度。由此可见，职后评审制度是对终身教职制度的有益补充。

2. 非升即走与弹性筛选

对大学教师进行筛选，在筛选过程中既可以选择严格的筛选制度，也可以选择相对较为宽松的筛选制度。国外的大学特别是研究型大学对给予终身教职的教师一般采用"非升即走"（up or out）的筛选制度。所谓"非升即走"制度，即给予候选人一定的时间，如果在规定的时间内不能获得升迁就必须离开的制度，属于严格的筛选制度。而弹性筛选制度是指不对晋升时间进行严格限制的制度，属于较为宽松的筛选制度。为什么要对研究型大学教师采用"非升即走"的制度，是理论上必须解释清楚的一个问题。

同其他任何选拔一样，人员筛选中也不可避免地会出现错误。对于组织而言，选择宽松或严格的筛选制度取决于组织对筛选错误的容忍能力。根据统计学的研究，筛选错误包括两类，即"拒真错误"和"存伪错误"。"拒真错误"在人才选拔中的含义是指排除产出大于成本（工资），但尚未达到终身雇佣标准的人；而"存伪错误"指接纳产出低于成本的人。采用"非升即走"的筛选制度，不可避免地会把那些相对优秀的人排除在组织之外。所以，采用这种制度会使选拔或晋升的标准越来越高。在人事选拔中，采用"非升即走"制度意味着增加"拒真错误"发生的概率；而采用弹性筛选制度则意味着增加"存伪错误"发生的概率。所以，组织选择"非升即走"的筛选制度还是选择弹性筛选制度，取决于它对于这两类错误的容忍能力，即两害相权取其轻。

高校特别是研究型大学是追求声誉最大化的组织，知名学者是其声誉的主要来源之一。所以，排除相对较好的学者未必会对大学的声誉产生不良影响，而接纳水平较低的学者意味着增加了带来不良声誉的风险。所以，对于科研型大学教师的选拔而言，提高选拔标准，保证拥有最优秀的学术人才至关重要。从这个角度讲，发生"拒真错误"比"存伪错误"对科研型大学教师的选择更为有利。因此，科研型大学教师的选拔，应采用"非升即走"制度，但对于教学型教师则可以采用弹性筛选制度。

对准备长期聘用或给予终身教职的教师采用"非升即走"机制进行筛选，另一个重要原因是该制度可以在一定程度上避免人才选拔过程中的"逆向选择"（adverse selection）。如果没有严格的筛选制度，学术能力低于平均水平的人就会从学术劳动力市场中获取额外收益，从而使有真才实学的人的利益受到损害。学术能力低下者在缺乏严格筛选的条件下之所以能获得额外收益，是因为在人才不能被有效甄别的情况下，用人单位只能给予应聘者行业平均工资，而对于学术能力低下者获得平均工资即获得了额外收益。他们获得额外收益，意味着学术能力卓越者的收益受到损失。所以，如果没有严格的筛选制度，学术劳动力市场中将会出现大量的低水平的学术工作者，最终会产生"劣币驱良币"效应，资质优秀者会选择离开学术领域。由此可见，"非升即走"制度对于保障学术队伍质量十分重要。

采用"非升即走"的晋升制度有利于提高选拔标准，使真正优秀的人才脱颖而出。较长的试用期可以保证对大学教师进行学术水平评价的准确性。因此，较长的试用期和"非升即走"的晋升制度在国外研究型大学中被普遍采用。

四、我国公立大学教师聘用制度改革展望

1. 根据职位分类分别采用不同性质的聘用合同，逐步完善用人制度

人事聘用制度中最重要的内容是选择聘用合同。2002年，人事部下发了《关于在事业单位试行人员聘用制度的意见》。按照该意见，聘用合同根据聘用期限可以分为短期合同、中长期合同和以完成一定工作为期限的合同等三类。短期合同指3年以下（包括3年）期限的合同；中长期合同指3年以上期限的合同，但最长合同期限不得超过受聘人员达到国家退休年龄的年限。根据前面所作的理论分析和与国外大学教师

聘用制度的比较可知，未来高校教师的聘用应该采用混合制度。对于学术导向的教师在经过较长观察期后（一般为 2 个短聘期之后），确认能够胜任工作，应给予长期合同。对于教学导向的教师可以一直使用短期聘用合同制。

2. 大力推进高校社会保障制度改革，为全面实施聘用制度奠定基础，在条件具备之后推行"非升即走"的严格聘用制度

从理论上讲，对于实施聘用制后新聘用的教师，在合同期满后学校拥有解聘的权力。但事实上，人事制度改革与管理体制、机构编制和社会保障制度等方面的改革关系密切。目前，高校社会保障制度尚不健全，所以落聘和待聘人员从高校流动到社会的客观条件尚不具备。这意味着高校教师与高等学校之间目前仍未摆脱依附关系，所谓解聘只意味着在校内不同岗位之间进行流动，而不是与单位脱离关系。只有当高校的"五险一金"等社会保障与社会接轨之后，才能真正破除职务终身制，解决能进能出问题。"非升即走"的严格筛选制度也才有可能真正推行。

3. 在评聘标准确定中，注重平衡成果数量和质量之间的关系，制定质量导向型的职务任职条件，采用代表作制度评价学术水平

比拼论文等科学成果数量的评聘在实践中带来很大的危害。因为基础研究特别是对其中核心问题的研究往往需要较长时间的投入，需要作持续研究。在过分注重成果数量的职务任职条件下，年轻学者为了尽快获得晋升，只能选择容易出成果的枝节问题和应用问题进行研究，这对学术发展十分不利。短、平、快的科研成果，不仅无助于学术发展，而且会浪费资源甚至造成学术污染，制造学术繁荣的假象。因此，在职务评聘时，不应该一味地看重成果数量，而应通过代表作衡量学术水平，注重学术影响。

4. 增强招聘工作的主动性，制订科学合理的聘用程序，完善聘用组织管理

当前，在高校教师评聘工作的组织管理中，比较突出的问题是评聘工作的机构设置和程序安排不尽合理以及招聘工作的主动性不够等。实施评聘工作，应有专门的资格审查委员会和考核委员会负责对候选人的审查和考核，还应有人事委员会或教授委员会对候选人进行最后投票表决。只有经过严格的程序，才能保障遴选工作不出现重大失误。针对招

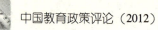

聘工作应该成立专门委员会，由本专业内的人负责在专业领域进行主动搜寻，这样才能确保物色到出色的候选人。

总之，我国大学教师聘用制度尚在完善之中，还有很多问题需要认真讨论，并逐步加以解决和调整。

参考文献

［1］邓小林. 民国时期国立大学教师聘任之研究［D］. 成都：四川大学博士学位论文，2005：30.

［2］陈永明. 大学教师任期制的国际比较［J］. 比较教育研究，1999（1）.

［3］姜英敏. 韩国大学教师聘任制改革分析［J］. 比较教育研究，2001（7）.

［4］爱德华·拉齐尔. 人事管理经济学［M］. 北京：北京大学出版社，2000：250.

［5］乔锦忠. 高校教师聘用制度改革研究［J］. 教育学报，2006（4）.

（乔锦忠系北京师范大学教育学部
高等教育研究所副教授，博士）

□ 马焕灵

走向实体正义的高校学生纪律处分

　　高校作为一个特殊的社会共同体，是一个构成意义上的社群。纪律规范是高校社群存在所必需的共同道德。共同道德为高校成员的信任提供了基础。遵守这些共同道德是每个高校成员能够维系高校共同和个体成员资格的存在的前提。高校为了完成教育任务，就必须维持自身的存在和秩序，于是这些共同道德被固定下来并成为高校调整内部关系和维持一定秩序的行为规则，进而这些行为规则就表现为纪律规范。纪律处分是对违反高校纪律规范的惩罚措施，也是纪律规范的强制性保证。根据 2005 年 9 月 1 日实施的《普通高等学校学生管理规定》，高校学生纪律处分是指高校对有违法、违规、违纪行为的学生给予警告、严重警告、记过、留校察看、开除学籍等五种形式的带来消极后果的惩罚性行为。高校学生纪律处分制度研究缘起于近年来高校陷入诉讼漩涡这一现实。从研究状况看，教育学界和法学界在分析诉讼原因时对高校学生纪律处分制度本身的公正性都给予了极大的关注。但是大多数学者对于学生纪律处分的实体正义或者分配正义探讨极少，而是将关注重心放在了程序正义上。因此，从实体正义的角度研究和建立健全公正完善的高校学生纪律处分制度是理论界面临的一个全新的重要课题。

一、高校学生纪律处分的违纪行为分析

1. 高校学生纪律规范效力的场域

高校纪律规范的效力应该是有限制的，也就是说，对象、时间、空间是学校纪律规范的三维坐标。在对象上，高校纪律规范只是约束具有学校成员资格的人，高校纪律规范不能约束不拥有学校这一构成体社群资格的人，因为不具有成员资格的人，不享有学校共同体的安全和福利，自然也不会承担什么义务；在时间上，高校的纪律规范应该只适合于学校共同体成员的成员资格存续期间，超出这段时间，高校共同体不能对其曾经的成员进行规范，自然也不适用高校纪律规范；在空间上，应该只适用于学校内部，这里的学校内部是指学校教育教学所在的场域，这里也应该包括学校在实施教育教学活动时的校外场地。人在不同的场域就会以不同的社会角色出现，只有当学生的不轨行为是以学生的身份做出的时候，该学生才能成为高校惩罚的对象。只有在对象、时间和空间三维坐标体系之内的场域，才是高校纪律规范效力的场域。

教育部 2005 年颁布的《普通高等学校学生管理规定》第五十四条第（二）、第（三）款规定："学生有下列情形之一的，学校可以给予开除学籍处分：……（二）触犯国家法律，构成刑事犯罪的；（三）违反治安管理规定受到处罚，性质恶劣的；……"根据上述条款，各高校在本校的学生管理规定中，几乎是无一例外地作出了重复性的规定，而且为了彰显校本处分特色，很多高校对上述条款进行了详尽规定。而且近些年来，有很多学生因为其受到刑罚或者治安管理处罚，受到了不同的纪律处分。现实状况说明，由于社会生活的复杂性，不可避免地会发生行政授权不明确的问题。这种权力界限的不明确，不仅导致了限制权力的困难，而且增加了人们正确判断某项公权力是否侵犯私权利的难度。尤其是当一项权力的内容同社会传统道德相吻合，即使其超出法定权限，人们往往也会持赞成态度而不去怀疑其合法性。事实上，高校学生纪律处分具有对内性，高校纪律处分是针对学生身份作出的，是以高等学校和学生之间的管理和教育关系为基础的一种惩处行为。因此，高校不应该对与学生身份无关的行为作出评判和惩戒。

综上，高校学生的违法行为，不管是以普通公民的身份违法还是以学生的身份违法，都是对法律所保护的社会关系的一种破坏，都应该受到法律的制裁而承担法律责任。但是，如果高校学生的违法行为不是以学生的身份做出的，并没有侵害到高校内部共同体成员的利益，没有破坏学校共同体内的权利义务关系，就不应该受到学校纪律处分。基于此，我们断言，教育部 2005 年颁布的《普通高等学校学生管理规定》第 54 条第（二）、第（三）款的规定具有模糊性，而众多高校校规所规定的学生受到社会惩戒必须受到纪律处分的条款是错误的。

2. 高校学生纪律规范的内容标准

高校作为一个共同体，正是由于共同道德而赖以存在，共同道德构成了高等学校成员的人权基础，而低度权利来自低度道德。低度人权是共同道德和具体道德的结合，因此，在实践中能够运用于一切文化和文明传统，而不管它们之间有何差异。[1]正是在这个意义上，米尔恩教授提出的低度人权观对平缓教育领域内的权利纷争，从理智上促进高校学校共同体成员的合作、减少学校内的冲突无疑具有智识上的贡献。同时，这对于我们分析和诊断高等学校病症，促进学生权利从理想化为现实，从应然权利走向法定权利，也具有现实的战略意义。而且该认识对寻求学生权利的普遍性和固有性，保障学生的基本自由和权利免于专横、粗暴干涉，应是一种最有效、最可靠的路径。

米尔恩提出的普遍道德标准中的六项低限人权完全适应于高校共同体。这六项人权包括生命权、高校纪律规定适用上的公正权、获取帮助及服务的权利、正当校规遵从下的自由权、信息权和礼遇权。为了保障这六项基本权利的实现，米尔恩发现了共同体赖以存在的九项基本道德义务，除了儿童福利，还包括尊重生命、公正对待、行善、伙伴关系、共同体责任、不得专横干涉自由、诚实行为和礼貌等义务。

关于尊重生命和公正对待义务我们不予赘述，我们特别解释一下其他六项义务：第一，行善的义务。用北卡罗来纳州立人学纪律处分规范中的话说，就是"团体内所有成员的纯洁无私的意图和负责的行为"。假如没有它，信任也就失去了一个必不可少的先决条件。任何人，如果他不承认有义务总是选择善而不是恶，不承认在面对诸恶作选择时，有义务总是选择较小的恶，那么，他就不能被信任。第二，伙伴关系义务。如果一个学校的成员对相互的幸福漠不关心，他们就根本无法构成一个共同体。从这一原则完全可以推出，在某些互动性教学当中，由于某个学生缺席，互动教学无法达成，该同学就没有履行伙伴关系原则，这是不道德的，因此，高等学校在校规中对旷课行为进行惩罚就有了道德基础。第三，共同体责任义务。每一个成员都有义务使共同体的利益优先于他个人的自我利益。每一个成员还有义务做他个人能做的事，以增进共同体利益。履行这些义务是每一个成员对他的伙伴成员的责任。一个共同体也许能忍受相当多的人不承担共同体责任，但是，如果全体成员都完全拒绝共同体责任的要求，那么共同体就不可能生存下去。第四，不得专横干预自由义务。为了共同体利益而限制行动自由的规则由于上述目的而在道德上被证明为正当。假如没有不得专横干预自由这一义务，为学校生活所必不可少的人身安全和财产安全就会丧失，弱者就将受强者摆布，所有的人也将处于不断受干扰的危险之中，从而共同的合作将会付之东流。第五，诚实行为义务。该原则要求行为和言谈者真诚，它禁止偷窃、撒谎、欺诈和任何种类的不诚实。在学校内部，学术行为的诚实是第一位的义务，因为没有诚实行为，就不会有信赖的基础。一个共同体在它的某些成员的行为存在着相当多的不诚实时，或许还能生存下去。但是，假如诚实行为被明显地背弃，共同体成员都不承认有据此行为的义务，那么这个共同体就无法生存。考试作弊、论文抄袭都是危及共同体的存在的行为，这是考试作弊和论文抄袭受到惩罚的道德基础。第六，礼貌义务。"礼貌"要求学校共同体成员在所有的交往中以敬意互相对待。他们必须抑制无端的暴力，抑制相互间的恫吓、欺凌和羞辱。他们必须互相以礼相待，这不仅意味着遵守良好的言谈举止的惯例，而且还意味着要显示出体谅之情和共鸣之心。同样，一个学校共同体或许能够忍受它的某些成员相当多的不礼貌行为，但是，假如没有良好言谈举止的惯例，没有义务显示体谅之情和共鸣之心，没有义务抑制欺凌、虐待和羞辱的行为，那么合作就将代之以冲突。该义务可以为高等学校内部禁止打架、斗殴、性骚扰等行为提供道德依据。

在高校中，拥有共同体资格的每位学生成员都享受学习的福利，从这个角度出发，我们把学生违反共同体道德的行为分为与学习福利直接有关的行为和与学习福利无直接关系的行为。第一类与学习福利有直接关系的违反共同体道德的行为包括考试迟到、旷课、替考、作业抄袭、考试作弊等，此类行为都违反了学校共同体的行善义务和伙伴关系义务，同时有的行为违反了共同体责任义务，有的违反了诚实行为义务，所以这些行为是高等学校应该用纪律规范进行规制的行为。第二类与学习福利无直接关系的违反共同体道德的行为，如打架、偷窃、偷拆同学信件、不当性行为等，这些行为违反了行善义务、伙伴关系和共同体责任义务，有的违反了诚实行为义务，有的违反了礼貌义务，所以这些行为也是高等学校用纪律规范进行规制的行为。这里需要特别指出的是，当学生在学校发生的诸如接吻、拥抱、同居、怀孕等行为，如果没有违反以上义务，当视作学生的人身和人格自由范围之内的行为，那么学生应该有"不受专横干涉的自由"，应该排除于高等学校纪律规范规制的范围。作为普通成年公民，高校学生享受宪法和法律规定的所有权利，如果其履行了共同体成员的基本义务，在校的行为与学习福利无直接关系，且没有侵害到高校共同体成员的六项基本权利，就不应受学校管制，我们更不能因为其在三维场域就将其应有权利剥夺。

二、高校学生纪律处分的正义性分析

1. 高校学生纪律处分的价值观分析

高校学生纪律处分本质上是一种惩罚，而目前对于惩罚的目的理解主要有以下两种基本观念：第一种是报应性惩罚观，其认为惩罚的目的在于报应；另一种是功利性惩罚观，其认为惩罚的目的在于警示他人。

报应主义惩罚观认为，惩罚的本质是报应，公正应该成为教育中惩罚合理性的首要依据。它关注的是学生违规行为所造成的实际损害程度，它追求的是一种以恶报恶的对等关系。"报应见解奠基于这样的理念之上，即对于为恶者来说，应该受到惩罚。因为人应该对其行为负责，他应该得到其恰当的该得。"[2]可见，报应观重视对正义的追求，公正是给每个人包括给予者本人应得的本分。学生"犯了罪错承受痛苦，在道德上是合理的；相反，犯了罪错得不到报应，正义的天平将失去平衡，这在道德上是不可接受的"[3]。因此，报应性惩罚观就是向违纪学生展示这样一个道理，即对别人作恶就是对自己作恶，给别人制造痛苦就是给自己制造痛苦。从这个意义上说，惩罚作用在于抵消过失，弥补违纪学生引起的恶，恢复这种被打破的平衡，使利益各归其位。报应论主张重罪重罚、轻罪轻罚，惩罚的严厉性与罪行的严重性应该是一种对应关系，具有均衡性。

功利主义惩罚观认为，惩罚的本质在于预防，整体利益是教育中惩罚合理性的首要依据。贝卡里亚认为："惩罚的目的不是要摧残一个感知者，也不是要消除业已犯下的罪行……惩罚的目的仅仅在于：阻止罪犯再重新侵害公民，并规诫其他人不要重蹈覆辙。"[4]可见，这种惩罚观所关注的是运用何种方式去惩罚违纪学生，从而使这种惩罚能更有效地达到威慑和预防违纪的目的。显而易见，该惩罚观只是把对违纪学生的惩罚当作一种工具，为了达到杀鸡骇猴的目的。社会心理学家班杜拉的"观察学习"实验为这种惩罚观的出现似乎提供了某种不容辩驳的证据。该研究结果认为惩罚是维持学校纪律的必要手段，不仅预防学生违反学校的纪律，而且为学校、课堂创造良好的运行条件。杀一儆百的震慑效果对学校教育活动正常的运转有着不可或缺的作用，也是一种最经济的方式。

然而，在上述两种惩罚观中违纪学生都是"缺场"的，即惩罚根本不必顾及违纪学生，因为它的全部意义是要实现某种外在目的。报应观在于维护公正，为受损方伸张正义；功利性惩罚观在于威慑、预防潜在的有违纪倾向的学生。但是，惩罚的意义一旦远离了违纪学生，仅仅把惩罚当作实现某种外在目的的工具和手段，那么，这种惩罚必然会失去最深层次的人性基础，不具有进一步教育学生的意味，与最基本的教育本质背道而驰。

那么，何种惩罚观才是正确的惩罚观呢？本文认为，在高等学校内部，作为纪律处分的惩罚应该是一种基于报应基础之上的发展性惩罚观。这是因为：第一，每个社群成员都应该得到他应该所得的，每个人都要为自己的行为负责。第二，每个人都应该被以目的的存在而对待，而不是别人存在的手段，这是康德所说的基本的人道主义。因此，要有一种发展性的惩罚观，每个人就是被当作目的而不是手段存在，这符合高等学校的育人功能。

惩罚在任何社群当中，都应该存在，因为惩罚的本质在于其道德可谴责性，如果消解了惩罚，就是消解了责任，就意味着消解了社会存在的道德基础，那么，必要的共同的道德规范就会失去效力，每个人都会成为绝对的利己主义者，整个社群就会分崩离析。既然惩罚的目的实质在于重塑违纪学生对纪律规范的尊重之情感，而纪律又对人的人性发展具有积极意义，那么在本质上，高校学生纪律处分就具有了发展性而非束缚性，它是一种必要的手段恶，是一种目的善，它的善的总量应该大于恶的总量，因而作为纪律处分的惩罚是一种目的善的存在而非目的恶的存在。作为纪律处分的惩罚应该是一种基于报应基础之上的发展性惩罚观，惩罚的这一本质内涵，使之具有了存在的道德意义和合理的人性基础。

2. 高校学生纪律处分的程度分析

在确认了基于报应基础上的发展性惩罚观作为高校学生纪律处分价值基础之后，我们选择比例原则作为高校学生纪律处分程度标准。比例原则是许多国家行政法上一项重要的基本原则，由于纪律处分行为是一种内部行政行为，适用比例原则来确定高等学生纪律处分的程度标准，是恰当的。学界通常认为，比例原则包含适当性原则、必要性原则和狭义比例原则三个子原则。纪律处分比例原则是指纪律处分权的行使除了有法律依据外，处分主体还必须选择对纪律处分相对人侵害最小的方式进行。

第一，适当性原则，又称为妥当性原则、妥适性原则、适合性原则，是指所采行的措施必须能够实现行政目的或至少有助于行政目的达成并且是正确的手段。也就是说，在目的-手段的关系上，必须是适当的。这是对行政行为一种目的上的要求，它针对的是目的与手段之间的客观联系。如果行政机关选择与法定目的无关的行为方式或其选择的方式不能满足促使行政目的实现的要求，则违反了适当性要求，应当被撤销。在纪律处分当中，最典型的例子就是禁止不当联结，比如有的高校学生纪律处分规范中，将纪律处分与学位证书和学历证书的获得进行不当联结，这就违反了适当性原则。

第二，必要性原则，又称为最少侵害原则、最温和方式原则、不可替代性原则。其是指在前述适当性原则已获肯定后，在供选择的能达成纪律目的多种措施中，学校为了实现纪律处分的目的必须选择对纪律处分相对人权利最小侵害的措施。其意义在于拘束行政自由裁量权的行使，将行政行为可能带来的不利影响降到最低限度。可见，必要性原则是从"纪律处分后果"上来规范纪律处分权与其所采取的措施之间的比例关系的。我国的成语"杀鸡焉用宰牛刀"可以看作对这一原则的最好诠释。

第三，狭义比例原则，又称比例性原则、相称性原则、均衡原则，即纪律处分权所采取的措施与其所达到的目的之间必须合比例或相称，也就是纪律处分措施要实现的目的之价值不应低于其对相对人权益造成的损害。可见，狭义比例原则实质上是一种"利益衡量"的方式，即不可杀鸡取卵。具体来说，比例性原则是从"价值取向"上来规范纪律处分权与其所采取的措施之间的比例关系的。但其所要求的目的与手段之间关系的考量，仍需要根据具体个案来决定。也就是说，狭义比例原则并非一种精确无误的法则，它仍是一个抽象而非具体的概念。当然，狭义比例原则也不是毫无标准，至少有三项重要的因素需要考虑："人性尊严不可侵犯"的基本准则；公益的重要性；手段的适合性程度。[5]

综上，适当性原则要求手段有助于目的实现，必要性原则要求实现目的的手段是最小侵害的，而狭义比例原则是通过对手段负面影响的考量，要求目的本身的适当、不过分。总而言之，比例原则的这三项子原则分别从"纪律处分的目的取向""纪律处分后果""价值取向"上规范纪律处分权力与其行使之间的比例关系。三者相互联系、不可或缺，构成了比例原则在纪律处分中的完整而丰富的内涵，是学生纪律处分权力行使、学生纪律处分量的分配走向公平的最重要原则。

比例原则在高校学生纪律处分中的具体运用如下。第一，高校学生纪律处分的最低惩罚限度是对"不当得利"的剥夺。首先，在性质上需要有一致性。其次，在量上具有均衡性。康德认为公正的惩罚量就是由于侵害行为的性质而应当的、值得的量，在他看来公正的刑罚手段是相等：惩罚的严重性应当相等于侵害行为的道德严重性（表面上它是非法行为和侵害人当罚性程度两者的作用）。比如，某生在某一考试中作弊，那么他得手后的最高价值就是自己考试的通过，这个通过就是他所得到的"不当得利"，那么按照对"不当得利"的剥夺，该生至少应该得到取消该门考试成绩的纪律处分。第二，高校学生纪律处分的最高惩罚不得超过该生对高校社群所造成的实质损害。比如，如果某生在考试中组织作弊，必然造成整个考试的公正性损失，那么如果该生所造成的实质损失是可以计算的，如果该生所造成的校内实质损害如果超过了整个组织实施考试的成本，那么该生应该得到开除学籍的处分，反之，则为不应该。第三，高校学生纪律处分错罚比例均衡。这也一定程度契合功利论的鼻祖柏拉图提出的"正义不应该被理解为数量的平等，而是比例的平等"。比如，"吵架扰乱学校秩序：打伤校园内同学＝警告：留校察看"。

3. 开除学籍规定的处分条例分析

2005 年教育部出台的《普通高等学校学生管理规定》第五十四条规定："学生有下列情形之一，学校可以给予开除学籍处分：（1）违反宪法，反对四项基本原则、破坏安定团结、扰乱社会秩序的；（2）触犯国家法律，构成刑事犯罪的；（3）违反治安管理规定受到处罚，性质恶劣的；（4）由他人代替考试、替他人参加考试、组织作弊、使用通讯设备作弊及其他作弊行为严重的；（5）剽窃、抄袭他人研究成果，情节严重的；（6）违反学校规定，严重影响学校教育教学秩序、生活秩序以及公共场所管理秩序，侵害其他个人、组织合法权益，造成严重后果的；（7）屡次违反学校规定受到纪律处分，经教育不改的。"[6]该条涉及高校学生受教育权的削夺，受教育权是指公民依法享有的要求国家积极提供均等的受教育条件和机会，通过学习来发展其个性心智和身心能力，以获得平等的生存和发展机会的基本权利。[7]因此，高等学校作为实施教育的机构，对于公民的受教育权的剥夺，必须严格遵照比例原则进行。以下具体分析之。

五十四条第一款："（1）违反宪法，反对四项基本原则、破坏安定团结、扰乱社会秩序的"。该款规定虽然来源于《普通高等学校学生管理规定》，但是并不意味着是完全符合理性的。该款规定明显具有不当联结的性质，错误的手段来实现正当的目的，也是非正当的，以取消学生的共同体成员资格相威胁，达到很高的政治目的，不是校规的功能，所以该款违反了纪律处分的比例原则中的子原则"适当性原则"。建议修改为："（1）违反宪法，反对四项基本原则、破坏校园安定团结、严重扰乱校园秩序的"。

关于第二款"（2）触犯国家法律，构成刑事犯罪的"和第三款"（3）违反治安管理规定受到处罚，性质恶劣的"，本文认为，开除学籍是关乎公民受教育权丧失的行为，而受教育权是我国宪法规定的公民的基本权利，作为公民的基本权利，受教育权规定的是公民与其所属国家的权利义务关系。因此，只要是中华人民共和国公民都享有平等的受教育权，罪犯作为人、作为公民仍然享有受教育权，但在工具主义理论的指导下，罪犯的受教育权更多地被理解为接受特殊教育的义务，而没有把罪犯作为一个权利主体，没有赋予罪犯受教育的自由。对于罪犯来说，虽然被判了刑，但他们作为公民的资格并没有被剥夺，因此受教育权同样也是罪犯应当享有的基本权利。[8]只要没有影响到学校共同体成员行使自己的合法权利，就不应该取消学生的受教育权，该两款规定违反了比例原则中的适当性子原则。建议修改为："（2）侵害学校、教师、学生权利，触犯国家法律，构成刑事犯罪的，对学校、教师、学生的合法权利构成严重威胁的；（3）违反治安管理规定受到处罚，性质恶劣，对学校、教师、学生的合法权利构成严重威胁的"。

第四款："（4）由他人代替考试、替他人参加考试、组织作弊、使用通讯设备作弊及其他作弊行为严重的。"如果学生在校内代替他人考试，或者替他人参加考试、组织作弊、使用通讯设备作弊及其他作弊的行为，符合纪律处分的三维坐标场域效力，应该给予处分，但是也要分清情况，本着法治精神和比例原则进行处分，并应该有对口管理部门进行处分或者处罚。比如，外校的学生和社会人员，或者本校学生到校外替考，可以由考试负责单位，上报有关机构，根据教育处罚条例，给予处罚。学生考试作弊是严重影响到学校共同体成员的公正评价权的行为，直接危及学校存在的"信任"道德基础，在美国高校中，也是可以处以开除学籍处分的，该款的确有保留的必要，但是根据最小侵害原则和狭义比例原则，建议在附则部分将"严重的"释义为"如果该生所造成的实质损害超过本次考试成本的"。

第五款："（5）剽窃、抄袭他人研究成果，情节严重的。"此类行为危及学校存在的信任基础，该款规定符合比例原则中的适当性原则和必要性原则，建议保留，同时在附则部分对"情节严重的"释义为"以获取毕业证书、学位证书或重要荣誉为目的，利益程度相当于得到高等教育毕业成就或者高层次受教育权的"。

第六款："（6）违反学校规定，严重影响学校教育教学秩序、生活秩序以及公共场所管理秩序，侵害其他个人、组织合法权益，造成严重后果的"。根据最小侵害原则和狭义比例原则，应该给予警告至留校察看纪律处分，但是如果该行为严重到时刻威胁到共同体成员的利益时，可以取消其受教育权，因此，建议修改为："（6）违反学校规定，严重影响学校教育教学秩序、生活秩序以及公共场所管理秩序，侵害其他个人、组织合法权益，造成严重后果并严重威胁学校、教师和学生权利的"。

第七款："（7）屡次违反学校规定受到纪律处分，经教育不改的。"该款规定暗含这样一个命题，就是该学生会时刻危及共同体成员的利益，威胁到学校共同体的存在，那么取消该学生的学校共同体资格是合理的。这不仅符合目的上的适当性原则，也符合惩罚量上的必要性原则，建议保留该款，并在附则部分对"屡次"释义为"三次及三次以上"。

参考文献

［1］夏勇. 人权概念的起源：权利的历史哲学［M］. 北京：中国政法大学出版社，2001：253.

［2］邱兴隆. 比较刑法［M］. 北京：中国检察出版社，2004：572.

［3］黄向阳. 德育原理［M］. 上海：华东师范大学出版社，2000：112.

［4］切萨雷·贝卡里亚. 论犯罪与刑罚［M］. 47章版. 黄风，译. 北京：中国方正出版社，2004：28.

［5］城仲模. 行政法之一般法律原则［M］. 台北：三民书局，1994：126.

［6］普通高等学校学生管理规定.［EB/OL］.［2011-10-21］. http://baike. baidu. com/view/438076. htm.

［7］龚向和. 受教育权论［M］. 北京：中国人民公安大学出版社，2004：15.

［8］赵敏. 罪犯受教育权的价值解读［J］. 辽宁警专学报，2005（5）.

（马焕灵系沈阳师范大学教育科学学院副教授，博士后）

□ 袁本涛 赵 可

现代大学办学制度的探索：
清华大学的经验

随着《国家中长期教育改革和发展规划纲要（2010—2020 年)》的发布实施，教育部有关方面将中国特色现代大学制度概括为四句话："依法办学、自主管理、民主监督、社会参与。"[1] "现代大学制度"不应该也不可能仅仅是一个管理的问题或者内部治理的问题，它应该具有非常丰富的内涵，除了大学的管理制度、治理制度以外，大学的办学制度、教学制度、科研制度等都应是现代大学制度的重要组成部分，这里笔者仅从现代大学办学制度的视角与大家分享清华大学的办学经验。

一、开放式办学理念与模式的制度化

自中世纪诞生以来，大学经历了从遗世独立的"象牙塔"到"社会服务轴心机构"的嬗变，这一角色变化的本质是大学不断开放、适应社会环境变化而作出的反应。以美国大学的现代化进程为例，在 19 世纪，美国大学还只是一块块无声无息的土地，二战后，一张庞大而复杂的关系网把大学和社会机构连接起来。[2]20 世纪 60 年代，大学已经发展成为"多元才智之城"，能够越来越快地与周围社会发生互动，迅速适应创造性的新机遇，从而形成了一个真正的美国大学的模式。[3]美国著名教育史学者罗宾在研究美国现代大学产生的过程中专门以"开放的大学"来概括美国现代大学的特征。[4]

清华大学作为中国最著名的高等学府之一，其成立之初就开始了开放式的办学探索。这种开放式办学不仅体现在其管理制度上确立了"民主治校"的制度，设有教授会、校务会议和评议会，均由教授充任，最重要的是形成了融汇中西、服务国家的开放式办学传统，并在改革开放新时期以来进一步明确化和制度化。

20 世纪 90 年代中期，清华大学提出建设世界一流大学的奋斗目标，形成了"综合性、研究型、开放式"的办学思路。《清华大学"211 工程"整体规划报告》明确指出："面向世界，面向社会，把学校办成开放型大学。"[5]清华大学的"开放式"办学包括两个方面的含义：一方面是对国内开放，面向社会，密切与地方和企业的合作，为社会提供智力支持；另一方面是"对国际开放，面向世界，加强教育、科技和文化的国际交流和合作，吸收各国高等教育之长，促进东西方文化交流"[6]。1998 年，时任校长王大中在北大百年校庆期间举办的"大学校长论坛"上的讲话更具体地阐明了开放式办学的内涵，他指出："在知识经济时代，无论在广度还是深度上大学都将更加向社会开放。"具体来说，"开放式的大学与社会的密切关系主要体现在三个方面：一是面向社会，加快知识的有效传播，培养具有综合素质的创造型人才，为社会提供智力支持；二是面向经济，加快知识的创造性生产和转化，大力哺育知识型产业，推动经济持续健康发展；三是面向世界，加强国际间教育、科技和文化的交流与合作，繁荣民族文化，为世界的和平和发展服务"[7]。经过多次讨论反复推敲"开放式"办学思想，清华大学广大教职工已形成一个共识，即：大学只有成为一个开放式系统，将自身置于一个面向国际和社会的开放环境中，才能不断发展与进步。

近年来，清华大学在具体的办学实践中紧紧扣住"开放"做文章，全方位地开展对内、对外合作，走出有中国特色的世界一流大学建设的新路子。

二、加强国际合作，走国际化的办学道路

国际化对于清华大学来说并不是一个新话题，由于其特殊的建校背景，早在其建校之初就开始了国际化的旅程，不过那时的所谓国际化主要是指"美国化"。新中国成立后，和全国其他高校一样，清华大学的国际化又走上了"苏联化"的道路。即使如此，清华大学从未放弃对具有"本土化"特色的"国际化"追求。改革开放以来，这一"本土化"的"国际化"战略在理念上更清晰、更自觉、更理性。早在20世纪80年代中期，清华大学的官方文件中就出现了瞄准世界先进和一流水平的"社会主义大学"的提法。1985年，清华大学提出"争取在九十年代，把清华大学办成一所具有中国特色的、现代化的、世界先进水平的社会主义大学"[8]。1993年，清华大学明确提出了创建世界一流大学的奋斗目标："到2011年，清华大学建校100周年，争取把清华大学建设成世界第一流的、具有中国特色的社会主义大学。"[9]

建设中国特色的世界一流大学不是关门建设，扩大对外开放，加强国际交流与合作是建设世界一流大学的重要途径。2000年12月，清华大学讨论通过了《关于当前加强国际合作与交流工作的若干意见》，提出为实现建设世界一流大学目标，必须进一步加强国际合作与交流，计划三年内要在"建设若干个国际合作与交流示范点""与10所左右世界名校密切交往""聘请高水平外籍讲座教授""增开英语授课课程""扩大来华留学生规模和提高留学生层次""增加国际科研合作经费收入"等方面有实质性进展。这是学校第一次明确提出"加大对国际合作与交流的投入，列入'985工程'二期计划"；在学校的"十五"规划、"十一五"规划中，国际合作与交流工作也列入学校跻身世界一流大学战略的重要组成部分[10]。

在2011年制定的"十二五"事业发展规划中，提出要把握经济全球化发展趋势，抓住中国加速和平发展的战略机遇，通过创新合作模式、拓宽合作渠道、加强资源统筹，大力推进全方位、多样化的国际合作，建立高质量的国际化人才培养体系，提升高层次国际师资延揽能力，打造高水平的全球学术与科技合作平台。

基于以上战略，清华大学这些年大力推进人才培养国际化、师资队伍国际化以及学科建设国际化，与一批世界名校和国际组织建立了战略伙伴关系，获得了越来越高的国际声誉。

1. 开拓人才培养国际化通道，培养具有国际视野的拔尖创新人才

人才培养是学校的根本任务，加强国际交流与合作是拔尖创新人才培养的重要途径。2008 年，在研究高校人才培养目标及长期实践的基础上，清华大学总结了国际化人才培养体系的内涵：以培养学生了解世界、精通专业、开拓创新和服务国家四种能力为目标，通过境内和境外培养相结合的模式，力求造就具有国际视野的拔尖创新人才。学校积极鼓励学生参与各类国际交流活动，拓展国际视野，增强国际竞争力。学生因公出国（境）人数显著增加，2010 年全校近 50% 博士生和 30% 本科生以及相当数量的硕士生有海外学习交流经历。[11]

来华留学生培养也是国际化人才培养的重要组成部分。2011 年 10 月统计表明，清华的外国留学生教育继续稳步发展，留学生规模、层次和结构再上新台阶。长期留学生（一学期及以上）达到 3448 人，比上年增加 229 人，增幅 7%。留学生来自 112 个国家。其中，本硕博学位生 2498 人，占 72%，比上年增加 10%；硕博学位研究生 1184 人，占 34%，比上年增加 11%。[12]

清华大学的国际化人才培养涵盖了从本科到博士阶段的全体学生，具体来讲，清华大学的国际化人才培养途径包括：

交换生项目。清华大学不断拓展与世界知名大学交换学生计划，与 96 所院校签署了校级学生交换协议，交换名额超过 500 人。2008 年开始，每年秋季学期选派 100 余名大三年级学生赴海外知名大学交换学习。

优秀新生海外研修项目。从 2009 年开始，学校每年组织 10 余名优秀大一新生赴海外访学，鼓励新生立志成才。在 3—4 周的时间里，学生们走进美国大学，体验其课堂教学氛围；参观重点实验室，接触前沿学术研究；与美国大学生交流，了解同龄人的学习和生活状态；参访硅谷知名企业并和创业校友座谈，感受创新和创业精神。

暑期实验室研修项目。以拓展学生科研能力为目标，实施以理工科学生为主的"拔尖创新人才暑期海外实验室研修项目"，有步骤地将优秀本科生派往国外一流大学的一流实验室进行为期 6—10 周的暑期研修，师从一流导师接受指导。

联合硕士学位项目。清华与德国亚琛工业大学、日本东京工业大学等世界一流大学签署了联合培养硕士研究生项目协议，学生在完成基本课程后，到对方大学合作实验室进行为期1年的科研和学习工作，采取双方合作导师联合指导的模式，毕业时可获得双硕士学位。

博士生出国访学基金项目。除了国家建设高水平大学公派研究生项目外，从2010年起，清华大学自筹资金设立了"博士生短期出国访学基金"，每年资助约100名博士生赴国外一流大学，进行为期3—6个月的短期访学，提高研究和创新能力。另外，从2001年起设立了"博士生出席国际会议基金"，对向国际会议投稿论文被接收，并被邀请在国际学术会议上作口头报告的博士生给予必要的经费资助。出席国际会议的博士生人数逐年增多，2009年出席国际会议的博士生达到500余人次，会议地点覆盖50多个国家和地区。

与海外企业合作开展创业教育。2005年与微软亚洲研究院联合开设的"未来企业家之路"课程，吸引了全校28个院系的近200名学生选课，并组成37个创业团队开展创业大赛。2009年借鉴斯坦福大学的模式，与英特尔（中国）有限公司合作共同推出了首届创新创业实践夏令营，邀请了来自全国10所高校的30名学员，与清华大学的学员一起学习创业知识、交流创业计划、感受创业精神，取得了良好的效果。自2010年开始尝试与部分行业的领军企业携手合作，结合校、企优势，以更好地激发学生创新灵感，提升学生创新素养。

2. 发展高层次来华留学生教育，促进多元文化交流

新中国成立以来，清华大学累计培养各类外国留学生超过15000人，成为中国与世界各国沟通友谊、交流文化的重要桥梁。近年来，为促进进一步的多元文化交流，增进国际理解，清华大学在留学生招生、培养和管理等方面采取了一系列新举措，将留学生教育进一步融入国际化人才培养体系和整体的人才培养框架，取得了良好成绩。

举办高水平英文硕士项目。2000年至今，清华已陆续推出10个面向全球招生的全英文硕士项目，包括管理科学与工程（全球制造）、机械工程、国际发展、建筑学、国际工商管理等专业，还有定向招生的发展中国家公共管理硕士项目和中法环境能源高级管理硕士项目。这些项目注重培养学生从中国角度思考和解决问题，形成了"高端定位、清

华特色、中国视角"等特色。

实施周边国留学生计划。清华大学从国家发展战略的定位高度来认识外国留学生工作，2005年提出了以高层次人才培养为核心的"周边国留学生发展计划"，与马来西亚大学、印度理工学院等十余所当地顶尖大学签署协议，为这些大学推荐的优秀学生、青年教师在清华攻读学位或进修培训提供奖学金，并合作开展政府官员培训项目。

3. 引进国际高水平师资，推进教师队伍国际化

清华聘请海外专家的历史可以追溯到建校之初，许多世界知名的学者都曾在清华任教。改革开放以来，学校依据重点学科、新兴交叉学科和重点科研项目等优先的原则，聘请了大量来自不同国家和领域的海外专家，年度来访专家人数从1978年的5人增长到2009年的800多人。

延请国际学术大师。清华积极开展学科创新引智计划、海外名师聘请等一系列重点引智项目，带动了学科水平和师资队伍整体素质的提高。如1984年重建生物系，聘请国际著名神经生物学家蒲慕明博士担任系主任。1997年成立的"清华大学高等研究中心"，聘请杨振宁教授为名誉主任，美籍物理学家聂华桐教授为中心主任。2001年聘请美国工程院院士、普度大学工业工程系萨文迪教授担任工业工程系首任系主任。2004年聘请图灵奖获得者姚期智先生作为高等研究中心教授、计算机系讲席教授组首席教授。2009年成立清华大学数学科学中心，国际数学界最高荣誉菲尔茨奖获得者、美国科学院院士丘成桐先生担任中心主任。这些海外专家不仅引领了本专业世界前沿的科学研究，也为清华大学新兴学科的迅速崛起和重点学科的跨越发展作出了重要贡献。

成立讲席教授组。2001年开始，清华大学开始实施"讲席教授制度"，在世界范围内公开招聘著名学者和学者团队来校进行深度合作。受聘的"讲席教授"可以采取全时在校工作或分阶段来校工作的模式，在短时间内帮助相关学科快速成长。学校还邀请了以美国工程院院士、哈佛大学何毓琦教授为首的讲席教授组，与自动化系成立了"智能与网络化系统研究中心"，提供良好的研究环境，培育世界一流的学术文化氛围。

教师出国进修计划。在师资队伍建设方面，学校坚持"培养与引进相结合"的方针。近年来，学校加大力度重点支持中青年领军人才和基础科学研究青年人才的海外培养，相继组织实施了"百名教师出

国进修计划""中青年骨干教师派出项目"等百余个派出项目，有效提升了清华大学教师队伍的国际化水平。[11]

4. 开展国际评估，提升学科建设水平

为了提升学科建设水平，促进世界一流大学建设，清华大学在国内率先提出并推广了国际学科评估，目前已经在全校 10 多个学科进行，学校计划用 5 年左右的时间，完成所有学科的第一轮国际评估。

开展国际学科评估。清华大学始终把国际一流的学科作为自己的参照系，通过国际评估来明确相关学科与国际水准的距离，进而找到自己的前进方向和改进的措施。21 世纪以来，学校有意识地在一些学科引进国际评估试点，如 2006 年，工业工程系成功开展了国际学科评估。2010 年，学校在总结前期试点评估的基础上，先后在环境科学与工程、物理学、电子工程、生命科学、计算机科学与技术、核科学与技术、建筑学、电气工程、设计艺术、力学、材料科学与工程、新闻传播等 12 个学科开展了国际评估。国际评估专家们充分肯定了清华大学在人才培养、科学研究和国际影响方面所取得的突出成绩，同时，也就教师聘任、研究方向、课程设置、育人环境等方面提出了中肯的意见。从国际同行专家处获得了对学科发展状况、国际地位、存在问题的判断以及对未来发展的建议，取得了较好的效果，达到了预期的目的。

经济管理学科的国际化特色。清华大学经济管理学院在 2000 年 10 月成立顾问委员会，由 50 余位国际、国内知名企业的董事长、总裁或首席执行官，世界知名商学院院长，以及我国政府及财经部门的领导人组成。顾问委员会积极出谋划策，提出发展的战略规划建议，帮助学院建立广泛的国际合作关系，对学院发展作出了重大贡献。在 2007 年至 2008 年 2 月间，清华经管学院连续获得国际商学院联合会（AACSB）管理教育认证、AACSB 会计教育认证、欧洲管理发展基金会（EFMD）的欧洲质量改进体系（EQUIS）认证，成为中国内地率先获得 AACSB 和 EQUIS 两大全球管理教育顶级认证的商学院。

5. 开展科研合作，推进国际伙伴关系

新时期，清华积极拓展与海外大学、企业、科研机构的联系，促进科技合作与人员交流，目前已与世界上 40 多个国家和地区的 200 多所学校签订了合作协议。在广泛交流的基础上逐步形成了名校合作伙伴、紧密合作伙伴和重点合作伙伴的层次化国际合作战略布局，并结合学校

的发展需要，推进实质性合作项目。如与加州大学伯克利分校、东京大学、早稻田大学、鲁汶大学等相互举行学校周或学校日活动，增进相互的了解、学术交流和友谊。

与海外知名企业、智库建立科研合作关系。为了促进与海外政府及国际知名企业的科技合作，2000 年清华大学成立了国际科研项目办公室，致力于开拓与海外政府和企业的科技合作。2001 年 6 月，清华大学国际技术转移中心宣告成立，主要开展国际技术转移，组织国外技术资源与国内产业界对接，以及组织国际间的人才培养和技术转移学科的建设与研究。到 2011 年，学校与世界前 100 强中的 33 家企业如 IBM、惠普、摩托罗拉、西门子、波音、丰田等建立了各种合作关系，分享知识创新和技术创新的成功经验。同时，也与国外一些知名的智库建立合作关系，促进本校相关领域的发展，如人文社会科学学院与日本野村研究所共同成立了野村中国研究中心。

与国外大学合作成立研究中心。近年来，清华大学围绕国家重大战略需求和学校重点学科建设，积极推进与世界名校建立研究中心，开展合作研究，促进学科建设和发展，提升学校整体科研水平和世界影响力。先后与约翰·霍普金斯大学、麻省理工学院、加州大学伯克利分校、哥伦比亚大学等世界知名大学开展合作研究。2009 年，清华大学—剑桥大学—麻省理工学院低碳能源大学联盟正式成立，积极参与应对人类面临的共同挑战，旨在聚合三校的能力，创建一个科研和人才培养的平台，为发展全球低碳能源和低碳经济提供先进能源技术和政策选择，向青年学生提供教育和研究的机会，培养他们具有跨越国界的环保和可持续发展的意识。[11]

积极参与全球大学合作组织。与世界一流大学建立互访机制，建立紧密合作的伙伴关系是建设世界一流大学不可或缺的一环。近年来，清华大学积极参与环太平洋大学联盟（APRU）、东亚研究型大学联盟（AEARU）、科技型大学教育研究联盟（CLUSTER）等国际和区域性组织，并应邀出席世界经济论坛、联合国秘书长大学校长会议、"21 世纪研究型大学的社会效益问题"全球著名研究型大学校长学术年会等活动，不仅提升了清华大学的国际知名度，也为宣传中国高等教育改革和发展成果作出了应有的贡献。

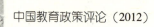

6. 加强国际交流，积极营造本土国际化环境

清华大学的国际合作除了以上各方面获得大力推进以外，为提高学校的学术声誉，提升学生的国际意识和国际合作能力，学校还积极推进相关学术活动，努力创造一个本土国际化（internationalization at home）的环境，如举办国际学术会议、开设"海外名师讲堂"等。

举办行业顶尖的国际会议。近年来，一大批水平高、规模大、影响广的重大国际会议在清华大学召开。如国际碳纳米管 2009 会议、第三十六届国际系统功能语言学大会、第八届共轭高分子与有机纳米结构光探测国际会议、第十届放射与核医学成像的全三维图像重建国际会议等。清华大学充分利用自己的学科优势，2011 年举办了 390 个国际和地区性会议[13]，师生们通过这些研讨会与顶尖科学家当面交流，了解国际学术前沿和趋势。

开设"海外名师讲堂"。由于清华大学的特殊地位，使得这所学校具有得天独厚的国际化资源，学校每年接待 2 万多名海外来宾，包括数百位外国政要、国际组织高级官员、诺贝尔奖得主、图灵奖获得者、国外知名大学校长和跨国公司总裁等。学校遴选知名学者及政商名人开设"海外名师讲堂"，包括"与大师对话—诺贝尔奖获得者中国校园行""法国院士清华学术演讲周"等主题活动，至今已举办了 80 多期，使学生有机会与国际名人、学术大师面对面交流。

三、积极开展区域与行业合作，服务社会

清华大学秉承"服务社会"的理念，坚持"走出去"，面向社会，开放办学，既利用自身的人才、科技等智力优势为社会服务，又充分利用丰富的社会资源为自身的人才培养服务。

1. 走出校门，积极开展社会实践活动，以知识服务社会

清华大学坚持通过实践教育全面育人，将实践教育贯穿于教育教学全过程，开创了"教学、生产和科研相结合""真刀真枪做毕业设计"实践教学环节，形成了"厚基础、重实践、求创新"的人才培养特色。清华大学从 1985 年起实行三学期制，增设 5 周的夏季学期，专门用于集中安排公益劳动、军训、课程设计、实习等实践教学环节。2005 年，

学校制定了《清华大学关于加强实践教育工作的若干意见》，进一步形成了重视实践教育的浓厚氛围。

本科教育形成了"走出去"的专业实践模式。通过教学计划、经费支持、实践基地"三落实"，为"走出去"实践提供保障。近年来，本科生每年都有 4000 多人次分赴全国各地的 200 余家企事业单位开展校外专业实践，时间超过 4 周。已经与甘肃省平凉市、河北省邯郸市、中船重工 702 所、一汽集团、东方电气集团、上海电气集团等单位共建了一批综合性校外专业实践基地，做到学生"受教育、长才干、作贡献"的有机统一。

研究生社会实践活动形式多样，已初步形成三种针对博士生的较为成熟的社会实践形式：作为必修环节的社会实践、博士生报告团和就业实践锻炼。1984 年以来，清华大学利用每年暑期选派在校博士生赴基层企事业单位进行以科技服务为主要内容的社会实践活动。博士生实践服务团成立于 2000 年，义务普及科学技术知识和理念。博士生的社会实践活动主要是结合当地实际情况开展实践服务，以主题报告、科技义诊、专题调研、服务咨询等形式，以科技服务社会，用知识回报人民。自 2003 年"启航计划"就业引导活动开展以来，已累计有 5000 余名研究生走进国家重点地区和重点行业参加就业实践活动，建立了一批联络顺畅、运行良好的就业实践基地。

2. 加强校企合作，促进成果转化，以科技服务社会

清华大学"开放式"办学思路的主要考虑之一，就是要面向经济建设主战场，加强产学研合作。

建立完善技术转移体系。清华大学早在 1984 年就成立了科技开发部，开展科技成果转让和推广应用。对于一些国家急需、企业转化很困难的科技成果，依靠学校自身力量组建高新技术企业，有选择、有重点地直接实现产业化。具有完全自主知识产权的大型集装箱检测仪是工程物理系等单位的联合攻关成果，学校以研究人员为主组建实体公司，以少有的速度实现了产业化，除国内港口使用外，畅销世界 100 多个国家和地区，是成果转化的典型范例。

建设清华科技园。为了突破科技成果产业化中的体制和机制障碍，促进产学研合作，延伸大学的社会服务功能，1994 年创办了清华科技园，以"搭建创新与创业的舞台、铺设机遇与成功的道路、架筑科技与经济的桥梁"为使命。经过十余年的探索与实践，清华科技园已发展为世界最大的大学科技园，辐射网络覆盖全国近30个城市及地区，入园企业超过1000家，北京主园区企业年研发投入超过30亿元，销售收入超过400亿元。

加强校企合作。1995年7月，清华大学与企业合作委员会成立，重点推进与重点企业的合作，相互支持，共同发展。目前已与海内外190余家大型知名企业建立合作关系，如宝钢集团、中国电信、日立、西门子等，国内成员单位涵盖电力、石油、冶金、化工、信息、机械等国家重点发展领域。在校企合作这一平台下，目前每年有2000多家企业与清华大学进行交流合作。清华大学充分发掘校内外资源，为会员单位提供各种所需的科技、智力服务。目前已累计与企业建立联合研究中心100多个。[14]

开展校地合作。服务区域发展是清华大学的重要使命，近年来，清华大学同各地政府签署省校战略合作协议近30个，与常州市、无锡市、包头市、苏州市等17个地区建立"产学研合作办公室"，并在合作的深度、广度和模式等方面持续发展。与北京、广东、浙江、河北四省市共建四个地方研究院，形成了因地制宜、各具特色的运行模式。深圳清华大学研究院成立于1996年，面向华南地区转化科研成果、培育高科技企业，在探索技术转移新机制方面做了很多开创性工作，累计通过转化科技成果创办高新技术企业36家，通过孵化平台孵化科技企业300多家，投资创业的科技型企业40多家，促进170多项成果产业化，研究院的净资产由成立之初的8000万元发展到20多亿元。[10]

3. 发挥学校综合优势，以教育服务社会

首创远程教育扶贫工程。清华大学充分利用远程教育手段，前瞻性地提出了"教育扶贫"的理念，把自己的优质资源传播到偏远地区，为西部和贫困地区、农村地区服务。1997年，清华大学远程教育系统初步建成，并正式向全国20多个校外远程教学站播出高新技术讲座课程，开始了现代远程教育尝试。1999年4月，经教育部批准，清华大学成为我国第一批现代远程教育试点单位的四所高校之一。2003年9月，清华大学以"传播知识，消除贫困"为宗旨，正式启动了教育扶贫工程，截至2011年底，已在全国539个国家扶贫开发工作重点县建立了1018个县级远程教学站、2440个乡镇级远程教学站，通过面授及

远程方式累计培训 130 余万人次[15]。

积极发展继续教育。1985 年成立全国首个继续教育学院，2002 年成立教育培训管理处，形成管办分离的机制，教育培训品质不断提升。坚持"积极发展、规范管理、保证质量、提高效益"的发展原则，面向党政人才、企业经营管理人才、专业技术人才这三支"人才队伍"举办非学历教育培训。与全国众多省地市保持着紧密联系，从 2002 年到 2010 年，清华大学仅继续教育学院就为社会培训学员达到 27 万人次。2011 年，清华大学被教育部确定为"高等学校继续教育示范基地"。

扎实做好对口支援工作。2001 年开始，清华大学承担了对口支援青海大学的工作，积极帮助受援高校提高队伍建设水平，大力开展受援高校教师干部的培训和进修；选派有经验、有能力、奉献实干的干部到受援高校工作，努力提升受援高校自我发展的能力。注重帮助受援高校提高人才培养质量、增强科研服务能力和加强国际合作交流；针对区域经济社会发展的迫切需要和受援高校的实际情况，抓住重点、大力推进，促进受援高校形成优势和特色，增强受援高校的综合办学实力。2010 年又牵头对口支援新疆大学，承担起对口支援新疆大学高校工作组组长单位的职责。

异地举办研究生院。为适应国家改革开放和深圳市对高层次人才的迫切需要，2001 年创办的"清华大学深圳研究生院"，是清华大学和深圳市合作创建的高层次人才培养基地和科技创新基地，为清华大学唯一的异地办学机构，已经成为清华大学培养创新人才、推进产学研合作、服务区域经济和社会发展的重要基地，也成为深圳推进改革开放、建设国家创新型城市的重要力量。已累计招收全日制研究生 5300 余人，向社会输送了 2800 余名毕业生。2011 年，全日制研究生招生规模首次突破 2000 人。[14]

清华大学作为中国最著名的高等学府之一，探索有中国特色的现代大学办学制度是其理应承担的重大使命之一。在一个世纪的办学历程中，清华不断开拓进取，探索了一条具有自身特色的开放式办学道路。经验证明，开放式办学是学校发展的活力所在，是建设世界一流大学的基本途径。

参考文献

[1] 教育部：中国特色现代大学制度具备的四要素 ［EB/OL］．［2010-3-12］．http://edu.people.com.cn/GB/11129649.html.

[2] 博克．走出象牙塔 ［M］．徐小洲，陈军，译．杭州：浙江教育出版社，2001：3-7.

[3] 克拉克·克尔．大学之用 ［M］．高铦，等，译．北京：北京大学出版社，2008：24-50.

[4] 罗宾．现代大学的形成 ［M］．尚九玉，译．贵阳：贵州教育出版社，2004：69-102.

[5] 清华大学．清华大学"211工程"整体规划报告 ［R］．1995：41.

[6] 清华大学．本科教学工作水平评估自评报告 ［R］．2007：7.

[7] 王大中．王大中教育文集 ［M］．北京：清华大学出版社，2011：113-118.

[8] 清华大学校史研究室．清华大学九十年 ［M］．北京：清华大学出版社，2001：347，411.

[9] 清华大学校史研究室．清华漫话 ［M］．北京：清华大学出版社，2006：98-99，117-118.

[10] 《行胜于言：清华大学改革与发展纪实》编写组．行胜于言：清华大学改革与发展纪实 ［M］．北京：清华大学出版社，2011：242，405-406.

[11] 清华大学国际合作与交流处．从清华走向世界 ［N］．新清华·清华大学百年校庆庆典特刊，2011.

[12] 清华大学国际合作与交流处．留学生工作动态 ［Z］．2011（1）.

[13] 清华大学校长办公室．清华大学统计资料简编（2011年）［Z］．2012.

[14] 胡齐明．科技服务社会 ［N］．新清华·清华大学百年校庆庆典特刊，2011.

[15] 清华大学．清华大学教育扶贫工作简报 ［Z］．2012（1）.

（袁本涛系清华大学教育研究院教授，博士；
赵可系清华大学教育研究院助理研究员，博士）

□ 姜 华

我国民办大学制度与治理研究

我国民办高等教育经过 30 多年的快速发展,截至 2012 年 4 月 24 日,全国有独立设置民办普通高校 403 所;截至 2012 年 3 月 29 日,正式备案有独立学院 303 所。[1]但是,我国民办高等教育虽然具备了一定的规模,但与公办高等教育相比,还很薄弱,总体上民办高等教育的发展态势正在衰减,生存空间日趋局促。[2]虽然民办高等学校的外部制度环境越来越宽松,但还有许多不完善的地方,如制度建设滞后、制度供给不足、制度规则不合理和不明确等。[3]民办高等教育健康持续的发展,有待于建立现代的内外部制度和治理结构的进一步完善。

一、现代民办大学的制度

现代民办大学制度,可以归纳为外部制度和内部制度。

1. 现代民办大学的外部制度

(1)解决民办大学的产权问题

我国民办大学的发展模式分为两种:一种是小规

模办学，试图利用办学结余逐步改善办学条件，走滚动式发展的道路；另一种则倾向于资本运作，从银行或企业获得大量贷款或闲置资产，重视校园及硬件设施建设，走硬件先行、规模扩张的跨越式发展道路。在竞争的压力下，很多在开始阶段实行第一种方式的民办大学最终也走上了后一种发展道路。[4]

民办高等教育发展的历史表明，没有大量资金投入，仅仅依靠办学结余是很难发展起来的。由于民办大学没有明确的产权，使得我们无法区分投向民办高等教育的资金是寻利性的投资还是公益性的捐赠，社会上寻利性的资金不能够合法地流向民办高等教育，而现有民办大学的营利行为又无法得到限制和约束，公益性的社会捐赠渠道也不畅通，政府对民办大学的财政援助也无从谈起。因此，只有区分"营利性"和"非营利性"，才能够从根本上解决民办大学的产权问题，为吸收社会上的资金和公益性的捐赠，尤其是接受政府的财政援助铺平道路。

《国家中长期教育改革和发展规划纲要（2010—2020年)》（以下简称《规划纲要》）在第十四章第四十四节明确指出："积极探索营利性和非营利性民办学校分类管理。规范民办学校法人登记。完善民办学校法人治理结构。"这些都已经说明，政府已经在民办教育的产权问题上有了新的认识。

（2）明确政府对民办大学的财政援助

从产品的属性上看，民办高等教育是介于私人产品与公共产品之间的准公共产品。它具有一定的私人性，能给受教育者带来私人收益；同时又具有一定的公共性，能够带来较大的外部收益。准公共产品的属性决定了民办高等教育作为一种产品应采用"市场机制和政府机制结合的融资方式"，即："在个人付费的同时，政府通过财政给予补贴。"[5]以此为原则，政府有责任借助财政资源的配置功能，组织提供民办高等教育的服务。

高等教育作为一种投资是有收益的，它满足了多个主体的需要，受益者主要有纳税人、学生家长、学生本人和社会团体或捐赠者。依据"谁受益，谁付款"的市场经济基本原则，高等教育成本应该由这些人共同分担。虽然学生是民办高等教育的主要受益者，但是纳税人、学生家长、社会团体或捐赠者仍然是受益者，也是民办高等教育成本的分担者，政府对民办高等教育的财政援助就是纳税人负担民办高等教育成本的主要方式。

从国际经验来看，公共财政扶持民办高等教育是通行惯例，世界上许多国家均以不同的形式向私立学校提供直接或间接经济资助。据统计，2004 年 OECD 国家公共财政经费中平均有 26.4% 被用于直接或间接资助私立高等教育机构及其受教育者。[6]

政府对民办大学实施财政援助，还需要相应的配套措施，首先应该实现民办大学的分类管理，财政援助仅仅是提供给非营利性的民办大学，同时应该有完善的财务制度作为保障。

（3）保护民办大学的办学自主权

保护民办大学的办学自主权，是民办高等教育持续发展的关键因素。需要说明的是，对于公办大学，我们也一直在强调加强其办学自主权，但是公立大学和民办大学的自主权是不一样的。私立学校的办学自主权是权利，而公立学校的办学自主权是一种公共权力。这是两种不同性质的自主权。我国自 1986 年对民办学校进行专门的立法起，一直是重管理、轻保护。目前，我国的公办大学尤其是研究型的公办大学的自主权力越来越大，但是民办大学的自主权还没有得到真正的落实，民办大学还没有《规划纲要》上提到的诸多权利。当然，扩大民办大学自主权的同时，也要注意选用符合民办学校特点的法律规范，加强民办大学自主权的制度化、体系化建设，加强整个社会对民办大学的监督，避免落入"一放就乱、一收就严"的怪圈。

2. 现代民办大学的内部制度

（1）建立完善的理事会或董事会制度

民办大学的理事会或董事会制度，是民办大学最根本的现代大学制度。完善的理事会或董事会制度的建立首先要求加强民办大学理事会或董事会组成成员的多元化。美国教育哲学家布鲁贝克认为："院外人士组成的董事会在代表公众对学院或大学的兴趣以及把这些院校的观点向公众解释方面可以起重要作用。"[7] 可以说，由校外人士组成的董事会在引导大学的社会参与方面起着桥梁和纽带的作用。

理事会或董事会制度的建立还需要加强立法的建设。当前我国民办大学董事会立法环节薄弱，民办大学董事会只是在各自的董事会章程的约束下行事，且董事会章程的规定也带有很大的随意性，不能发挥董事会应有的效能，因此加强和完善董事会立法的需求显得极为迫切。[8]

《中华人民共和国民办教育促进法》（以下简称《民办教育促进法》）以及相关的法律法规，分别规定了学校董事会和校长的职权以及董事会的构成等，但是缺乏对程序过程的立法，如没有相应的董事会议事方式和表决程序，没有规定解聘校长的条件等。而对有关程序性内容的规定正是民办大学投资和管理中需要特别关注的细节问题。

（2）满足差异化需求，提供多样化的高等教育

虽然民办高等教育的办学规模逐渐增大、社会地位逐渐提高，但是却一直在模仿公办大学的办学模式，缺少自己的办学特色，缺乏对自己的明确定位。

考察美国私立大学的情况，美国两年制的专科学院共有 1755 所，其中私立学院为 663 所（非营利性的 179 所，营利性的 484 所）。美国普通高等学校 4064 所，私立高校为 2357 所。[9]美国的私立大学遍布从社区学院到最尖端的研究型大学的各个层次之中，提供的是有别于公立学院和大学的特色教育。就连美国的社区学院也不是仅仅提供职业教育，他们认为对于社区学院来讲，比提供职业教育更加重要的是培养学生成为一个合格的公民。[10]

由于历史的原因，我们在学科设置、专业规范和课程标准等方面都是按照公办大学的模式来规范民办大学，为了增加自己的合法性，民办大学几乎完全模仿公办大学。[11]这种模仿的结果，使得民办大学同公办大学之间的组织与运行模式趋同，民办大学成为高中毕业生的次优选择。[12]民办大学不仅在教学与科研方面不如公办大学，而且没有自己的办学特色。

民办大学的定位应该是提供多样化和差异性教育，民办大学所能够提供的应该是公办大学所不能够提供的特色化的教育。

（3）促进民办大学文化建设，建立良好的内部激励机制

大学的组织不同于其他组织，大学作为一个联结教师和学生的纽带，几百年来呈现出超常的稳定性。[13]这种超常的稳定性源自大学组织的特殊性质和大学中所存在的"文化机制"。文化是一种无形的、隐含的、不可捉摸的而又理所当然（习以为常）的东西。但每个组织都有一套核心的假设、理念和隐含的规则来规范工作环境中员工的日常行为，除非组织的新成员学会按这些规则做事，否则他们不会真正成为组织的一员。[14]组织文化对成员的行为产生非常重要的影响，组织可以

利用组织文化的影响，协调和控制成员的行为，达到激励的作用。

民办大学科层式的内部管理机制，已经无法适应学校的发展和社会对民办高等教育的要求。民办大学开始倡导自己的学校文化，编织自己的传奇故事和创造自己的文化象征。民办大学的激励方式正逐渐从单一的科层机制转向科层机制和文化机制并存的模式。[15]

二、民办大学的治理

民办大学的治理，可以分为外部治理和内部治理，两种治理在大学制度的约束下共同发挥作用。民办大学的治理从最初的人力资本控制模式发展到后来的股东控制模式，一直到今天的由各利益相关者组成的董事会领导下的校长负责制。[16]

1. 民办大学的外部治理

民办大学的外部治理主要是指在重大问题的决策中，政府、社会与大学之间的权力分配和角色定位。

（1）转变政府管理角色，重构政府管理能力

在构建合理的民办大学外部治理结构中，首要任务就是要建立政府与民办大学的合理关系，而两者正确关系建立的根本在于政府角色与职能的转变，实现对传统权力的去中心化。政府的角色应该从"既掌舵又划桨"的全能角色中释放出来，在众多公共事务管理中扮演"掌舵而不划桨"的有限政府的角色。

在政府与民办大学的关系中，政府及其相关职能部门必须转变自身的角色，去除政府作为唯一权力中心的传统结构，改变政府与民办大学长期建立的自上而下的权力运行方式，树立服务型、责任型、有限型和回应型政府角色，更多地尝试自下而上或平等的权力互动方式，将教育主管部门的角色由教育提供者转换为教育质量的保证者，给予高等教育机构更大的自主权。[17]

（2）合理引进市场机制，积极扩大社会参与

民办大学从诞生伊始，就与市场结下了不解之缘，民办高等教育本身就是高等教育市场化的产物。市场化决定了民办大学必须从市场而不是从政府那里获得发展的资源，如办学初始资金、办学经费、场地、生

源和师资等。[4]

　　民办高等教育市场机制的建立，需要政府、社会和学校共同完成。政府要给予民办大学有力的支持，在民办大学的设立、招生政策、土地政策、教师待遇上给予同公办大学一样的待遇。社会要给予民办大学宽松的环境，对于民办高等教育发展中出现的问题给予客观公正的评价。

　　（3）对民办大学进行专门评估

　　民办高等教育发展历史较短，其经费筹集能力、聘用教师质量、科学研究水平、教学设施设备、图书资料等与公办大学相比差距较大。对于民办高等教育评估应该针对其发展的实际，对评估标准作出适当的调整，以促进民办高等教育的健康发展。

　　在高等教育大众化阶段，最为突出的特征就是高等教育的多样化。与精英教育相比，大众化高等教育的办学体制和领导体制、办学机制和办学模式、培养目标定位、经费筹措办法等都发生了很大的变化。如果继续沿用精英教育的标准和公办高校评估的模式来衡量民办高校的教育质量和办学水平，既不符合高等教育的实际情况，也不利于制定恰当的民办高校发展政策，不利于我国高等教育的发展。[18]

　　在对高等学校实施办学水平综合评估中，对公办高校和民办高校分别拟订方案和指标，有利于评估指标体系的简化，有利于制定评估标准，有利于调动各类学校的积极性。按照学校任务的不同分类进行评估，可以避免把评估分类误认为是学校水平高低、工作好差的等级划分。对各个层次高等学校单独进行评估，能够鼓励学校各自安心在本层次上发展和提高，改变部分学校盲目攀比的倾向。[19]

　　2. 民办大学的内部治理

　　民办大学的内部治理主要是指在学校重大事务的决策中，学校内部各个利益主体的权力分配模式。

　　（1）实行董事会治理模式

　　民办大学中的利益相关者包括政府、投资人、教师、学生、校友和社会人士，董事会是利益相关者参与重大事务决策、表达自己利益诉求、争取合法权益的平台。因此，董事会是否能够代表各个利益群体的利益，是检验真假董事会治理模式的试金石。

　　目前，按照《民办教育促进法》的要求，多数民办大学成立了董事会或理事会。但是实际上，民办大学实行的并不是真正的董事会治理模式。民办大学中的最高权力不在董事会，作为投资者的董事长是学校的权力核心，董事会甚至仅仅是合法化其意志或行为的工具，一些高校的章程甚至规定终身董事和董事长有一票否决权。[4]

从董事会的组成上看，主要是由投资人及学校核心人员组成。一项关于辽宁省和陕西省的民办大学调查显示，在 16 所民办大学中，董事会的成员多数为 5 人，最多的只有 9 人，几乎没有社会人士和教师以及学生的代表。[11]从董事会的决策程序上看，民办大学的真正决策人是投资者，董事会并没有多少决策的权力。在学校的重大决策中，其他利益相关者无法参与，更谈不上具有决策的权力。民办大学的董事会主要代表了投资人的利益，不能反映政府和社会的诉求，也不能代表学校教职员工和学生的利益，这种董事会难以承担民办高等教育发展的重任。

（2）推进校长治校和专家治学

在民办大学的治理中，校长治校是内部治理的关键所在。校长选聘的依据是其要具有优良的思想品德、丰富的大学管理经验和较高的学术水平，校长既是学校的最高行政管理者，又是教师行为的楷模和教学科研的带头人。除了少数的投资者之外，多数的投资者都难以兼有大学管理和教学科研的素质，所以，有必要聘请专职的校长来管理学校。

从一个角度讲，近几年民办大学的规模越来越大，专业设置越来越多。规模的扩大也必然给学校的管理带来难度，学校董事会包揽投资、决策、办学管理等全部复杂事务成为十分困难的事情。同时，董事会对学校具体事务介入过深，也会影响学校员工的积极性，制约决策执行效率的提高，并且会导致举办者与执行者的矛盾冲突。

从另一个角度讲，将学校的最高决策层与执行管理层进行某种程度的分离，学校的重要决策权由董事会直接行使，学校的日常管理由董事会聘请校长来负责实施，董事会与校长之间就形成了委托代理关系。[20]这样，董事会能够专心于学校的投资与长远发展，校长能够专心于日常的教学和科研管理。

《民办教育促进法》要求民办学校的理（董）事会成员中 1/3 以上应是具有 5 年以上教育教学经验者，这些规定体现了对专家治学的重视。

专家治学其实质就是要加强民办大学的学术权力，我们在强调校长治校的同时，又要警惕公办大学中常有的行政权力扩大化的问题。因此，推进专家治学，主要是在民办大学中设立学术委员会、职称评定委员会、教学委员会等学术机构，在这些学术机构中充分地发挥专家们的才智，推进教学与科研工作，提高民办大学的教学质量。

（3）实行内部的民主监督

研究表明，在我国目前的经济状态下，民办大学难以真正地做到捐资办学，民办大学的显性目标和公办大学一样是教学和科研，而其隐性目标则是营利。显性目标和隐性目标的矛盾，致使部分民办大学违规招生、降低教学质量、聘请不合格教师等违规行为时有发生。

加强民办大学内部的监督，首先，要积极发挥民办大学党组织的作用，完善民办高等学校督导专员制度。近几年，政府逐渐开始往民办大学选派党组织的基层负责人兼高校的督导员，这一制度使基层的党组织起到了很好的监督作用。

其次，落实民办大学教职工的民主管理、民主监督的权利。教职工参与民主管理是监督机制的重要方面，参与的方式除了教职工大会之外，还应该在董事会中占有一定的席位，以保障学校教职工的利益不被侵犯。

最后，实行内部的财务监督。非营利性学校的财产属于全社会，董事会和校长都没有权力利用学校的财产去进行与教学无关的经营活动。目前，民办大学已经开始享受税收的优惠政策和学生的奖励政策，但是对这些优惠和奖励并没有及时的财务监督，这就容易发生民办大学办学经费被挪用的问题。

大学制度和大学治理是民办高等教育可持续发展的两个重要因素，两者相辅相成，制度是前提，治理是保障，两者缺一不可，只有两个因素的密切配合，才能够使我国的民办高等教育健康而有序地发展起来。民办高等教育的特殊性，决定了民办大学的制度和治理的特殊性。从制度角度，民办大学需要更加宽松的外部制度环境和社会的大力支持。从治理角度，政府在转变管理角色的同时要加强对民办大学的监督，民办大学要实施真正的董事会治理模式，构建行政权力和学术权力。

参考文献

[1] 中国内地高等学校列表［EB/OL］.［2012-02-09］. http://zh.wikipedia.org/

wiki/中国大陆大学列表.

［2］王庆如，司晓宏. 民办高校发展面临的"高原现象"探析——以陕西民办普通高校为例［J］. 高等教育研究，2011（11）.

［3］张旺. 我国民办高等教育发展的制度环境分析与思考［J］. 高教探索，2005（1）.

［4］郭建茹. 民办高等教育的市场化与民办高校的组织管理特征——以陕西民办高等教育为例［J］. 高等教育研究，2003（7）.

［5］闵维方. 高等教育运行机制研究［M］. 北京：人民教育出版社，2002：28.

［6］文东茅. 走向公共教育：教育民营化的超越［M］. 北京：北京大学出版社，2008：234.

［7］约翰·S. 布鲁贝克. 高等教育哲学［M］. 王承绪，等，译. 杭州：浙江教育出版社，2002：37.

［8］刘宝存. 美国私立高等学校的董事会制度评析［J］. 教育研究，2000（5）.

［9］教育部发展规划司，上海市教育科学研究院. 2002 中国民办教育绿皮书［M］. 上海：上海教育出版社，2003：327.

［10］Steven Brint, Jerome Karabel. The Diverted Dream Community Colleges and the Promise of Educational Opportunity in American 1900—1985［M］. London：Oxford Unicersity Press，1989：vi.

［11］姜华. 中国民办高等教育组织变迁研究：基于组织社会学的视角［M］. 北京：科学出版社，2011：24，136.

［12］占盛丽，钟宇平. 中国大陆高中生需求民办高等教育的实证研究［J］. 民办教育研究，2005（1）.

［13］克拉克·克尔. 高等教育不能够回避历史：21 世纪的问题［M］. 王承绪，译. 杭州：浙江教育出版社，2001：108.

［14］金顶兵. 大学组织结构及其对行为模式的影响［D］. 北京：北京大学博士学位论文，2002：103.

［15］姜华，闫秀丽. 我国私立大学激励机制研究［J］. 求实，2004（S4）.

［16］赵旭明. 民办高校治理研究［D］. 北京：中共中央党校博士学位论文，2006：10.

［17］郑杨波. 我国民办高校外部治理结构研究：基于网络治理的视角［D］. 北京：北京师范大学硕士学位论文，2011：47.

［18］徐绪卿. 关于我国民办高等教育评估的若干思考［J］. 教育发展研究，2006（22）.

［19］史秋衡，王平，宁顺兰. 对民办高等学校教育评估的若干思考［J］. 民办教育研究，2003（2）.

[20] 冯淑娟, 徐绪. 论建立和完善民办高校法人治理结构 [J]. 黑龙江高教研究, 2008 (8).

（姜华系东北大学文法学院教育
经济与管理研究所副教授, 博士）

□ 王建华

中国独立学院制度分析

1999 年以来，独立学院在我国开始兴起。刚开始称之为二级学院。2003 年以后伴随着教育部相关文件的出台开始改称独立学院。2008 年《独立学院设置与管理办法》（以下简称《办法》）出台，对我国独立学院制度进行了重新设计。当前尚处于《办法》所规定的五年的过渡期，独立学院的未来前景并不明朗。伴随着独立学院在我国的兴起与快速发展，独立学院的种种问题开始成为学术界研究的热点。因此，有必要将独立学院作为一种制度形态来看待并进行深入研究，以有效解释我国独立学院的兴起、发展与变迁，指出我国独立学院发展中诸多问题的制度根源，为独立学院制度创新指明方向。

一、制度的生成：从"二级学院"
到"独立学院"

独立学院是近些年我国高等教育改革实践中涌现出的一种新的办学形式。这种办学形式于 1999 年首先出现在浙江、江苏、上海等省市。一方面由于当地经济的发展，人们对高等教育的需求日益旺盛，而公立高校由于历史欠账太多，一时无法满足人们的需求，另一方面由于多种原因，当时的诸多民办高校尚无法提供更多本科层次的高等教育机会，除此之外人们对其办学质量也一直心存疑虑，而依托公立高校办新制二级学院，则既有"国有"的信誉（可以颁发国家承认的本科学历证书）又有"民营"的机制（在收取相对较高学费的前提下可以适度降分录取），可谓是"两全之策"。1999 年以来，正是由于这种新的办学形式适合了民众对于高等教育的社会心理需求，江、浙、上海等省市二级学院的数量不断增多。2003 年教育部出台了《关于规范并加强普通高校以新的机制和模式试办独立学院管理的若干意见》（以下简称《若干意见》）。根据教育部《若干意见》中的有关规定，所谓独立学院就是指"由普通本科高校（申请者）与社会力量（合作者，包括企业、事业单位，社会团体或个人和其他有合作能力的机构）合作举办的进行本科层次教育的高等教育机构"。《若干意见》出台以后，伴随着从二级学院到独立学院"名称"的转变①，这项制度创新的主体也迅速由地方高校转变为教育主管部门。至此，原先由民间自发进行的局部的诱致性的高等学校制度变迁的尝试被纳入了国家强制性制度变迁的轨道，从而成为一种全国的普遍的制度选择。后来的实践表明，正是在政府主管部门的大力推动下，2003 年以后独立学院在我国高等教育系统中开始以一种"合法""制度创新"的身份风靡全国。2008 年，"为了规范普通高等学校与社会组织或者个人合作举办独立学院的活动，维护受教育者和独立学院的合法权益"，教育部又出台了《办法》。《办法》基本延续了《若干意见》的基本精神，坚持对于独立学院"积极支持、规范管理、改革创新"的指导思想。

综观《若干意见》和《办法》以及其他相关政策文本，由政府部门确立的独立学院制度主要体现在以下几个方面。

第一，《若干意见》首次对独立学院给出了制度性定义。《若干意见》明确指出，"本文所称独立学院，是专指由普通本科高校按新机

---

① 在政府的政策文本中名称的转换大有讲究，通过提出"独立学院"这一新的名称，原有未经教育部审批的"二级学院"无形之中就成了一种"非法"机构，按照文件规定必须接受教育部的重新审核，通过审核者方可批准为独立学院，从而实现重新"合法化"。

制、新模式与社会力量合作举办的本科层次的二级学院"。《办法》中则称，独立学院"是指实施本科以上学历教育的普通高等学校与国家机构以外的社会组织或者个人合作，利用非国家财政性经费举办的实施本科学历教育的高等学校"。二者相较，《办法》对于《若干意见》关于独立学院定义的修改主要是为了使独立学院能够适用于现行的《民办教育促进法》。《办法》第三条更是明确规定"独立学院是民办高等教育的重要组成部分"。从这条规定中，也可以看出独立学院在制度选择上不是沿用公立高校的制度安排，而是采用民办高校的制度设计，从而也为其高收费奠定了制度的合法性。

第二，《若干意见》中对于早期二级学院可以授予母体高校的学历、学位证书的特权有保留地给予了制度化。《若干意见》明确指出，申请者申请试办的独立学院，属本科层次，由教育部审批（肯定了办学层次）。母体高校不能直接为独立学院毕业生颁授学历证书，必须由独立学院独立颁授（限制了证书的名称与范围）。《若干意见》中对于独立学院的学位证书的授予并未提及。一般的操作是符合学位授予条件的学生由母体高校按国家相关规定授予相应学位。2008 年《办法》出台以后，教育部门对独立学院授予学历学位的问题又给出了新的制度设计。《办法》第三十八条规定"独立学院对学习期满且成绩合格的学生，颁发毕业证书，并以独立学院名称具印。独立学院按照国家有关规定申请取得学士学位授予资格，对符合条件的学生颁发独立学院的学士学位证书"。第五十二条也强调"独立学院终止时仍未毕业的在校学生由参与举办的普通高等学校托管。对学习期满且成绩合格的学生，发给独立学院的毕业证书；符合学位授予条件的，授予独立学院的学士学位证书"。

第三，《若干意见》和《办法》为独立学院制度的运行构建了"五独立"的办学指导思想和"民""独""优"的原则，这些可称为独立学院制度的"元制度"，即决定其他制度安排的制度。《若干意见》对于独立学院的具体制度架构与运行设定了若干大的前提，即"五独立"和"三原则"。这些大前提理论上不能违反，否则就有被取消办学资格的危险。《若干意见》明确指出，独立学院应具有独立的校园和基本办学设施，实施相对独立的教学组织和管理，独立进行招生，独立颁发学历证书，独立进行财务核算，应具有独立法人资格，能独立承担民事责任。独立学院还可按国家有关教育事业统计工作的规定，独立填报《高等教育基层统计报表》。《办法》在严格要求独立学院"独立性"的基础上，也要求独立学院要充分体现"优""独""民"的原则。"优"，就是要更加强调优质教育资源参与举办独立学院，更加强调独立学院提高办学水平和教育质量；"独"，就是强调独立学院在法律和制度上的独立地位；"民"，就是进一步明确独立学院的民办属性，促进独立学院在运行机制和管理体制上改革创新。

第四，独立学院法人财产权制度的建立。《若干意见》只在第九条笼统地规定"独立学院的财产、财务管理以及变更和解散、撤消，依据国家有关法律和政策、规定及合作办学的协议处置"。《办法》则在第八、第九、第十、第十一、第十二、第十三、第十四、第十五条对此给出了具体的制度设计。第十二条特别强调"独立学院举办者的出资须经依法验资，于筹设期内过户到独立学院名下"。教育部在《关于〈独立学院设置与管理办法〉的工作说明》中指出："考虑到独立学院的复杂性和实际情况，国家对已设独立学院给予了五年的过渡期，并明确了相关政策：（1）基本符合《办法》要求的，由省级教育行政部门向教育部提出考察验收申请，教育部组织考察验收，并对考察验收合格的独立学院核发办学许可证。（2）符合普通本科高等学校设置标准的，可申请转设民办高等学校，颁发民办教育办学许可证。（3）既不申请考察验收，也不申请转设民办高等学校的，可继续教育教学活动，但必须按照《办法》的要求，规范体制机制，充实办学条件，在保证教育质量的前提下，有序地做好报请验收或申请转设工作，过渡期结束后，严格按照《办法》的要求办理。"

此外，在《若干意见》之后出台的《民办教育促进法实施条例》（以下简称《实施条例》），虽然没有直接使用"独立学院"或"二级学院"的名称，但其第六条显然也是针对我国独立学院的实际情况所写，符合独立学院办学实际情况，也可视为政府主管部门对我国独立学院发展作出的相关制度性规定。该《实施条例》第六条明确规定："公办学校参与举办民办学校，不得利用国家财政性经费，不得影响公办学校正常的教育教学活动，并应当经主管的教育行政部门或者劳动和社会保障行政部门按照国家规定的条件批准。公办学校参与举办的民办学校应当具有独立的法人资格，具有与公办学校相分离的校园和基本教育教学设施，实行独立的财务会计制度，独立招生，独立颁发学业证书。参与举办民办学校的公办学校依法享有举办者权益，依法履行国有资产的管理义务，防止国有资产流失。"

以上是从正式文本中可以找到的我国政府教育主管部门对于独立学院制度安排的主要架构。虽然《办法》较《若干意见》已经完善了许多，但仍不难看出，目前在我国高等教育实践中，独立学院作为一种制度安排还带有浓厚的"草创性"，独立学院的办学仍然非常粗放。在实际的运行中，整个制度的架构更加松散，政府文件或教育政策的约束力往往流于形式，所谓的"独立"并没有真正得到落实，"民""独""优"三原则更只是一种良好的愿望。

二、制度的运行："制度性寻租"和"营利的伪装"

目前世界范围内，大学制度一般可以分为公立大学制度与私立大学制度。但 20 世纪 80 年代以后，伴随着"全球结社革命"以及第三部门、非营利组织的迅速兴起，公私立大学制度之间的界限趋于模糊，开始出现"非公非私""公私合营"以及"混合机构式"的大学制度。在此背景下，"原来国立大学很清晰的'公共性'现在变得模糊了。过去被认为是清楚的'私立'大学，现在日益服从于政府的规则，依赖于政府的资源"[1]。基于以上的时代背景以及大学制度的种种变化，有研究者认为，我国的独立学院制度是符合世界潮流的高等教育制度创新，是高等教育民营化的一种有效方式，是一种现代大学"非公非私""公私合营"的制度安排。事实果真如此吗？

目前作为一种制度安排，独立学院在我国高等教育系统中已经客观存在了。我国传统的公立高校一统天下的格局，因为独立学院的出现开始面临"三分天下"的选择。但在我国高等教育实践中，组织机构在形式或名称上的"三分"（公办高校、民办高校和独立学院）并不一定意味着制度的创新。在目前情况下，我国的独立学院作为一种高等教育制度还缺乏制度本身应有的原创性、独立性与稳定性，更多的是对公立大学制度的一种附属和对民办高校制度的一种模仿。它之所以能够存在更多的是政府的权力无形之中在暗中支撑，而绝非公立大学制度与私立大学制度之外的"非公非私"的原创性的制度创新。现实情况是"享有本科办学资格的独立学院无法保证教育质量，公立学校可以拿到'学费'提成，企业可以借用公立大学的品牌获得经济利益，学生可以从中拿到'含水分'的文凭。对于社会来讲，则在很高成本的情况下，产生了'劣质产品'"[2]。从政治经济学的意义上讲，我国的独立学院就是"制度性寻租"的结果；由于过度的经济主义政策倾向容易触及教育意识形态中非营利性的红线，因此，在该制度真实运行过程中，独立学院又是地地道道的"红帽子民办大学"。这种"红帽子民办大学"在实际的办学过程中普遍存在着"营利的伪装"。

1. 独立学院与"制度性寻租"

在我国由于经济改革的成功，社会其他领域的各项改革也无不带有浓厚的经济主义烙印，即改革主要着眼于解决经济问题。高等教育领域中独立学院制度的产生也不例外。它同样是政府部门经济主义教育政策下各高校"制度性寻租"的结果。表面上看独立学院与寻租之间似乎没有特别的关联，但本质上寻租理论却可以有效地解释我国独立学院制度的兴起与运作。原因在于，寻租产生的条件是存在限制市场进入或市场竞争的制度或政策。因此，"对寻租活动的分析既是建立在经济层面上的，更重要的是建立在制度层面上的研究"[3]。回顾我国独立学院的产生，其制度安排正是如此。我国目前所谓的独立学院制度正是通过对于独立学院高等教育特权的制度性授予，变相地造成了对民办高校市场进入的限制，回避了应有的市场竞争，从而确保了独立学院的垄断性利润。在我国独立学院制度建立的过程中，早期虽无公立大学对政府的主动游说，虽然政府部门表面上似乎也未从独立学院的创建中直接获得过经济性租金，但政府部门通过对公立大学所谓"高校体制改革"成果的合法性认定，通过放松公立高校对民办高等教育市场的进入，以公共利益的名义在独立学院制度下获得了巨大的制度性租金。在高等教育领域中，"制度性寻租包含两种情况。一是由于教育制度的缺陷，教育主体通过钻制度的漏洞而寻求超额利益。由于人的有限理性，任何制度都不可能是完善的、毫无纰漏的，总难免有一些缺陷。利用这些缺陷，理性的'经济人'可以获得正常程序下得不到的额外利益。二是对于同一问题，在不同的制度安排下，收益是不同的，教育主体通过寻求不同的制度安排而追求制度租金"。"公立高校办独立学院，就是钻现有制度漏洞的典型例子。""老牌大学设立独立学院，通过低分高价，以合法的外衣做掩饰从而达到高收费的目的；而受教育者虽然分数较低，但通过交高额学费享受到优质高等教育资源。"[4]作为独立学院的前身，最初兴起的二级学院，在某种意义上就是由于受到民办高校制度逻辑的"启发"或"刺激"而出现的。甚至于可以说当初的二级学院就是部分公立高校"眼红"于民办高校的高收费，出于组织的自利性而"创造"出的一种扩大高校经费来源渠道的制度安排。

当然，寻租理论只是认识和分析独立学院制度形成与运作的一种视角。我国独立学院制度形成与运作的过程虽然不是一个十分典型的"制度性寻租"过程，但通过这个视角仍然可以看到一个更加真实的独立学院制度，可以更加深刻理解我国独立学院制度的存在与运行。在以后的发展中有没有可能以及如何克服我国独立学院的这种"制度性寻租"？通过相关立法明晰产权，进一步实施制度转型可能是唯一的选择。2008年出台的《办法》就反映了政府政策调整的这种大方向。无论政府部门是否意识到，一个客观的事实就是"产权变迁涉及重新界定、分配和安排产权的整个过程，在这个过程中，政府的作用是不可替代的，消除寻租活动的出路是政府必须以正式的法律形式而不是行政方式界定、分配和安排产权"[5]。如果一直不明晰产权，不以产权的明晰为基础重新进行制度选择，最终这种"红帽子民办大学"将和昔日的"红帽子民营企业"一样难逃消亡的命运。

2. 独立学院与"营利的伪装"

在私立高等教育领域，除了那些直接以营利为目的私立营利性高等教育机构之外，在部分国家的私立非营利性高等教育机构中的确存在有一种"营利的伪装"现象。由于相关制度的不健全，在一些国家法律会允许个人或营利性机构直接投资举办私立非营利性高等教育机构。按照资本的逻辑，这些办学者本来就是以营利为目的，获取最大化利润，但是迫于某种制度环境的制约，为了法律、社会以及政治合法性的诸多需要，却在法律的层面上公开地宣称自己是非营利性的，即将自己营利的目的伪装起来，以获得更多的利润。在这方面，近年来我国众多由企业或其他营利性机构投资举办的民办大学可谓典型。

目前在法律的意义上，我国的独立学院属于非营利性学校。《办法》第三条规定："民办高等教育的重要组成部分，属于公益性事业。"

但这种文本的规定并不能反映事物的真实状态。由于受《教育法》中"教育不以营利为目的"条款的制约，在我国目前官方的政策文本中"营利"不可能成为独立学院制度得以存在和运行的合法性基础。但是在该制度的真实运行中，"营利"又是一个重要的组成部分，独立学院也的的确确在营利；对于作为企业的合作方来讲，甚至就是以营利为目的才参与举办独立学院的。因此，实践中"营利"是该项制度能够得以运转的重要的动力基础。没有"营利"就没有社会力量愿意投入资金与公立大学合办独立学院，没有"营利"甚至公立大学本身也不会有积极性去办独立学院。基于此，一些国外的教育研究者直言不讳地认为："中国的独立学院在学术资源上依赖于现存的公办大学，而在资金上却高度依赖于民间组织。从这个意义而言，独立学院似乎可以定义为一种新型大学。但目前一部分独立学院的投资人带有明显的利益回报期待，同时他们以债权利益人的身份进入大学董事会。从这一特点来看，独立学院已经脱离了私立大学的框架而带有明显的营利性大学的色彩。"[6] 客观而言，目前由于种种制度性的限制，我国的独立学院还不具有国外营利性大学的显著特征。与国外那些营利性大学直接以营利为目的相比，我国的独立学院更多的还是一种"营利的伪装"。

我国独立学院制度运行中的"营利的伪装"可不可以理解为公立大学为了完成自己的使命而采取的一种"交叉补贴"呢？对此，答案应是否定的。所谓"交叉补贴"多是指在一个组织或企业内部，用从另一个市场上的业务经营运作中所获得的资源和利润来支持在这个市场上所采取的行动。在大学发展中所谓"交叉补贴"大致相当于大学内部的"转移支付"，即指大学可以通过一些应用性项目来筹集资金，然后将所筹资金部分转移给那些急需资金，具有重大学术价值但又缺乏筹资能力的学科或学术项目，以促进整个大学均衡发展。在我国的独立学院制度中，作为母体的公立高校与独立学院属于组织间而非组织内的关系，无所谓交叉补贴。再者，独立学院与母体的公立高校同样担负着高等教育任务，同样需要教书育人。没有理由将独立学院的资源转移到母体的公立高校。当然，在那些独立学院制度的决策者和实践者看来，"营利的伪装"可能并没有什么特别的不妥。因为现实的情况是，没有这种"伪装"，现有制度下独立学院就不合法甚至非法。与此同时，没有"营利"甚至"利润过低"都不足以吸引大量社会资金进入高等教育领域，以帮助政府实现高等教育大众化乃至普及化的奋斗目标。

三、制度的转型："营利性"或"非营利性"

通过上述对于我国独立学院制度的兴起与运行的分析可以发现，独立学院制度在我国现阶段存在的合理性并不意味着它是一个完美的典型。相反，我国独立学院制度从它一产生起就带有一种天生的不公平性，且是在一定意识形态下公立大学制度与私立大学制度折中、妥协与调和的产物，是政府与市场的共谋，并没有真正实现制度创新，而是制度"失范"。从1999年至今，以2003年为界，我国独立学院的发展大致可以分成两个阶段，但两个阶段间并没有实质的差异，名称的改变不具备比较制度意义。[7]现在距离《办法》的出台又过去了四年，五年的过渡期也马上就到，独立学院的"独立"之路仍不明朗。实践中，独立学院一直在沿袭着初创时的"制度逻辑"在运作。在政策重新界定和地方政府自由裁量权的影响下，"五独立""三原则"并没有成为政府规范独立学院发展的有效手段。"从总体上看，我国现有的二级学院由于在投资、体制和机制上尚未形成体现自身特色的运作框架，在独立学院与老大学的关系上、在独立学院与投资方的关系上、在政府与独立学院的关系上、以及在独立学院与社会等方面的关系上，存在公共治理结构或缺失、或不合理的现象，这种局面需要彻底改变。"[8]今后一段时间内，如果《办法》不能得到落实，如果对于目前的制度问题仍然不加以注意，如果独立学院一直凭借"制度性租金"以"营利的伪装"的身份继续运作下去，独立学院制度将行之不远。

那么，面向未来，我国独立学院制度的出路又在哪里呢？对此一般认为大致有三种选择。[9]第一种选择，独立学院不再利用公立大学的品牌、专业与师资，切断与母体公立高校的联系，保留开展本科层次高等教育的资格，进而成为一个独立的非营利性私立大学，即教育部在《关于〈独立学院设置与管理办法〉的工作说明》中所讲的"可申请转设民办高等学校"。第二种选择，独立学院办学发生实际困难或营利不足，难以支撑学院的正常运作，走回头路，民间资本退出，独立学院成为公立大学一个新的二级学院。《办法》第五十二条规定："独立学院

终止时仍未毕业的在校学生由参与举办的普通高等学校托管。"第三种
选择，即严格按照《办法》的规定重新获得政府的办学许可，通过
"资产按期过户"成为"真正独立"的独立学院。仔细分析以上选择，
第二种回归母体高校明显是一种制度失败。第三种情况是政府期待的结
果，但很难实现。即便在政府的强制下，现有独立学院都实现了"资
产按期过户"，也不能保证以后独立学院制度的健康运行。《办法》的
现有条款并没有从根本上解决"制度性寻租"和"营利的伪装"，而是
变相承认了它们的合理性。在这种情况下，《办法》仍然不是办法，仍
然是一个权宜之计。当然，在《办法》的压力下，"申请转设民办高等
学校"不失为独立学院实现制度转型的较好选择。但由于维持现状可
以获得更大利益，大多数独立学院可能仍然"既不申请考察验收，也
不申请转设民办高等学校"，而是静观过渡期结束以后政府的反应。

在上述选择之外，如果从改革的角度看，还存在第四种可能，即在
政府许可的前提下，独立学院通过产权改革，摆脱母体高校的制约以及
消极的制度影响；在现代企业制度的框架下以国外的营利性大学为参
照，重新构建独立学院的制度安排，使独立学院成为一个产权明晰的中
国式的股份制私立营利性大学（作为昔日母体的公立高校可以拥有相
应的股权）。目前我国的高等教育改革尚处在变化之中，相关政策还充
满变数，营利性大学在我国高等教育系统中的合法性绝非遥不可及。这
一点从《民办教育促进法》及其《实施条例》的若干措辞中不难看出
端倪。[1] 我国的独立学院在明晰产权的基础上待时机成熟之时，完全可
以勇敢地撕下"营利的伪装"，脱下已不必要的"红帽子"，坚定而彻
底地从非营利性走向营利性，成为中国式的股份制的营利性大学。当
前，营利性高等教育机构迅速崛起并成为一个全球性现象，绝不是偶然
的。有学者甚至认为，营利性高等教育已经成为一个重要的全球现象，
而且它还会继续扩张。高等教育体系应该加以调整以适应这一发展趋
势。在营利性和非营利性高等教育机构都被允许的地方，它们能够共

---

① 《民办教育促进法》在《教育法》"不得以营利为目的"的框架下已经提出了"合理
回报"的概念；而《实施条例》则以"合理回报"为基础，试图将整个民办教育区分为"要
求取得合理回报的民办学校"和"不要求取得合理回报的民办学校"，并据此给予不同的政策
待遇。应该说，这种制度逻辑与国外私立高等教育中关于营利、非营利区分的制度逻辑已经
比较接近。

存。它们提供的服务需求很大，而且收益不菲。[10]目前世界上已有不少国家在法律层面上允许营利性高等教育机构存在，并给予其合法的地位。部分国家，比如美国、菲律宾等已有部分营利性高等教育机构成功上市。作为一种知识型企业，营利性大学为股票市场注入了新的活力。20 世纪 90 年代以后以美国凤凰大学（Phoenix University）为代表的营利性大学在世界范围内有了更大规模的发展。在日本，目前已有三所营利性大学开始了试点运作。即使在韩国，类似于首尔数码大学（Seoul Digital University）的网络大学也作为营利性大学开展着教育活动。[6]目前在我国高等教育系统中，营利性大学尚无合法的位置。但事实上，营利性大学在我国又是客观存在的。对此无论是理论界还是民办教育的实践者都不会否认，也无法否认。营利性大学在我国的事实存在可以表明，我国已基本具备了发展营利性大学的客观条件。

与现有民办高等学校相比，为什么独立学院适合于转向营利性，成为中国式的股份制营利性大学呢？原因在于，我国独立学院现有的制度框架已经具备了股份制的雏形，本质上就是一种营利性的制度安排。只不过囿于法律以及其他因素的约束，只能通过"伪装"来"营利"而已。此外，《若干意见》已指出："独立学院的专业设置，应主要面向地方和区域社会、经济发展的需要，特别是要努力创造条件加快发展社会和人力资源市场急需的短线专业。"由此观之，政府主管部门也没有想把独立学院办成学科导向的传统"大学"。这种市场导向的专业设置也决定了独立学院转制为营利性大学才会更具市场竞争力。基于此，以目前已有的制度架构以及市场导向的专业设置为基础，如果能够根据《办法》中的规定，通过明晰产权，资产过户，有效地引入现代企业制度，将独立学院转向股份制的营利性大学将不失为一种制度创新。

参考文献

[1] D. B. 约翰斯通. 高等教育财政：问题与出路［M］. 北京：人民教育出版社，2004：185.

[2] 阎凤桥. 对我国民办教育有关政策的经济学分析［J］. 浙江树人大学学报，2005（3）.

[3] 王妍，宋昕. 制度性寻租行为分析［J］. 辽宁行政学院学报，2006（2）.

［4］ 郝保伟，毛亚庆. 高等教育寻租的制度分析［J］. 清华大学教育研究，2006
（5）.

［5］ 吴菲，范晓觉. 寻租活动与产权制度变迁的关系研究［J］. 经济体制改革，
2002（6）.

［6］ 金子元久，鲍威. 营利性大学：背景·现状·可能性［J］. 北京大学教育评
论. 2005（2）.

［7］ 埃瑞克·C. 菲吕博顿，鲁道夫·瑞切特. 新制度经济学［M］. 上海：上海财
经大学出版社，1998：91.

［8］ 上海市教科院发展研究中心. 独立学院：我国高等教育发展的创新模式［J］.
教育发展研究，2003（8）.

［9］ 甘德安，独立学院"热"发展的"冷"思考［EB/OL］. ［2005–08–13］.
http：//news. zucc. edu. cn/news_show. php? recid＝5919.

［10］ 阿特巴赫. 私立高等教育：比较视角下的主题与变化［J］. 比较教育研究，
2000（5）.

（王建华系南京师范大学教育科学学院教授，博士生导师）

□ 赵应生　洪　煜

中国现代大学制度的建设与推进
——以 2011 年国家和高校层面举措为例

如果说 2010 年是我国现代大学制度建设的决策部署年，那么 2011 年则是推进年，学界掀起了前所未有的研究讨论热潮，政府和高校都在加大改革探索的力度，尤其值得关注。这一年，我国在现代大学制度建设方面都有哪些举措？取得了哪些进展？还面临哪些问题？前景如何？本文将分别从国家层面和高校层面，就这些问题进行分析。

一、国家层面的主要举措

尽管 2010 年才正式在国家层面提出建设现代大学制度建设的目标，但并非意味着在过去无所作为。实际上，自改革开放以来，我国的大学制度始终在不断改革和完善。

2011 年 8 月 15 日，国务委员刘延东在教育部直属高校工作咨询委员会全会上强调，要完善符合高校特点的内部治理结构，积极稳妥地扩大高校办学自主权，健全依法办学、自主管理、民主监督、社会参与的机制，推进中国特色现代大学制度建设。[1]

目前，尽管对于中国特色现代大学制度的内涵、目标等尚存不少分歧，但令人欣喜的是，在过去的这一年，政府在这方面切实迈出了重要步伐。

1. 出台《高等学校章程制定暂行办法》

大学章程是现代高等学校制度的重要组成部分，是中国特色现代大学制度建设的重要内容。《国家中长期教育改革和发展规划纲要(2010—2020 年)》（以下简称《教育规划纲要》）提出，"加强章程建设。各类高校应依法制定章程，依照章程规定管理学校"。《国务院办公厅关于开展国家教育体制改革试点的通知》（国办发［2010］48 号）明确将大学章程建设作为高等教育体制改革的重要内容和中国特色现代大学制度建设的重要突破口。目前，北京大学等 28 所高校正开展大学章程建设改革试点。虽然政府高度重视大学章程建设，但尚面临诸多有争议的问题，如：大学章程由谁来制定？大学章程与国家有关法律法规是什么关系？大学章程到底能发挥什么作用？用什么样的机制来保障大学章程真正发挥作用？

2011 年，政府在推进大学章程建设上取得了重要进展。10 月，以"教育部令"的形式，出台了《高等学校章程制定暂行办法》（以下简称《暂行办法》）（中华人民共和国教育部令第 31 号）。《暂行办法》分为总则、章程内容、章程制定程序、章程核准与监督及附则等五章，共 33 条，主要从实体和程序两个方面，对高校章程制定的原则、内容、程序以及核准和监督所涉及的主要问题、主要环节进行了全面规范。《暂行办法》的发布，致力于解决目前公办高校多数还没有章程或者已有章程不符合现代大学制度要求的问题，目的是为高等学校制定章程提供内容指导与程序规范，使其制定符合法律规定、体现学校需求与特色的章程，推动高等学校以章程建设为核心实施整体改革。

2. 改革公办大学校长遴选制度

大学校长遴选是建设现代大学制度的关键环节。能否将德才兼备者选拔到大学校长岗位，直接关系到我国现代大学制度建设的成败。2011 年 12 月，教育部发布了《公开选拔直属高校校长公告》，决定面向海内外公开选拔 2 所直属高校校长。这一举措再一次吸引了全社会的广泛关注。在新中国高等教育史上，虽谈不上破冰之旅，但对中国大学制度建设具有重大意义。

公选大学校长，体现了高等教育管理的民主化要求。校长选拔信息应当公开，广大师生和社会公众应当知晓校长选拔的相关信息。校长候选人应当开放，所有符合校长履职条件的人员都应具备校长候选人资格。校长选拔应当充分听取利益相关者的意见，特别是学生和教师的意见。校长选拔应当接受广泛的监督。教育部发布的《公开选拔直属高校校长公告》，在以上几个方面都有一定突破。

公选大学校长，反映了政府对校长角色认识的转变。如何看待校长这一职业？校长扮演什么样的角色？对这两个问题的回答，直接关系到校长遴选制度如何设计。长期以来，我国对大学校长实行任命制。党和政府赋予大学校长一定的行政级别，由主管部门按照党政干部组织程序选拔校长。这种做法，体现了政府对大学校长角色的定位，即将大学校长定位为官员，行政化色彩浓厚。对大学校长实行公选，意味着大学校长更多是一个专业技术职位。从"行政官员"到"专业人员"，实际上代表了政府对大学校长角色认识已经或正在发生变化。

公选大学校长，符合世界高等教育改革发展的潮流。纵观美、英、德、日等发达国家，尽管政治制度、行政管理体制、高等教育管理体制存在显著差异，但在大学校长遴选上，都普遍实行公开选拔。[2]可以说，公选大学校长是国际通行的做法。教育部2011年面向全社会公开选拔西南财经大学、东北师范大学校长，符合国际惯例，有利于中国高等教育更好地融入国际社会，参与国际竞争。

从社会反映来看，公选直属高校大学校长这一举措出台后，无论是高校师生，还是新闻媒体，都给予了正面评价。[3]可以说，在高校去行政化的呼声越来越高、高校民主管理诉求日益强烈、大学校长专业化逐步推进、高等教育国际化成为现实的背景下，公选大学校长既是众心所向，也是大势所趋。尽管人们对于公选能否达到预期效果尚存疑虑，但都充满了无限期望，希望此举能革除一些中国高等教育的弊病，有力推进中国特色现代大学制度建设的进程。

3. 发布《学校教职工代表大会规定》

教职工是高校的主体之一，是高校的直接利益相关者。教职工不仅对高校质量有着决定性的作用，还直接关系到我国现代大学制度建设的成败。

早在 1985 年 3 月，教育部、中国教育工会全国委员会共同发布了《高等学校教职工代表大会暂行条例》（以下简称《暂行条例》）。2010年颁布的《教育规划纲要》重新强调了教职工代表大会的重要性，在第四十条"建设现代大学制度"中明确要求"加强教职工代表大会、学生代表大会建设，发挥群众团体的作用"。为落实这一要求，2011 年12 月，教育部以"教育部令"的形式，发布了《学校教职工代表大会规定》（以下简称《规定》）（中华人民共和国教育部令第 32 号）。《规定》充分吸取了 1985 年《暂行条例》思想，就教职工代表大会的职权、代表选举、代表权利和义务、组织规则、工作机构等作出了详细规定。

与 1985 年的《暂行条例》比较，《规定》有很多制度创新。一是明确了教代会的法律效用和适用范围。《规定》是国务院部门规章，具有更强的法律效用；适用于中国境内公办的幼儿园和各级各类学校，民办学校、中外合作办学机构参照该《规定》执行，涵盖范围大大扩大。二是确立了教代会制度作为学校民主管理基本形式的地位。与学校的其他民主管理形式相比，教代会具有法定的形式、广泛的代表性和适用性、职权的多样性和开放性、完整的组织制度和工作制度、一定的权威性和法律效力。三是创新了教代会的组织方式。学校根据实际情况，可在其内部单位建立教职工代表大会制度或者教职工大会制度，在该范围内行使职权。除了教代会、教职工大会，对规模较大的学校可在其下属单位建立二级教代会，此外，针对规模较小学校，一些地区可设立区域性、行业性教代会制度，行使相应的职权。四是明确学校工会为教职工代表大会的工作机构，承担与教代会相关的工作职责。《规定》要求："学校应当为工会承担教职工代表大会工作机构的职责提供必要的工作条件和经费保障。"五是赋予学校在教职工代表大会建设和发展方面的自主权，学校根据规定授权，可以结合本校的实际情况自主决定一些相关事项。[4]

4. 逐步推进政府职能转变和简政放权

现代大学制度建设要重新确立政府与高校的关系，既要落实高校办学自主权，又要改进政府对高校的宏观管理，形成有效监督制约机制。2011 年，政府在这方面采取了一系列行动。

（1）进一步加强对高校的评估职能。2011年9月，教育部重新启动了新一轮本科教学水平评估。这一轮评估在制度设计上具有以下特点：一是评估性质、指标体系和评估方法从一元向多元转变。二是评估重心从硬件建设向软件建设转变。三是评估内容从重过程检查向重目标控制转变。四是评估方式从专家进校考察为主转变为数据库信息监控、学校自评与专家进校考察相结合。五是评估结论从单一的水平性评定调整为根据不同评估类型给出的认定性结论。

（2）全面推行高校总会计师委派制度。2011年3月，教育部、财政部共同印发《高等学校总会计师管理办法》。按规定，高校总会计师由政府委派，代表政府管理和监督高校财经行为。该办法旨在加强高等学校财经管理，完善高等学校治理结构，强化经济责任，规范财经行为，防范财务风险，提高财务管理水平。2011年12月，教育部发布《公开选拔直属高校总会计师公告》，面向全社会公选东南大学等6所大学的总会计师。黑龙江、浙江、湖北、吉林等省也推行了这一制度。

（3）着力构建高校学术不端行为监督查处机制。维护诚信的学术生态，是现代大学制度的重要职责。为此，教育部先后成立了学风建设协调小组、学风建设办公室和学风建设委员会，出台了《高等学校哲学社会科学研究学术规范》《关于在学位授予工作中加强学术道德和学术规范建设的意见》《关于严肃处理高等学校学术不端行为的通知》《关于切实加强和改进高等学校学风建设的实施意见》《关于进一步改进高等学校哲学社会科学研究评价的意见》等文件。这些举措，对于我国现代大学制度建设而言十分必要。

二、高校层面的积极探索

识别大学制度，高校是重要的维度。只有高校积极性充分调动，我国的现代大学制度才可能取得进展。综观2011年高校层面的现代大学制度建设，以下几个方面的探索值得关注。

1. 南方科技大学的艰难孕育

2011年，南方科技大学明显加快了建设步伐。1月，教育部正式发文，批准筹建。3月1日，首批45名新生入学。3月20日，举行春季开学典礼，首批自主招生的 45 名学生及学生家长、有关领导以及特别邀请的专家学者 200 余人出席了典礼仪式。3 月 21 日，南方科技大学开始了第一堂课。4 月，深圳市委组织部发布公告，面向国内公开推荐选拔 2 名南方科技大学副校长。5 月 24 日，深圳市政府审议通过了《南方科技大学管理暂行办法》，7 月 1 日正式实施。

从制度层面反观，南方科技大学击中了我国现行大学制度的要害，其办学思想和实践可圈可点。比如，旗帜鲜明地提出了"去行政化"，力戒官僚主义，坚持追求卓越、学术自由、学者自律的大学精神，遵循理事会治理、教授治学、学术自治的原则，培育和发挥大学应有的活力和创造力。比如，从制度上落实办学自主权。《南方科技大学管理暂行办法》明确规定："南科大依法行使权利、履行义务，独立承担民事责任，非因法律、法规及本办法规定的事由，不受其他组织和个人干涉。"比如，在治理结构上，设理事会、校长、校务委员会和学术委员会。理事会为决策机构，享有聘任或解聘校长、审定学校章程或章程修改草案、审定学校的财务预算和决算报告等权力。校长、校务委员会、学术委员会也分别享有相应权力。再比如，由政府代表、教职工代表、学生代表、境内外高等教育专家及社会知名人士等组成校长遴选委员会，负责遴选校长。可以说，在制度设计上，南方科技大学亮点纷呈，对现行大学制度有许多突破。

但从一开始，这所筹建中的大学就饱受争议，处于"难产"状态，校长朱清时数次被推向风口浪尖，承受了本不该由校长承载的政治压力。比如，对于学生是否需参加高考，在教育部与南方科技大学之间存在严重分歧。[5]除了人才选拔外，南方科技大学提出的自发文凭等主张，也与现行制度发生了冲突。值得注意的是，分歧不仅存在于政府与学校之间，还存在于南方科技大学的管理团队之间。香港科技大学教授李晓原、李泽湘、励建书被邀请为南科大筹建团队核心成员，从事人才引进、学科架构与课程体系设计、薪酬体系制定、招生考试等工作，但他们在 2011 年先后选择退出。[6]

作为以改革形象出现的南方科技大学，力图构建和实践一套全新的制度，社会各界普遍对此持欢迎态度，政府也给予了极大期待。但这所大学在筹建中遇到的种种难题，进一步彰显了我国现代大学制度建设面临的诸多障碍，既有观念层面的，也有体制层面的，还有技术层面的。

但无论如何，南方科技大学搅动了沉寂中的中国大学制度，希望其能成为中国现代大学制度建设的重要引擎。

2. 加强学术组织建设

建设现代大学制度，必须加强学术组织建设，这在高校层面已经形成共识。2011年，在学术组织建设方面，一些高校已采取了有力举措。

2011年重新修订的《复旦大学学术委员会章程》，第一次将学术委员会明确为学校的"最高学术审议机构"。[7]据我国《高等教育法》第四十三条规定，"高等学校设立学术委员会，审议学科、专业的设置，教学、科学研究计划方案，评定教学、科学研究成果等有关学术事项"。虽然规定了职责，但对学术委员会的权力和地位并未明确。而在高校管理实践中，学术委员会多被定位为"学术审议机构"或"咨询机构"，由校长领导，不见"最高"二字。复旦大学将学术委员会定性为"最高学术审议机构"，国内首见。新章程规定在任的校党政领导成员不参加校学术委员会，并删去了"在校长领导下开展工作""本章程解释权在校长办公会议"等条文。2011年4月，新选举产生的学术委员会中，43名委员无一是校领导。

2011年7月10日，北京工业大学审议通过新的章程。[8]根据新章程规定，在学院设立教授委员会，作为教授治学的重要组织形式，各个学院将自行制定教授会议事规则，教授会依据规则开展工作；学校设立学术委员会，审议学科建设、专业设置、教学和科研计划，评定教学科研成果，审议教师职务资格，受理学术争议等。学术委员会将独立行使学术权力，保障学术民主和学术自由；设立学校理事会，吸收教授作为理事会成员，辅助教授治学。

除了复旦大学和北京工业大学之外，还有不少其他高校作出了类似规定。高校希望通过加强学术组织，更好地协调行政权力和学术权力的关系，维系良好学术生态。当然，我们也应看到，协调学术权力和行政权力，除了加强学术组织建设之外，还有许多工作要做，如进一步明确学术权力和行政权力的边界、完善学术组织的工作规则等。

3. 改革内部管理体制

2011年，一些高校为了解决管理和运行中存在的问题，进行了大胆探索。归纳起来，主要有以下几个方面。

（1）完善党委领导下的校长负责制。比如，湖南大学提出，要完善党委全委会、党委常委会、校长办公会、书记办公会的议事规则和程序，进一步明确权力边界。[9]这方面的探索，主要是为了解决高校党政职责不清、权力运行缺乏规范的问题。

（2）完善"学校-学院"两级管理体制。比如，复旦大学赋予医学学科相对独立和完整的管理权限，保证医学学科建设和医学人才培养的完整性。东南大学探索建立学术特区，给予学术特区在人员评聘、薪酬分配、实验室建设等方面的充分自主权。这方面的探索，主要是为了解决高校行政权力过于集中，院系在人才培养、学科建设等方面缺乏自主权的问题。

（3）深化人事分配制度改革。比如，浙江大学通过设置教学科研并重岗、研究为主岗、教学为主岗、知识转移岗、团队科研/教学岗，进行教师岗位分类管理。这方面的探索，主要是为了解决高校岗位管理紊乱、收入分配不尽合理等问题。

（4）探索建立理事会或董事会。比如，北京师范大学探索建立高校与中央部委、地方政府、社会组织等合作共建的新模式。这方面的探索，主要是为了解决高校管理和运行与政府、社会利益相关者脱节的问题，旨在通过治理结构的优化，改善高校与外部环境的关系，为学校改革发展创造好的条件。

（5）探索学校大部制改革，推行"扁平化"管理。比如，中国科学技术大学提出成立行政服务中心和学生服务中心，为师生提供"一站式"便捷服务，实行"首问负责制""限时办结制"。这方面的探索，主要是为了克服高校"行政化"倾向，降低管理成本，解决高校管理效率低、应变能力弱等问题。

（6）完善校务公开制度。比如，华东师范大学实行教育质量年度报告公开制度。这方面的探索，主要是为了加强对高校管理和运行及办学状况的监督，让更多的利益相关者能够更好地知晓和参与学校管理，形成自我发展和自我约束机制。

以上六个方面，分别切中了我国高校管理和运行中存在的问题，取得了一定成效。但这些改革探索大都是孤立的，学校层面缺乏其他配套的改革，与政府和外界没有形成互动。由于缺乏系统的顶层设计，改革的成效尚不显著，既没有形成改革的合力，也没有形成面上的效应。

2011 年，中国特色现代大学制度建设有了较为深入的推进。无论是《高等学校章程制定暂行办法》《学校教职工代表大会规定》等制度性文件的出台，还是高校围绕领导体制、院系治理、人事管理等开展的诸多变革，都在为迷津中艰难探索的中国大学制度变革不断注入生机与活力。即便是南方科技大学的艰难孕育、政府简政放权的缓慢推进，也在预示着中国现代大学制度建设未来的曙光。

参考文献

［1］人民日报. 坚持走质量提升为核心的内涵式发展道路　开创高等教育改革发展新局面［N］. 人民日报，2011-08-16.

［2］周群英，胥青山. 大学校长遴选程序的比较研究［J］. 江苏高教，2003（1）.

［3］中国教育报. 激活高校人事制度改革一池春水——教育部公开选拔直属高校校长试点工作透视［N］. 中国教育报，2012-03-27.

［4］唐景莉. 相关负责人解读《学校教职工代表大会规定》［N］. 中国教育报，2012-01-13.

［5］方可成. 不参加高考，就是支持改革？［N］. 南方周末，2011-06-09.

［6］方可成. 南科大内忧［N］. 南方周末，2011-06-16.

［7］周石，王春. 学术和行政分离，复旦探索破冰之路［N］. 科技日报，2011-10-09.

［8］刘昊. 北工大将设教授会实施教授治学［N］. 北京日报，2011-07-11.

［9］中国教育报. 湖南大学深化大学内部治理结构改革、建立现代大学制度改革试点实施方案［N］. 中国教育报，2010-12-17.

（赵应生系北京师范大学教育学部讲师，博士；

洪煜系北京师范大学教育学部博士生）

附　录

中国教育政策大事记

（2011 年 4 月至 2012 年 4 月）

2011 年

04

4 月 2 日　教育部办公厅发布了《关于印发〈教育部高校辅导员培训和研修基地建设与管理办法（试行）〉等文件的通知》。《教育部高校辅导员培训和研修基地建设与管理办法（试行）》的主要内容包括总则、管理体制、日常建设与管理、检查考核、附则等五章。《教育部高校辅导员培训和研修基地建设与管理基本标准（试行）》包含组织领导、基本保障、内容管理、培训培养、理论研究、决策咨询、工作绩效等 7 个一级指标和 23 个二级指标。

4 月 7 日　教育部发布了《关于做好 2011 年中西部地区农村订单定向医学生免费培养工作的预通知》。为做好 2011 年中西部农村订单定向医学生免费培养工作，《通知》要求：一、2011 年中央财政支持高等医学院校为中西部乡镇卫生院培养订单定向免费教育五年制医学生共计 5315 人。二、免费医学生订单定向招生计划在有关学校的招生来源计划中单列编制，计划性质为"免费医学定向"。三、各有关省级教育行政部门商省级卫生、发展改革等部门，根据本地区免费医学生需求数量计划，确定开展免费医学生培养的高校，以及各培养高校的招生计划。四、各有关省级教育行政部门要加大宣传力度，尽快将免费医学生招录培养工作的相关政策信息向考生和公众公布，并做好培养高校与免费医学生签署定向就业和培养协议的政策指导和组织协调工作。

4月7日　为认真贯彻第十七届中央纪委第六次全会和国务院第四次廉政工作会议关于继续深化治理教育乱收费工作的部署和要求，教育部等七部门发布了《关于2011年治理教育乱收费规范教育收费工作的实施意见》，就2011年治理教育乱收费、规范教育收费工作实施提出如下意见：一、指导思想。二、主要任务。（一）以农村义务教育"两免一补"资金和中职助学金、免学费补助资金为重点，加强对教育经费拨付和使用情况的监督检查，确保各项教育经费及时足额拨付到位。（二）大力推进义务教育均衡发展，严禁在义务教育阶段收取与招生入学挂钩的各种费用。（三）制定幼儿园收费管理办法，加强对幼儿园收费行为的监管。（四）加强中小学教辅材料管理，切实减轻学生过重课业负担和家长经济负担。（五）巩固义务教育阶段改制学校清理成果，加大公办普通高中改制学校清理规范力度。（六）严格执行并逐步调整公办普通高中招收择校生"三限"政策。（七）继续实行高校招生"阳光工程"，严禁高等学校以研究生培养机制改革、开办软件学院、中外合作办学等名义违规收费。三、工作要求。（一）进一步加强组织领导，充分发挥厅（局）际联席会议的作用。（二）严格执行国家教育收费政策，积极推进源头治理工作。（三）进一步加大政策宣传和培训力度，充分发挥社会和舆论的监督作用。（四）进一步加大监督检查力度，严肃查处教育乱收费行为。

4月19日　中共中央宣传部办公厅、教育部办公厅发布了《关于加强中等职业学校形势与政策教育的意见》。《意见》的主要内容包括：一、中等职业学校开展形势与政策教育的总体要求。二、中等职业学校开展形势与政策教育的主要内容。形势与政策教育要根据新世纪新阶段面临的新情况新问题，加强针对性。当前和今后一个时期，要着重进行党的基本理论、基本路线、基本纲领和基本经验教育；进行我国改革开放、社会主义现代化建设成就和面临的形势、任务教育；进行党和国家重大方针政策、重大活动和重大改革措施教育；进行当前国际形势与国际关系的基本状况、发展趋势和我国的对外政策教育；帮助中职学生提高正确认识和分析形势的能力。三、中等职业学校开展形势与政策教育的基本途径。中等职业学校开展形势与政策教育要广泛运用各种方式，坚持把课堂主渠道和开展丰富多彩的活动有机结合。四、加强中等职业学校开展形势与政策教育的组织领导。

4月20日　教育部发布了《关于做好2011年现代远程教育试点高校网络高等学历教育招生工作的通知》。为了进一步加强对现代远程教育试点高校网络高等学历教育招生工作的规范管理，确保网络教育人才培养质量，推进网络教育科学发展，《通知》要求：一、明确招生工作定位。二、严格招生计划和专业管理。三、加强校外学习中心管理。四、规范招生录取工作。五、做好新生学籍电子注册工作。六、严格查处违规行为。

4月21日　教育部发布了《关于做好2011年中等职业学校招生工作的通知》。《通知》要求：一、进一步优化高中阶段教育结构。二、深化中职招生制度改革。三、对职业学校和招生计划实行年审制度。四、发挥优质资源的辐射带动作用。五、继续实施招生工作"阳光工程"。六、进一步做好招生宣传工作。

4月25日　中共教育部党组发布了《关于教育战线学习贯彻胡锦涛总书记在庆祝清华大学建校100周年大会上重要讲话精神的通知》。为全面贯彻落实胡锦涛总书记的重要讲话精神，《通知》要求：一、深刻领会讲话精神，充分认识学习贯彻讲话的重要意义。二、全面落实讲话精神，大力推进教育事业科学发展。要全面落实胡锦涛总书记对教育提出的新要求，特别是要结合对全面提高高等教育质量提出的"四个大力"的要求，对全国青年学生提出的"三个紧密结合"的希望，制定切实可行、扎实有力的措施和办法，做到条条有落实、重点有突破，把总书记的讲话精神转化为正确的办学方向、办学理念、发展思路和改革措施，落实到学校工作的各个方面，整体推进包括高等教育在内的各级各类教育科学发展。1. 全面提高高等教育质量。2. 积极引领青年学生健康成长成才。3. 努力建设高素质专业化教师队伍。三、深入宣传讲话精神，迅速掀起学习贯彻讲话的热潮。

4月26日　教育部办公厅发布了《关于在义务教育阶段中小学实施"体育、艺术2+1项目"的通知》。为贯彻《国家中长期教育改革和发展规划纲要（2010—2020 年）》关于"坚持全面发展，全面加强和改进德育、智育、体育、美育"的要求，全面实施素质教育，教育部决定在全国义务教育阶段学校实施"体育、艺术 2+1 项目"，即通过学校组织的课内外体育、艺术教育的教学和活动，让每个学生至少学习掌握两项体育运动技能和一项艺术特长，为学生的终身发展奠定良好的基础。《通知》要求：一、提高认识，加强领导，建立长效工作机制。二、明确目标，科学考核，提高项目实施水平。三、认真组织，搭建平台，营造良好活动环境。四、优化资源，提供保障，确保项目持续推进。

4 月 28 日　教育部发布了《关于"十二五"普通高等教育本科教材建设的若干意见》。《意见》的主要内容包括：一、"十一五"普通高等教育本科教材建设情况。二、"十二五"普通高等教育本科教材建设的方针和目标。三、"十二五"普通高等教育本科教材建设的基本原则。（一）全面推进，突出重点。（二）明确责任，确保质量。（三）锤炼精品，改革创新。（四）分类指导，鼓励特色。四、"十二五"普通高等教育本科教材建设的任务和基本要求。（一）各级教育行政部门强化对教材建设的宏观指导与管理。（二）充分发挥高等学校在教材建设中的主体作用。（三）充分发挥专家与行业组织在教材建设中的作用。五、做好"十二五"普通高等教育本科国家级规划教材建设工作。

05

5 月 5 日　国家体育总局、教育部发布《中等体育运动学校管理办法》。《办法》涉及如下内容：第一章，总则。第二章，设置与审批。第三章，招生、学籍与毕业就业。明确规定运动学校中等职业学历教育学制为三年。可以根据学校人才培养的实际需要，实行学分制等弹性学习制度。运动学校中等职业教育招生纳入国家招生计划，招生工作可以采用学年集中招生与试训相结合的办法。第四章，德育与教学工作。要求学校应当坚持育人为本，把德育工作放在首位，增强德育工作的时代性、吸引力、实效性，重视社会主义核心价值观教育。建立规范化、制度化的教学和考试制度。学生文化教育每周应不少于 24 学时，因训练、竞赛耽误课程，应及时安排补课辅导。第五章，运动训练、竞赛与科研工作。运动学校应当按照全国青少年教学训练大纲进行科学系统的训练。全年不少于 280 个训练日（含竞赛），每天训练时间控制在 3.5 小时以内（含早操）。义务教育阶段的学生每天训练时间原则上控制在 2.5 小时以内（含早操）。第六章，教师、教练员。运动学校文化课教师应当具备国家规定的教师资格。教育行政部门负责向公办运动学校选派优秀文化课教师。文化课教师的专业技术职务评聘、工资待遇按照国家有关规定执行。运动学校教练员实行聘任制。第七章，保障条件。地方各级人民政府应当按照国家规定加强运动学校建设，将其纳入当地体育和教育发展规划，将训练竞赛经费、文化教育经费纳入同级财政预算，并加大经费投入，不断改善办学条件。公办运动学校的基建投资，由主管的体育、教育行政部门联合向当地人民政府申报解决。运动学校学生、教练员的伙食标准每人每日不低于 25 元，运动服装标准每人每年不低于 800 元。第九章，附则。体育院校附属竞技体校的管理，参照《办法》的规定执行。《办法》自 2011 年 10 月 1 日起施行，原国家体委、国家教委 1991 年 7 月 8 日发布的《体育运动学校办校暂行规定》（体群字〔1991〕131 号）同时废止。

5 月 24 日　为贯彻落实第四次全国教育工作会议精神和《国家中长期教育改革和发展规划纲要（2010—2020 年）》，深入推进实施"中小学教师国家级培训计划"（以下简称"国培计划"），充分发挥"国培计划"的示范引领、"雪中送炭"、促进改革作用，推动新一轮中小学教师全员培训的开展，教育部办公厅、财政部办公厅发布《关于做好 2011 年"中小学教师国家级培训计划"实施工作的通知》。《通知》指出：一、高度重视 2011 年"国培计划"实施工作。二、认真做好 2011 年项目实施方案的研制工作。坚持"统筹规划、突出重点、按需施训"的原则，处理好国家级培训与省级培训、骨干培训与全员培训、长期研修与短期培训、集中培训与远程培训的关系。在充分调研基础上，按照"国培计划"总体要求，根据本地教师培训需求，作好项目规划，科学研制"国培计划"项目实施方案。三、进一步完善项目招投标机制。要进一步规范项目招投标程序，按照"国培计划"项目招标指南规定的流程，采取公开招标、邀标方式，择优遴选符合"国培计划"培训资质条件的院校和机构承担培训任务。四、积极创新教师培训模式方法。借鉴有益经验，结合实际，探索创新，完善置换脱产研修、短期集中培训、远程培训等培训模式。加强教师培训需求调研，以问题为中心，以案例为载体，科学设计培训课程，丰富和优化培训内容。不断改进培训教学组织方式，采取案例式、探究式、参与式、情景式、研讨式等多种方式开展培训，倡导小班教学，增强培训的吸引力和感染力，不断提高培训的针对性和实效性。鼓励进行教师选学探索。鼓励利用现代信息技术，将专家指导与教师教学实践改进相结合，提高校本研修的质量。五、注重优质培训资源的整合和利用。加强教师培训团队建设，完善培训项目首席专家制度，组建高水平专家团队，省域外专家原则上不少于1/3，中小学一线优秀教师（教研员）不少于40%，要优先遴选"国培计划"专家库专家。加强优质教师培训课程资源的开发整合，充分利用"国培计划"资源库，有效开发适用的新资源，注重生成性资源的加工利用，促进优质培训资源共建共享。遴选优质中小学校设立"国培计划"参训教师实践基地，强化教师培训实践环节。六、认真做好参训教师的选派和管理工作。要加强参训教师的遴选和管理工作，确保教师按时参训。"国培计划"—中西部项目县以下农村教师占参训教师总数的比例不低于2/3。要为参训教师提供良好的学习和食宿条件，优先安排在校内住宿和学习，为学员营造良好的培训氛围。要加强学员安全管理工作。要做好学员考核管理工作。各省要指导地方教育部门和学校做好骨干教师培训后的管理和使用工作，充分发挥"种子"教师的辐射带头作用。七、优化项目资金配置和管理。"国培计划"—中西部项目置换脱产研修项目经费所占比例为50%左右，短期集中培训项目资金占30%左右，远程培训项目资金占20%左右。相关各省落实必要工作经费，确保项目的顺利实施。八、切实做好组织领导和项目监管工作。要按照"国培计划"要求，认真做好项目绩效自评工作。要进一步完善项目管理制度，健全项目监管机制，加强项目实施过程的监督管理，确保"国培计划"实施的高质量、高水平。

5月31日　为进一步加大工作力度，多渠道开发就业岗位，完善相关政策措施，切实加强就业服务，千方百计促进高校毕业生就业，国务院发布《关于进一步做好普通高等学校毕业生就业工作的通知》。《通知》主要内容如下：一、适应加快转变经济发展方式和调整经济结构的进程，积极拓展高校毕业生就业领域。（一）在构建现代产业体系中努力创造更多适合高校毕业生的就业机会。（二）鼓励中小企业吸纳高校毕业生就业。二、鼓励引导高校毕业生面向城乡基层、中西部地区以及民族地区、贫困地区和艰苦边远地区就业。（三）鼓励高校毕业生面向城乡基层就业。（四）鼓励高校毕业生到中西部地区、民族地区、贫困地区和艰苦边远地区就业。要结合中部地区崛起和西部大开发战略的实施以及产业梯度转移的需要，鼓励和引导高校毕业生到中西部地区就业。三、鼓励支持高校毕业生自主创业，稳定灵活就业。（五）落实和完善创业扶持政策。（六）加强创业教育、创业培训和创业服务。（七）稳定灵活就业。四、支持高校毕业生参加就业见习和技能培训，鼓励科研项目单位吸纳高校毕业生就业。（八）支持高校毕业生参加就业见习。（九）支持高校毕业生参加职业技能培训和技能鉴定。（十）鼓励科研项目单位吸纳高校毕业生就业。（十一）加强就业指导和就业服务。（十二）开展就业失业登记。（十三）强化就业援助。（十四）保障就业权益。

06

6 月 23 日　为贯彻落实第四次全国教育工作会议精神和《国家中长期教育改革和发展规划纲要（2010—2020 年）》，加快建立健全政府主导、行业指导、企业参与的办学机制，推动职业教育适应经济发展方式转变和产业结构调整要求，培养大批现代化建设需要的高素质劳动者和技能型人才，教育部发布《关于充分发挥行业指导作用推进职业教育改革发展的意见》。《意见》明确规定：一、进一步提高对职业教育行业指导重要性的认识。1. 行业是建设我国现代职业教育体系的重要力量。2. 强化行业指导是职业教育提升服务能力的重要保证。二、依靠行业，充分发挥行业对职业教育的指导作用。3. 大力支持行业主管部门和行业组织履行实施职业教育的职责。4. 鼓励行业企业全面参与教育教学各个环节。5. 充分发挥行业职业教育教学指导委员会（以下简称行指委）的作用。三、突出重点，在行业的指导下全面推进教育教学改革。6. 推进产教结合与校企一体办学，实现专业与产业、企业、岗位对接。7. 推进构建专业课程新体系，实现专业课程内容与职业标准对接。8. 推进人才培养模式改革，实现教学过程与生产过程对接。9. 推进建立和完善"双证书"制度，实现学历证书与职业资格证书对接。10. 推进构建人才培养立交桥，实现职业教育与终身学习对接。四、完善机制，探索和构建职业教育行业指导工作体系。11. 切实加强行指委能力建设。各行指委要不断加强自身的思想建设、组织建设和业务建设，不断提高工作质量和服务水平。12. 逐步建立和完善职业教育人才培养质量行业评价制度。13. 健全职业学校教育教学行业指导制度和工作机制。14. 加强职业教育行业指导工作的组织领导。15. 转变职能，适应办学体制机制改革的新要求。

6 月 29 日　国务院发布《关于进一步加大财政教育投入的意见》。《意见》的主要内容是：一、充分认识加大财政教育投入的重要性和紧迫性。教育投入是支撑国家长远发展的基础性、战略性投资，是发展教育事业的重要物质基础，是公共财政保障的重点。新形势下继续增加财政教育投入，实现 4% 目标，是深入贯彻党的十七大和十七届五中全会精神，推动科学发展、建设人力资源强国的迫切需要；是全面落实《国家中长期教育改革和发展规划纲要（2010—2020 年）》，推动教育优先发展的重要保障；是履行公共财政职能，加快财税体制改革，完善基本公共服务体系的一项紧迫任务。按期实现 4% 目标，资金投入量大，任务十分艰巨。二、落实法定增长要求，切实提高财政教育支出占公共财政支出比重。（一）严格落实教育经费法定增长要求。（二）提高财政教育支出占公共财政支出的比重。（三）提高预算内基建投资用于教育的比重。三、拓宽经费来源渠道，多方筹集财政性教育经费。（一）统一内外资企业和个人教育费附加制度。国务院决定，从 2010 年 12 月 1 日起统一内外资企业和个人城市维护建设税和教育费附加制度，教育费附加统一按增值税、消费税、营业税实际缴纳税额的 3% 征收。（二）全面开征地方教育附加。地方教育附加统一按增值税、消费税、营业税实际缴纳税额的 2% 征收。（三）从土地出让收益中按比例计提教育资金。从 2011 年 1 月 1 日起，各地区要从当年以招标、拍卖、挂牌或者协议方式出让国家土地使用权取得的土地出让收入中，按照扣除征地和拆迁补偿、土地开发等支出后余额 10% 的比例，计提教育资金。四、合理安排使用财政教育经费，切实提高资金使用效益。（一）合理安排使用财政教育经费。1. 积极支持实施重大项目。2. 着力保障和改善民生。3. 优化教育投入结构，合理配置教育资源。（二）全面推进教育经费的科学化精细化管理。1. 要坚持依法理财、科学理财。严格执行国家财政管理的法律法规和财经纪律，建立健全教育经费管理的规章制度。2. 要强化预算管理。提高预算编制的科学性、准确性，提高预算执行效率，推进预算公开。3. 要明确管理责任。地方各级人民政府要按照教育事权划分，督促有关部门采取有效措施，加强经费使用管理。4. 要加强财务监督和绩效评价。5. 要加强管理基础工作和基层建设。充分发挥基层相关管理部门的职能作用，着力做好教育基础数据的收集、分析和信息化管理工作，完善教育经费支出标准，健全学校财务会计和资产制度，规范学校经济行为，防范学校财务风险。五、加强组织领导，确保落实到位。（一）加强组织领导。各省（区、市）人民政府负责统筹落实本地区加大财政教育投入的相关工作。（二）加大各省（区、市）对下转移支付力度。（三）加强监测分析。

07

7 月 1 日　为深入贯彻医药卫生体制改革精神，建立全科医生制度，国务院颁布《关于建立全科医生制度的指导意见》。《意见》主要内容有：一、充分认识建立全科医生制度的重要性和必要性。二、建立全科医生制度的指导思想、基本原则和总体目标。三、逐步建立统一规范的全科医生培养制度。四、近期多渠道培养合格的全科医生。五、改革全科医生执业方式。六、建立全科医生的激励机制。七、相关保障措施。八、积极稳妥地推进全科医生制度建设。《意见》将全科医生培养逐步规范为"5+3"模式，即先接受 5 年的临床医学（含中医学）本科教育，再接受 3 年的全科医生规范化培养。在过渡期内，3 年的全科医生规范化培养可以实行"毕业后规范化培训"和"临床医学研究生教育"两种方式。

7 月 1 日　为了贯彻落实胡锦涛总书记在庆祝清华大学建校 100 周年大会上的重要讲话精神和《国家中长期教育改革和发展规划纲要（2010—2020 年）》，进一步深化本科教育教学改革，提高本科教育教学质量，大力提升人才培养水平，教育部、财政部颁布《关于"十二五"期间实施"高等学校本科教学质量与教学改革工程"的意见》。《意见》的主要内容有：一、实施"本科教学工程"的重要意义。（一）提高质量是高等教育发展的核心任务，是建设高等教育强国的基本要求，是实现建设人力资源强国和创新型国家战略目标的关键。（二）全面提高高等教育质量的核心是大力提升人才培养水平。（三）近年来，中央财政先后支持实施了"985工程""211工程""国家示范性高等职业院校建设计划"以及支持地方高校发展专项资金等项目，促进了高等学校学科发展、改善了教学科研条件、提升了科研水平，有力地推进了高等教育改革发展。（四）实施"本科教学工程"旨在针对高等教育人才培养还不完全适应经济社会发展需要的突出问题，特别是要在高校专业结构不尽合理、办学特色不够鲜明、教师队伍建设与培养培训薄弱、大学生实践能力和创新创业能力不强等关键领域和薄弱环节上，通过一段时间的改革建设，力争取得明显成效，更好地满足经济社会发展对应用型人才、复合型人才和拔尖创新人才的需要。二、指导思想与建设目标。（一）指导思想。（二）建设目标。三、建设内容。（一）质量标准建设。（二）专业综合改革。（三）国家精品开放课程建设与共享。（四）实践创新能力培养。（五）教师教学能力提升。四、建设资金与组织管理。（一）"本科教学工程"项目建设经费由中央财政、地方财政和高校自筹经费共同支持。（二）鼓励各地方根据区域经济发展特点，在做好"本科教学工程"国家级项目的基础上，积极筹措资金设立省级"本科教学工程"项目，支持本地高等学校提高质量。（三）教育部成立"本科教学工程"领导小组，决定"本科教学工程"的重大方针政策和总体规划。（四）领导小组办公室根据"本科教学工程"建设目标和任务，制订、发布项目指南和规划方案。（五）项目承担单位按照统一部署，根据"本科教学工程"的总体目标和任务，依据所承担项目的要求，在充分调查研究论证的基础上，确定项目建设实施方案，组织项目实施，并保证项目建设达到预期成效。（六）成立"本科教学工程"专家组，负责项目审核立项、咨询检查、绩效评估。（七）项目资金的管理和使用情况应接受教育部及财政、审计等部门的检查、审计。（八）项目建设完成后，领导小组办公室组织专家会同相关部门分别组织验收。

7月5日　为全面贯彻落实党和国家关于离退休干部工作的方针政策，推动离退休干部工作更好地适应深入贯彻实施《国家中长期教育改革和发展规划纲要（2010—2020年)》、促进教育事业科学发展和全面建设小康社会的需要，中共教育部党组印发《关于加强和改进新形势下离退休干部工作的意见》。《意见》的主要内容有：一、深刻认识新形势下离退休干部工作的重要意义。二、进一步加强和改进离退休干部工作的总体要求。三、建立健全离退休干部工作制度和工作机制。1. 建立分工联系和走访慰问制度。2. 坚持完善政治理论学习和情况通报制度。3. 坚持离退休干部党建会和评优表彰制度。4. 健全完善离退休经费保障机制。5. 探索建立成果共享机制。6. 建立完善困难帮扶机制。7. 充分发挥离退休干部的作用。四、切实加强对离退休干部工作的组织领导。1. 成立教育部离退休干部工作领导小组。2. 进一步加强离退休干部工作队伍建设。3. 建立和完善领导责任制，加强责任考核。

7月6日　为规范和加强国家中等职业教育改革发展示范学校建设计划项目管理，提高建设计划实施和项目管理效益，促进中等职业教育改革发展，根据《教育部人力资源和社会保障部财政部关于实施国家中等职业教育改革发展示范学校建设计划的意见》精神，教育部、人力资源和社会保障部、财政部制定了《国家中等职业教育改革发展示范学校建设计划项目管理暂行办法》。《办法》共分总则、管理职责、申报评审与组织实施、资金管理、监督检查与验收、附则等六章，共三十条。

7月6日　为全面贯彻落实第四次全国教育工作会议精神和《国家中长期教育改革和发展规划纲要（2010—2020年)》，确保高校招生公平公正，教育部发布《关于深入实施高校招生阳光工程的意见》。《意见》的主要内容有：一、进一步提高对高校招生阳光工程的认识。二、进一步完善高校招生信息公开制度。1. 扩大信息公开范围，规范信息公开内容。2. 创新信息公开形式，拓展信息公开渠道。3. 主动强化社会监督，增强信息公开实效。三、进一步推进高校招生诚信体系建设。1. 完善诚信承诺机制。2. 完善审核公示机制。3. 完善档案管理机制。4. 完善违规惩处机制。四、进一步提高招生考试工作水平和服务质量。1. 加强招生考试管理。2. 提升招生考试服务。3. 创新争议解决模式。

7月8日　为认真贯彻落实党中央、国务院的要求，教育部制定了《切实保证中小学生每天一小时校园体育活动的规定》。《规定》的主要内容有：一、严格执行国家关于保证中小学生每天一小时校园体育活动规定。二、建立保证中小学生每天一小时校园体育活动的有效工作机制。三、健全学校体育专项督导制度。四、建立保证中小学生每天一小时校园体育活动的社会监督机制。五、建立保证中小学生每天一小时校园体育活动的科学评价机制。六、建立保证中小学生每天一小时校园体育活动表彰奖励和问责制度。

7月12日　为贯彻落实中央新疆工作座谈会和《中共中央国务院关于推进新疆跨越式发展和长治久安的意见》精神，为新疆培养一大批技能型人才和高素质劳动者，经国务院同意，决定在内地部分省（市）的国家重点中等职业学校（含高等学校中专部）举办内地新疆中等职业教育班。教育部、国家发改委、财政部发布《关于举办内地新疆中职班的意见》。《意见》的主要内容有：一、重要意义。二、指导思想、培养目标和任务。（一）指导思想。（二）培养目标。（三）培养任务。三、招生范围和报考条件。（一）招生范围。（二）报考条件。四、报名、考试和录取。（一）报名和考试。（二）录取。五、教学和学生管理。（一）学制。（二）教学。（三）管理。六、教师配备。七、培养经费。八、就业。九、职责和管理。

7月12日　为贯彻落实第四次全国教育工作会议精神和《国家中长期教育改革和发展规划纲要（2010—2020年）》，规范管理全国学校（机构）代码，提高教育统计管理水平，教育部颁布了《学校（机构）代码管理办法》。《办法》共分总则、新设置学校（机构）代码赋予、更新与维护、使用与管理、职责与分工、安全保障和附则等七章，共二十二条。《办法》自发布之日起施行。

7月21日　为实现《国家中长期教育改革和发展规划纲要（2010—2020年）》提出的2012年国家财政性教育经费支出占国内生产总值4%目标，根据《国务院关于进一步加大财政教育投入的意见》的规定，财政部、教育部颁布《关于从土地出让收益中计提教育资金有关事项的通知》。《通知》的主要内容有：一、统一计提教育资金口径，增设科目单独核算。二、教育资金按季计提，年终进行统一清算。（一）按照季度计提教育资金。（二）计提教育资金的年终清算。三、实行专款专用，重点支持农村基础教育发展。四、统筹安排财政性教育经费，建立教育资金预决算管理制度。五、抓紧制定具体实施办法，加强教育资金监督管理。

7月28日　为认真贯彻落实《中国共产党党员领导干部廉洁从政

若干准则》和《直属高校党员领导干部廉洁自律"十不准"》关于党员领导干部不准违反规定在经济实体、社会团体等单位中兼职或者兼职取酬的规定，进一步规范高校党员领导干部从业行为，中共教育部党组发布《关于进一步加强直属高校党员领导干部兼职管理的通知》。

7月30日　国务院颁布《关于印发中国妇女发展纲要和中国儿童发展纲要的通知》，印发《中国妇女发展纲要（2011—2020年)》和《中国儿童发展纲要（2011—2020年)》。《中国儿童发展纲要》的指导思想是：高举中国特色社会主义伟大旗帜，以邓小平理论和"三个代表"重要思想为指导，深入贯彻落实科学发展观，坚持儿童优先原则，保障儿童生存、发展、受保护和参与的权利，缩小儿童发展的城乡区域差距，提升儿童福利水平，提高儿童整体素质，促进儿童健康、全面发展。《中国儿童发展纲要》的基本原则包括：贯彻依法保护原则，儿童优先原则，儿童最大利益原则，儿童平等发展原则，儿童参与原则。《中国儿童发展纲要》的总目标为：完善覆盖城乡儿童的基本医疗卫生制度，提高儿童身心健康水平；促进基本公共教育服务均等化，保障儿童享有更高质量的教育；扩大儿童福利范围，建立和完善适度普惠的儿童福利体系；提高儿童工作社会化服务水平，创建儿童友好型社会环境；完善保护儿童的法规体系和保护机制，依法保护儿童合法权益。

08

8月5日　为确保2011年普通高等学校家庭经济困难新生顺利入学，教育部颁布《切实做好2011年普通高等学校家庭经济困难新生入学"绿色通道"等资助工作的通知》。《通知》的主要内容有：一、高度重视家庭经济困难学生资助工作。二、认真做好秋季学期开学前后有关工作。三、强化监督检查，确保工作实效。

8月8日　为全面贯彻落实《国家中长期教育改革和发展规划纲要（2010—2020年)》和胡锦涛总书记在庆祝清华大学建校100周年大会上的讲话精神，以提高质量为核心，以促进公平为重点，以改革创新为动力，深入推进研究生招生制度改革，继续推动研究生教育结构调整和优化，进一步强化考试安全责任，全面规范录取管理，推动研究生教育科学发展，教育部发布《关于做好2012年招收攻读硕士学位研究生工作的通知》。《通知》的主要内容有：一、深入推进研究生招生制度改革，创新研究生招生体制机制。二、着力做好专业学位研究生招生工作，进一步优化研究生教育结构。三、强化考试安全责任，防范打击高科技舞弊行为。四、改进录取办法，促进生源合理流动。五、加强招生考试行风建设，进一步规范招生行为。

8月16日　为强化网络高等学历教育招生、学籍管理、统考、毕业等环节的全过程科学规范管理，教育部办公厅印发了《网络高等学历教育招生与统考数据管理暂行办法》。《办法》强调对网络高等学历教育招生、学籍管理、统考、毕业等环节的全过程科学规范管理，共计二十条。

8月16日　教育部、卫生部依据国家相关标准，结合学校实际，联合制定了《农村寄宿制学校生活卫生设施建设与管理规范》。《规范》重点对饮用水设施、宿舍、食堂、浴室、厕所、垃圾和污水设施等学校生活卫生设施的建设与管理提出要求。

8月30日　为全面落实《国家中长期教育改革和发展规划纲要（2010—2020年）》关于到2020年形成现代职业教育体系和增强职业教育吸引力的要求，以科学发展观为指导，探索系统培养技能型人才制度，增强职业教育服务经济社会发展、促进学生全面发展的能力，教育部发布《关于推进中等和高等职业教育协调发展的指导意见》。《意见》的主要内容有：一、把握方向，适应国家加快转变经济发展方式和改善民生的迫切要求。1. 转变经济发展方式赋予职业教育新使命。2. 发展现代产业体系赋予职业教育新任务。3. 构建终身教育体系赋予职业教育新内涵。4. 建设现代职业教育体系赋予职业教育新要求。二、协调发展，奠定建设现代职业教育体系的基础。5. 以科学定位为立足点，优化职业教育层次结构。6. 以对接产业为切入点，强化职业教育办学特色。7. 以内涵建设为着力点，整体提升职业学校办学水平。三、实施衔接，系统培养高素质技能型人才。8. 适应区域产业需求，明晰人才培养目标。9. 紧贴产业转型升级，优化专业结构布局。10. 深化专业教学改革，创新课程体系和教材。11. 强化学生素质培养，改进教育教学过程。12. 改造提升传统教学，加快信息技术应用。13. 改革招生考试制度，拓宽人才成长途径。14. 坚持以能力为核心，推进评价模式改革。15. 加强师资队伍建设，注重教师培养培训。16. 推进产教合作对接，强化行业指导作用。17. 发挥职教集团作用，促进校企深度合作。四、加强保障，营造中等和高等职业教育协调发展的政策环境。18. 强化政府责任，加强统筹规划管理。19. 加大投入力度，健全经费保障机制。20. 重视分类指导，促进学校多样化发展。21. 推进普职渗透，丰富学生发展途径。22. 完善制度建设，优化协调发展环境。

09

9月2日　为规范中等体育运动学校办学，加强对中等体育运动学校的管理，国家体育总局、教育部联合制定了《中等体育运动学校设置标准》。《标准》共有十三条，自2011年10月1日起施行。

9月5日　为贯彻落实《国务院关于当前发展学前教育的若干意见》和《财政部教育部关于加大财政投入支持学前教育发展的通知》精神，加强农村幼儿教师队伍建设，提高农村幼儿教师素质，教育部、财政部联合发布《关于实施幼儿教师国家级培训计划的通知》，决定从2011年起实施"幼儿教师国家级培训计划"，所需经费由中央财政安排专项资金予以支持。《通知》的主要内容有：一、培训对象。中西部地区农村公办幼儿园（含部门、集体办幼儿园）和普惠性民办幼儿园园长、骨干教师、转岗教师。二、培训项目。（一）农村幼儿教师短期集中培训。（二）农村幼儿园"转岗教师"培训。（三）农村幼儿园骨干教师置换脱产研修。三、组织实施。

9月7日　教育部办公厅发布《关于做好2011年普通高等学校新生复查和学籍电子注册工作的通知》，主要内容有：一、严格做好新生入学资格复查工作。二、认真做好新生学籍电子注册工作。自2011年起，本科及研究生新生学籍电子注册完成时间为9月底，高职高专新生学籍电子注册完成时间为10月底，届时开放学生学籍信息网上个人查询。三、继续做好学年电子注册工作。四、加强领导，落实责任。

9月14日　教育部办公厅发布《关于做好少数民族双语教师培训工作的意见》。《意见》的主要内容有：一、高度重视双语教师培训工作。二、重点加强双语教师培训的规划编制和机制建设。三、逐步探索双语教师培训的有效模式。四、切实加强双语教师培训经费的使用管理。

9月28日　教育部办公厅发布《关于下达2012年少数民族高层次骨干人才研究生招生计划的通知》。《通知》的主要内容有：一、少数民族高层次骨干人才研究生招生计划为国家定向培养专项招生计划，此计划在全国研究生招生总规模之内单列下达，不得挪作他用。二、考生报考资格的确认由各省级教育行政部门民族教育处负责，未设民族教育处的由高等教育处等相关处室负责。各招生单位要认真做好报考考生的政审工作。三、招生工作实行"定向招生、定向培养、定向就业"和采取"自愿报考、统一考试、单独划线、择优录取"的原则。招生录取的具体办法，由教育部另行通知。学生毕业后，按协议回定向地区和单位就业。四、报考少数民族高层次骨干人才计划硕士生的考生按规定报名并参加全国硕士研究生统一入学考试。报考博士研究生的考生参加招生单位统一组织的博士研究生入学考试，考试科目和考试时间由招生单位自行确定。五、少数民族高层次骨干人才硕士研究生招生计划依据各省、自治区、直辖市经济社会发展对少数民族高层次人才需求规划制定，各招生单位要认真执行和落实教育部相关政策，对符合国家规定的基本要求的考生，依照下达到各省、自治区、直辖市的计划数和民族比例差额复试，择优录取。六、考生不能在全国普通研究生招生计划和少数民族高层次骨干人才计划之间调剂录取。

9月29日　为深入贯彻落实胡锦涛总书记在庆祝清华大学建校100周年大会上的重要讲话精神和《国家中长期教育改革和发展规划纲要（2010—2020年）》，推动体制机制创新，深化校企合作、工学结合，进一步促进高等职业学校办出特色，全面提高高等职业教育质量，提升其服务经济社会发展能力，教育部发布《关于推进高等职业教育改革创新引领职业教育科学发展的若干意见》。《意见》的主要内容有：一、服务经济转型，明确高等职业教育发展方向。1. 我国正处于从经济大国向经济强国、从人力资源大国向人力资源强国迈进的关键时期。2. 高等职业教育具有高等教育和职业教育双重属性，以培养生产、建设、服务、管理第一线的高端技能型专门人才为主要任务。二、加强政府统筹，建立教育与行业对接协作机制。3. 各地教育行政部门要积极联合相关部门，将高等职业教育纳入本地经济社会和产业发展规划。4. 发挥地方及行业在高等职业教育专业设置工作中的调控和引导作用，改革专业设置管理办法，完善专业管理机制。三、创新体制机制，探索充满活力的多元办学模式。5. 各地教育行政部门要联合相关部门，优化区域政策环境，完善促进校企合作的政策法规。6. 创新办学体制，形成政府、行业、企业、学校等各方合作办学，跨部门、跨地区、跨领域、跨专业协同育人的长效机制。7. 完善校企合作运行机制。四、改革培养模式，增强学生可持续发展能力。8. 坚持育人为本，德育为先。9. 以区域产业发展对人才的需求为依据，明晰人才培养目标，深化工学结合、校企合作、顶岗实习的人才培养模式改革。10. 系统设计、实施生产性实训和顶岗实习，探索建立"校中厂""厂中校"等形式的实践教学基地，推动教学改革。11. 加强职业教育信息化建设。12. 完善人才培养质量保障体系。五、改革评聘办法，加强"双师型"教师队伍建设。13. 创新高等职业学校师资管理制度。14. 加大高等职业学校教师培养培训力度，推动学校与企业共同开展教师培养培训工作。15. 高等职业学校要加快双师结构专业教学团队建设。六、改革招考制度，探索多样化选拔机制。16. 推广高等职业学校单独招生改革试点工作经验，完善"知识+技能"的考核办法。七、增强服务能力，满足社会多样化发展需要。17. 高等职业学校要搭建产学研结合的技术推广服务平台。18. 各地要鼓励和支持高等职业学校加强国际交流与合作，积极参与职业教育国际标准和规则的研究与制定，提高高等职业教育的国际影响力。19. 高等职业学校要努力成为当地继续教育和文化传播的中心，在构建国家终身教育体系和建设学习型社会中发挥积极作用。八、完善保障机制，促进高等职业教育持续健康发展。20. 确定高等职业学校生均经费基本标准和生均财政拨款基本标准，逐步实行依据生均经费基本标准核定高等职业学校经费的制度；建立以举办者投入为主，受教育者合理分担培养成本、学校设立基金接受社会捐赠等多种渠道筹措经费的机制。21. 发挥专项资金的引导和激励作用，加大实训基地、师资队伍、教学资源、教育科研、领导能力等财政专项资金的投入。

10

10 月 12 日　为贯彻落实胡锦涛总书记在庆祝清华大学建校 100 周年大会上的重要讲话精神和《国家中长期教育改革和发展规划纲要（2010—2020 年）》，利用现代信息技术手段，加强优质教育资源开发和普及共享，进一步提高高等教育质量，服务学习型社会建设，教育部出台《关于国家精品开放课程建设的实施意见》，决定开展国家精品开放课程建设工作。《意见》主要内容有：一、国家精品开放课程建设内容。（一）精品视频公开课。（二）精品资源共享课。二、国家精品开放课程建设和运行机制。（一）政策与经费支持。（二）技术与系统保障。（三）监督与管理。（四）推广与应用。（五）知识产权保护。三、组织管理。（一）国家精品开放课程建设由教育部统筹规划，省（区、市）教育行政部门负责向教育部推荐精品视频公开课，组织本地区精品资源共享课的建设、应用和监管。（二）高等学校作为课程建设的主体，应充分认识开展精品开放课程建设工作的重要意义，实行主管校长负责制，在政策、经费和人力等方面予以保证，多部门协调，精心组织课程建设和应用，把好课程政治关、学术关和质量关。（三）充分发挥教育部本科、高职和继续教育各有关学科、专业教学指导委员会作用，组建国家精品开放课程建设专家组，负责相关政策研究、课程遴选、内容审查和运行评价。（四）委托有关机构成立项目工作组，具体负责技术研发、资源编审加工、运营推广及相关服务工作。

10月18日　为贯彻落实《国家中长期人才发展规划纲要（2010—2020年)》有关要求，实施高校毕业生基层培养计划，引导和鼓励高校毕业生到基层干事创业，中组部、教育部、人力资源和社会保障部、共青团中央特制定《高校毕业生基层培养计划实施方案》。《方案》的主要内容有：一、总体目标。二、指导原则。三、项目内容。（一）大学生村官工作（中央组织部为主负责）。（二）农村学校教师特设岗位计划、免费师范生培养计划、免费医学生培养计划（教育部为主负责）。（三）高校毕业生"三支一扶"计划（人力资源和社会保障部为主负责）。（四）大学生志愿服务西部计划（共青团中央为主负责）。四、实施步骤。（一）严格选拔招募。1. 选拔对象：主要是30岁以下应届和往届毕业的全日制普通高校毕业生，重点是应届毕业和毕业1—2年的本科生、研究生。2. 招聘名额：各部门根据总体计划和基层实际需要，合理确定、分配招聘名额。3. 选聘方式：坚持民主、公开、竞争、择优原则，一般按照发布公告、个人报名、资格审查、考试考查、体检、公示等基本程序，注重考察德才表现和综合能力。（二）加强岗位培训。1. 拓宽培训渠道。2. 充实培训内容。3. 实行结对帮带。（三）实施规范管理。1. 明确岗位职责。2. 强化考核评价。3. 搭建交流平台。4. 提供生活保障。（四）实现有序流动。五、组织保障。1. 加强领导，落实责任。2. 保证经费，落实政策。3. 注重宣传，正面引导。4. 总结经验，健全机制。

10月25日　为贯彻落实《国民经济和社会发展第十二个五年规划纲要》和《国家中长期教育改革和发展规划纲要（2010—2020年）》，教育部等九部门提出《关于加快发展面向农村的职业教育的意见》。《意见》的主要内容有：一、加快发展农村职业教育，服务社会主义新农村建设。（一）加快发展面向农村的职业教育意义重大。（二）进一步明确农村职业教育改革发展的目标任务。（三）着力改善办学条件，大幅提升农村职业教育基础能力。（四）紧密结合县域经济社会发展需求，深化农村职业教育改革创新。二、加强农业职业学校和涉农专业建设，提升支撑现代农业发展能力。（五）重点办好一批农业职业学校和涉农专业。（六）组建一批农业职业教育集团。（七）增强农业职业教育吸引力。三、坚持三教统筹、农科教结合，努力培育新型农民。（八）加强三教统筹，推进农科教结合。（九）健全县域职业教育培训网络，加强农民教育培训。（十）实施分类培训，增强培训实效性。四、加强师资队伍建设，加大经费投入，建立稳定、长效的保障机制。（十一）加强农村、农业职业学校师资队伍建设。（十二）加强农村、农业职业学校教师培养培训。（十三）深化人事制度改革，努力提高教师待遇。（十四）加大公共财政对农村、农业职业教育投入。（十五）加强资金管理，多种渠道筹资办学。五、切实加强领导，健全管理体制，营造良好发展环境。（十六）建立健全有关部门合作共建、共同推进农业职业教育的工作机制。（十七）推动地方各级人民政府把发展农村职业教育纳入当地经济社会和教育发展规划，切实解决农村职业教育发展中的实际困难和问题。（十八）推动县级人民政府加强统筹新型农民培训工作的力度。（十九）建立统筹城市与农村职业学校发展的机制。（二十）加强督导和宣传，形成发展面向农村的职业教育的良好社会环境。

11

11月7日　为贯彻落实党的十七届六中全会精神，贯彻落实《中共中央办公厅国务院办公厅转发〈教育部关于深入推进高等学校哲学社会科学繁荣发展的意见〉的通知》精神，进一步改进哲学社会科学研究评价，促进高等学校哲学社会科学健康发展，教育部发布了《关于进一步改进高等学校哲学社会科学研究评价的意见》。《意见》要求：一、充分认识改进哲学社会科学研究评价的重要意义。1. 开展科学有效的科研评价，是推动科研管理创新，优化研究资源配置，构建现代科研管理制度的重要内容。2. 近年来，高等学校哲学社会科学研究评价工作在探索中前进，在改进中发展，有效调动了广大哲学社会科学工作者的积极性、主动性和创造性，有力推动了高等学校哲学社会科学的繁荣发展。3. 改进哲学社会科学研究评价必须坚持以马克思列宁主义、毛泽东思想、邓小平理论和"三个代表"重要思想为指导，深入贯彻落实科学发展观，以激发研究活力为根本，以提升研究质量为导向。4. 改进哲学社会科学研究评价必须坚持以人为本、质量为先，尊重劳动、尊重知识、尊重人才、尊重创造；坚持公平、公正、公开，确保评价活动在阳光下运行。二、确立质量第一的评价导向。5. 切实强化评价的质量意识。6. 严格遵循评价的质量标准。7. 大力推进优秀成果和代表作评价。8. 正确认识《科学引文索引》（SCI）、《社会科学引文索引》（SSCI）、《艺术与人文引文索引》（A & HCI）、《中文社会科学引文索引》（CSSCI）等引文数据在科研评价中的作用，避免绝对化。三、实施科学合理的分类评价。9. 建立健全分类评价标准体系。10. 区别对待不同类型的研究成果。11. 合理运用恰当的评价方式。四、完善诚信公正的评价制度。12. 加强评价制度建设。13. 完善以同行专家评价为主的评价机制。14. 推动评价活动更加简约高效。五、采取有力措施将改进科研评价工作落到实处。15. 提高认识，加强领导。16. 深化研究，强化支撑。17. 端正学风，优化环境。

11 月 10 日　为了保障高校毕业生的就业问题，教育部发布了《关于做好 2012 年全国普通高等学校毕业生就业工作的通知》。《通知》指出：2012 年，全国普通高校毕业生规模达到 680 万人。当前我国经济发展面临的国内外环境仍然十分复杂，不稳定、不确定因素还不少；高校毕业生就业总量压力和结构性矛盾依然突出，就业形势严峻，促进高校毕业生就业的工作任务更为艰巨繁重。《通知》要求各省级高校毕业生就业主管部门及各高等学校要认真贯彻落实党中央、国务院的决策部署，完善政策措施，加强指导服务，千方百计促进高校毕业生就业。《通知》要求：一、继续把高校毕业生就业工作摆在突出重要位置。1. 明确工作思路和目标任务。2. 切实加强组织领导。二、引导和鼓励高校毕业生到城乡基层、中西部地区、艰苦边远地区和部队建功立业。3. 继续实施好各类基层就业项目。4. 进一步拓宽毕业生基层就业渠道。5. 做好高校毕业生入伍预征工作。三、全面推进大学生创新创业工作，力争实现创业人数进一步增加。6. 全面加强创新创业教育和创业基地建设。7. 进一步加强创业政策扶持和创业服务。四、以课程建设和信息化建设为重点，大力提升高校就业指导服务水平。8. 加强就业指导课程建设和咨询指导。9. 加强就业指导服务机构和队伍建设。10. 加强就业市场和信息化建设。五、重点帮扶，对特殊困难群体实施有效的就业援助。11. 认真做好家庭经济困难、就业困难高校毕业生的就业援助工作。12. 重点开展高校就业困难少数民族毕业生的帮扶和援助。六、加强就业管理，提高工作规范化、科学化水平。13. 严格按照有关规定做好毕业生签约和就业统计工作。14. 创新就业管理和服务模式。七、深化高等教育改革，切实提高毕业生就业创业能力。15. 进一步优化学科专业结构和人才培养结构。16. 加快人才培养模式改革，强化实践育人。八、开展生动有效的思想教育和宣传工作，确保就业安全和校园稳定。17. 进一步加强思想教育和宣传工作。18. 切实维护就业安全和校园稳定。19. 建立定期督查机制。

　　11 月 28 日　为完善中国特色现代大学制度，指导和规范高等学校章程建设，促进高等学校依法治校、科学发展，依据《教育法》《高等教育法》及其他有关规定，教育部颁布了《高等学校章程制定暂行办法》。《办法》共分为五章三十三条，其主要内容包括总则、章程内容、章程制定程序、章程核准与监督以及附则等五个部分。该《办法》于 2012 年 1 月 1 日起施行。

12

　　12 月 8 日　为了充分发挥学校教职工代表大会的作用，保障教职工在学校管理中的作用，教育部审议通过《学校教职工代表大会规定》，并经商中华全国总工会同意，于 2011 年 12 月 8 日发布，并自

2012 年 1 月 1 日起施行。《规定》共分为六章三十条。其主要内容包括总则、教职工代表大会的职权、教职工代表大会代表、教职工代表大会组织规则、教职工代表大会的工作机构以及附则六个部分。

12 月 8 日　为贯彻落实《国家中长期教育改革和发展规划纲要（2010—2020 年）》和《消防法》有关要求，教育部、公安部发布了《关于建立中小学消防安全教育社会实践基地的通知》，决定依托现有资源联合建立中小学消防安全教育社会实践基地，开展中小学生校外消防安全教育活动。《通知》的主要内容包括：一、明确在消防安全教育社会实践基地开展消防安全教育的意义和要求。二、中小学消防安全教育基地建设的主要内容和基本要求。1. 以宣传普及消防安全知识，提高中小学生消防安全意识和自防自救能力为主要功能，有适合中小学生参观学习的有关消防法律法规知识、消防常识电脑查询系统，有火灾案例、消防常识图片展板和声像播放设备及消防宣教片等消防科普设施条件。2. 有适合中小学生开展社会实践活动的设施设备，有针对青少年学生特点设计的参观路线，有供中小学生体验感受、动手操作的火灾报警、逃生自救、灭火器使用等内容和活动方案。3. 有固定的开放时间，配备具有消防专业知识的讲解人员，免费开放。4. 增强学生对消防职业和消防精神的了解，在消防队（站）安排学生参观了解消防官兵一日生活制度及部队执勤备战、业务训练等情况；了解各类消防车、消防装备器材的功能；组织学生参观中队的荣誉室，了解消防官兵灭火救援事迹等。5. 制定切实可行的安全措施和预案，切实保证活动场地、设施、器材的安全性，配备安全保护人员，设置必要的安全警示标志，向学生讲清与实践内容相关的操作程序、安全制度，防止意外事故发生。三、建立全国中小学消防安全教育社会实践基地。建设中小学消防安全教育社会实践基地的基本模式是依托现有资源，如消防科普教育基地、消防队（站）的资源，与学校相关课程或专题教育活动相结合，形成可供学生参观活动的消防安全教育社会实践基地。

12 月 9 日　为贯彻落实《国家中长期教育改革和发展规划纲要（2010—2020 年）》和《禁毒法》有关要求，教育部、公安部、国家禁毒委员会办公室发布了《关于建立中小学毒品预防教育社会实践基地的通知》，决定依托现有资源联合建立中小学毒品预防教育社会实践基地，开展中小学生校外毒品预防教育活动。《通知》的主要内容包括：

一、明确在毒品预防教育社会实践基地开展毒品预防教育的意义和要求。二、中小学毒品预防教育社会实践基地建设的主要内容和基本要求。1. 以普及预防毒品、药物成瘾知识，提高学生禁毒意识和抵制毒品能力为主要功能，突出合成毒品危害及其防范方法，传播禁毒文化，弘扬志愿禁毒精神。有适合中小学生参观学习的图片、实物或仿真展品和高科技互动展项。2. 有供不同年级学生参与的禁毒知识宣传教育活动，具备相应的硬件条件。创设"同伴教育"环境，可以为初中、高中学生提供社会实践岗位和规范培训。3. 设立"禁毒流动课堂"，有走进校园开展禁毒宣传的硬件条件和工作安排。设立基地网上互动交流平台。有体现基地特点的禁毒宣传教育资料的研发能力。4. 定期更新展馆展板和展项，每年策划适合学生参与的、不同主题的禁毒宣传活动。网页内容及时更新。有禁毒教育工作模式和手段的研究、创新能力。5. 有固定开放时间，配备经过专业培训的讲解人员，对中小学生免费开放，不得开展以营利为目的的经营性创收。可以提供完整的档案资料和接待统计数据。6. 制定切实可行的安全措施和预案，切实保证活动场地、设施、器材的安全性，配备安全保护人员，设置必要的安全警示标志，向学生讲清相关的操作程序、安全制度，培养学生安全操作的意识，防止意外事故发生。三、建立全国中小学毒品预防教育社会实践基地。建设中小学毒品预防教育社会实践基地的基本模式是依托现有资源，如禁毒教育基地、禁毒部门的资源，与学校相关课程或专题教育活动相结合，形成可供学生参观活动的社会实践基地。

　　12 月 23 日　为贯彻落实党的十七届六中全会精神，全面提高高校师德水平，教育部、中国教科文卫体工会全国委员会研究制定了《高等学校教师职业道德规范》。《规范》的主要内容包括：一、爱国守法。热爱祖国，热爱人民，拥护中国共产党领导，拥护中国特色社会主义制度。二、敬业爱生。忠诚人民教育事业，树立崇高职业理想，以人才培养、科学研究、社会服务和文化传承创新为己任。三、教书育人。坚持育人为本，立德树人。四、严谨治学。弘扬科学精神，勇于探索，追求真理，修正错误，精益求精。五、服务社会。勇担社会责任，为国家富强、民族振兴和人类进步服务。六、为人师表。学为人师，行为世范。

　　12 月 24 日　为全面落实第四次全国教育工作会议精神和《国家中长期教育改革和发展规划纲要（2010—2020 年）》，加快建设高素质专

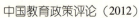

业化的教师队伍，推动职业教育科学发展，教育部发布了《关于"十二五"期间加强中等职业学校教师队伍建设的意见》。《意见》的主要内容包括：一、中等职业学校教师队伍建设面临的新形势。（一）"十一五"期间中等职业学校教师队伍建设取得了显著成绩。（二）职业教育改革发展对教师队伍建设提出了新的更高要求。二、"十二五"期间中等职业学校教师队伍建设的指导思想和工作目标。（三）"十二五"期间中等职业学校教师队伍建设的指导思想。（四）"十二五"期间中等职业学校教师队伍建设的工作目标。三、"十二五"期间中等职业学校教师队伍建设的工作重点和政策措施。（五）加强职业理想教育，全面提高教师职业道德水平。（六）创新教师补充机制，吸引优秀人才从事职业教育。（七）完善继续教育制度，不断提高教师专业发展能力。（八）完善培养培训体系，提升教师培养培训工作质量。（九）健全教师管理制度，激发职业教育教师队伍活力。四、加强组织领导和条件保障。（十）加强组织领导。（十一）保障经费投入。（十二）加大宣传力度。

12 月 24 日　为贯彻落实第四次全国教育工作会议精神和《国家中长期教育改革和发展规划纲要（2010—2020 年）》，大力加强职业教育"双师型"教师队伍建设，教育部发布了《关于进一步完善职业教育教师培养培训制度的意见》。《意见》的主要内容包括：一、充分认识加强职业教育教师培养培训制度建设的紧迫性。1. 建设高素质专业化教师队伍是推动职业教育科学发展的根本保证。2. 完善培养培训制度是加强职业教育教师队伍建设的紧迫任务。二、完善职业教育教师培养培训制度的指导思想和主要任务。3. 完善职业教育教师培养培训制度的指导思想。4. 完善职业教育教师培养培训制度的主要任务。三、推进职业教育教师培养培训制度建设的主要措施。5. 加强对教师培养培训工作的统筹规划。6. 实行多渠道招收职业教育师范生。7. 完善职业教育师范生实践实习制度。8. 建立高层次教师系统培养制度。9. 健全和落实教师继续教育制度。10. 完善教师定期到企业实践制度。四、构建校企合作的职业教育教师培养培训体系。11. 优化师资培养培训基地布局结构。12. 完善师资培养培训基地校企合作机制。13. 加强师资培养培训基地内涵建设。五、加强职业教育教师培养培训工作的领导和保障。14. 加强组织领导。15. 加大经费投入。16. 完善相关政策措施。

12 月 28 日　为进一步贯彻落实《国务院关于当前发展学前教育的若干意见》和《幼儿园教育指导纲要（试行）》，规范办园行为，防止和纠正"小学化"现象，保障幼儿健康快乐成长，教育部发布了《关于规范幼儿园保育教育工作，防止和纠正"小学化"现象的通知》。《通知》的主要内容包括：一、遵循幼儿身心发展规律，纠正"小学化"教育内容和方式。二、创设适宜幼儿发展的良好条件，整治"小学化"教育环境。三、严格执行义务教育招生政策，严禁一切形式的小学入学考试。四、加强业务指导和动态监管，建立长效机制。五、加大社会宣传，营造良好社会氛围。

2012 年

01

1 月 10 日　为全面落实《国家中长期教育改革和发展规划纲要（2010—2020 年）》，深入贯彻胡锦涛总书记等中央领导同志一系列重要指示精神，教育部、中宣部、财政部、文化部、总参谋部、总政治部、团中央联合发布了《关于进一步加强高校实践育人工作的若干意见》（教思政〔2012〕1 号）。《意见》的主要内容有：一、充分认识高校实践育人工作的重要性。二、统筹推进实践育人各项工作。三、切实加强对实践育人工作的组织领导。

1 月 17 日　为了深入学习和贯彻实施《学校教职工代表大会规定》，教育部、中华全国总工会联合发布了《关于学习宣传、贯彻实施〈学校教职工代表大会规定〉的通知》（教政法函〔2012〕2 号）。《通知》的主要内容有：一、进一步提高认识，切实增强建立健全教职工代表大会制度的责任感紧迫感。二、进一步加大普法宣传力度，积极做好《规定》的学习宣传工作。三、进一步坚持和发展教职工代表大会制度，做好《规定》的贯彻实施工作。四、在推进学习宣传和贯彻实施工作中，抓紧制定《规定》的配套规定和实施办法。

1 月 20 日　为实现"力争经过 3 到 5 年的努力，使义务教育阶段择校乱收费得到明显缓解，使义务教育阶段择校乱收费不再成为群众反映强烈的问题"的工作目标，教育部、国家发改委、审计署联合发布了《关于印发〈治理义务教育阶段择校乱收费的八条措施〉的通知》（教基一〔2012〕1号）。《通知》的主要内容有：一、制止通过办升学培训班方式招生和收费的行为。二、制止跨区域招生和收费的行为。三、制止通过任何考试方式招生和收费的行为。四、规范特长生招生，制止通过招收特长生方式收费的行为。五、严禁收取与入学挂钩的捐资助学款。六、制止公办学校以民办名义招生和收费的行为。七、加强招生信息和学籍管理。八、加大查处力度。

　　1月20日　教育部发布了《关于印发〈教育部2012年工作要点〉的通知》（教政法〔2012〕2号）。《通知》的主要内容有：一、加强改进党的建设，着力维护教育系统和谐稳定。二、深化改革，完善教育事业科学发展的体制机制。三、转变教育发展方式，全面推进教育事业科学发展。四、全面提高教育质量，着力提升人才培养水平。五、促进教育公平，切实保障广大人民群众接受教育的权利。

　　1月24日　为了做好"十二五"时期就业工作，促进经济发展与扩大就业相协调，促进社会和谐稳定，国务院发布了《关于批转〈促进就业规划（2011—2015年）〉的通知》（国发〔2012〕6号）。《通知》的主要内容有：一、背景。二、指导思想、基本原则和发展目标。三、主要任务和政策措施。四、强化组织实施。

02

　　2月3日　为大力推进高等学校农业科技创新与推广服务，探索建立以高校为依托、农科教相结合的综合服务模式，切实提高高等学校服务区域新农村建设的能力和水平，教育部、科技部联合发布了《关于开展高等学校新农村发展研究院建设工作的通知》（教技〔2012〕1号）。《通知》的主要内容有：一、建设意义。二、指导思想。三、基本原则。四、建设目标。五、重点任务。六、组织管理。七、保障措施。

　　2月3日　为全面贯彻落实《国家中长期教育改革和发展规划纲要（2010—2020年）》提出的"加快教育信息化进程"要求，教育部发布了《关于开展教育信息化试点工作的通知》（教技函〔2012〕4号）。《通知》的主要内容有：一、试点工作的指导思想与工作目标。二、试点工作的实施原则。三、试点工作的范围和内容。四、试点单位应具备的条件。五、试点工作的实施。

2月8日   为切实减轻中小学生过重的课业负担和学生家长的经济负担,规范中小学教辅材料的使用,教育部、新闻出版总署、国家发改委、国务院纠风办联合发布了《关于加强中小学教辅材料使用管理工作的通知》(教基二〔2012〕1号)。《通知》的主要内容有:一、建立健全教辅材料评议推荐办法。二、合理确定评议推荐的教辅材料范围。三、认真做好教辅材料自愿购买和无偿代购服务。四、严格规范教辅材料编写行为。五、大力加强教辅材料使用监督。

2月12日   为贯彻落实《国家中长期教育改革和发展规划纲要(2010—2020年)》和《国务院关于当前发展学前教育的若干意见》精神,进一步推动各地学前教育三年行动计划的实施,教育部发布了《关于印发〈学前教育督导评估暂行办法〉的通知》(教督〔2012〕5号)。《办法》共有十三条,自发布之日起执行。

2月16日   为贯彻落实《国家中长期教育改革和发展规划纲要(2010—2020年)》和《国务院关于进一步做好普通高等学校毕业生就业工作的通知》,切实做好2012年全国普通高校毕业生就业信息服务工作,为用人单位招聘与毕业生求职提供方便、高效的信息交流平台,教育部办公厅、人力资源和社会保障部办公厅联合发布了《关于2012年联合举办高校毕业生网上招聘活动的通知》(教学厅函〔2012〕22号)。《通知》共分五部分。

2月17日   为贯彻落实《国家中长期教育改革和发展规划纲要(2010—2020年)》,推进现代学校制度建设,完善中小学幼儿园管理制度,教育部发布了《关于建立中小学幼儿园家长委员会的指导意见》(教基一〔2012〕2号)。《意见》的主要内容有:一、充分认识建立家长委员会的重要意义。二、明确家长委员会的基本职责。三、积极推进家长委员会组建。四、发挥好家长委员会支持学校工作的积极作用。五、为家长委员会的建设提供有力保障。

2月27日   为切实履行国际海事组织《海员培训、发证和值班标准国际公约》,全面提高航海教育质量,培养适应国民经济和社会发展需要的、具有国际竞争力的高素质航海类专门人才,教育部、交通运输部联合发布了《关于进一步提高航海教育质量的若干意见》(教高

〔2012〕3号）。《意见》的主要内容有：一、充分认识发展航海教育的重要意义。二、健全完善航海教育管理体制。三、推进航海类专门人才培养模式创新。四、切实改善航海类专业实践教学条件。五、加强航海类专业教师队伍建设。六、做好航海类专业招生与就业工作。七、积极开展航海教育对外交流与合作。八、弘扬航海文化，传承航海文明。

2月27日 为深入贯彻落实党的十七届六中全会精神，按照《中共中央办公厅关于深入开展学雷锋活动的意见》的总体要求，扎实推进教育系统深入开展学雷锋活动，教育部党组发布了《教育系统深入开展学雷锋活动实施方案的通知》（教党〔2012〕5号）。《通知》的主要内容有：一、教育系统学雷锋活动的总体要求。二、教育系统学雷锋活动的主要内容。三、教育系统学雷锋活动的组织保障。

2月29日 为贯彻落实中央关于工程建设领域突出问题专项治理工作的要求，规范和加强直属高校基本建设管理工作，教育部制定了《教育部直属高校基本建设管理办法》（教发〔2012〕1号）。根据《办法》的规定，直属高校应当根据经批准的校园规划，结合事业发展需要和财务能力，按照国家经济与社会发展规划周期，每5年编制一次基本建设规划，确定5年内规划实施的建设项目和年度投资方案，并报教育部备案。未列入基本建设规划的建设项目原则上不予批准建设。《办法》共有四十九条，自发布之日起执行。

03

3月9日 为深入贯彻国家教育、科技、人才规划纲要要求，推进科教兴国战略和人才强国战略实施，充分发挥高等教育作为科技第一生产力和人才第一资源重要结合点的独特作用，进一步加强高等学校基础研究工作，教育部发布了《关于进一步加强高等学校基础研究工作的指导意见》（教技〔2012〕2号）。《意见》共有十条。

3月13日 为推进落实《国家中长期教育改革和发展规划纲要（2010—2020年）》关于教育信息化的总体部署，教育部发布了《关于印发〈教育信息化十年发展规划（2011—2020年）〉的通知》（教技〔2012〕5号）。《教育信息化十年发展规划（2011—2020年）》的主要内容有：一、总体战略。二、发展任务。三、行动计划。四、保障措施。

3 月 14 日　为贯彻党的十七届五中、六中全会精神，深入实施国家中长期教育、科技、人才规划纲要，全面提升高校创新能力，根据《高等学校中长期科学和技术发展规划（2006—2020)》和《国家"十二五"科学和技术发展规划》，教育部发布了《关于印发〈高等学校"十二五"科学和技术发展规划〉的通知》（教技〔2012〕4 号）。《高等学校"十二五"科学和技术发展规划》的主要内容有：一、形势与需求。二、总体思路、发展目标和战略重点。三、全面提升高校科技创新能力。四、深入推进高校科技体制机制改革。五、加强科技人才队伍和创新文化建设。六、加快建设高校创新体系。七、高校创新计划。八、保障措施。

3 月 15 日　为贯彻落实胡锦涛总书记在庆祝清华大学建校 100 周年大会上的重要讲话精神，积极推动协同创新，促进高等教育与科技、经济、文化的有机结合，大力提升高等学校的创新能力，支撑创新型国家和人力资源强国建设，教育部、财政部决定实施"高等学校创新能力提升计划"，并发布了《关于实施高等学校创新能力提升计划的意见》（教技〔2012〕6 号）。《意见》的主要内容有：一、实施意义。二、指导思想。三、基本原则。四、总体目标。五、重点任务。六、管理实施。

3 月 16 日　为深入贯彻落实胡锦涛总书记在庆祝清华大学建校 100 周年大会上的重要讲话精神和《国家中长期教育改革和发展规划纲要(2010—2020 年)》，大力提升人才培养水平、增强科学研究能力、服务经济社会发展、推进文化传承创新，全面提高高等教育质量，教育部发布了《关于全面提高高等教育质量的若干意见》（教高〔2012〕4 号）。《意见》共有三十条。

3 月 19 日　为贯彻落实中央有关文件精神和《国家中长期教育改革和发展规划纲要（2010—2020 年)》，教育部、国家发改委、财政部、人力资源和社会保障部、国务院扶贫办联合发布了《关于实施面向贫困地区定向招生专项计划的通知》（教学〔2012〕2 号）。《通知》的主要内容有：一、充分认识实施专项计划的重要意义。二、准确把握专项计划实施目标和工作原则。三、切实做好专项计划招生工作。四、积极引导和鼓励专项生毕业后到贫困地区就业服务。五、积极营造实施专项计划的良好社会氛围。

3月21日　为贯彻落实《国家中长期教育改革和发展规划纲要(2010—2020年)》，推动高等教育在新的历史起点上科学发展，教育部发布了《关于印发〈高等教育专题规划〉的通知》（教高〔2012〕5号）。《高等教育专题规划》的主要内容有：一、指导思想。二、战略目标。三、主要任务。四、重大项目。五、组织实施。

3月28日　为贯彻落实《国家中长期教育改革和发展规划纲要(2010—2020年)》，尽快出台幼儿园教师配备标准，摸清幼儿园教师配备现状，教育部师范教育司发布了《关于报送幼儿园教师配备现状基本信息的通知》（教师司〔2012〕15号）。《通知》要求各地高度重视此项工作，按照《幼儿园教师配备现状基本信息采集表》的要求，如实、准确填报数据。

3月31日　为做好2012年中西部农村订单定向医学生免费培养工作，根据国家发改委等部门印发的《关于印发开展农村订单定向医学生免费培养工作实施意见的通知》（发改社会〔2010〕1198号），教育部高等教育司发布了《关于做好2012年中西部地区农村订单定向医学生免费培养工作的通知》（教高司函〔2012〕47号）。《通知》共分四部分。

04

4月5日　温家宝总理签署国务院令，公布《校车安全管理条例》（中华人民共和国国务院令第617号），自公布之日起施行。《条例》的主要内容包括：第一章，总则。第二章，学校和校车服务提供者。第三章，校车使用许可。第四章，校车驾驶人。第五章，校车通行安全。第六章，校车乘车安全。第七章，法律责任。第八章，附则。

4月5日　为深入贯彻落实《国家中长期教育改革和发展规划纲要(2010—2020年)》和《中共中央国务院关于加快推进农业科技创新持续增强农产品供给保障能力的若干意见》（中发〔2012〕1号），教育部办公厅和农业部办公厅联合发布了《关于批准首批农科教合作人才培养基地的通知》（教高厅函〔2012〕17号）。按照《教育部办公厅农业部办公厅关于申报农科教合作人才培养基地的通知》（教高厅函

〔2011〕55号）要求，通过专家审核、评审，批准中国农业大学寿光蔬菜农科教合作人才培养基地等100个基地为首批农科教合作人才培养基地。

4月5日　为贯彻落实《国家中长期教育改革和发展规划纲要（2011—2020年）》，运用新模式、新机制推动高校产学研工作发展，加快高校科技成果转化，提升高校服务地方经济建设和社会发展的效率，教育部办公厅发布了《关于推动高校产学研工作发展建设"中国技术供需在线"的通知》（教技发厅函〔2012〕2号）。《通知》决定正式运行"中国技术供需在线"，并联合地方政府共建"中国技术供需在线地方频道"。

4月6日　为贯彻落实《国务院关于加强环境保护重点工作的意见》（国发〔2011〕35号）鼓励使用环境标志、环保认证和绿色印刷产品的精神，根据新闻出版总署、环境保护部《关于实施绿色印刷的公告》（2011年第2号）确定的"基本实现中小学教科书绿色印刷全覆盖"的工作目标，新闻出版总署、教育部、环境保护部联合发布了《关于中小学教科书实施绿色印刷的通知》（新出联〔2012〕11号）。《通知》的主要内容包括：一、指导思想。二、工作范围和目标。三、组织机构。四、实施步骤。五、分工要求。六、监督处罚。

4月17日　为贯彻落实《国家中长期教育改革和发展规划纲要（2010—2020年）》精神，探索发展0—3岁婴幼儿早期教育的模式和经验，教育部办公厅发布了《关于开展0—3岁婴幼儿早期教育试点工作有关事项的通知》（教基二厅函〔2012〕8号）。《通知》的主要内容包括：一、试点内容。二、申报条件。三、申报程序。

4月19日　为贯彻落实党中央、国务院保障和改善民生要求，切实规范中小学教辅材料市场秩序，减轻学生经济负担，根据全国治理教育乱收费工作统一部署，国家发改委、新闻出版总署、教育部联合发布了《关于加强中小学教辅材料价格监管的通知》（发改价格〔2012〕975号）。《通知》的主要内容包括：一、明确价格监管目标和重点。二、做好评议公告教辅材料价格管理。三、全面加强教辅材料市场监督。

4月25日　为贯彻落实第十七届中央纪委第七次全会和国务院第五次廉政工作会议关于继续深化治理教育乱收费工作的部署和要求，教育部等七部门联合发布了《关于 2012 年治理教育乱收费规范教育收费工作的实施意见》（教办〔2012〕4 号）。《意见》的主要内容包括：一、指导思想。二、主要任务。三、工作要求。

（中国教育科学研究院教育政策研究中心吴霓、蒋志峰、马雷军、
高慧斌、张智、朱富言、李楠、罗媛、黄颖、孙强整理）

《中国教育政策评论》简介及投稿须知

《中国教育政策评论》是由中国教育科学研究院院长袁振国教授主编，中国教育科学研究院教育政策研究中心编辑，以评论我国教育政策热点及难点问题为主要内容的刊物。自创刊以来，一直秉持"教育研究密切联系实践，服务决策"的精神，先后对中国教育发展过程中的重大理论问题和实践问题进行了专门探讨，在教育研究、教育决策以及教育实践领域产生了广泛而深远的影响，已连续被确立为 CSSCI 核心来源集刊。

《中国教育政策评论》面向国内外征集优秀论文。来稿请按照以下要求：

1. 稿件原则上没有在其他正式刊物上发表。

2. 来稿一律按照国家对期刊稿件的投稿要求格式写作，稿件字数以 1 万字左右为宜（含注释、参考文献、附录、图表等）。

3. 来稿文内标题一般分为三级，第一级标题用"一、""二、""三、"……标识；第二级标题用"1.""2.""3."……标识；第三级标题用"（1）""（2）""（3）"……标识。

4. 正文字体一律为小四号，宋体。文内图标应规范，符合国家标准。表格标题置于表格前，以表格序号（表1、表2……）加标题名标识，表格序号与标题名之间空一汉字距离；图之标题置于图后，以图之序号（图1、图2……）加标题名标识，图之序号与标题名之间空一汉字距离。图标所有内容与正文一致，用小五号字。

5. 来稿所有引文务必注明出处。引用性注释采用《文后参考文献著录规则》（GB/T 7714—2005）规定的顺序编码制，文中用"［1］［2］［3］……"以上标形式标注，具体文献放在文后，用"［1］［2］［3］……"编码，与文中的"［1］［2］［3］……"序号相对应。同一文献引用多次时，用同一序号标注。著录格式请参照《文后参考文献著录规则》，如：

［1］符娟明. 比较高等教育［M］. 北京：北京师范大学出版社，1987：67.

［2］National Center for Education Statistics. Digest of Education Statistics：2008 ［EB/OL］. ［2009 - 10 - 18］. http://nces. ed. gov/programs/digest/d08/.

［3］刘宝存. 大众教育与英才教育应并重 ［J］. 教育发展研究，2001（4）.

6. 文末请附作者简介、工作单位和详细通信地址。

7. 为适应我国信息化建设，扩大本刊及作者知识信息交流渠道，本刊已被《中国学术期刊网络出版总库》及 CNKI 系列数据库收录，其作者文章著作权使用费与本刊稿酬一次性给付。免费提供作者文章引用统计分析资料。如作者不同意文章被收录，请在来稿时向本刊声明，本刊将作适当处理。

出 版 人　所广一
责任编辑　孔　军
版式设计　贾艳凤
责任校对　贾静芳
责任印制　曲凤玲

图书在版编目（CIP）数据

中国教育政策评论. 2012/袁振国主编. —北京：
教育科学出版社，2012. 11
　ISBN 978-7-5041-7052-1

　Ⅰ. ①中… Ⅱ. ①袁… Ⅲ. ①教育政策—研究—
中国—2012 Ⅳ. ①G520

中国版本图书馆 CIP 数据核字（2012）第 245284 号

中国教育政策评论 2012
ZHONGGUO JIAOYU ZHENGCE PINGLUN 2012

出版发行　**教育科学出版社**

社　址	北京·朝阳区安慧北里安园甲 9 号	市场部电话	010-64989009
邮　编	100101	编辑部电话	010-64981167
传　真	010-64891796	网　址	http://www.esph.com.cn

经　销	各地新华书店		
制　作	北京鑫华印前科技有限公司		
印　刷	北京中科印刷有限公司		
开　本	156 毫米×230 毫米　16 开	版　次	2012 年 11 月第 1 版
印　张	26.5	印　次	2012 年 11 月第 1 次印刷
字　数	401 千	定　价	65.00 元

如有印装质量问题，请到所购图书销售部门联系调换。